괴짜경제학

FREAKONOMICS(REVISED AND EXPANDED EDITION)

Copyright © 2005, 2006 by Steven D.Levitt and Stephen J. Dubner.
All rights reserved.
Korean Translation Copyright © 2005, 2007, 2024 by Woongjinthinkbig.co.,Ltd
Korean edition is published by arrangement with William Morris Agency,Inc.
through Imprima Korea Agency.

FREAKONOMICS
Revised and Expanded Edition

괴짜경제학

스티븐 레빗 · 스티븐 더브너 지음 | 안진환 옮김

웅진 지식하우스

개정판 서문

『괴짜경제학』을 집필할 당시 우리는 과연 누가 이 책을 돈 주고 사서 읽기나 할 것인지 심히 의심스러웠다. 그래서 개정판을 낼 필요성이 생길 줄은 상상조차 못했다. 그러나 어쨌든 이렇게 개정증보판을 내게 되었고, 우리의 예측이 빗나갔다는 사실이 기쁘고 또 고맙다.

그렇다면 무슨 이유로 개정증보판을 내는 수고를 무릅써야 하는가? 거기에는 몇 가지 이유가 있다. 먼저, 이 세상은 살아서 숨 쉬고 변화하는 생물인데, 책은 그렇지 않다는 점 때문이다. 저자들은 대개 원고를 완성하고 나면 그 원고가 출판사를 거쳐 책으로 탄생하기까지 1년 가까운 시간을 손 놓고 멍하니 기다려야 한다. 여기에 무슨 문제가 있는가? 만약 그것이 『카르타고 전쟁사』와 같은 책이라면 별로 문제 될 게 없다. 그러나 『괴짜경제학』은 현실 세상의 온갖 문제를 탐구하는 책이라, 그리고 현실 세상은 급격히 변화하는 경향이 있는지라 책 전체에 걸쳐 자잘한 업데이트가 필요하다는 얘기다.

두 번째 이유는 우리가 몇 가지 실수를 했기 때문이다. 대개 그런 실수를 지적해준 쪽은 독자들이었다. 이 자리를 빌려 그분들에게 심심한 감사를 표한다. 아울러 대부분은 사소한 문제였음을 밝히고 싶다.

가장 과감하게 개정한 부분은 2장의 앞부분이다. 홀로 KKK단에 맞서 '십자군 전쟁'을 벌인 한 남자의 이야기를 다룬 부분 말이다. 『괴짜경제학』의 초판이 출간되고 몇 달쯤 지나서 우리는 이 남자가 자신의 투쟁 행적과 여타의 다양한 KKK단 관련 문제를 상당 부분 과장되게 묘사했다는 사실을 발견했다. 이에 대한 상세한 설명은 이 개정판 2장의 앞부분 내용과, 311쪽에 소개된 '정의의 사도에게 속았다'라는 제명의 『뉴욕 타임스 매거진』 칼럼을 참고하기 바란다. 이런 실수를 인정한다는 것이, 그리고 여러 방면으로 사랑받는 한 남자의 명성을 떨어뜨린다는 것이 썩 내키는 일은 아니었지만, 우리는 역사적 기록을 바로잡는 것이 더 중요한 일임을 잘 알고 있었다.

우리는 또한 본문 구성에 약간의 변경을 가했다. 구판에서는 각 장의 앞에 『뉴욕 타임스 매거진』의 인물소개 기사에서 발췌한 내용을 삽입했다. 그것은 이 책의 저자 중 한 명(더브너)이 다른 한 명(레빗)을 취재한 내용이며, 이 책의 탄생에 단초를 제공했던 기사다. 그 발췌 부분에 대해 일부 독자들이 흐름을 방해한다는(또는 자기도취적으로 알랑거린다는) 평가를 보내줬고, 그래서 우리는 그 부분을 없애버리고 대신에 개정판 뒷부분에 '보너스 자료'라는 섹션을 만들어 『뉴욕 타임스 매거진』 기사의 전문을 싣기로 결정했다. 따라서 독자 여러분은 선택에 따라 그 부분을 건너뛰거나 본문과 분리하여 읽으면 될 것이다.

이와 더불어 우리는 또 다른 보너스 자료를 첨가했는데, 그 덕분에 '개정판'에 부가하여 '증보판'이라는 이름을 붙일 수 있었다. 『괴짜경제학』의 초판이 출간되고 얼마 지나지 않아 우리는 『뉴욕 타임스 매거진』에 월간 칼럼을 쓰기 시작했다. 사람들의 투표 행동방식에서부터 성적 선호의 경제학에 이르는 일상의 다양한 주제를 다룬 그 칼럼들 가운데서 몇 편을 선별해 이 '개정증보판'에 넣기로 했다.

뿐만 아니라 우리는 우리의 블로그(www.freakonomics.com/blog/)에 게시된 다양한 글들 가운데 몇 편을 여기에 포함시켰다. 블로그 역시 이 개정판과 마찬가지로 처음에는 계획에 없던 것이었다. 사실 우리가 애초에 웹사이트를 구축한 목적은 그저 기록보관과 교류를 원활히 하고자 하는 데 있었다. 따라서 처음에는 과히 내키지 않는 기분으로 시험 삼아 띄엄띄엄 블로그 활동을 할 수밖에 없었다. 그러나 시간이 흐르면서 『괴짜경제학』을 읽은 많은 사람들이 웹사이트를 찾아 서로 열성적으로 의견을 개진하며 토의를 벌이는 것을 보고, 우리는 이를 진지하게 받아들이고 심혈을 기울이게 되었다. 이 경험을 통해 우리는 블로그라는 것이, 저자들이 원고를 넘긴 후 빠져드는 무력감에 대한 완벽한 치유책이 될 수 있음을 깨달았다. 특히 『괴짜경제학』처럼 이렇게 아이디어들을 소개하는 책인 경우에는, 세상의 변화에 맞춰 그러한 아이디어들을 계속 확대하고 다듬고 의문을 제기하고 씨름할 수 있는 것보다 더 저자들을 도취시키는 것은 없다고 본다.

이 책을 읽기 전에

2003년 여름, 『뉴욕 타임스 매거진』은 작가이자 저널리스트인 스티븐 더브너Stephen J. Dubner에게 한창 명성을 떨치기 시작한 시카고 대학의 경제학자 스티븐 레빗Steven D. Levitt을 취재하고 그에 관한 기사를 써달라고 의뢰했다.

당시 돈의 심리학에 관한 책을 쓰기 위해 자료조사를 하고 있던 더브너는 수많은 경제학자들을 인터뷰하면서 그들의 형편없는 언어 구사능력에 질려 있던 참이었다. 반면에 얼마 전 존 베이츠 클라크 메달(John Bates Clark Medal: 젊은 경제학자에게 수여하는 일종의 '주니어' 노벨상)을 수상한 레빗은 수많은 저널리스트들의 취재를 겪으면서, 그들의 사고방식이… 경제학 용어를 빌리자면 '건전성이 부족하다'는 사실을 발견한 참이었다.

그러나 레빗은 더브너를 만나보고 다른 저널리스트처럼 멍청이가 아니라는 결론을 내렸다. 그리고 더브너는 레빗이 인간 계산기가 아님을 깨달았다. 더브너는 이 젊은 경제학자의 연구 및 해석 방식의 독창성에 매료되었다. 레빗은 그 누구에게도 뒤지지 않을 정도로 최고의 경력을 밟아왔음에도 불구하고(하버드 대학원, MIT 박사학위, 그리고 셀 수 없는 수상 경력 등), 전례 없는 파격적인 방식으로 경제학에 접근했다. 그의 시선은 학자라기보다 매우 영리하고 호기심 많은 탐험가에 가까웠다. 스포츠에서 범죄, 대중문화에 이르기까지 모든 영역을 섭렵하는 저술가 혹은 다큐멘터리 감독이나 법의학자라고 불러야 할지도 모른다는 생각이 들었다. 그는 경제학을 말할 때 대부분의 사람들이 머릿속에 떠올리는 금융 문제에는 그다지 관심이 없었다. 실제로 그는 그 분야에 대한 자신의 능력을 부정하기까지 했다. "사실 난 경제학 분야를 잘 모릅니다." 머리카락을 쓸어 올리며, 레빗이 더브너에게 말했다. "수학을 잘하지도 못하고, 경제지표 계산에도 재능이 없지요. 그리고 이론을 어떻게 세우는지도 모릅니다. 만약에 당신이 내게 주가가 올라갈 것인지 내려갈 것인지 묻는다면, 아니면 경기가 호황일지 불황일지, 디플레이션이 좋은 건지 나쁜 건지, 세금에 대해선 어떻게 생각하는지 묻는다면… 그러니까 내 말은, 내가 그런 것들에 대해 잘 아는 것처럼 대답한다면 그건 새빨간 거짓말이라는 거죠."

레빗의 흥미를 잡아끄는 것은 일상생활의 잡다한 사안이나 일상 속의 의문점 및 수수께끼 같은 것들이다. 따라서 그의 연구들은 이 세상이 실제로 어떻게 돌아가는지 궁금해하는 이들에게는 훌륭한 잔칫상인 셈이다. 이러한 레빗의 독특하고 비범한 사고방식은 더브너가 쓴 기사의 결론 부분에 그대로 드러나 있다.

레빗의 견해에 의하면, 경제학은 해답을 얻는 데 유용한 훌륭한 도구들을 보유하고 있는 반면, 흥미로운 질문은 심각할 정도로 부족한 학문이다. 레빗이 지닌 특수한 재능은 바로 그러한 질문을 던지는 능력이다. 몇 가지 예를 들어보면 다음과 같다. 마약 판매상이 정말로 많은 돈을 번다면 어째서 여전히 어머니와 함께 사는 것일까? 총기와 수영장 가운데 어떤 것이 더 위험한가? 지난 10년간 범죄율이 급락한 이유는? 부동산 중개업자는 진실로 고객의 이익을 위해 최선을 다하는가? 어째서 흑인 부모는 자녀의 인생에 방해가 될지도 모르는 이름을 지어주는 것일까? 고부담 시험(high-stakes test: 검사 결과가 개인뿐만 아니라 학교 및 사회에도 큰 영향을 끼치는 시험. 각종 자격시험, 수학능력시험 등이 대표적이다 - 옮긴이)의 기준을 충족시키기 위해 부정행위를 저지르는 교사는 없는가? 스모 선수들의 승부 조작을 증명하는 방법은?

많은 이들이 - 그의 동료들을 포함해 - 레빗의 이러한 연구들을 경제학으로 인정하지 않을지도 모른다. 그러나 그는 이른바 따분하고 재미없는 이 학문을 증류하여 불순물을 제거함으로써 경제학의 가장 순수한 목적만을 추출해내고 있는지도 모른다. 경제학의 목적, 그것은 바로 사람들이 어떻게 자신이 원하는 바를 손에 넣는가에 대해 설명하는 것이다. 대부분의 학자들과 달리 그는 개인적인 호기심과 관찰력을 사용하는 데 주저하지 않는다. 또한 갖가지 일화와 이야기를 이용하는 것도 두려워하지 않는다(하지만 미적분학만큼은 꺼린다). 레빗은 직관론자다. 그는 산더미 같은 데이터를 분석하여 아무도 발견하지 못한 이야기를 찾아낸다. 다른 베테랑 경제학자들이 '측정 불가'라고 선언한 영향력과 결과를 측정하는 방법도 도출해낸다. 그에게 끝없는 흥미를 불러일으키는 최대의 관심사는 - 비록 그 자신은 한 번도 그러한 불법행위를 저질러본 적이 없다고 말하지만 – 부정행위와 부패 그리고 범죄다.

레빗의 불타는 호기심은 또한 수천 명의『뉴욕 타임스』독자들을 매료시켰다. 제너럴 모터스에서 뉴욕 양키스, 상원의원, 감옥의 죄수, 자녀를 키우는 부모, 그리고 20년간 자기 가게의 베이글 판매량에 대해 정확한 기록을 보유하고 있는 한 남자에 이르기까지 엄청난 양의 질문과 의혹, 수수께끼와 요청을 그에게 쏟아 부었다. 투르 드 프랑스(Tour de France: 프랑스를 일주하는 도로 사이클 대회 – 옮긴이)의 전 챔피언은 최근 이 경주에 참가하는 선수들 사이에 약물 복용이 만연해 있다는 사실을 증명하기 위해 레빗에게 도움을 요청했고, CIA는 레빗의 데이터 분석 방법을 테러리스트와 돈세탁 범죄자들을 적발하는 데 이용할 수 있는지 알고 싶어했다.

이들은 레빗의 신념에 반응하고 있는 것이다. 우리가 사는 이 현대 사회가 어둡고 복잡하고 새빨간 거짓말이 난무하는 곳임에도 불구하고 결코 불가해하거나 불가지하지는 않으며, 나아가 올바른 질문만 던진다면 우리가 생각하는 것보다 훨씬 매혹적인 세계라는 굳건한 믿음 말이다. 여기에 필요한 것은 세상을 바라보는 새로운 시각, 새로운 관점 뿐이다.

뉴욕에서 출판업자들이 레빗에게 책을 써야 한다고 설득할 때였다. "책을 써요?" 레빗이 물었다. "전 관심 없는데요." 그에게는 아직도 해결해야 할 삶의 수수께끼들이 널려 있었고, 시간은 항상 부족했다. 또한 자신의 글 솜씨가 책을 쓸 수 있을 만큼 뛰어나다고도 생각하지 않았다. 그래서 레빗은 그들의 제안을 거절했다. "아, 하지만-." 그러나 그는 이렇게 덧붙였다. "더브너와 함께라면 할 수 있을지도 모르겠군요."

모든 사람이 공동작업에 적합한 것은 아니다. 하지만 이 두 사람은, 그러니까 우리 두 사람은 함께 책을 쓸 수 있는지, 나아가 괜찮은 작품을 만들어낼 수 있는지에 대해 이런저런 이야기를 나누었고, 가능하리라는 결론을 내렸다. 여러분도 이에 동의하리라 믿는다.

차례

개정판 서문
이 책을 읽기 전에

들어가며 __
세상의 숨겨진 이면을 찾아서 17

우리가 알고 있는 세상은 가짜다 왜 우리가 아는 세상은 현실 세상과 다를까. 범죄학자는 범죄율이 줄어든 것을 설명해내지 못하고 부동산 중개업자는 고객을 위해 최선을 다하지 않는다. 교사의 일부는 부정행위를 저지르고 돈은 선거의 승패에 영향을 미치지 못한다. 이렇게 오해가 가능한 이유는 우리가 경제적인 잣대가 아닌 도덕적인 잣대로 세상을 바라보기 때문이다. 새로운 시각으로 세상의 숨겨진 이면을 파헤치는 것, 그것이 괴짜경제학의 유쾌하고 짜릿한 세계다. 자, 경탄할 준비를 하자.

1__
교사와 스모 선수의 공통점은? 35

경제학의 근본인 인센티브의 매력과 어두운 이면을 파헤치다 누가 부정행위를 저지르는가. 이 세상 모든 사람이다. 우리는 데이터를 통해 다양한 형태의 부정행위를 적발할 수 있다. 이스라엘의 놀이방 부모들에서 700만 명의 미국 아동들이 하룻밤 사이에 실종된 사건의 진상까지. 시카고의 비도덕적인 교사들에서 시합에 져주는 스모 선수들의 부정행위까지. 무엇이 그들을 부정으로 몰아넣는가. 정답은 인·센·티·브.

2__
KKK와 부동산 중개업자는 어떤 부분이 닮았을까? 77

자본주의의 강력한 힘인 정보. 정보는 일상을 어떻게 움직이는가 한 청년이 KKK단에 잠입한다. 서서히 밝혀지는 그들의 실체… KKK단을 소탕한 자는? 갓 출시된 신형 차가 주차장을 떠나는 순간, 가치가 추락하는 이유는? 부동산 광고에 가장 좋은 문구는? 온라인 데이트를 즐기는 사람들이 흔히 하는 거짓말은? 이 질문 모두가 각기 다르면서도 유사한 의미를 담고 있다. 무엇일까?

3__
마약 판매상은 왜 어머니와 함께 사는 걸까? 116

허위와 이기심이 만들어낸 그물망, 사회 통념 마약 판매상 소굴로 들어간 젊은 연구자의 길고도 기묘한 여행. 그곳에서는 어떤 일이 벌어지는가? 살해당할 확률 25%, 시간당 벌이 3.3달러, 토너먼트의 인생. 어째서 매춘부가 건축가보다 더 많은 돈을 버는 걸까? 마약 판매상과 고등학교 풋볼 팀 쿼터백 그리고 편집보조의 공통점은? 크랙의 발명과 나일론 스타킹 발명의 유사점은? 우리가 아는 사회 통념을 여지없이 깨보자.

4__
그 많던 범죄자들은 다 어디로 갔을까? 150

범죄의 유혹, 신화를 벗고 실체를 드러내다 미국이 1960년대에 범죄자의 천국이 될 수 있었던 이유는? 반면 1990년대에 범죄를 억누를 수 있었던 이유는? 경제 호황과 사형집행의 증가 그리고 완벽한 치안력? 정답은 NO. 어째서 마약 판매상은 마이크로소프트와 같은 백만장자로 시작해 나락으로 떨어졌는가. 범죄 예방의 어머니 제인 로, 낙태의 합법화가 어떻게 세상을 바꾸었는가.

5__
완벽한 부모는 어떻게 만들어지는가? 187

잘난 부모의 길 여덟 가지, 못난 부모의 길 여덟 가지 왜 육아 전문가는 부모들에게 겁을 주는 것일까? 어떤 것이 더 위험한가, 총 아니면 수영장? 어째서 이른바 좋은 학교들은 당신이 생각하는 것만큼 훌륭하지 않은 것일까? 흑인과 백인 아이들의 성적 차이에 대한 진실을 밝힌다.

6__
부모는 아이에게 과연 영향을 미치는가? 226

부모의 첫 번째 선물, 이름은 아이 인생에 영향을 미치는가 위너Winner와 루저Loser 형제의 운명은? 가장 흑인다운 이름과 가장 백인다운 이름은 무엇일까? 이름은 단지 문화에 나타난 인종분리 현상인가, 아니면 최고와 최악의 이름이 있는 것인가? 이름을 지을 때 당신의 부모가 세상에 말하고자 했던 것은?

나오며__
하버드로 가는 두 갈래 길 259

괴짜경제학 보너스 자료 263

1. 스티븐 레빗, 그는 누구인가? 265
2. 괴짜경제학 칼럼 7편 288
3. 괴짜경제학 블로그 게시글 322

주석 380 | 감사의 말 408 | 찾아보기 411

FREAKONOMICS
Revised and
Expanded Edition

괴짜경제학

들어가며
세상의 숨겨진 이면을 찾아서

FREAKONOMICS   1990년대 초반 미국에 거주하면서 TV 뉴스나 신문 기사를 조금이라도 접해본 사람은 누구라도 공포심에 사로잡힐 수밖에 없었다.

문제는 바로 '범죄'였다. 범죄율이 미친 듯이 증가하고 있었다. 미국 전역에 걸쳐 지난 10년간 범죄율이 마치 스키장의 급격한 오르막처럼 무섭도록 치솟았다. 드디어 세상의 종말이 눈앞으로 다가온 듯했다. 의도한 것이든 의도하지 않은 것이든 총격에 의한 사망은 일상적인 사건이 되었고, 자동차 납치와 마약 판매, 강도와 강간 역시 마찬가지였다. 폭력범죄는 우리의 삶 속 어디든 함께하는 끔찍한 동반자였다. 사태는 악화일로로 치달았다. "점점 더, 훨씬 더 심각해질 것입니다." 전문가들은 입을 모아 말했다.

원인은 이른바 '슈퍼프레데터superpredator'라 불리는 이들 때문이었다. 그들은 어디에나 있었다. 시사 주간지 표지에 성난 얼굴을 들이밀었고, 두꺼운 정부 보고서에 아랑곳없이 으스대며 거리를 활보했다. 슈퍼프레데터는 몸집이 왜소하고 손에는 싸구려 권총을 든, 대도시에 사는 무자비하고 냉혹한 10대들을 의미했다. 이런 청년들이 수천 명씩 거리를 배회하고 있다는 소문이 돌았다. 이 무자비한 살인마들은 결국 미국을 혼돈으로 몰아갈 것이었다.

1995년, 범죄학자 제임스 앨런 폭스James Alan Fox가 미 법무장관 앞으로 10대 청소년에 의한 범죄가 급격히 상승할 것이라는 내용의 우울하고 상세한 보고서를 제출했다. 그는 두 개의 시나리오, 즉 낙관적인 시나리오와 비관적인 시나리오를 준비했다. 낙관적 시나리오에서 그는 10년 안에 10대 청소년의 살인율이 15% 정도 증가할 것이라 예측했다. 비관적 시나리오의 예상 수치는 그 2배였다. "앞으로 범죄율은 최악으로 치달아, 1995년이 '행복한 옛 시절'로 여겨질 것이다." 폭스가 내린 결론이었다.

여타의 범죄학자들과 정치학자들 그리고 미래 예측론자들 또한 끔찍한 미래상을 내놓았다. 클린턴 대통령도 예외는 아니었다. "앞으로 6년간, 우리는 청소년 범죄를 타파하기 위해 최선을 다해야만 합니다. 그렇지 않으면 미국은 전례 없는 혼란을 겪게 될 것이며, 내 후임자들은 더 이상 세계 경제의 훌륭한 기회에 대해 연설하지 못할 것입니다. 아마도 그들은 이 도시, 이 거리를 오가는 사람들의 몸과 마음을 안전하게 보호하는 데 온 힘을 쏟아야 할 것입니다." 이어 범죄 예방 분야에 엄청난 투자가 이루어졌다.

그러다 어느 순간, 범죄율은 하늘을 향해 한없이 치솟아 오르는 대신 급격히 바닥으로 떨어지기 시작했다. 내려가고, 내려가고, 내려가고, 조금 더 내려갔다. 범죄율의 급격한 감소는 여러 면에서 놀라운 일이었다. 범죄의 종류를 불문하고 미국 전역에서 범죄율이 하락했으며, 해마다 정도의 차이는 있었지만 매년 꾸준하게 이런 현상이 이어졌다. 그 누구도 예상치 못한 사건이었다. 특히 정확하게 그 반대의 사태를 예측하고 있던 전문가들의 충격은 더욱 컸다.

반전의 규모는 놀라웠다. 10대 청소년의 살인범죄율은 100% 증가하기는커녕, 아니 제임스 앨런 폭스의 최소 예상치인 15%가 증가하기는커녕, 5년 만에 50% 이상 감소했다. 그리고 마침내 2000년, 미국의 살인범죄율은 35년 만에 최저치를 기록했다. 폭행에서 자동차 절도에 이르기까지 온갖 종류의 범죄율 또한 마찬가지였다.

범죄율의 급감 현상을 미리 예측하지 못했던 전문가들은 - 그들이 끔찍한 미래를 예측하고 있을 당시에도 사실상 범죄율은 감소일로에 있었다 - 이제 서둘러 그 이유를 설명하기 시작했다. 그들이 내놓은 이론들은 대부분 논리적으로 완벽해 보였다. 1990년대의 경기 회복이 범죄율을 낮추는 데 커다란 영향을 주었다. 총기 규제법의 확산 때문이었다. 1990년에서 2005년 사이 2,262건이었던 살인이 540건까지 감소한 뉴욕 시를 보라. 훌륭하고 혁신적인 치안 정책 덕분으로 봐야 한다.

이 모든 이론은 논리적일 뿐만 아니라 고무적이기까지 했다. 범죄율 감소의 원인을 최근 우리 인간이 취한 특정 조치 덕분으로 돌리고 있었기 때문이다. 만일 총기 규제와 치안 정책이 범죄를 억누르는 데 뛰어난 효과를 발휘했다면, 우리 손으로 직접 범죄를 통제할 수 있음을 입증하는 것이 아닌가. 그렇다면 앞으로는 범죄율에 관해 걱정하지 않아도 된다는 얘기 아닌가.

이러한 이론들은 어떠한 마찰도 일으키지 않은 채 전문가들의 입에서 언론의 귀를 거쳐, 대중들의 마음속으로 흘러들어갔다. 간단히 말해, 사회 통념이 된 것이다.

그러나 여기에는 한 가지 문제가 있었다. 그것들은 모두 사실이 아니라는 것이었다.

1990년대의 범죄율 급락에 사실상 엄청난 기여를 한 다른 요소가 간과되었던 것이다. 그것은 20년 전에 성립된 요건으로, 댈러스에 사는 노마 매코비라는 젊은 여성과 깊은 연관이 있었다.

베이징에 있는 나비 한 마리의 날갯짓이 다음 달 뉴욕에 허리케인을 일으킬 수도 있다는, 그 유명한 '나비 효과' 이론처럼, 노마 매코비의 행동은 자기도 모르는 사이에 전혀 의도하지 않은 결과를 낳았다. 말하자면 그녀는 단순히 임신중절 수술을 받고 싶었던 것뿐이었다. 그녀는 가난하고 교육도 받지 못했고 특별한 기술도 없었으며, 알코올 중독에 마약까지 복용하던 21세의 젊은 여성이었다. 1970년, 이미 두 명의 자녀를 입양 보낸 전력이 있던 매코비는 자신이 또다시 임신했다는 사실을 깨달았다. 그러나 당시 텍사스를 비롯해 미국의 거의 모든 주에서 낙태 시술은 불법이었다.

그녀는 나름대로 합리적인 주장을 펼쳐 그녀보다 훨씬 힘있는 사람들을 설득했고, 그들은 그녀에게 정부를 대상으로 낙태 합법화를 위한 집단 소송을 제기하라고 제안했다. 피고는 당시 댈러스 컨트리의 지방 검사였던 헨리 웨이드였다. 결국 이 재판은 미 연방대법원에 회부되었고, 매코비의 본명은 제인 로라는 가명으로 위장되었다. 1973년 1월 22일, 대법원이 로의 손을 들어줌으로써 전국에서 낙태가 합법화되었다. 물론 매코비에게는 이미 늦은 시기였다. 그녀는 출산 후 다시 아이를 입양 보내야 했다. (몇 년 후, 매코비는 낙태 합법화를 옹호하던 입장을 바꿔 반낙태주의자로 돌아서게 된다.)

그렇다면 어떻게 이 로 대 웨이드Roe vs. Wade 판결이 1세대 후에 범죄율 급감이라는 결과를 일으킨 것일까?

범죄학의 관점에서 볼 때, 모든 아이가 평등하게 태어나지는 않는다. 전혀! 이제껏 발표된 수많은 연구가 빈곤하고 불우한 가정에서 태어난 아이들이 그렇지 않은 아이들에 비해 범죄자가 될 가능성이 높다는 사실을 증명한다. 또한 로 대 웨이드 사건에서 확인할 수 있듯, 낙태를 하는 대부분의 여성들은 가난하고 미혼이며 비싼 불법 시술을 받기에는 돈이 없거나 조건이 여의치 않은 10대 청소년으로서, '불우한 환경'의 전형이라 할 수 있다. 따라서 그들의 자녀는 - 만약 태어난다면 - 범죄자로 자랄 확률이 평균보다 훨씬 높다. 그러나 로 대 웨이드 판결 덕분에 이 아이들이 태어나지 않게 되었고, 따라서 수년 후 이 태어나지 않은 아이들이 범죄의 세계에 발을 들여놓게 될 무렵 범죄율이 곤두박질치는, 극적이고도 예상치 못한 결과가 발생한 것이다.

미국의 범죄율을 잠재운 것은 총기 규제도, 경기 회복도, 새로운 치안 정책도 아니었다. 그 어떤 요인보다도, 잠재적인 범죄자 그룹의 급격한 감소에 기인하는 것이었다.

자, 그렇다면 각종 언론 매체에 나와 범죄 감소 원인에 대해 여러 가지 이론을 늘어놓던 수많은 전문가들(그 전에는 불길한 예언을 앞세웠던 이들) 가운데 대체 몇 명이나 낙태 합법화를 그 원인으로 꼽았는가?

아무도 없었다. 단 한 명도.

부동산 중개업자의 딜레마

이번에는 금전 관계와 동지애의 전형적인 결합 형태 가운데 하나로 여겨지는, 당신과 당신의 부동산 중개업자에 대해 살펴보자. 집을 팔고 싶을 때, 당신은 부동산 중개업자를 고용한다.

그는 집의 매력 포인트를 평가하고, 사진을 찍고, 집값을 결정하고, 광고 문구를 쓰고, 구매 희망자에게 집을 보여주고, 가격을 흥정하고, 마지막으로 거래를 확정한다. 물론 이 모든 과정은 무척 힘들 뿐만 아니라 많은 시간이 걸린다. 하지만 그에 대한 보상으로, 그 역시 꽤나 많은 대가를 얻게 된다. 미국의 경우 30만 달러짜리 주택을 판매하면, 중개업자는 대개 가격의 6%인 1만 8,000달러를 가져간다. 와우, 정말 많이도 가져가는군. 당신은 아마도 이렇게 생각할 것이다. 하지만 다음 순간 당신은 마음을 고쳐먹는다. 그래도 나 혼자였다면 이 집을 30만 달러에 팔지 못했을 거야. 역시 전문가들은, 뭐더라… 그래, '주택의 가치를 극대화' 할 줄 안다니까. 덕분에 최고가로 집을 팔 수 있었어, 그렇지?

과연 그럴까?

부동산 중개업자는 범죄학자와는 전혀 다른 범주에 속하지만, 전문가임은 틀림없다. 즉 자기 분야에 대해 고객들보다 훨씬 많은 정보를 알고 있다는 얘기다. 그는 주택의 가치, 주택시장의 현황, 그리고 심지어 구매자의 사고방식까지도 꿰뚫고 있다. 이러한 정보력을 보고 당신은 그를 신뢰한다. 사실상 당신이 전문가를 고용한 이유가 바로 그 때문이 아닌가. 세상이 점점 더 전문화되어감에 따라, 수많은 전문가들이 없어서는 안 될 필수불가결한 존재가 되었다. 의사, 변호사, 시공업자, 주식 브로커, 자동차 수리공, 모기지 브로커, 재정 관리인, 이들은 모두 정보의 우위라는 엄청난 강점을 지니고 있다. 그들은 이 강점을 이용해 당신, 즉 고객이 최고의 가격으로 원하는 것을 손에 넣을 수 있도록 도와준다.

정말 그런가?

그렇다면 얼마나 좋겠는가. 하지만 전문가들도 사람이다. 그리고 사람들은 인센티브(incentive : 동기 부여를 목적으로 행하는 자극, 즉 유인誘因 - 옮긴이)에 반응한다. 전문가들에게 당신은 어떤 존재이며, 그들의 인센티브는 어떻게 성립되는가? 때로 그들의 인센티브는 당신의 이익과 같은 방향으로 움직인다. 일례로 캘리포니아의 자동차 정비공들에 대한 연구 결과, 많은 이들이 배기구 검사와 같은 작은 서비스에 대해서는 돈을 받지 않는다고 대답했다. 후하고 친절한 수리공은 단골손님이라는 보상을 얻게 되기 때문이다. 그러나 항상 이러한 공식이 성립하는 것은 아니다. 많은 경우 전문가의 인센티브는 당신의 이득과 반대쪽으로 작용한다. 출생률이 감소하고 있는 지역의 산부인과 의사들은 출생률이 증가하는 지역의 의사들보다 제왕절개 수술을 행하는 비율이 훨씬 높다. 이는 곧, 의사들도 사업이 순탄치 않을 경우 환자들에게 더 비싼 수술이나 절차를 권한다는 의미다.

전문가들의 특권 남용에 대해 숙고하는 것과 그것을 증명하는 것은 별개의 문제다. 이를 증명하는 가장 좋은 방법은 전문가들이 당신을 위해 일할 때와 자신을 위해 일할 때 어떤 차이가 있는지 측정하는 것이다. 그러나 불행히도 의사는 자기 자신을 수술할 수 없으며, 사적인 의료 기록을 공개하라고 할 수도 없는 노릇이다. 자동차 수리공의 수리 기록 역시 마찬가지다.

반면에 부동산 중개업자들의 일은 공적인 기록이 남는다. 그리고 자기 소유의 주택을 직접 판매하는 일이 잦다. 시카고 교외에 위치한 주택 10만 채의 최근 매매 기록을 살펴보면 이 가운데 3,000채 이상이 부동산 중개업자의 소유라는 사실을 알 수 있다.

데이터를 분석하기 전에 먼저 질문을 하나 던져보자. 부동산 중개업자가 자신의 주택을 판매할 때 그의 인센티브는 무엇인가? 대답은 간단하다. 될 수 있는 한 최고의 거래를 성사시키는 것이다. 당신이 집을 내놓을 때의 인센티브 또한 이와 동일하다. 그러므로 당신의 인센티브와 중개업자의 인센티브는 같은 목적으로 연결되어 있는 듯 보인다. 그가 받을 중개 수수료 또한 판매가격과 결부되어 있으니까.

그러나 인센티브로 작용하는 수수료의 문제로 들어가면 조금 미묘해진다. 먼저, 6%의 중개 수수료는 판매자의 중개업자와 구매자의 중개업자가 나누어 갖게 되어 있다. 게다가 중개업자는 자신이 받은 수수료의 대략 절반을 회사에 떼어주어야 한다. 따라서 실제로 당신의 집을 팔아준 중개업자의 주머니에 들어가는 돈은 판매가의 1.5%밖에 되지 않는다.

당신의 주택이 30만 달러에 팔렸다면, 수수료 1만 8,000달러 가운데 순수한 그의 몫은 사실상 4,500달러에 불과하다는 얘기다. 물론 당신이라면 그것도 그리 나쁘지 않다고 말할 것이다. 하지만 만약 그 집이 30만 달러 이상의 가치를 지니고 있다면? 만일 신문 광고를 몇 개 더 내고 약간의 인내심과 노력을 발휘할 경우 31만 달러에 팔 수 있다면 어떻겠는가? 그렇게 되면 수수료를 제외하고도 당신의 주머니에는 9,400달러라는 거금이 더 들어온다. 그러나 이에 따라 늘어나는 중개업자의 몫, 즉 1만 달러의 1.5%는 겨우 150달러에 불과하다. 당신은 9,400달러가 생기는데 중개업자는 150달러뿐이라면, 서로의 인센티브가 일치하기는 힘든 일이다(특히 중개업자가 광고비를 지불할 뿐만 아니라 다른 귀찮은 일들까지 모두 떠안아야 한다면 말이다). 과연 그가 겨우 150달러 때문에 더 많은 시간과 돈 그리고 열정을 쏟아 부을까?

해답을 구하는 방법은 한 가지뿐이다. 부동산 중개업자가 자신의 주택을 매매하는 경우와 고객을 대신하여 주택을 매매하는 경우의 데이터를 분석해서 그 차이점을 밝히는 것이다. 앞서 언급한, 시카고에 위치한 10만 채의 주택 매매 데이터를 이용해 다양한 통제 변수(위치, 주택의 수준과 건축 시기, 외관, 투자 용도인지 아닌지 여부 등)를 고려한 결과, 부동산 중개업자들이 자기 소유의 집을 팔 때는 고객의 집을 팔 때보다 평균 10일 이상 더 오래 시장에 물건을 내놓으며, 가격에서는 적어도 3% 이상, 즉 30만 달러짜리 주택에 대해 적어도 1만 달러 정도를 더 받는다는 사실이 밝혀졌다. 자신의 집을 팔 때, 중개업자는 최고의 제안이 나올 때까지 끈질기게 기다린다. 당신의 집을 팔 때는? 최초로 제시된 그다지 나쁘지 않은 제안을 받아들이도록 권유한다. 주식 브로커가 정신없이 증권을 회전시키듯, 그 역시 거래를 빨리 성사시키려고 안간힘을 다한다. 왜 그러지 않겠는가? 150달러는 인센티브로서 별로 가치가 없다.

돈으로는 이길 수 없다

정치와 관련해 가장 흔히 접할 수 있는 고정관념 가운데 유난히 신빙성 높게 취급되는 것이 하나 있다. '돈이 선거의 승패를 좌우한다'는 것이다. 아널드 슈워제네거(캘리포니아 주지사 당선), 마이클 블룸버그(뉴욕 시장 당선), 존 코자인(민주당 상원의원 당선) 등은 비록 수는 적지만 이 통념을 뒷받침하는 아주 좋은 실례다. (물론 2000년 공화당 경선주자였던 스티브 포브스, 캘리포니아 주지사 후보경선에서 고배를 마신 마이클 허핑턴, 그리고 뉴욕 주지사 선거에서 사비 9,300만 달러를 털어 붓고도 세 번에 걸쳐 4%, 7%, 14%의 지지율밖에 얻지 못한 토머스 골리사노의 예도 있긴 하지만 말이다.) 대부분의 사람들은 돈이 선거에 과도한 영향을 미치며, 지나치게 많은 금액이 선거운동에 소비되고 있다고 생각한다.

실제로 자료를 살펴보면 대개의 경우 선거운동에 더 많은 비용을 들인 후보가 당선된다는 사실을 확인할 수 있다. 그러나 진정 돈이 승리의 원인일까?

외견상으로는 그렇게 생각하는 것이 논리적으로 타당해 보인다. 마치 1990년대에 경기가 회복되기 시작하면서 범죄가 줄어들었던 것처럼 말이다. 그러나 두 요인이 서로 관련 있다고 해서 그 중 하나가 다른 하나의 원인임을 입증하는 것은 아니다. 상관성은 단순히 그 두 요인 사이에 관련이 있음을 나타낼 뿐(이 두 요인을 X와 Y라고 부르기로 하자), 거기서 관계의 방향성까지 파악할 수는 없다. 두 개의 요인 X와 Y가 모두 제3의 요인 Z에 의해 발생한 것일 수도 있기 때문이다.

다음과 같은 경우를 생각해보자. 살인사건 발생률이 높은 도시는 근무 경찰관의 수 또한 많게 마련이다. 이제 실제로 존재하는 두 개의 도시를 대상으로 경찰관의 수와 살인사건 발생률 사이의 관계를 살펴보자. 덴버와 워싱턴 D.C.의 인구는 같다. 그러나 워싱턴에는 덴버보다 3배나 많은 경찰관이 배속되어 있으며, 살인 발생률은 8배나 높다. 하지만 이상의 정보만 가지고는 어떤 것이 원인이고 어떤 것이 결과인지 알 수 없다. 어쩌면 누군가는 이 수치들을 고찰한 후 워싱턴의 남아도는 경찰관들이 범죄를 저지르고 다닌다고 말할지도 모를 일이다. 이런 식의 제멋대로 생각하는 행태는(인간사에서 기나긴 경력을 자랑하는데) 마찬가지로 제멋대로의 대응을 유발한다. 독재자에 관한 옛날이야기 하나가 좋은 예가 될 것이다. 어느 날 이 독재자는 의사들이 많이 사는 지방에는 질병 발생률 역시 높다는 사실을 발견했다. 그리하여 그는 질병을 없애기 위해 의사들을 모두 처형하라고 지시했다.

　다시 선거운동 문제로 돌아가보자. 선거 비용과 당선 가능성 사이의 관계를 규명하기 위해서는 선거 기부금의 인센티브를 고려하는 것이 도움이 될 것이다. 예를 들어 당신이 어떤 후보자에게 1,000달러를 기부한다고 하자. 여기에는 두 가지 상황이 있을 수 있다. 첫 번째는 두 후보자가 막상막하일 경우로, 당신은 그 기부금이 선거 결과에 영향을 미칠 것이라고 생각한다. 그리고 두 번째는 어느 한 후보의 승리가 확실시되고, 그에게 기부함으로써 후에 돌아올 영광의 혜택을 입거나 일종의 대가를 원하는 경우다. 패배할 것이 확실한 후보에게 기부할 사람은 그리 많지 않다. (아이오와와 뉴햄프셔에서 죽을 쑨 대권주자들에게 가서 물어보라.) 따라서 유리한 위치에 있는 후보나 현직 의원들이 그렇지 않은 이들보다 더 많은 선거 자금을 모을 수밖에 없다. 그렇다면 그렇게 모인 자금은 어디에 사용될까? 현직 의원이나 선두주자들은 확실히 경쟁자보다 더 많은 현금을 보유하지만, 질지도 모른다고 판단할 만한 상황이 닥칠 때에만 많은 돈을 쓴다. 승리가 확실하다면, 후에 더 강력하고 유력한 경쟁자가 나타날 때 유용하게 쓸 수 있는 자금에 벌써부터 손댈 이유가 없지 않은가.

　이제 두 명의 후보자를 떠올려보자. 그 중 한 명은 본질적으로 유권자들에게 쉽게 어필하는 재능을 지녔으며, 다른 한 사람은 그렇지 않다. 매력적인 후보자는 그렇지 않은 후보자보다 더 많은 선거 자금을 모으고 또 쉽게 승리를 거둔다. 그렇다면 그가 선거에 이긴 이유는 돈 때문인가, 아니면 선거 자금과 표를 끌어 모으는 그의 매력 때문인가?

　이는 무척 중대하면서도, 대답하기는 매우 어려운 질문이다. 어쨌든 유권자가 후보자에게서 느끼는 매력을 수량화하기는 어렵기 때문이다.

대체 그것을 어떻게 측정하면 좋을까?

사실상 측정이 불가능하다. 한 가지 특별한 경우를 제외하고는 말이다. 그 한 가지 특별한 경우는 후보자를 당사자 자신과 비교해볼 수 있는 상황을 말한다. 오늘날의 후보자 A는 2년 혹은 4년 후의 후보자 A 자신과 비슷할 것이다. 후보자 B도 마찬가지다. 따라서 만일 후보자 A가 후보자 B와 두 번 연속 선거에서 맞붙고 두 번의 선거운동 기간에 지출한 금액이 서로 차이가 있다면, 그리고 두 후보자의 매력 수준에 별반 변화가 없었다고 가정할 수 있다면 돈의 위력을 측정할 수 있지 않겠는가?

다행히도 미국에서는 동일한 두 명의 후보자가 계속해서 맞수가 되는 경우가 흔하다. 아니, 사실상 1972년 이후 1,000여 건에 가까운 의원 선거가 이러한 길을 따랐다. 자, 그럼 숫자는 뭐라고 말하는가?

놀랍게도, 선거 자금의 지출 액수는 선거의 승패에 거의 영향을 미치지 않는다. 당선된 후보자 가운데는 지출을 거의 50% 가깝게 줄였는데도 지지도는 1%밖에 떨어지지 않은 경우도 있다. 반면에 패배한 후보자 가운데는 2배 이상의 비용을 들였는데도 겨우 1%밖에 지지도를 높이지 못한 경우도 있다. 선거에서 가장 중요한 요소는 얼마나 많은 돈을 쓰느냐가 아니라 바로 후보자 자신인 것이다. (부모에 관해서도 같은 결론을 내릴 수 있다. 제5장에서 확인할 수 있을 것이다.) 일부 정치가들은 단순히 본능적으로 유권자들을 매혹시키는 방법을 알고 있고, 일부는 그렇지 않은 것이다. 아무리 많은 돈을 퍼부어도 이를 바꿀 수는 없다. (포브스, 허핑턴, 골리사노는 이미 이 사실을 알고 있으리라 믿는다.)

그렇다면 선거에 관한 또 다른 고정관념, 선거운동에 지나치게 많은 비용이 소모되고 있다는 통념은 어떨까? 미국에서는 매년 선거 기간 동안(대통령, 상원의원, 하원의원 선거를 모두 포함하여) 10억 달러 정도가 소비된다. 정말 많은 액수라고? 하지만 얼마나 많은 돈이 민주주의 선거와는 비교할 수도 없는 사소한 것들에 소비되고 있는지 알게 되면 생각이 달라질 것이다. 일례로, 미국인은 매년 같은 액수의 돈을 추잉껌에 소비하고 있다.

인센티브를 알면 경제학이 보인다

이 책의 목적은 선거운동과 추잉껌에 소모되는 비용을 비교하는 것이 아니며, 그렇다고 불성실한 부동산 중개업자, 혹은 낙태의 합법화가 범죄율에 미치는 영향을 논하자는 것도 아니다. 물론 이 책은 위에 언급한 것들 외에도 자녀 양육법을 비롯해 부정행위의 역학, 마약 판매 갱단의 내부 활동과 TV 프로그램「위키스트 링크(The Weakest Link: 영국의 인기 절정인 '왕따 게임' 쇼로서, 나머지 출연자들과 연결성이 가장 약한 사람을 골라내어 내쫓는 방식으로 최종 승자를 가린다 - 옮긴이)」에서 보이는 인종차별에 이르기까지 다양한 주제에 관한 시나리오를 분석하고 설명한다. 하지만 그러한 분석과 설명 자체가 목적은 아니라는 의미다. 이 책의 진정한 목적은 현대 사회의 삶의 표층을 벗겨내어 그 아래에서 어떤 일이 벌어지고 있는지 들여다보는 것이다.

앞으로 우리는 수많은 질문을 던지게 된다. 그 중 일부는 경박하고 시시해 보이는 것들이고, 또 일부는 사활과 관계될 정도로 심각해 보이는 것들이다. 그리고 당신이 만나게 될 해답들은 처음에는 낯설게 느껴질 정도로 기묘하겠지만, 증거를 확인하고 난 후에는 반박의 여지가 없을 정도로 명백하다는 생각이 들 것이다. 우리는 이러한 해답을 데이터 속에서 찾는다. 그것이 학생들의 시험 점수라는 형태를 띠든, 아니면 뉴욕 시의 범죄 통계, 마약 판매상들의 재정 기록이란 형태를 띠든, 결국 가장 중요한 것은 데이터다. (앞으로 우리는 다른 연구들에서는 종종 고려되지 않고 간과되는, 데이터의 패턴을 찾아내서 활용할 것이다. 마치 푸른 하늘 위에 남겨졌다 사라지는 한줄기 비행기구름 같은 패턴 말이다.) 어떤 주제를 놓고 의견을 제시하거나 이론화하는 것은 좋은 일이다(인간이란 원래 그런 습성을 지닌 존재다). 그러나 다음을 명심할 필요가 있다. 도덕적 견지를 정직하고 공정한 데이터의 평가로 대체할 때, 종종 참신하고 놀라운 통찰력을 얻을 수 있다는 사실 말이다.

논란의 여지가 있긴 하겠지만, 윤리학이 우리가 원하는 이상적인 세상을 대표한다면 경제학은 실제로 존재하는 현실적인 세상을 의미한다. 경제학은 측정을 목적으로 하는 모든 학문의 상위에 위치하며, 두서없이 복잡하게 얽혀 있는 정보를 신뢰성 높게 평가할 수 있는 강력하고 융통성 있는 도구로 구성되어 있어, 한 요인이 미친 영향 혹은 전체적인 결과를 결정할 수 있다. 직업과 부동산, 재정과 투자 등에 관한 두서없는 정보, 그게 바로 '경제'인 것이다. 아울러 경제학이 사용하는 도구들은 훨씬 더, 말하자면 더 '재미있는' 다양한 주제에도 적용될 수 있다.

이 책은 아주 특별한 시각으로 쓰였으며, 그 기저에는 몇 가지 기본 전제가 깔려 있다.

첫째, 인센티브는 현대의 삶을 지탱하는 초석이다. 그리고 인센티브를 이해하는 것, 혹은 그것을 탐색하는 것이야말로 폭력범죄에서 스포츠 부정행위, 온라인 데이트에 이르기까지 일상의 모든 수수께끼를 푸는 열쇠다.

둘째, 우리가 진실이라고 믿는 사회 통념 가운데는 잘못된 것들이 많다. 1990년대에는 범죄율이 급격하게 치솟지 않았고, 돈이 선거의 승리를 보장해주지도 않으며, 그리고 놀랍게도 하루에 물 여덟 잔을 마시는 것은 당신의 건강에 아무런 도움도 되지 않는다. 사회 통념은 대개 매우 교묘하게 만들어지기 때문에 진실을 꿰뚫어보는 일이 악마의 손을 빌려야 할 정도로 어렵다. 하지만 불가능하지는 않다.

셋째, 전혀 예상치 못한 극적인 결과는 흔히 거리가 멀고 미묘한 요인을 원인으로 한다. 수수께끼의 해답이 항상 눈앞에 놓이는 것은 아니다. 노마 매코비는 총기 규제나 경기 회복, 혁신적 치안 정책보다도 훨씬 강력한 영향을 범죄율에 미쳤으며, 앞으로 직접 확인하게 되겠지만 오스카 다닐로 블란돈Oscar Danilo Blandon, 일명 마약계의 조니 애플시드(본명은 존 채프먼, 18세기 미국의 개척자로서 곳곳에 크고 작은 과수원을 개간하고 애플시드, 즉 사과 종자를 나눠주었다고 한다 - 옮긴이) 역시 마찬가지다.

넷째, 범죄학자에서 부동산 중개업자에 이르기까지, 이른바 '전문가'들은 정보의 우위라는 강점을 자기 자신의 아젠다를 위해 사용한다. 그러나 이들은 스스로의 게임에서 패배할 수도 있는데, 인터넷 시대의 도래로 말미암아 정보의 우위가 매일매일 감소하고 있기 때문이다. 장례식에 필요한 관과 생명보험 보험료의 급락 현상을 보라.

마지막으로, 무엇을 어떻게 측정할 것인가를 알면 복잡한 세상이 훨씬 단순해진다. 적절한 방식으로 데이터를 파악하고 분석하는 방법을 배우면, 그 전에는 해결이 불가능하다고 판단했던 수수께끼들까지 풀 수 있게 된다. 혼란과 모순의 껍질을 벗겨낼 수 있는 도구로 숫자의 힘을 능가할 만한 것은 없기 때문이다.

따라서 이 책의 목적은 모든 것, 그렇다, 모든 것의 숨겨진 이면을 파헤치는 것이다. 때로는 낭패감이 들지도 모른다. 또 때로는 가느다란 빨대를 통해 세상을 들여다보거나 놀이동산 '거울의 집' 한가운데 서 있는 것 같다는 생각이 들지도 모른다. 그러나 우리의 의도는 서로 다른 수많은 시나리오들을 살펴보고 이제껏 한 번도 적용되지 않은 방식으로 그것들을 검토해보자는 것이다. 어떤 점에서 이는 한 권의 책을 만들기에는 부적절한 개념일 수도 있다. 대부분의 책은 한두 문장으로 쉽게 표현할 수 있는 하나의 단일한 주제를 지니며, 그 주제를 중심으로 전체 이야기를 풀어나가기 때문이다. 소금의 역사, 민주주의의 취약성, 구두점의 바른 사용법 등등. 그러나 이 책에는 그런 중심 주제가 없다. 사실 우리는 한 6분 동안 머리를 싸매고 하나의 중심 주제를 바탕으로 책을 쓰는 것은 어떨까, 궁리해보기도 했다. '미시경제학의 이론과 그 적용 사례'는 어떨까? 하지만 우리는 결국 보물 탐험가와 같은 접근법을 취하기로 결정했다. 그렇다. 우리는 경제학이 보유한 가장 분석적인 도구들을 사용하여 누구의 머릿속에나 떠오를 수 있는 호기심 어린 질문을 따라가는 길을 택했다. 우리가 발명한 이 새로운 학문 분야는 '괴짜경제학'이라고 한다.

이 책에 실린 이야기는 경제학과 전공기초 강의에서 접할 수 있을 만한 것은 분명 아니다. 하지만 앞으로는 그것도 바뀔지 모른다. 경제학이란 근본적으로 주제와는 상관없는 한 세트의 도구들이며, 그리고 조금 이상하게 들릴지 모르겠지만 그 어떤 주제도 경제학의 범위 너머에 위치할 필요가 없기 때문이다.

고전 경제학의 아버지이자 뛰어난 철학자였던 애덤 스미스를 기억해보자. 그는 도덕주의자였기에 경제학자가 되었다. 그가 『도덕감정론』을 출간했던 1759년은 근대 자본주의가 활발하게 움직이고 있을 때였다. 스미스는 이 새로운 사상이 일으킨 변화의 물결에 몸을 맡겼다. 그러나 그를 매료시킨 것은 숫자만이 아니었다. 그는 경제력이 인간에게 미친 영향, 즉 인간의 사고방식과 특정 상황에서의 행동양식에 일으킨 변화에 주목했다. 어째서 일부 사람들은 남의 물건을 훔치거나 부정행위를 저지르는가? 어떻게 한 사람의 악의 없는 선택이, 좋든 나쁘든 다른 수많은 사람들에게 커다란 영향을 미치는가? 스미스가 살던 시대는 원인과 결과의 상호 연관성이 거세게 촉진되기 시작한 시기였으며, 각종 인센티브가 10배로 증가한 시기였다. 이러한 변화의 무게와 충격은 그 시대 대중들을 집어삼킬 정도로 압도적이었다. 오늘날 우리가 현대사회의 무게와 충격에 억눌려 있는 것만큼 말이다.

스미스의 진정한 연구 주제는 개인의 욕망과 사회 규범 사이의 갈등이었다. 경제역사학자 로버트 헤일브로너Robert Heilbroner는 그의 저서 『세속적인 철학자들The Worldly Philosophers』에서 인간의 이기적 행위와 위대한 도덕적 측면을 분리해낸 스미스의 능력에 경탄했다. "스미스는 제3자의 위치에서 스스로를 바라볼 수 있는 인간의 능력에서 그 해답을 찾았다. 인간은 그렇게 함으로써 객관성을 확립하고 (…) 사건의 시비곡직을 가린다."

그렇다면 이제 당신이 흥미로운 사건들을 객관적으로 파헤치고 싶어 안달하는 제3자의 입장에 서 있다고 상상해보라. 이 탐험은 대개 아주 특이하고도 간단한 질문을 던지는 것으로 시작한다. 예를 들면… 학교 교사와 스모 선수의 공통점은 무엇일까?

1_
교사와 스모 선수의 공통점은?

FREAKONOMICS

먼저, 당신이 놀이방이나 탁아소를 하나 운영하고 있다고 생각해보자. 당신이 가장 중요하게 여기는 규칙 중 하나는 오후 4시면 반드시 부모가 자녀를 데리러 와야 한다는 것이다. 그러나 많은 부모들이 자주 지각을 한다. 덕분에 하루 일과가 모두 끝난 후에도 놀이방에는 불안에 떨며 부모를 기다리는 어린아이들과 그런 아이들을 보살펴줄 교사가 적어도 한 사람은 남아 있어야 한다. 자, 그럼 어떻게 하면 좋을까?

이 딜레마(이런 것은 언제 어디서나 쉽게 볼 수 있는 흔한 문제다)를 접한 경제학자 몇 명이 해결책을 제시했다. 게으른 부모들에게 벌금을 물리자. 어쨌든 놀이방 교사가 아이를 공짜로 돌봐줄 이유는 없지 않은가?

그래서 경제학자들은 이스라엘 하이파에 위치한 놀이방 몇 군데에서 자신들이 내놓은 해결책을 시험해보기로 결심했다. 연구 기간은 20주로, 벌금 제도는 시간을 두고 도입되었다. 처음 4주 동안은 아이를 늦게 데리러 오는 부모들의 수를 체크하는 기간이었다. 부모들은 한 놀이방당 일주일에 평균 여덟 번 정도 지각하는 것으로 밝혀졌다. 다섯 번째 주, 벌금 제도가 시행되었다. 아이를 데리러 오는 데 10분 이상 늦을 때마다 3달러를 벌금으로 내야 한다는 내용이었다. 비용은 매달 회비(약 380달러)에 추가하기로 했다.

벌금 제도가 시작되자 곧바로 부모들의 지각은… 늘어났다. 벌금 제도를 실시하기 전보다 대략 2배로 증가한 것이다. 경제학자들이 부여한 인센티브가 오히려 역효과를 불러일으킨 셈이다.

인센티브란 무엇인가?

경제학은 근본적으로 인센티브를 연구하는 학문이다. 사람들은 어떻게 자신이 원하거나 필요로 하는 것을 얻는가? 특히 다른 이들이 같은 것을 원하고 있을 때 말이다. 경제학자들은 인센티브를 사랑한다. 그들은 인센티브를 만들어내고 그것을 활용하고, 연구하고, 툭탁툭탁 만지작거리는 것을 좋아한다. 전형적인 경제학자들은 적절한 인센티브 도식을 만들 수만 있다면 이 세상에 해결할 수 없는 문제란 존재하지 않는다고 믿는다. 물론 그 해결책이 언제나 좋은 결과만을 낳지는 않겠지만(결과적으로 강요나 과도한 벌금 및 불이익, 시민 자유의 침해가 발생할 수도 있으니까), 적어도 처음 제기된 문제는 해결할 수 있을 것이다. 인센티브는 총탄이며 지렛대이자 열쇠다. 즉 상황을 극적으로 바꿀 수 있는 놀라운 힘을 지닌 자그마한 어떤 것이다.

우리는 모두 세상에 나오자마자 부정적인 것이든 긍정적인 것이든 인센티브에 반응하는 법을 배운다. 막 걸음마를 배운 기념으로 부모님이 안 보이는 사이에 뜨거운 전기 스토브를 슬쩍 건드리면 손가락을 덴다. 하지만 A로 가득한 성적표를 가져오면 새 자전거를 선물로 받는다. 수업시간에 코 파는 모습을 친구들에게 들키면 놀림을 당한다. 그러나 학교 농구팀에 들어가면 곧장 신분 상승의 사다리를 타고 상류계급으로 등극한다. 집안 통금시간을 어기면 외출 금지령이 떨어진다. 하지만 수학능력시험에서 최고 점수를 받으면 좋은 대학에 갈 수 있다. 로스쿨에서 쫓겨나면 아버지가 운영하는 보험회사에 들어가야 하지만, 거기서 훌륭한 실적을 거둔다면 라이벌 회사에서 당신을 스카우트해 곧장 이사로 승진시켜줄지도 모른다. 새로운 직위에 흥분해 집에 올 때 시속 130킬로미터로 속력을 내면 교통경찰에게 100달러짜리 딱지를 떼인다. 그렇지만 판매 실적을 올려 보너스를 타면 100달러짜리 속도위반 딱지 따위는 금세 잊어버릴 것이며, 오히려 오래전부터 군침 흘리던 오븐을 새로 장만할 수도 있다. 그러면 이제 당신의 어린 자녀가 거기에 손가락을 델 차례다.

인센티브는, 단순히 말해 사람들에게 좋은 일을 많이 하고 나쁜 일을 적게 하도록 설득하는 수단이다. 그러나 대부분의 인센티브는 저절로 발생하지 않는다. 누군가가, 경제학자나 정치가 혹은 부모가 의도적으로 만들어야만 한다. 서너 살짜리 아이들은 장난감 가게에 데려간다는 인센티브를 믿고 한 주 내내 채소를 남기지 않고 깨끗이 먹는다. 거대한 제강공장이 엄청난 양의 매연을 뿜어낸다면, 법정 허용치 이상의 오염 물질을 공기 중에 배출한 대가로 벌금을 내야 한다. 너무나도 많은 국민이 소득세를 내지 않는다면, 이 문제를 어떻게 해결하면 좋을까? 경제학자 밀턴 프리드먼이 해결책을 내놓았다. 월급에서 소득세가 자동으로 빠져나가도록 조치한 것이다.

인센티브는 그 특색에 따라 기본적으로 세 가지로 나뉜다. 경제적,

사회적, 도덕적 인센티브다. 그리고 하나의 인센티브 도식은 대개 이 세 가지 조건을 모두 포함한다. 최근 세간에 널리 퍼져 있는 금연운동을 예로 들어보자. 담배 한 갑당 3달러씩 부과하는 '죄악세'는 담배 구입을 억제하기 위한 경제적 인센티브다. 레스토랑이나 술집에서 흡연을 금지하는 것은 강력한 사회적 인센티브이며, 테러리스트들이 담배 암거래로 자금을 마련한다는 미국 정부의 주장은 일종의 도덕적 인센티브로 작용한다.

이제까지 인류가 발명한 인센티브 가운데 가장 위압적이고 강제적인 것들은 범죄를 억제하기 위해 만들어졌다. 그렇다면 '왜 현대 사회에서는 이토록 많은 범죄가 일어나는가?'와 같은 익숙한 질문을 던지기보다 이를 거꾸로 물어보는 편이 훨씬 더 가치 있을 것이다. 왜 더 많은 범죄가 일어나지 않는 것일까?

사실상 우리 모두는 이 세상을 살아가면서 정기적으로 폭행이나 절도, 사기 등의 범죄를 행할 기회를 수없이 지나친다. 감옥에 갈지도 모르는 가능성(그리고 그 결과 직장을 잃고 집을 잃고 자유를 잃는 등의 상실은 경제적 불이익이다)은 엄청난 영향력을 가진 인센티브다. 하지만 '범죄'에 관해서라면, 사람들은 또한 도덕적 인센티브(나쁜 짓을 하고 싶지는 않으니까)와 사회적 인센티브(나쁜 짓을 하는 모습을 남에게 들키고 싶지 않으니까)에 반응하게 된다. 특히 특정 형태의 부정행위의 경우, 상상조차 하지 못할 정도로 강력한 사회적 인센티브가 작용하기도 한다. 헤스터 프린의 가슴에 간통의 표지로 주홍 글씨를 달았듯이, 현재 수많은 미국 도시들이 '수치심'을 자극하는 공격을 통해 매춘과 싸우고 있다. 매춘부를 사다가 적발된 남성이나 매춘부의 얼굴을 웹사이트에 올리거나 지역 방송에 내보내는 것이다. 생각해보라. 500달러의 벌금과 친구나 가족들이 www.HookersAndJohns.com에서 당신의 얼굴을 발견하는 것, 어느 쪽이 더 무서운가?

따라서 경제적, 사회적, 도덕적 인센티브를 결합하여 만든 복잡하고 임의적이고 끊임없이 변화하는 그물망을 통해, 현대 사회는 최선을 다해 범죄와의 전쟁에 임하고 있다. 혹자는 그래봤자 결과가 형편없다고 불만을 터뜨릴지도 모른다. 그러나 긴 안목으로 본다면, 이는 부당한 불평이다. 영 믿기지 않는다면 역사적으로 살인 발생률이 어떻게 변화해왔는지(전쟁을 제외하고) 살펴볼 필요가 있다. 살인 발생률은 신뢰성 높은 기록일 뿐만 아니라 당시 사회의 전반적인 범죄율을 엿볼 수 있는 최상의 척도다.

살인사건 발생률 (인구 10만 명당)

	영국	네덜란드와 벨기에	스칸디나비아	독일과 스위스	이탈리아
13~14세기	23.0	47.0	기록 없음	37.0	56.0
15세기	기록 없음	45.0	46.0	16.0	73.0
16세기	7.0	25.0	21.0	11.0	47.0
17세기	5.0	7.5	18.0	7.0	32.0
18세기	1.5	5.5	1.9	7.5	10.5
19세기	1.7	1.6	1.1	2.8	12.6
1900~1949년	0.8	1.5	0.7	1.7	3.2
1950~1994년	0.9	0.9	0.9	1.0	1.5

세기가 지날수록 현저하게 감소하는 이 숫자들은 인간에게 생길 수 있는 가장 끔찍한 걱정거리(언젠가 살해될지도 모른다는 불안)와 관련된

인센티브를 요리하는 우리의 능력이 점차 개선되고 있음을 시사한다.

그렇다면 이스라엘 놀이방에 적용했던 인센티브는 어디가 잘못되었던 것일까?

당신도 이미 짐작했을 것이다. 일단 벌금 액수가 너무 적었다. 그 가격이라면 자녀 한 명을 맡기고 있는 부모가 매일 늦더라도 한 달에 겨우 60달러의 추가 비용만 지불하면 된다. 이는 매달 놀이방에 지불하는 월회비의 6분의 1에 불과할 뿐만 아니라 베이비시터에게 아이를 맡기는 것과 비교해도 상당히 싼 가격이다. 벌금을 3달러에서 100달러로 올리면 어떨까? 그러면 부모들의 지각은 완전히 사라질 것이다. 비록 지독한 반감을 사긴 하겠지만 말이다. (모든 인센티브는 근본적으로 교환법칙에 기반을 둔 '거래'다. 여기서 중요한 점은 극단으로 치우치지 않도록 적절한 균형을 잡는 일이다.)

그러나 이 벌금 제도에는 또 다른 심각한 문제가 있었다. 도덕적 인센티브(지각한 부모들이 느껴야 하는 죄책감)를 경제적 인센티브(3달러의 벌금)로 대체한 것이 문제였다. 겨우 하루 몇 달러의 돈으로, 이제 부모들은 죄책감을 정당화할 수 있게 되었다. 나아가 적은 액수의 벌금은 부모들에게 지각이 그 정도의 가치밖에 안 된다는 생각을 품게 만들었다. 아무리 지각을 해봤자 놀이방이 손해 보는 정도가 겨우 3달러라면 굳이 테니스 시합을 서둘러 마치고 아이를 데리러 갈 필요가 없지 않은가? 실제로 실험 17주째에 경제학자들이 벌금 제도의 시행을 중단했는데도, 지각하는 부모들의 수에는 변화가 없었다. 이제 그들은 지각을 할 뿐만 아니라 벌금을 내지도 않았으며, 무엇보다도 더 이상 죄책감을 느끼지 않았다.

이는 인센티브의 강력하면서도 교묘한 특성이다. 단 하나의 아주 작고 미묘한 변화가 거대하고 극적인, 그리고 대개는 미리 예측하지 못했던 결과를 낳는다. 토머스 제퍼슨은 보스턴 차 사건의 발단이 된 조그마한 인센티브가 결국에는 미국 독립전쟁을 이끌어낸 데 주목하여 이러한 사실을 깨달았다. "이 세상을 지배하는 인과관계는 참으로 불가사의하다. 차에 부과된 겨우 2페니의 세금이, 비록 부당하게 매겨졌다고는 하나, 이 대륙에 사는 모든 이의 삶을 완전히 바꾸어버렸으니 말이다."

1970년대에 몇 명의 연구진이 이스라엘에서 행했던 놀이방 실험과 비슷한, 도덕적 인센티브를 경제적 인센티브로 대체하는 연구를 한 적이 있었다. 그들의 연구 목적은 헌혈에 숨겨진 동기를 밝히는 것이었다. 그리고 그 결과 그들은 사람들이 헌혈이라는 이타적인 행위에 대해 칭찬을 받을 때보다 적은 액수의 현금을 받을 때 오히려 헌혈을 덜 한다는 사실을 발견했다. 박애정신에서 우러나온 고귀한 행동이 금전적 대가의 도입으로 인해 육체적 고통을 감수해가며 몇 달러를 버는 천한 행위로 돌변한 것이다. 그 몇 달러는 헌혈까지 해가며 벌어야 할 가치가 없는 돈이었다.

만일 헌혈을 했을 때 50달러나 500달러, 아니 5,000달러를 받게 된다면 어떨까? 당연히 헌혈자의 수는 놀랍도록 늘어날 것이다.

그러나 동시에 다른 부분이 변할 것이다. 모든 인센티브에는 어두운 측면이 도사리고 있기 때문이다. 혈액 0.5리터가 자그마치 5,000달러의 가치를 지닌다면, 사람들은 흥분할 게 틀림없다. 어쩌면 말 그대로 '칼끝으로' 다른 사람들의 피를 빼앗을지도 모른다. 자기 피 대신에 돼지 피를 넘겨줄지도 모른다. 가짜 신분증을 이용해 허용치 이상 헌혈을 할 수도 있다. 인센티브가 무엇이고 상황이 어떠하든, 비양심적인 사람들은 수단과 방법을 가리지 않고 이득을 챙기려 드는 법이다.

혹은 W.C. 필즈가 말했듯이, 소유할 만한 가치가 있는 것은 부정을 저지를 만한 가치도 있는 것인가?

누가 부정행위를 저지르는가?

글쎄, 그로 인해 얻을 수 있는 대가만 적절하다면 누구든 부정행위를 저지를 수 있다. 아니, 나는 어떤 이득을 얻더라도 그런 나쁜 짓은 안 해. 당신이라면 이렇게 말할지도 모르겠다. 하지만 곰곰이 생각해보라. 혹시나 지난주에 친구들과 보드게임을 하다가 속임수를 쓴 적은 없는가? 아니면 위치가 별로 좋지 않은 골프공을 슬쩍 옮겨놓은 적은? 회사 휴게실 탁자 위의 베이글이 너무나도 먹고 싶은데, 그 옆에 놓인 통에 넣을 돈이 주머니에 없었던 적은? 그래서 베이글을 집어 들고 다음에 2배를 내겠다고 중얼거리며 자리로 돌아온 적은 없는가? 하지만 정말로 나중에 그 값을 치렀는가?

인센티브 도식을 만들어내느라 골머리를 앓는 똑똑한 사람들이 있다면, 더 똑똑하든 아니든 세상에 나온 인센티브 도식을 유리하게 이용해 먹기 위해 시간을 투자하는 사람들도 있는 법인데, 대개 그들은 훨씬 더 수가 많을 뿐만 아니라 훨씬 더 많은 시간을 투자한다. 부정행위는 인간의 본성일 수도 있고, 그렇지 않을 수도 있다. 그러나 분명한 점은 그것이 인간의 갖가지 노력 가운데 특출한 재능에 속한다는 사실이다. 부정행위는 가장 기본적인 경제행위다. '적은 양으로 더 많이 얻는 것.' 따라서 부정행위를 저지르는 이들은 단순히 신문에 굵직한 이름이 실리는 사람들(내부 거래로 고발된 CEO, 약물 복용으로 적발된 운동선수, 특권을 남용한 정치가 등)뿐만이 아니다. 나누어 갖기로 되어 있는 팁을 몰래 자기 주머니 안에 쓸어 담는 웨이트리스, 컴퓨터 기록을 조작해 고용인들의 근무시간을 축소함으로써 자신의 성과를 높이는 월마트의 급여담당 매니저, 4학년에 진급하지 못할까봐 옆자리 아이의 답안지를 베끼는 3학년 꼬마, 이 모두가 부정행위를 저지르는 사람들이다.

어떤 부정행위는 증거의 그림자도 남기지 않을 정도로 교묘하지만, 어떤 경우는 산더미 같은 증거를 남기기도 한다. 1987년 어느 봄날 밤 12시에 일어났던 사건을 떠올려보자. 미국 전역에서 700만 명에 달하는 아동들이 갑자기 실종되었다. 역사상 가장 끔찍한 대규모 납치극이 벌어진 것일까? 천만의 말씀. 정확히 말하면 4월 15일 자정이었고, 미국세청이 그 시간부로 규정 하나를 바꾼 것뿐이었다. 이제 세금 신고 시 공제를 받으려면 단순히 부양 자녀의 이름만 적어선 안 되고, 그 옆에 사회보장번호까지 함께 적어야 한다고 정한 것뿐이었다. 하룻밤 사이에 700만 명의 아이들(그 전해에만 해도 세금 신고 양식에 존재했던 유령 면세자들)이 사라졌다. 이 숫자는 부모의 보살핌 아래 살고 있는 미국 아이들 전체의 10분의 1에 해당하는 수치였다.

이 비양심적인 납세자들의 인센티브가 무엇이었는지는 물어보지 않아도 뻔하다. 웨이트리스, 급여담당 매니저, 3학년 꼬마도 마찬가지다. 그렇다면 그 3학년 학생의 교사는 어떨까? 그 역시 부정행위를 저지를 만한 인센티브를 가지고 있지는 않을까? 만약 그렇다면, 그는 어떤 식으로 부정행위를 저지르는 것일까?

인센티브의 유혹 1 **교사와 고부담 시험**

이제 하이파에서 놀이방을 경영하는 대신, 연간 40만 명의 학생들을 교육하는 시카고 공립학교 체제의 운영책임자라고 상상해보자.

최근 미국의 교육행정가와 교사, 부모, 학생들 사이의 최고 관심사는 '고부담 시험'이다. 이 시험은 단순히 학생들의 성취 정도를 측정하는 데서 그치는 것이 아니라 학교가 학생들의 시험 성적에 책임을 져야 하기 때문에 '고부담'이라 불린다.

2002년 부시 대통령의 '보편성 교육법안(No Child Left Behind law: 엘리트 교육, 즉 수월성 교육의 반대 개념으로 낙제생을 줄이는 한편, 보편적인 수준의 향상을 목표로 한다 - 옮긴이)' 인준과 더불어, 연방정부는 '고부담 시험'을 해당 법안의 실천방안으로 지정했다. 그러나 이 법규가 승인되기 이전에도 이미 대부분의 주에서는 해마다 초등학교와 중등학교에서 '표준화 시험'을 치르고 있었다. 20개 주에서는 좋은 성적을 내거나 두드러진 발전을 보인 학교에 표창을 했고, 32개 주에서는 시험 성적이 좋지 않은 학교에 제재를 가하는 방침을 시행하고 있었다.

시카고의 공립학교들은 1996년에 처음으로 고부담 시험 제도를 받아들였다. 이 새로운 정책이 시행된 후부터 읽기 시험 점수가 낮은 학교는 보호관찰하에 놓이거나 폐교해버리겠다는 위협에 시달려야 했으며, 직원들은 책임을 지고 스스로 물러나거나 해고되곤 했다. 또한 시카고의 공립학교들은 '사회적 진급' 제도를 폐지했다. 과거에는 정말로 형편없는 학생들만이 낙제할 뿐 대부분의 학생들은 저절로 다음 학년으로 진급하게 되어 있었다. 그러나 이제는 다음 학년으로 진급하려면 3학년, 6학년 그리고 8학년(중2) 때 '아이오와 기본 기능 검사Iowa Test of Basic Skills'라고 불리는 다지선다형 표준화 시험에서 일정 수준 이상의 점수를 받아야 했다.

고부담 시험 옹호자들은 이런 엄격한 시험 제도가 학습 기준을 높이고 공부에 주력하는 인센티브를 제공한다고 주장한다. 또한 성적이 나쁜 아이들이 진급에 실패하면, 학년 평균 점수도 올라갈 것이고 다른 훌륭한 학생들의 학업에 방해도 되지 않으리라는 것이다. 반면에 그 반대편에 선 이들은 시험 성적이 나쁠 경우 일부 학생들이 부당한 취급이나 처벌을 받을 수 있으며, 교사들 역시 중요한 지식에 신경을 쓰기보다는 시험에 나올 법한 문제에만 관심을 기울일 가능성이 크다고 지적한다.

물론 학생들은 시험이라는 게 존재하는 한 부정행위를 저지를 인센티브를 충분히 지닌다. 그러나 고부담 시험은 교사들의 인센티브마저 근본적으로 변화시켰고, 이제는 교사들까지 부정행위를 저지를 '이유'를 지니게 되었다. 고부담 시험의 경우, 가르치는 학생들의 성적이 나쁘면 교사는 비난을 받고, 승진이나 연봉 인상에서 불이익을 받을 수도 있다. 학교 전체의 점수가 낮으면 정부에서 보조받는 기금이 중단될 수 있으며, 만약 학교가 보호관찰하에 놓이면 그에 따른 책임 문제로 교사가 해고당할 수도 있다. 한편 고부담 시험은 교사들의 긍정적인 인센티브를 자극하기도 한다. 가르치는 학생들이 뛰어난 성적을 기록하면 교사는 찬사를 받거나 승진을 하고, 혹은 재산을 늘릴 수도 있다. 일례로 캘리포니아 주는 특별히 학생들의 시험 성적이 좋은 담임교사에게 2만 5,000달러의 보너스를 주겠다고 발표했다.

만일 어떤 교사가 이런 인센티브의 새로운 형세를 살펴보고 학생들의 점수를 어떻게든 높여보려고 마음먹는다면, 다음과 같은 마지막 인센티브가 가장 강력한 설득력을 발휘할 것이다. 교사의 부정행위는 여간해선 적발이 시도되지도 않고, 좀처럼 적발당하지도 않으며, 결과적으로 처벌당할 가능성이 별로 없다.

그렇다면 교사들은 어떤 방식으로 부정행위를 저지를까? 얼굴에 철판을 깐 듯 뻔뻔스러운 모습에서 교묘하고 세련된 수법까지, 그 양상은 아주 다양하다. 한번은 오클랜드의 5학년 학생이 집에 와서 엄마에게 즐겁게 재잘댄 적도 있다. "오늘 전국 학력평가시험을 봤는데, 우리 멋진 담임선생님이 칠판에 답을 적어주었지 뭐예요." 물론 이런 경우는 아주 드물다. 어린 증인 30명의 손에 자신의 운명을 맡기는 것은 실로 위험한 일이므로 아무리 형편없는 교사라도 이런 위험부담을 감수하지는 않을 것이다. (당연히 이 오클랜드의 교사는 해고되었다.)

학생들의 점수를 부풀리는 데에는 대개 이보다 훨씬 정교한 방법들이 동원된다. 가장 간단한 방법은 답안지를 채울 시간을 더 주는 것이다. 만일 교사가 미리 시험지를 받았다면(이 또한 부정행위다), 아이들에게 특정 문제에 대비하도록 가르침으로써 힌트를 줄 수도 있다. 가장 광범위하게 행해지는 방법은 전년도 시험 문제를 중심으로 수업 계획을 짜서 '시험 대비 수업'만 집중적으로 하는 것이다. 물론 이는 부정행위로 여겨지지는 않지만, 시험의 진정한 취지를 위반하는 행위임에는 분명하다. 고부담 시험은 모두 선다형 객관식 문제로 구성되고 답을 잘못 썼다고 해서 불이익을 주는 것은 아니므로, 학생들에게 시간 내에 답안지를 모두 채우되 도무지 정답을 모르겠으면 빈칸을 모두 B로 채우거나 B와 C를 번갈아 찍으라고 말할 수도 있다. 그리고 어쩌면, 시험이 끝난 후 교사 자신이 몰래, 학생들이 남긴 답안지 빈칸에 답을 채워 넣을지도 모른다.

그러나 만일 교사가 진실로 부정행위를 저지르고자 한다면(그리고 그럴 만한 가치가 있다면), 시험이 끝난 후 전자 스캐너로 채점을 하는 외부기관에 학생들의 답안지를 넘기기 전에 오답을 지우고 정답으로 대체하는 방법이 가장 확실할 것이다. (쉽게 지우고 고쳐 쓸 수 있는 시험용

연필이 단지 '학생들만'을 위한 것이라고 생각하면 곤란하다.) 만일 이런 유형의 부정행위가 실제로 이루어지고 있다면 이를 어떻게 잡아낼 수 있을까?

교사의 부정행위를 적발하려면, 부정행위자의 입장에서 생각하는 방법을 배워야 한다. 자, 그럼 한번 머리를 굴려보자. 당신이 교사라면, 학생들의 잘못된 답을 지우고 정답으로 다시 메워 넣을 때 너무 많은 답을 고치고 싶지는 않을 것이다. 들킬 확률이 높기 때문이다. 모든 학생의 답안지를 조작하지도 않을 것이다. 위험부담이 클 뿐만 아니라 답안지를 모은 후 곧 제출해야 하기 때문에 시간도 부족하다. 따라서 당신이 할 수 있는 최선의 방법은 반 학생들의 답안지 가운데 2분의 1이나 3분의 2 정도를 꺼내 그 중 한 줄에 연속해 있는 여덟 내지 열 개의 답을 고치는 것이다. 그 정도 분량이면 답을 외우기도 쉽고, 각각의 답안지에 오답을 지우고 정답을 채워 넣는 데에도 그리 많은 시간이 걸리지 않는다. 특히 답안지의 뒷부분에 손을 댈 가능성이 크다. 시험 문제는 앞부분보다 뒷부분이 어려운 경향이 있기 때문이다. 당신이라면 이런 식으로 오답을 정답으로 대체할 가능성이 높다.

희귀한 답안 패턴을 찾아라

경제학은 근본적으로 인센티브와 관련된 학문인 동시에, 아주 다행스럽게도 사람들이 어떻게 그런 인센티브에 반응하는가를 측정하는 통계적 도구를 지닌 과학이기도 하다. 당신에게 필요한 것은 '약간의' 데이터, 그뿐이다.

이와 관련해서, 시카고 교육당국에 감사를 드린다. 그들은 1993년에서 2000년까지 공립학교 3학년에서 7학년(중1) 학생들의 모든 시험 점수에 관한 데이터베이스를 이용할 수 있게 배려해주었다. 이 정도 분량이면 연간 학년당 약 3만 명의 학생들이 제출한 70만 장의 답안지, 그리고 거의 1억 개 이상의 '답'을 의미한다. 이 데이터에는 읽기 시험과 수학 시험 각각의 문항에 대한 답이 순서대로 모두 포함되어 있었다. (실제 종이 답안지는 포함되어 있지 않았다. 답안지는 채점이 끝나면 으레 분쇄 및 폐기 처분되기 때문이다.) 데이터는 또한 각각의 교사들에 대한 약간의 정보와 학생들의 인구통계학적 자료, 과거 및 미래의 시험 성적도 포함하고 있었다. 이는 교사가 과연 부정행위를 저질렀는지 판단하는 데 필요한 아주 귀중한 자료가 될 터였다.

자, 이제 이 데이터 더미로 결론을 이끌어낼 수 있는 연산 방식을 구성할 차례다. 부정행위를 저지르는 교사의 학급은 어떤 모습을 하고 있을까?

먼저 찾아야 할 것은 '희귀한' 답안 패턴이다. 예를 들어, 특정 구간에 일련의 똑같은 답들이 반복되는 동일 패턴이 보인다면 의심을 품는 것이 타당하다. 특히 어려운 문제가 모인 부분이라면 거의 확실하다고 짐작할 수 있다. 만일 (과거와 미래의 시험 점수를 토대로 확인할 수 있는) 10명의 우수한 학생이 시험지 앞부분에 위치한 다섯 개의 질문에 대해 똑같이 정답을 표기했다면, 여기에는 의심할 이유가 없다(시험지의 앞부분에는 대개 쉬운 문제들이 포진하고 있으므로). 그러나 만일 성적이 그다지 좋지 못한 10명의 학생이 마지막 다섯 문제(아주 어려운 문제)에 모두 같은 답을 표기했다면 이 자료는 신중하게 살펴볼 가치가 있다.

또 다른 신호는 특정 학생들의 답안지에서 보이는 이상한 패턴, 즉 쉬운 문제는 놓치면서 어려운 문제는 정답을 맞힌 경우다. 특히 동일 시험에서 비슷한 점수대를 기록한 수천 명의 다른 학생들(다른 교사의

지도를 받는 학생들)과 비교해보면 이를 쉽게 확인할 수 있다. 나아가 이 연산법을 이용하면 지난 시험에 비해 지나치게 좋은 점수를 받았다가 다음 해에 다시금 성적이 극적으로 떨어진 학생들이 많은 학급을 찾아낼 수도 있다. 1년 동안 놀라울 정도로 성적이 향상되었다면 그건 '훌륭한' 교사의 공로일 것이다. 그러나 그 다음 해에 이해하기 힘들 정도로 성적이 다시 떨어졌다면, 그것은 지난해의 좋은 성적이 인위적인 수단에 의해 조작되었을 가능성이 크다는 의미다.

이제 동일한 수학 시험을 치른 시카고 공립학교의 6학년 학생들 가운데 두 학급의 답안지를 비교해보자. 각각의 가로 행은 한 학생의 답안이다. a, b, c, d 알파벳은 정답을 의미하며, 1, 2, 3, 4 숫자는 오답을 의미한다. 1은 a, 2는 b, 그리고 3과 4는 c와 d에 해당한다. (다시 말해서 학생이 'a'라고 표기한 답이 정답이면 그냥 'a'로 놔두었고, 오답이면 숫자 '1'로 대체했다는 의미다.) 0은 답안지가 빈칸으로 남겨진 부분이다. 확신컨대, 이 두 학급 중 한 반의 담임교사는 부정행위를 저질렀다. 자, 그럼 직접 답안지를 살펴보고 차이점을 찾아보기 바란다. 미리 얘기하지만, 무심히 봐서는 이상한 점을 발견하기가 결코 쉽지 않을 것이다.

A반

112a4a342cb21ad0001acd24a3a12dadbcb4a0000000
d4a2341cacbddad3142a2344a2ac23421c00adb4b3cb
1b2a34d4ac42d23b141acd24a3a12dadbcd4a2134141
dbaab3dcacb1dadbc42ac2cc31012dadbcb4adb40000
d12443d43232d32323c213c22d2c23234c332db4b300
db2abad1acbdda212b1acd24a3a12dadbcb400000000
d4aab2124cbddadbcb1a42cca3412dadbcb423134bc1

1b33b4d4a2b1dadbc3ca22c000000000000000000000
d43a3a24acb1d32b412acd24a3a12dadbcb422143bc0
313a3ad1ac3d2a23431223c000012dadbcb400000000
db2a33dcacbd32d313c21142323cc300000000000000
d43ab4d1ac3dd43421240d24a3a12dadbcb400000000
db223a24acb11a3b24cacd12a241cdadbcb4adb4b300
db4abadcacb1dad3141ac212a3a1c3a144ba2db41b43
1142340c2cbddadb4b1acd24a3a12dadbcb43d133bc4
214ab4dc4cbdd31b1b2213c4ad412dadbcb4adb00000
1423b4d4a23d24131413234123a243a2413a21441343
3b3ab4d14c3d2ad4cbcac1c003a12dadbcb4adb40000
dba2ba21ac3d2ad3c4c4cd40a3a12dadbcb400000000
d122ba2cacbd1a13211a2d02a2412d0dbcb4adb4b3c0
144a3adc4cbddadbcbc2c2cc43a12dadbcb4211ab343
d43aba3cacbddadbcbca42c2a3212dadbcb42344b3cb

B반

db3a431422bd131b4413cd422a1acda332342d3ab4c4
d1aa1a11acb2d3dbc1ca22c23242c3a142b3adb243c1
d42a12d2a4b1d32b21ca2312a3411d000000000000000
3b2a34344c32d21b1123cdc0000000000000000000000
34aabad12cbdd3d4c1ca112cad2ccd000000000000000
d33a3431a2b2d2d44b2acd2cad2c2223b40000000000
23aa32d2a1bd2431141342c13d212d233c34a3b3b000
d32234d4a1bdd23b242a22c2a1a1cda2b1baa33a0000
d3aab23c4cbddadb23c322c2a222223232b443b24bc3
d13a14313c31d42b14c421c42332cd2242b3433a3343
d13a3ad122b1da2b11242dc1a3a12100000000000000
d12a3ad1a13d23d3cb2a21ccada24d2131b440000000

314a133c4cdb142141ca424cad34c122413223ba4b40
d42a3adcacbddadbc42ac2c2ada2cda341baa3b24321
db1134dc2cb2dadb24c412c1ada2c3a341ba20000000
d1341431acbddad3c4c213412da22d3d1132a1344b1b
1ba41a21a1b2dadb24ca22c1ada2cd32413200000000
dbaa33d2a2bddadbcbcallc2a2accda1b2ba20000000

A반의 담임이 부정을 저질렀다고 추측했다면, 축하한다. 정답이다. 그럼 그 증거를 확인하기 위해 A반의 답안지를 다시 살펴보기로 하자. 이번에는 컴퓨터에 부정행위 연산 방식을 적용하여 의심스러운 패턴을 찾도록 명령한 다음, 해당 부분을 볼드체로 뽑은 기록이다.

A반 (부정행위 연산 방식 적용)

1. 112a4a342cb21ad0001**acd24a3a12dadbcb4**a0000000
2. 1b2a34d4ac42d23b141**acd24a3a12dadbcd4**a2134141
3. db2abad1acbdda212b1**acd24a3a12dadbcb4**00000000
4. d43a3a24acb1d32b412**acd24a3a12dadbcb4**22143bc0
5. 1142340c2cbddadb4b1**acd24a3a12dadbcb4**3d133bc4
6. d43ab4d1ac3dd43421240d24**a3a12dadbcb4**00000000
7. dba2ba21ac3d2ad3c4c4cd40**a3a12dadbcb4**00000000
8. 144a3adc4cbddadbcbc2c2cc4**3a12dadbcb4**211ab343
9. 3b3ab4d14c3d2ad4cbcac1c003**a12dadbcb4**adb40000
10. d43aba3cacbddadbcbca42c2a32**12dadbcb4**2344b3cb
11. 214ab4dc4cbdd31b1b2213c4ad4**12dadbcb4**adb00000
12. 313a3ad1ac3d2a23431223c0000**12dadbcb4**00000000
13. d4aab2124cbddadbcb1a42cca34**12dadbcb4**23134bc1
14. dbaab3dcacb1dadbc42ac2cc310**12dadbcb4**adb40000
15. db223a24acb11a3b24cacd12a241c**dadbcb4**adb4b300

16. d122ba2cacbd1a13211a2d02a2412d0dbcb4adb4b3c0
17. 1423b4d4a23d24131413234123a243a2413a21441343
18. db4abadcacb1dad3141ac212a3a1c3a144ba2db41b43
19. db2a33dcacbd32d313c21142323cc300000000000000
20. 1b33b4d4a2b1dadbc3ca22c000000000000000000000
21. d12443d43232d32323c213c22d2c23234c332db4b300
22. d4a2341cacbddad3142a2344a2ac23421c00adb4b3cb

볼드체로 표시된 부분을 자세히 들여다보라. 22명의 학생 가운데 15명이 연속된 여섯 개의 문제에 대해 똑같은 정답(d-a-d-b-c-b)을 표기하는 데 성공했다. 과연 학생들이 스스로 정답을 맞힌 걸까?

아니다. 그것이 불가능한 이유가 적어도 네 가지 있다. 첫째, 이 문제들은 시험의 뒷부분에 출제된 것으로 앞부분의 문제들보다 훨씬 어렵다. 둘째, 이 학생들은 대부분 평균 점수 이하의 성적을 가진 아이들로, 시험의 앞부분에서조차 연속되는 여섯 개의 문제에 정답을 표시한 학생은 극소수에 불과하다. 따라서 이들 모두가 그보다 훨씬 어려운 여섯 개의 문제에 대해 연달아 정답을 맞혔다는 사실은 이해가 되지 않는다. 셋째, (볼드체로 표시된) 패턴이 시작되기 전까지, 이 15명의 답안지에서 상호연관성을 발견할 수 없다. 그리고 마지막으로, 학생들 중 세 명(1, 9, 12번 줄)은 의심스러운 패턴의 앞부분에 하나 이상의 빈칸을 남겨놓았으며, 답안의 마지막 부분 역시 일련의 빈칸으로 남겨놓았다. 이는 곧 그 자리에 하나의 기다란 빈 공간이 존재했으며, 거기에 학생이 아니라 교사가 개입했음을 시사한다.

의심은 여기서 끝나지 않는다. 15개의 답안 가운데 아홉 개에서, 여섯 개의 정답 패턴 앞에 다른 동일한 패턴 3-a-1-2가 반복됨을 확인할 수 있다. 네 개의 답안 가운데 오답이 자그마치 세 개나 된다. 또한 15개의 답안에서 발견된 의심스러운 패턴 뒤에는 똑같은 오답, 즉 4가 이어진다. 대체 어째서 부정행위를 저지르는 교사들이 학생들의 답안지에 잘못된 답을 적는 것일까?

어쩌면 그가 단순히 머리를 굴린 것인지도 모른다. 만에 하나 부정행위가 적발되어 교장실로 불려갔을 때에 대비해 자신의 결백을 증명하려고 이런 번거로운 수고를 감수한 것인지도 모른다는 얘기다. 아니, 어쩌면 (좀 냉혹하긴 하지만 가능성은 충분한 추론인데) 교사 자신이 정답을 잘못 알고 있을 수도 있다. (표준화 시험의 경우, 교사들에게 정답을 따로 알려주지 않는다.) 만일 이런 경우라면, 우리는 왜 그가 가르치는 학생들이 점수 조작이라는 부정행위가 필요한 상태에 있었는지, 그 이유를 짐작할 수 있다. 일단 실력이 부족한 선생을 모시고 있었기 때문이다.

A반에서 교사가 부정을 저질렀음을 암시하는 단서는 또 있다. 학급 전체의 평균 성적이다. 진급한 지 8개월이 된 6학년 학생들은 표준화 시험에서 평균 6.8점 이상을 얻어야 전국 표준에 부합하는 것으로 평가받는다. (5학년은 5.8점, 7학년은 7.8점이다.) A반의 학생들은 6학년 표준화 시험에서 반 평균 5.8점을 기록했다. 5학년과 같은 수준이라는 얘기다. 학업 성취도가 낮은 학생들임을 알 수 있다. 그러나 1년 전 이 학생들의 5학년 때 평점은 겨우 4.1이었다. 한 학년 진급하면서, 성적이 보통 예상치인 1점이 아니라 자그마치 두 학년에 가까운 1.7점이나 상승한 것이다. 그러나 이런 기적과도 같은 현상은 그리 오래가지 않았다. 이 6학년 학생들이 7학년에 올라가 치른 시험의 평균 점수는 5.5였다. 평균보다 2점이나 아래일 뿐만 아니라 심지어 6학년 때의 점수보다도 낮다. 그럼 다음 자료를 살펴보자. A반에 소속된 세 학생의 고무줄처럼

늘었다 줄어든 성적이다.

	5학년	6학년	7학년
학생 3	3.0	6.5	5.2
학생 5	3.6	6.3	4.9
학생 14	3.8	7.1	5.6

반면에 B반 학생들의 3년에 걸친 평점은 마찬가지로 하위권을 맴돌긴 하지만, 적어도 정직한 수준임을 보여준다. 4.2에서 5.1 그리고 6.1점. 그렇다면 A반의 전체 학생이 1년간 돌연 똑똑해졌다가 다음 해에 다시 멍청해진 걸까, 아니면 그들의 6학년 담임선생이 뭔가 신기한 마술을 보여준 걸까? 지우개와 연필을 사용한 마술 말이다.

잠시 길을 벗어나서, 다른 이야기를 해보자. 우리는 두 가지 점에서 A반의 학생들에게 주목해야 한다. 먼저 그들은 학교 성적이 그다지 좋지 못하며, 따라서 누구보다도 고부담 시험이 필요한 학생들이다. 두 번째는, 이런 학생들과 그들의 부모들이 7학년에 이르면 엄청난 충격을 받을 수 있다는 것이다. 학생들이 아는 것이라고는 자신들이 시험을 통해 정정당당히 다음 학년으로 진급했다는 사실뿐이다. (그렇다. '낙제생을 줄이려는' 보편성 교육 덕분이다.) 인위적으로 점수를 조작한 것은 학생들이 아니다. 그렇기에 그들은 7학년에 올라가서도 좋은 점수를 받으리라 기대했으리라. 하지만 다음 해, 학생들은 비참하게 실패한다. 이는 고부담 시험이 지닌 가장 잔인한 특성 중 하나일지도 모른다. 부정행위를 저지른 교사는 자신이 학생들을 돕고 있다고 생각할지 모르지만, 실상 그는 자기 자신에게만 좋은 일을 하고 있는 것에 불과하다.

이런 식으로 시카고 공립학교들의 모든 데이터를 분석해보면 연간 200개 이상의 학급에서 부정행위가 저질러진다는 증거를 발견할 수 있다. 전체의 5%에 가까운 수치다. 그러나 이것은 최소한의 추정일 뿐이다. 우리가 개발한 연산법은 가장 악의적이고 확실한 부정행위(조직적인 답안지 조작)만을 판독해낼 수 있기 때문이다. 그러나 교사들은 이보다 훨씬 교묘하고 포착하기 어려운 다양한 방법들을 사용할 수 있다. 노스캘리포니아의 교사들을 대상으로 한 최근의 한 연구에서는, 다른 동료들이 부정행위를 저지르는 모습을 목격한 적이 있다는 답변이 전체의 35%에 달했다. 여기에는 물론 학생들에게 답을 적을 시간을 더 주거나, 답을 살짝 암시해주거나, 혹은 답안지를 수정하는 행위 등이 포함된다.

그렇다면 부정행위를 저지르는 교사들의 특성은 무엇일까? 시카고 공립학교의 데이터는 남교사와 여교사가 부정행위를 저지르는 비율이 비슷함을 보여준다. 부정행위를 저지르는 교사들은 평균보다 젊고, 실력이 뒤처지는 경향이 있다. 또한 시카고 공립학교 체제가 보유한 1993년에서 2000년까지의 모든 데이터를 살펴보고 고부담 시험의 채택 시기가 1996년임을 고려할 때, 인센티브의 변화가 부정행위에 확연한 영향을 미친 것으로 보인다. 아무 데서나 부정행위가 저질러지는 것은 아니다. 대개 부정을 저지르는 교사들은 성적이 좋지 않은 학급을 맡고 있는 이들이었다. 결국 캘리포니아의 교사들에게 제공하던 2만 5,000달러의 보너스 제도는 폐지되었다. 적잖은 돈이 부정행위자의 손에 들어간다는 의심이 커졌기 때문이다.

하지만 부정행위를 적발하기 위해 행한 우리의 분석 결과가 완전히 암울한 것만은 아니다. 우리의 연산 방식은 부정행위자를 적발하는 것은 물론, 훌륭하고 우수한 교사를 찾아내는 데도 탁월하기 때문이다. 좋은 교사는 부정행위자만큼이나 확실한 특성을 갖추고 있어 발견하기가 무척 쉽다. 우수 교사의 학생들은 두서없는 점수를 얻는 대신 실제로 향상된 성적을 보인다. 이전에는 곧잘 틀리곤 했던 쉬운 문제들을 맞힘으로써 실질적으로 학업 성취도가 향상되며 다음 학년에도 그 수준을 고스란히 유지한다.

　이런 종류의 학문적 분석은 사람들의 뇌리에서 금세 사라져, 아무도 손대지 않는 먼지 그득한 도서관 책장 위로 사라지게 마련이다. 그러나 2002년 초반, 시카고 공립학교 체제의 새로운 운영책임자 아른 덩컨 Arne Duncan은 이 연구의 저자들과 접촉을 시도했다. 그는 연구자들이 밝혀낸 사실에 항의하거나 거부감을 보이려는 것이 아니었다. 그보다 그는 특정 연산 방식에 의해 적발된 교사들이 실제로 부정행위를 저질렀는지 확인하고 싶었다. 그리고 그에 대해 조치를 취하고 싶었다.

　사실 덩컨은 그런 강력한 직책을 자진해서 맡은 사람이 아니었다. 책임자에 임명되었을 때, 그는 겨우 36세의 젊은이로 하버드 시절 '전미 장학생'으로 뽑힌 적이 있었으며 이후에는 오스트레일리아에서 프로 농구 선수로 활약했었다. 그는 3년 동안 시카고 교육당국에서 일했지만, 개인 비서를 둘 정도로 중요한 직책을 맡게 된 것은 이번이 처음이었다. 시카고 출신이라는 사실은 덩컨에게 오점이 될 수 없었다. 그의 아버지는 시카고 대학에서 심리학을 가르쳤고, 어머니는 40년 동안 아무런 보수도 받지 않고 빈민가에서 '방과 후 교육 afterschool programs' 시설을 운영했다. 어린 시절 덩컨이 방과 후에 어울리는 친구들은 대개 부모의 무관심 속에서 자라나는 가난한 아이들이었다. 그랬기 때문에 후에 시카고의 모든 공립학교를 책임지는 자리에 앉게 되었을 때, 그의 관심사는 교사들이나 직원이 아니라 학생들과 그들의 가정형편에 집중되었다.

덩컨은 교사의 부정행위 문제를 해결하는 최상의 방법은 표준화 시험을 다시 한 번 치르는 것이라고 판단했다. 그러나 재원 및 제반 여건상 재시험은 단지 120개 학급을 대상으로 실시할 수밖에 없었다. 그는 부정행위 분석 연산법을 만들어낸 창조자에게 어떤 학급을 골라 재시험을 치러야 할지 도움을 달라고 청했다.

어떻게 하면 120개 학급을 이용해 가장 효과적으로 재시험을 치를 수 있을까? 어쩌면 당신은 부정행위를 저질렀다고 의심되는 교사의 학급만을 골라 재시험에 응하도록 하는 방법이 가장 적절하다고 생각할지도 모른다. 그러나 재시험에서 점수가 낮게 나오는 경우, 교사들은 아이들이 이번 시험 점수가 성적에 포함되지 않는다는 사실을 알기 때문에 최선을 다하지 않았다고 변명을 늘어놓을 수도 있다. (재시험에 응하는 모든 학생에게 성적에 포함되지 않는다는 사실을 알릴 수밖에 없는 상황이었다.) 재시험 결과를 효과적으로 얻기 위해서는 대조군으로서 부정을 저지르지 않는 교사들의 학급도 필요했다. 가장 좋은 대조군은 연산법에 의해 최고의 교사들이 지도하고 있다고 밝혀진 학급, 정당하게 훌륭한 성적을 얻은 학급이 될 것이다. 용의선상에 오른 교사들의 학급 평균은 현저하게 낮아지고, 그렇지 않은 학급은 점수 변화가 없다면 변명의 여지가 없을 것이다.

따라서 시험 대상 학급은 골고루 선정되었다. 120개의 재시험 학급 가운데 적어도 절반 이상이 부정행위가 의심되는 교사들의 학급이었으며, 나머지는 (높은 점수를 받았지만 의심스러운 패턴이 발견되지 않은) 우수한 교사들의 학급과, (통제 변수를 더욱 확장해 추가한) 점수는 낮지만 부정행위의 증거가 발견되지 않은 그룹이었다.

　재시험은 표준화 시험 몇 주 후에 실시되었다. 학생들은 재시험의 목적을 알지 못했고 교사들 역시 마찬가지였다. 어쩌면 교사들이 아니라 교육당국 관계자들이 시험감독을 맡게 될 것이라는 공고에서 뭔가 눈치를 챘을지도 모른다. 교사들은 학생들과 함께 교실에 남아 있도록 요청을 받았지만 답안지에는 손가락 하나 댈 수 없도록 철저하게 통제되었다.

　결과는 부정행위 분석 연산법이 예측한 그대로였다. 대조군, 즉 부정행위의 기미가 보이지 않는 학급의 점수는 이전과 같거나 조금 오르기도 했으나, 부정행위가 있었다고 의심되는 학급은 평점이 한 학년 이상이나 차이가 나게 떨어졌다.

　그 결과, 시카고 교육당국은 부정행위를 저지른 교사들을 해고하기 시작했다. 증거가 확고한 12명의 교사를 해고했고, 다른 많은 교사들에게는 적절한 경고 조치를 취했다. 이 시카고 연구의 결과는 인센티브가 얼마나 강력한 힘을 행사하는지 증명한다. 다음 해, 교사들에 의한 부정행위는 30% 이상 줄었다.

　어쩌면 당신은 부정행위를 저지른 교사들의 교묘하고 세련된 솜씨로 미루어 볼 때 그들의 수업 수준 또한 상당하리라 생각할지도 모른다. 그러나 2001년 가을 조지아 대학에서 시행된 아래의 시험 문제를 살펴보면 그 추측이 틀렸음을 확인하게 될 것이다. 이 수업의 이름은 '농구의 전술 및 지도 방법'인데 20개의 문제가 담긴 학기말 시험으로 그 학기의 성적이 결정된다. 시험 문제 몇 개를 함께 살펴보자.

● 대학 농구에서 '하프(half: 전반전과 후반전)'는 모두 몇 개인가?
   a. 1   b. 2   c. 3   d. 4

● 농구 시합에서 3점 슛 라인 밖에서 던진 필드 골의 득점수는?
   a. 1   b. 2   c. 3   d. 4

● 조지아 시의 모든 고등학교 졸업반 학생이 합격해야 하는 시험의 이름은 무엇인가?
   a. 시력 검사   b. 미각 검사
   c. 프로그램 버그 제어 시험   d. 조지아 졸업 시험

● 학생의 견해로 볼 때, 전국 최고의 대학 농구 1부 리그 팀 부코치는 누구인가?
   a. 론 저사   b. 존 펠프레이
   c. 짐 해릭 주니어   d. 스티브 워치초우스키

마지막 문제가 너무 어렵다고 생각한다면, 이 수업을 가르치는 교사의 이름이 짐 해릭 주니어이며 이 대학 농구팀의 부코치라는 사실이 힌트가 될 것이다. 그리고 그의 아버지 짐 해릭 시니어는 농구팀의 감독이다. 별로 놀라운 일은 아니지만 이 과목은 해릭의 팀에 있는 모든 선수에게 최고의 인기를 누렸으며, 이 수업을 수강한 학생들은 한 명도 빠짐없이 A학점을 받았다. 그리고 얼마 안 가, 두 해릭 부자는 코치 자리에서 영원히 해방되었다.

인센티브의 유혹 2 **스모 선수와 승률**

시카고 공립학교의 교사들, 조지아 대학의 교수들이 부정을 저지른다는 사실에 수치심이 느껴진다면(교사 본연의 임무는 진리와 가치관을 가르치는 것 아닌가), 스모 선수도 부정행위를 저지른다는 것은 더한 충격으로 다가올 것이다. 일본에서 스모는 국기國技일 뿐만 아니라 종교적, 군사적, 역사적으로 중요한 의미를 지닌 국보國寶다. 지배계층에서 비롯된 그 기원과 정화 의식 등을 고려할 때, 스모는 미국 스포츠가 결코 모방하지 않을 신성불가침의 특성을 지니고 있다. 사실상 스모는 '경쟁하는' 스포츠라기보다 '경의를 표하는' 스포츠다.

스포츠와 부정행위 사이에 밀접한 관련이 있다는 사실은 누구나 잘 알고 있을 것이다. 그것은 부정행위가 애매한 인센티브보다는 분명한 인센티브가 걸린 곳(예컨대 승리와 패배의 갈림길)에서 더 자주 나타나게 마련이기 때문이다. 올림픽에 출전하는 육상·역도 선수, 투르 드 프랑스의 사이클리스트, 미식축구의 라인맨과 야구팀의 강타자, 그들은 대부분 기운을 북돋워준다는 신비의 알약이나 가루를 삼켜본 경험이 있는 것으로 추정된다. 빈틈없는 야구팀 감독들은 기회만 있으면 상대 팀의 사인을 훔쳐보려고 안달이다. 2002년 겨울 올림픽 피겨 스케이팅 경기가 열렸을 때, 프랑스 심판과 러시아 심판은 자기 나라 선수들이 메달을 딸 수 있도록 점수를 교환하다 적발되었다. (이 부정 심사를 뒤에서 조종한 악명 높은 러시아 갱단 보스 알림잔 토흐타후노프는 모스크바 미인 선발대회를 조작했다는 의혹도 사고 있다.)

약물 복용이 들통 난 운동선수들은 대개 비난을 받지만, 대부분의 팬들은 적어도 그의 동기만큼은 이해하는 경향이 있다. 얼마나 이기고 싶었으면 규칙을 어겼겠는가. (야구 선수 마크 그레이스가 말했듯이, "부정행위를 저지르고 있지 않다면, 최선을 다하고 있지 않은 것이다".) 한편 지기 위해 부정행위를 저지른 운동선수는 명예의 전당 대신 지옥의 전당에 떨어지게 된다. 1919년 시카고 화이트삭스 선수들은 도박사들과 결탁해 월드시리즈에서 일부러 지는 경기를 벌였고(덕분에 그들에게는 '블랙삭스'라는 이름이 영원히 붙어다니게 되었다), 심지어 평범한 야구팬들 사이에서조차 냄새나는 팀으로 기억된다. 한때 영리하고 강력한 플레이로 사랑받던 뉴욕 시립대학 농구팀은 1951년 일부 선수들이 뇌물을 받고 일부러 골을 넣지 않았음이 밝혀지면서 즉각 비난의 화살을 맞았다. 고의로 실수를 함으로써 도박사들이 예상한 점수가 나오도록 도왔던 것이다. 영화 「워터프런트」에서 말론 브랜도가 연기했던 전 복싱 선수 테리 말로이를 기억하는가? 말로이가 보기에 자신의 모든 문제는 단 한 번 행한 짜고 하는 시합에서 비롯된 것들이었다. 그 시합만 아니었더라면, 그는 최고가 될 수 있었다. 진짜 투사가 될 수 있었을 것이다.

만일 일부러 지는 부정행위가 스포츠 세계에서 가장 비열한 죄악이라면, 그리고 스모가 위대한 국가의 신성한 스포츠라면, 스모 시합에는 일부러 지는 부정행위 같은 건 존재할 리가 없다. 그렇지 않은가?

이번에도 우리에게 진실을 말해주는 것은 데이터다. 시카고 공립학교의 시험 기록과 마찬가지로 우리가 모은 데이터는 엄청난 양을 자랑한다. 1989년 1월에서 2000년 1월에 이르기까지 일본에서 가장 훌륭한 스모 선수들이 치렀던 모든 공식 경기의 결과, 즉 281명의 스모 선수들 사이에 있었던 약 3만 2,000건의 시합에 관한 데이터가 이 연구에 이용되었다.

스모를 지배하는 인센티브 도식은 난해할 뿐만 아니라 극도로 강력하다. 스모에서 선수들의 순위는 그의 인생 전반을 지배한다. 수입과 추종자들의 수, 얼마나 많이 먹고 자야 하는지, 과연 성공할 수 있는지 등등. 일본에서 상위 66위 안의 스모 선수들은 일종의 엘리트 그룹으로, 1부 리그 격인 마쿠우치 幕內와 그보다 한 등급 아래인 주료 十兩에서 시합을 치른다. 이 엘리트 피라미드의 꼭대기에 가까울수록 선수들은 더 많은 수입을 올리며 마치 귀족과도 같은 특권을 누릴 수 있다. 상위 40위 안에 포함되는 선수들은 적어도 1년에 약 17만 달러를 벌지만, 70위 선수의 수입은 겨우 1만 5,000달러다. 결국 울타리 밖의 삶은 그다지 달콤하지 않다. 순위가 낮은 스모 선수들은 그들보다 뛰어난 이들의 시중을 들어야 한다. 식사를 준비하고 방을 청소해주고, 심지어 목욕할 때 등을 밀어주기도 한다. 순위는, 인생의 전부다.

이렇게 중요한 스모 선수의 순위는 1년에 여섯 번 열리는 정규 대회의 결과로 결정된다. 각각의 선수들은 대회가 열릴 때마다 열다섯 번의 시합을 가지는데, 대회는 15일간 계속되므로 하루에 한 경기를 치르는 셈이다. 8승 이상의 전적으로 대회를 마치면 순위가 상승하며 7승 이하의 전적으로 패배하면 순위가 하락한다. 순위가 계속 하락한다면? 엘리트 그룹에서 이름이 완전히 삭제된다. 따라서 스모 대회에서 가장 중요한 시합은 8승째를 가르는 순간이다. 위로 올라갈 것인가, 밑으로 추락할 것인가 그 한 시합에 달려 있기 때문이다. 이는 일반적인 승리보다 4배는 값진 승리라 할 수 있다.

그렇기 때문에 대회 마지막 날 7승7패의 전적으로 시합에 임하는 선수는 8승6패를 기록하고 있는 상대방에 비해 승리에 대한 갈망이 훨씬 클 것이다.

그렇다면 8승6패의 전적을 가진 선수가 7승7패를 기록하고 있는 상대 선수에게 일부러 져주는 것도 가능하지 않을까? 스모는 일순간에 집중되는 힘과 스피드, 지레효과를 이용한 스포츠로, 대개 몇 초 안에 한판 승부가 갈린다. 가만히 서서 자기 몸이 날아가도록 기다려주는 것은 그다지 어렵지 않은 일일 것이다. 자, 그럼 스모 시합이 조작될 가능성을 생각해보자. 어떻게 데이터를 분석하면 이를 증명할 수 있을까?

첫 번째 단계는 의심스러운 시합들을 분리하는 것이다. 대회 마지막 날, 풍전등화의 상황에 처한 7승7패의 선수와 이미 8승을 올려 안정적인 기록을 보유한 선수의 시합을 따로 추출한다. (이때에는 이미 절반 이상의 선수들이 7승, 8승 혹은 9승의 전적으로 대회를 마쳤기 때문에 이런 기준에 부합하는 시합의 수는 자그마치 수백 개에 이른다.) 단, 마지막 날 양쪽 다 7승7패의 선수들이 맞붙는 시합은 조건에 맞지 않는다. 두 선수 모두 사활을 걸고 승부에 전력을 기울일 것이기 때문이다. 10승 이상을 올린 선수 역시 승리를 포기할 확률이 낮다. 그 나름대로 승리해야 하는 강력한 인센티브가 있기 때문이다. 이 대회는 전승무패를 기록한 챔피언에게 10만 달러의 상금을 수여하며, '기능상技能賞'이나 '감투상敢鬪賞' 등이 있어 훌륭한 기술이나 투지를 보여준 선수에게도 2만 달러의 상금이 주어진다.

다음의 통계수치는 대회 마지막 날 7승7패의 선수들이 8승6패의 선수들을 맞아 싸운 몇백 건의 시합 기록을 종합한 것이다. 왼쪽은 그날 싸우는 두 선수들의 과거 시합 기록을 바탕으로 7승7패의 선수들이 승리할 확률을 계산한 것이며, 오른쪽 숫자는 그들이 마지막 날 실제로 시합에서 이긴 확률이다.

7승7패 선수가 8승6패 선수를 맞아 시합에서 이길 확률	7승7패 선수가 8승6패 선수를 맞아 실제로 시합에서 이긴 확률
48.7	79.6

과거의 승률로 추정해볼 때, 7승7패 선수가 8승6패 선수를 이길 확률은 절반 이하다. 이는 충분히 이해할 수 있는 수치다. 여타의 기록을 살펴보아도 8승6패를 이룬 선수가 7승7패 선수보다 약간 실력이 나음을 알 수 있기 때문이다. 그러나 실제 대회에서는 절박한 위치에 있는 7승7패 선수들이 열 번 가운데 여덟 번이나 이겼다. 심지어 실력이 훨씬 뛰어난 9승5패 선수를 상대로 맞았을 때에도 쉽게 승리를 거두었다.

7승7패 선수가 9승5패 선수를 맞아 시합에서 이길 확률	7승7패 선수가 9승5패 선수를 맞아 실제로 시합에서 이긴 확률
47.2	73.4

보이는 대로 상당히 의심스러운 상황이지만, 그렇다고 승률 하나만으로는 시합이 조작되었다는 증거가 되지 못한다. 어쩌면 여덟 번째의 승리가 너무나도 중요하기 때문에 평소보다 훨씬 열심히, 격렬하게 시합에 임했을지도 모르기 때문이다. 그러나 포기하지 말자. 데이터 안에는 틀림없이 부정 결탁을 밝힐 수 있는 단서가 숨어 있을 것이다.

스모 선수가 일부러 시합에서 질 만한 인센티브에는 어떤 것이 있을까? 뇌물이 오갔거나(이에 대한 사실 여부는 데이터에서 읽어낼 수 없다), 혹은 두 선수 간에 다른 약속이 있었다면 가능한 일이다. 상위권 스모 선수들은 아주 끈끈하고 강한 유대감으로 연결되어 있다. 66명의 최고 선수들은 두 달마다 한 번씩 동일한 대회에서 각각 열다섯 번의 대전을 치른다. 나아가 각각의 선수들은 대개 전 스모 챔피언들이 관리하는 선수양성소에 속해 있으며, 따라서 설사 라이벌 양성소끼리라 하더라도 긴밀한 관계를 유지하고 있다. (같은 양성소에 소속되어 있는 선수들끼리는 대전하지 않는다.)

이제 그 다음번 시합에서 7승7패 선수와 8승6패 선수가 만났을 때의 기록을 살펴보자. 두 선수는 모두 긴박한 상황이 아니며, 반드시 승리해야 한다는 부담감과 압박감으로부터도 대체로 자유로운 상태다. 따라서 대부분의 사람들은 7승7패 선수가 같은 상대를 맞아 대략 예전만큼의 실력을 발휘할 것이라고, 즉 50% 정도의 비율로 승리를 거둘 것이라고 예측할 것이다. 8할의 승률을 기대하지는 않을 것이다.

데이터로 확인해보면, 재대전에서 7승7패 선수들이 승리하는 확률은 겨우 40%다. 한 시합에서 80%의 승률을 올리고, 그 다음번에는 40%라, 이게 과연 자연스럽다 할 수 있을까?

이 상황을 가장 논리적으로 설명할 수 있는 방법은 선수들 사이에 일종의 보상 약속이 오갔다는 것이다. 나 정말 위험한데, 오늘 내가 이기게 해주면 다음번에는 내가 져줄게.(이런 약속은 굳이 현금 뇌물을 바칠 필요가 없다.) 이 두 선수의 또 다음번 만남을 살펴보면 상당히 흥미롭다. 승률은 다시 처음처럼 50%로 돌아간다. 이러한 부정 결탁은 단 두 차례의 시합 동안만 유용한 것으로 추정된다.

이런 부정행위가 선수들 사이에서만 일어나는가? 그렇지 않다. 수많은 스모 선수양성소의 전체 시합 승률 또한 선수 개개인의 의심스러운 기록과 유사하다. 위험한 상태에 있는 한 양성소 소속 선수들은 두 번째 양성소 선수들과 맞붙었을 때 놀라울 정도로 훌륭한 경기를 펼친다. 그리고 다음번에 두 번째 양성소 선수들이 위기에 처했다면? 첫 번째 양성소 선수들은 이상할 정도로 허약한 모습을 보인다. 이는 승부 조작이 꽤나 높은 선에서 조종되고 있을 가능성을 시사한다. 동계 올림픽 스케이트 부문에서 부정을 저질렀던 심판들의 경우처럼 말이다.

죽음을 부르는 승부 조작

승부 조작의 이유로 징계를 당한 스모 선수는 없다. 이따금 그런 고발을 접하는 일본 스모협회 관계자들조차 대개 억하심정을 가진 탈락 선수들의 거짓고발이라며 이를 무시한다. 사실 '스모'와 '승부 조작'이라는 단어를 같은 문장 안에 담는 것만으로도 전 국민의 분노를 살 수 있다. 국가를 대표하는 신성한 스포츠의 성직성이 공격당할 때, 이를 가만히 두고 볼 국민들은 없지 않은가.

그럼에도 불구하고 스모 경기에 조작이 있었다는 주장은 일본 언론에 의해서도 심심치 않게 제기되곤 한다. 재미있게도, 이렇게 가끔씩 제기되는 언론의 주장은 스모계의 부패를 측정하는 또 한 번의 기회를 제공한다. 언론의 감시는 강력한 인센티브를 창조한다. 만일 두 명의 스모 선수, 혹은 그들이 소속되어 있는 선수양성소에서 시합을 조작하고 있다면, 벌떼 같은 저널리스트와 TV 카메라가 자신들에게 초점을 맞추고 있을 때 특히 조심해서 행동하게 될 것이다.

자, 그렇다면 이때 어떤 일이 벌어질까? 고발자에 의해 승부 조작의 가능성이 제기된 직후 열린 스모 대회의 데이터를 살펴보도록 하자. 대회 마지막 날 7승7패의 선수들이 8승6패 선수들을 맞아 싸웠을 때의 승률은? 평소와 같은 50%다. 지난번 데이터 분석 때 우리가 확인했던 80%는 온데간데없다! 아무리 데이터의 의미를 깎아내려 해도 이 결과가 암시하는 바는 하나뿐이다. 스모 선수들이 승부를 조작하지 않았다고 주장하기란 꽤나 어려워 보인다는 것.

몇 년 전, 두 명의 전 스모 선수가 스모계의 부정행위에 대해 엄청난 폭로를 한 적이 있다. 승부 조작 이외에도 약물 복용과 성추행, 뇌물과 탈세, 야쿠자와의 검은 연계 등, 그들의 입에서 나온 내용들은 하나같이 충격적인 소식이었다. 그 후 이들은 전화 위협을 받기 시작했으며, 그 중 한 명은 친구들에게 언젠가 야쿠자에게 살해당할지도 몰라 두렵다고 털어놓았다. 그럼에도 불구하고 두 사람은 굴하지 않고 도쿄에 위치한 외신기자 클럽에서 기자회견을 열기로 결심했다. 그러나 불행히도 기자회견을 열기 바로 전, 두 사람은 목숨을 잃었다. 같은 병원에서, 겨우 몇 시간 간격으로, 그것도 비슷한 호흡장애로 말이다. 경찰은 타살의 증거가 없다고 발표했을 뿐, 더 이상 조사를 벌이지 않고 수사를 접었다. "두 사람이 같은 병원에서, 같은 날 사망한 것은 정말 이상한 일이다." 스모 잡지의 편집자 미쓰루 미야케의 말이다. "그러나 아무도 그들이 독살당하는 것을 보지 못했고, 따라서 아무리 의심스럽더라도 증거가 없다."

그들의 죽음이 타살에 의한 것이든 그렇지 않든, 이 두 사람은 이제까지 아무도 감히 하지 못했던 일을 해냈다. 바로 특정 이름을 밝힌 것이다. 그들은 앞의 데이터에 들어 있는 281명의 스모 선수들 가운데 (이름 하나하나를 밝히며) 29명이 부패했으며 반면에 11명은 결백하다고 말했다.

우리가 분석한 시합 데이터에 내부 고발자의 입에서 나온 확실한 증거를 결합하면 어떻게 될까? 부정행위자로 의심되는 선수 두 명의 대전 결과를 살펴보면, 아슬아슬한 상황에 있는 선수가 약 80%의 비율로 승리를 거두었다. 그러나 결백하다고 지적된 선수와 시합을 할 때에는 반드시 승리를 거두어야 하는 상황에서도 원래 예상치보다 더 높은 승률을 거두지 못했다. 나아가 부정이 의심되는 선수가, (부패했다거나 결백하다고) 이름이 언급되지 않은 선수들과 대전할 때의 결과는 두 명의 부패한 선수가 만났을 때와 거의 비슷한 승률로 나타났다. 즉 그들이 이름을 언급하지 않은 선수들도 실은 부정행위에 결탁했을 가능성이 높다는 증거인 셈이다.

무인 베이글 판매대의 교훈

따라서 만일 스모 선수, 학교 교사, 그리고 놀이방에 아이를 맡긴 부모들이 모두 부정행위를 저지르고 있다면, 인간이란 천성적으로 악한 존재라고 생각해도 되는 걸까? 만약 그렇다면 과연 인간은 얼마나 타락한 존재일까?

그 해답은 바로… 베이글에서 얻을 수 있다. 폴 펠드먼이라는 한 남자의 실화를 들어보자.

옛날 옛적에 펠드먼이라는 사람이 살았는데, 그는 커다란 꿈을 하나 가지고 있었다. 농경제학자가 되어서 세상의 모든 기아를 없애겠다는 아주 멋진 꿈이었다(실제로 그는 농경제학을 전공했다). 그러나 그는 워싱턴에서 직장을 얻어 미 해군의 무기 소비량을 분석하며 삶을 보내게 되었다. 1962년의 일이다. 그 후 20년이 넘도록 그는 워싱턴에서 군사 관련 분석 일을 계속했다. 꽤나 높은 직책에 올라 많은 돈을 벌 수 있었지만, 언제나 그가 가장 잘하는 일로 인정을 받은 것은 아니었다. 회사 크리스마스 파티 때, 동료들은 아내에게 그를 진짜 직책인 '공공조사부 부장'이 아닌 '베이글 공급책'이라고 소개했다.

베이글 공급은 우연히 시작한 일이었다. 사실 그가 준비한 베이글은 원래 부하 직원들이 외부 계약을 따냈을 때 칭찬해주는 수단이었다. 그러나 시간이 지나면서 그것은 일종의 습관으로 변했고, 매주 금요일이 되면 펠드먼은 회사에 베이글과 칼, 크림치즈를 가져다 놓곤 했다. 곧 다른 층에 있는 직원들 사이로 소문이 퍼져나가면서 너도나도 베이글을 먹고 싶어하게 되었다. 결국 그는 매주 15다스나 되는 베이글을 가져와야만 했다. 그 비용이 만만치 않았기에, 그는 바구니를 하나 내놓고 베이글 값으로 적당하다고 생각하는 가격을 적어놓았다. 수금률은 95%에 가까웠다. 100%가 아닌 것은 돈 내는 것을 깜박했거나 단순한 실수인 것 같았다. 결코 의도적으로 돈을 내지 않은 것은 아니라는 것이 펠드먼의 추측이었다.

1984년, 이제껏 몸담고 있던 조사기관이 다른 경영주의 손에 넘어가자, 펠드먼은 자신의 미래를 가늠해보고 회의에 빠졌다. 그는 직장을 그만두고 베이글을 팔기로 결심했다. 펠드먼의 경제학자 친구는 그에게 정신 나갔느냐고 타박했지만, 아내는 그의 편이었다. 세 자녀 모두가 벌써 대학을 마친 데다 주택 모기지까지 모두 해결된 상태라 문제 될 것은 아무것도 없었다.

그는 워싱턴에서 사무실이 밀집되어 있는 지역을 돌며 아주 간단한 방법으로 고객들을 유혹했다. 아침마다 베이글 상자와 돈 받을 바구니 하나를 사무실 휴게실에 가져다 놓았고, 점심시간이 되면 돈과 남은 빵을 수거해갔다. 사람들의 양심을 믿는 무인판매 시스템이었다. 그 방법은 나름대로 효과가 있었다. 몇 년 후, 그는 매주 140개의 회사에 8,400개의 베이글을 배달하며 조사분석가로 일하던 시절에 받던 연봉과 거의 비슷한 수입을 올리게 되었다. 그는 네모난 상자 안에 갇혀 살던 삶을 집어던지고 행복한 해방감을 맛보게 된 것이다.

또한 그는 전혀 그럴 의도는 없었지만 멋진 경제적 실험을 몸소 행한 것이나 다름없었다. 펠드먼은 사업을 시작할 때부터 모든 데이터를 정확하고 엄격하게 기록했다. 따라서 없어진 베이글의 수와 회수된 금액을 세어봄으로써 그는 고객들이 얼마나 정직한지 동전 하나까지 계산할 수 있었다. 고객들이 그를 속였는가? 만약 그렇다면 많은 사람들이 베이글 값을 지불하지 않은 회사와 그 반대의 회사가 서로 다른 특성을 지녔다고 할 수 있는가? 사람들은 어떤 조건하에서 돈을 내지 않고 빵을 집어가며, 어떤 조건하에서 그렇지 않은가?

펠드먼의 이 우연한 조사는 오랜 기간 학계를 곤경에 빠뜨렸던 부정행위, 즉 화이트칼라 범죄를 들여다볼 수 있는 창을 제공한다. (그렇다. 베이글 무단취식은 횡령이나 다름없는 화이트칼라 범죄다. 액수의 크고 작음에 상관없이 말이다.) 베이글 판매원의 인생을 통해 화이트칼라 범죄와 같은 거대하고 복잡한 문제를 분석하는 것이 우스꽝스러운가? 하지만 가끔은 사소하고 작은 질문 하나가 아무도 풀지 못했던 커다란 문제를 해결하는 단서가 되기도 한다.

한때 세상 모든 사람의 관심이 엔론Enron과 같은 비도덕적 회사에 집중되었음에도, 학계는 화이트칼라 범죄의 실제에 대해 아는 것이 거의 없다. 그 이유? 쓸 만한 데이터가 없기 때문이다. 우리가 화이트칼라 범죄에 대해 아는 핵심은 부정행위를 저지르다 들킨 사람들의 단편적인 고백과 정보에 기대고 있다. 대부분의 횡령범들은 조용하고, 이른바 편안하고 행복한 삶을 산다. 놀랍게도 회사의 자산을 훔쳐간 직원들은 잡히거나 탄로 나는 법이 거의 없다.

반면에 거리에서 일어나는 범죄는 다르다. 강도나 절도 혹은 살인은 범죄자가 잡히든 잡히지 않든 상관없이 그 피해 기록이 남는다. 거리의 범죄에는 피해 상황을 경찰에게 보고하는 피해자가 존재하고, 그렇게 생성된 데이터를 토대로 범죄학자, 사회학자 그리고 경제학자들은 수천 개의 논문을 탄생시킨다. 그러나 이와 대조적으로 화이트칼라 범죄에는 눈에 띄는 희생자가 없다. 엔론의 경영진은 정확히 말해 누구한테서 무엇을 훔친 것인가? 누구에게 어느 정도의 빈도와 규모로 일어난 일인지 모르는 상태에서 대체 무엇을 측정할 수 있단 말인가?

하지만 폴 펠드먼의 베이글 사업은 달랐다. 확실한 피해자가 있었기 때문이다. 물론 피해자는 바로 폴 펠드먼 자신이었다.

처음 사업을 시작했을 때, 펠드먼은 자신이 다니던 회사를 기준으로 약 95%의 대금 회수율을 기대했다. 그러나 경찰차가 서 있는 거리의 범죄율이 낮은 것처럼, 95%는 부자연스럽게 높은 수치였다. 펠드먼의 존재 자체가 범죄를 예방했던 것이다. 그뿐만 아니라 이 베이글 애호가들은 공급자인 펠드먼을 개인적으로 잘 알고 있었고, 그에 대해 특정한 감정까지 지니고 있었다(결과로 보건대 틀림없이 긍정적인 감정이었을 것이다). 이제까지 광범위하게 이뤄진 다수의 심리학 그리고 경제학 연구에 의하면, 사람들은 같은 물품에 대해서도 공급자가 누구냐에 따라 다른 금액을 지불한다고 한다. 경제학자 리처드 탈러Richard Thaler는 1985년에 발표한 '해변의 맥주' 연구에서, 해변에서 일광욕을 즐기는 목마른 사람들이 근처 호텔에서 배달하는 맥주에 대해서는 평균 2.65달러를 지불하는 반면, 작은 식료품 가게에서 나온 판매원에게는 평균 1.5달러밖에 지불하지 않는다고 밝혔다.

펠드먼은 현실 세계에 들어와서는 95% 이하에 만족하는 법을 배웠다. 그는 베이글 대금을 90% 이상 지불한 회사를 '정직한' 회사로 분류했다. 그리고 80~90%를 기록한 회사에 대해서는 '짜증나지만 그래도 참을 만한'이란 딱지를 붙였고, 꾸준하게 80% 이하를 기록한 회사에는 다음과 같은 메모를 남겼다.

올해 초부터 베이글 값이 급격하게 오르고 있습니다. 그리고 불행히도, 대금 지불 없이 행방불명되는 베이글의 수 역시 하늘 높은 줄 모르고 올라가고 있군요. 아무래도 그냥 내버려둘 수 없어서 이 글을 남깁니다. 설마, 당신 자녀들에게 부정행위를 해도 된다고 가르치는 건 아니겠지요? 그렇다면 먼저 당신의 행동부터 고치는 게 좋겠군요.

사업을 막 시작했을 당시 펠드먼은 평범한 바구니에 돈을 모았다. 하지만 너무나도 자주 많은 돈이 사라졌기에 다음에는 플라스틱 뚜껑에 구멍을 뚫은 커피 깡통을 이용했다. 그러나 사람들은 이것 역시 커다란 유혹으로 받아들이는 것 같았다. 마침내 그는 나무 합판으로 작은 상자를 만들어 맨 위쪽에 투입구를 만들었다. 나무 상자의 효과는 훌륭했다. 연간 통산 7,000개 정도의 상자를 놓아둔 셈인데, 상자를 도둑맞은 적은 단 한 번밖에 없었다. 이것은 매우 흥미로운 통계 결과다. 펠드먼에게서 10%나 되는 베이글을 훔쳐갔던 사람들이 돈 상자에는 거의 손을 대지 않았던 것이다. 이러한 결과의 영광은 '도둑질'이 지닌 사회적 의미의 미묘함에 돌아가야 할 듯하다. 펠드먼의 입장에서 볼 때, 돈을 내지 않고 베이글을 공짜로 먹는 행위는 범죄에 속했다. 그러나 회사원들의 생각은 달랐다. 이러한 차이점은 액수의 미미함이 아니라(펠드먼의 베이글은 크림치즈를 포함해 겨우 1달러다), '범죄'에 대한 관점의 차이에 기인한다. 펠드먼의 베이글을 먹고 돈을 내지 않은 직원들이라 해도 셀프 서비스 레스토랑에서 마신 청량음료에 대해서는 정당한 가격을 지불할 것이다.

그렇다면 이 베이글 데이터가 의미하는 바는 무엇일까? 최근 들어 이 자료에는 두 가지 주목할 만한 변화가 일어났다. 첫 번째는 1992년부터 시작된, 완만하고 긴 대금 회수의 하락세다. 2001년 여름, 회수율은 87%까지 하락했다. 그러나 그해 9월 11일 이후, 평균 회수율이 돌연 2% 가까이 증가하더니 이후로 줄곧 그 자리를 고수하고 있다. (2% 상승이 작은 수치라고 여겨진다면 이렇게 생각해보라. 미지불률이 13%에서 11%로 떨어진 것은 도둑질이 15% 감소한 것과 같다.) 이는 대부분 국가 안보와 관계된 일에 종사하는 펠드먼의 고객들이 9·11 사건의 영향으로 새삼 애국심이나 정의감과 관련해 진지해진 것으로 해석할 수 있을 것이다. 혹은 감정이입의 확산 덕분인지도 모른다.

또한 이 데이터는 규모가 작은 회사가 대기업보다 훨씬 더 정직하다는 것을 보여준다. 100명 이하 사업장은 수백 명이 일하는 대규모 사업장에 비해 회수율이 3~5%나 높았다. 통상적으로 생각해볼 때, 회사가 크면 클수록 더 많은 사람이 베이글 탁자 주위에 모여들게 마련이고, 그러면 상자에 돈을 넣는지 안 넣는지 보고 있을 눈도 더 많은 법인데 말이다. 그러나 회사의 규모에 따른 이 비교는 사무실에서 일어나는 베이글 범죄가 거리에서 일어나는 범죄의 축소판이라는 사실을 말해준다. 대도시에서는 시골지역과 비교도 할 수 없을 만큼 수두룩한 범죄가 일어난다. 시골에서는 범죄를 저질렀을 때 사건의 전달이 훨씬 쉽고 빨리 일어나며(따라서 체포되기도 쉽다), 나아가 작은 공동체 안에서는 범죄의 사회적 인센티브가 강력한 힘을 발휘한다. 바로 '수치심' 말이다.

더불어 베이글 데이터는 개인의 순간적인 감정과 기분이 정직성에 얼마나 많은 영향을 미치는지를 반영한다. 예를 들어 날씨는 주요 요인 가운데 하나다. 계절에 맞지 않게 따스하고 기분 좋은 날씨에는 더 많은 사람이 돈을 지불한다. 반면에 이상하게 추운 날은 부정행위를 부추기는 경향이 있으며, 비가 많이 내리는 날이나 바람이 심하게 부는 날도 마찬가지다. 최악의 경우는 휴일이다. 크리스마스가 있는 주의 회수율은 평균보다 2%나 낮다. 즉 도둑질이 15%나 늘어난다는 얘기다. 이는 휴일이 (방향이 반대이긴 하지만) 9·11 사건과 비슷한 수준의 영향력을 발휘한다는 의미다. 추수감사절도 마찬가지다. 밸런타인데이가 있는 주와 4월 15일(연방 소득세 신고 마감일 - 옮긴이)이 포함된 주 역시 비슷했다. 반면에 좋은 휴일도 존재한다. 7월 4일과 노동절, 콜럼버스의 날이 포함된 주에는 회수율이 좋았다. 그렇다면 같은 휴일인데도 이렇게 차이가 나는 이유는 무엇일까? 회수율이 높은 휴일들은 그저 하루를 쉬는 것뿐이다. 반면에 회수율이 낮은 휴일들은 신경을 써야 할 잡다한 일이나 문제들이 많고 사랑하는 사람들에게 거는 기대치가 높은 날이다.

  베이글을 배달하면서, 펠드먼은 또한 정직성에 관해 자신만의 결론을 내리게 되었다. 그는 자신의 경험을 바탕으로 '직원들의 사기'가 정직성에 큰 영향을 미친다고 믿는다. 직원들이 상사를 좋아하고 자신이 하는 일을 좋아할수록 그 회사는 정직하다. 그리고 높은 지위에 있는 사람일수록 부정행위를 더 많이 저지른다는 사실도 발견했다. 펠드먼은 세 개 층을 사용하는 한 회사에 수년간 베이글을 배달했는데, 그 중 꼭대기 층은 중역들이 사용하는 공간이었고 아래 두 층은 영업과 서비스 그리고 관리부가 일하는 곳이었다. (펠드먼은 중역들이 자신의 지위에 대해 지나친 자부심을 가지고 있어서 이러한 결과가 나타난 게 아닐까 의심했다. 하지만 그가 간과한 게 있다. 어쩌면 정직하지 않기 때문에 중역이 될 수 있었는지도 모른다는 것이다.)

윤리학이 우리가 원하는 이상적인 세상을 제시하고 경제학은 실제로 존재하는 현실 세상을 보여준다면, 펠드먼의 베이글 사업은 윤리학과 경제학의 교차점에 서 있는 셈이다. 그렇다. 적잖은 사람들이 펠드먼의 베이글을 부당하게 취했지만, 절대 다수는 아무도 감시하는 사람이 없을 때조차도 정직하게 돈을 지불했다. 이 결과는 어떤 이들에게는 상당한 충격으로 받아들여졌다. 특히 무인판매 시스템이 실패할 것이라 충고했던 그의 경제학자 친구에게는 더더욱. 하지만 애덤 스미스라면 결코 놀라지 않았을 것이다. 사실 스미스가 발표한 최초의 저서『도덕감정론』은 인간이 선천적으로 정직하다는 데 초점을 맞추고 있다. "인간이 아무리 이기적이라 해도, 그의 본성에는 특정 원칙이 존재하고 있어 타인의 행운에 관심을 가지고 타인에게 행복을 안겨주고 싶어한다. 비록 자신은 타인이 기뻐하는 모습을 보는 것 외에는 아무것도 얻지 못한다 해도 말이다."

펠드먼은 가끔씩 경제학자 친구에게 '기게스의 반지 The Ring of Gyges'라는 우화를 들려주곤 한다. 이 이야기는 플라톤의『공화국』에 등장하는데, 애덤 스미스처럼 인간이란 외부의 강제가 없어도 전반적으로 선한 행위를 한다고 가르치는 소크라테스에게 글라우콘이라는 학생이 반박하는 내용이다. 글라우콘은 펠드먼의 친구와 마찬가지로 인간의 본성에 회의를 품고 있었다. 그는 어느 날 우연히 비밀 동굴에서 시체를 발견한 목동 기게스에 관해 이야기한다. 기게스는 시체가 끼고 있던 반지를 빼서 자기 손에 끼어보는데, 그러자 그의 몸이 투명하게 변해 다른 사람들의 눈에 보이지 않게 된다. 아무도 그의 행동을 알 수 없다는 사실을 알아차린 기게스는 왕비를 능욕하고 왕을 살해하는 등 끔찍한 짓을 저지르고 다닌다. 글라우콘의 이 이야기는 윤리적 질문을 야기한다. 만일 아무도 그가 어떤 짓을 하는지 알 수 없다면, 대체 어떤 인간이 사악한 유혹에 맞서 저항할 수 있겠는가? 글라우콘은 "아무도 없다"고 대답하고 싶어하는 듯하다. 그러나 폴 펠드먼은 기꺼이 소크라테스, 애덤 스미스와 같은 의견을 내놓을 것이다. 그는 적어도 87%의 사람들은 그런 유혹에 저항한다는 것을 알고 있기 때문이다. 아무렴, 그렇고말고.

2_ KKK와 부동산 중개업자는 어떤 부분이 닮았을까?

FREAKONOMICS

　큐클럭스클랜Ku Klux Klan은 창립 이후 매우 굴곡이 심한 길을 걸어왔다. 이 단체는 남북전쟁이 끝난 직후 남부 동맹군으로 참전했던 여섯 명의 젊은이들에 의해 테네시 주 펄래스키에서 창설되었는데, 그 중 네 명이 전도유망한 신진 변호사였다. 처음에 KKK는 그저 마음이 잘 맞는 친구들의 작은 모임에 지나지 않았다. 그래서 그들이 선택한 이름도 '큐클럭스Kuklux'였다. 이 단어는 '서클circle'을 의미하는 그리스어 'kuklos'에서 따온 것이다.

　결성 초기에 그들의 활동은 아무에게도 해를 끼치지 않는 장난질 같은 것으로, 기껏해야 한밤중에 하얀 침대보를 둘러쓰고 머리에는 베갯잇을 뒤집어쓴 채 말을 타고 시골길을 달리는 정도였다. 그러나 얼마 지나지 않아 KKK는 주 경계를 넘어 세가 확장되었고, 해방 노예들에게 겁을 주거나 심지어 살해하는 테러리스트 집단으로 변모했다. KKK의 지부 리더 가운데에는 전 남부 동맹군 장군들도 포함되어 있었으며,

그들의 가장 든든하고 믿음직한 후원자는 '남부재건(reconstruction: 남북전쟁 후 남부 여러 주를 연방에 복귀시키기 위해 실시한 정치·경제·사회적 조치 - 옮긴이)'을 경제적, 정치적 악몽으로 받아들이던 남부의 대규모 농장 소유주들이었다.

1872년 율리시즈 S. 그랜트 대통령은 하원에서 KKK단의 진정한 목적에 대해 이렇게 설명했다. "그들의 목적은 폭력과 공포를 이용해 자신들의 이익과 관점에 부합하지 않는 모든 정치적 활동을 방해하고, 유색인 시민들에게서 무기 소유의 권리와 투표권을 박탈하고, 유색인의 교육을 탄압하고, 유색인의 삶을 노예 시절로 되돌리는 것입니다."

이러한 목적을 위해 KKK가 초기에 사용한 방법은 전단지 유포, 집단 린치, 저격, 방화, 거세, 채찍질 등 수천 가지 종류의 협박이었다. 그리고 그들의 주요 대상은 해방된 노예들과 교육, 선거권, 토지 획득 등 흑인들의 권리 신장을 위해 애쓰는 백인들이었다. 그러나 10년도 채 지나지 않아 워싱턴 정부의 법적, 군사적 조치에 따라 KKK는 거의 소멸할 지경에까지 이른다.

그러나 비록 KKK가 패배했다 하더라도, 그들의 목적은 짐 크로 법(Jim Crow laws: 19세기 말~20세기 초에 확립된, 흑인들에게 불리한 인종차별법 - 옮긴이)을 통해 달성되었다고 할 수 있다. 남부재건 기간 동안 흑인들의 법적, 사회적, 경제적 자유를 위해 신속하게 수많은 법안을 상정했던 의회는 얼마 지나지 않아 그에 뒤지지 않을 정도로 재빨리 그 법안들을 철회하기 시작했다. 연방정부는 남부에서 군대를 철수시킴으로써 백인들이 주도하는 재건을 허용했고, 미 대법원은 플레시 대 퍼거슨 사건(Plessy vs. Ferguson: "평등하되 분리된 시설을 제공하면 헌법에 어긋나지 않는다"는 판결로 흑백분리주의 정책을 합법화한 재판 - 옮긴이)에서 대대적이고 노골적인 인종차별 법안의 손을 들어주었다.

한동안 미국 사회에서 사라진 듯 보이던 KKK는 1915년 즈음부터 되살아나기 시작한다. 그들이 다시 힘을 얻은 데는 D.W. 그리피스D.W. Griffith가 만든 영화「국가의 탄생(The Birth of a Nation: 원제는 '클랜스맨The Clansman')」의 힘이 컸다. 그리피스는 KKK를 "백인 문화를 수호하는 성스러운 십자군"으로 묘사했을 뿐만 아니라 미국 역사에서 가장 고귀하고 소중한 힘이라고까지 일컬었다.

영화는 한 저명한 역사학자의 저서 『미국인의 역사A History of the American People』에서 다음과 같은 문구를 인용한다. "드디어 위대한 큐클럭스클랜이 탄생하나니, 남부 국가들을 수호하기 위한 진정한 남부의 제국이여!" 이 책의 저자는 후에 미국 대통령까지 역임한 우드로 윌슨(Woodrow Wilson: 1856~1924, 28대 대통령)으로, 한때 프린스턴 대학의 학장이기도 했다.

1920년대, 부활한 KKK의 단원 수는 자그마치 800만 명에 이르렀다. 이 시기에 KKK는 미국 남부에 국한되지 않고 전국적으로 세력을 넓혀 나갔고, 흑인들뿐 아니라 가톨릭교도, 유대인, 공산주의자, 연방주의자, 이민자, 정치 운동가, 그리고 자신들의 활동을 방해하는 모든 이들을 대상으로 활동 범위를 확장했다. 1933년 독일에서 히틀러가 강력한 세력으로 떠오르자, 당대의 인기 작가이자 배우였던 윌 로저스Will Rogers는 유럽을 위협하는 새로운 세력과 KKK를 비교하는 최초의 발언을 한다. "신문들은 다들 히틀러가 무솔리니를 모방한다고 말한다. 그러나 내가 보기에 히틀러가 모방하고 있는 것은 바로 큐클럭스클랜이다."

미국이 2차 세계대전에 참전하고 KKK 내부에서 몇몇 스캔들이 일어나자, KKK의 평판은 다시금 바닥으로 추락한다. 특히 국민들의 일치단결을 부르짖는 전시 상황에서 그들이 표방하는 분리주의는 사람들의 등을 돌리게 했다.

그러나 몇 년 지나지 않아, 다시 부활의 기미가 보이기 시작했다. 전시의 절박함이 전후의 불안감에 자리를 내준 것이다. 일본이 백기를 든 지 두 달 후, KKK 애틀랜타 지부는 로버트 E. 리 장군(남북전쟁 당시 남군 지휘관 – 옮긴이)의 조각이 새겨진 스톤 마운틴에서 100미터짜리 십자가를 불태우는 의식을 치른다. 이 거대한 십자가 화형식은, 후에 한 KKK단원의 표현에 의하면 "전쟁이 끝나고 KKK가 돌아왔다는 사실을 깜둥이들에게 알려주기 위한 경고"였다.

애틀랜타는 이미 KKK의 근거지가 되어 있었다. KKK는 조지아 주의 주요 정치인들과 깊은 관계를 맺고 있었고, 심지어 조지아의 수많은 경찰관, 부副보안관들조차 KKK에 속해 있었다. 그렇다. KKK는 암호와 망토, 단도 뒤에 숨어 책략을 즐기는 비밀조직이었다. 그러나 그들의 진정한 힘은 대중에게 심어주는 공포심에 있었다. KKK와 사법 당국이 공모하고 있다는 사실이 공공연한 비밀에 속했기에 더욱더 그랬다.

KKK단에 잠입하다

애틀랜타(KKK의 용어를 빌리면, '보이지 않는 KKK 제국의 수도')는 스테트슨 케네디Stetson Kennedy의 고향이기도 했다. 이 30세 청년은 KKK의 정통 핏줄을 타고났지만, 기질과 사고방식은 그들과 정반대였다. 그는 조상 중 두 명이 독립 선언서에 서명했고 한 명은 남부 동맹군 장교였다고 주장하는 남부 명문가 태생이었으며, 플로리다 주의 스테트슨 대학은 그의 조상이자 명성 높은 모자 회사의 설립자 존 B. 스테트슨의 이름을 딴 것이었다.

스테트슨 케네디는 플로리다 잭슨빌에 있는 방 열네 개짜리 저택에서 5남매 중 막내로 태어났다. 그의 삼촌 브래디는 KKK단원이었다. 그러나 케네디는 성장하면서 자칭 '반차별 특사'가 되었고, 그리하여 갖가지 편견에 반대하는 기사와 책을 저술하기 시작했다. 그는 처음에는 민속학자로 활동하며 민담이나 민요를 수집하러 플로리다 주를 돌아다녔다. 그리고 수년 후 전국에서 가장 큰 흑인 신문사 『피츠버그 쿠리어Pittsburgh Courier』에서 좀처럼 보기 드문 백인 통신원이 되었고, 그때부터 '대디 멘션Daddy Mention'이라는 필명을 사용하기 시작했다. (대디 멘션은 백인 보안관이 쏜 총알보다도 더 빨리 달린다는 전설적인 흑인 영웅이다.)

케네디가 이러한 활동에 뛰어든 것은 모든 종류의 편협과 무지, 의사 표현의 억압, 그리고 협박 등에 대한 혐오감 때문이었다. 그리고 그의 눈에 KKK는 이러한 불합리성을 누구보다도 자랑스럽게 과시하는 단체였다. 케네디는 KKK를 백인 기득권층이 활용하는 테러용 무기라고 생각했다. KKK는 여러 가지 면에서 그에게 해결하기 힘든 문제를 안겨주었다.

먼저 KKK는 미국의 정치, 경제, 사회 지도자들과 긴밀한 관계를 맺고 있었다. 대중은 두려움에 떨고 있어 감히 그들에게 대항하지 못했으며, 얼마 되지도 않는 반편견 단체들은 그 힘이 미약할 뿐만 아니라 KKK에 대한 정보도 거의 없었다. 후에 케네디가 밝혔듯, 특히 그는 이제까지 KKK에 대해 알려진 사실이 거의 없다는 것에 답답함을 느꼈다. "이제까지 KKK를 다룬 거의 모든 글은 사설에 불과할 뿐, 폭로 기사가 아니다. 필자들이 KKK를 반대하는 입장을 취한다는 것은 잘 알겠다. 하지만 그들은 KKK의 내부 사정에 대해선 아무것도 모른다."

그리하여 케네디는 KKK에 대한 '사실'들을 모으기로 결심한다. 그는 먼저 자신의 배경과 연줄을 활용하여 (그들과 같은 편인 척하면서) KKK의 지도자들과 동조자들을 인터뷰하며 수년을 보냈다. 그는 또한 KKK의 공개 모임에 참석하기도 했고, 나중에 책을 통해 밝혔듯이, 애틀랜타 KKK 본부에 직접 잠입하는 계획을 세우기도 했다.

케네디는 후에 KKK '내부'의 실태를 알린 자신의 활약상을 담아 회고록을 낸다. 『KKK의 가면을 벗기다 The Klan Unmasked』라는 제명의 그 책은 그러나 사실, 정확한 기록을 담은 논픽션이라기보다는 소설에 가까웠다. 본질적으로 민속학자였던 케네디는 가능한 한 가장 극적인 이야기를 자신의 책에 담고 싶었던 것으로 보인다. 그래서 그는 자신의 반反KKK 활동뿐 아니라, 코드명 존 브라운 John Brown이라는 또 다른 남자의 활약상까지 책에 소개했다.

당시 브라운은 노조 활동에 열심인 노동자였는데, 어느 순간 삶의 철학이 바뀌어 케네디에게 KKK단 잠입을 제안했다고 한다. (그는 잠입 활동 중에 KKK단 간부 자리에까지 오른다.) 그가 바로 『KKK의 가면을 벗기다』에 묘사된 가장 극적이고 위험한 에피소드들의 실제 주인공이다. 사실은 그가 애틀랜타에서 실제로 KKK 모임에 참여하고 여타의 역할을 수행한 사람인데, 스테트슨 케네디가 책을 쓰면서 상당 부분을 자신의 활약상인 양 묘사했다는 얘기다.

어쨌든 케네디와 브라운이 공동으로 수행한 노력의 결과물에는 대단히 많은 정보가 담겨 있었다. 브라운은 매주 열리는 KKK단 집회에 참석해 거기서 파악한 정보를 케네디에게 알려주었다. KKK의 각 지역 및 지부별 지도자들의 신원과 그들의 향후 계획, KKK의 의전 및 의식,

비밀언어 등이 그것이었다.

예를 들면, 단어들의 앞부분을 'Kl'이라는 접두사로 바꾸는 게 그들의 관례였다. 즉 KKK단원은 일반인들과 달리, 마을 클래번(Klavern: kl+tavern, 선술집)에서 클런버세이션(Klonversation: kl+conversation, 대화)을 나누었다. 또 KKK단원끼리 몰래 나누는 비밀 악수법은 손목에 힘을 빼고 낚싯줄을 던지듯 가볍게 왼손을 흔드는 것이었다. 여행 중인 KKK 단원이 낯선 마을에서 동료단원을 찾을 때면 "아야크 씨를 아시나요?"라고 물었다. '아야크Ayak'는 "당신은 KKK단원입니까Are You a Klansman?"의 암호였다. 그런 질문을 던져놓고 기대하는 답변은 "예, 그리고 전 아카이 씨도 압니다"였다. '아카이Akai'는 "나는 KKK단원입니다A Klansman Am I"를 뜻했다.

얼마 후 존 브라운은 클라발리에(Klavaliers: kl+Cavaliers, 기사단)에 들어오지 않겠냐는 권유를 받았다. 클라발리에는 KKK단의 비밀경찰이자 일명 '채찍질 부대'였다. 잠입자인 브라운에게 이는 꽤나 까다로운 문제를 야기하는 제안이 아닐 수 없었다. "만약 폭력을 가하도록 요구라도 받게 되면 어째야 한단 말인가?"

그러나 그는 곧 당시의 KKK, 아니 당시의 모든 테러리즘의 핵심을 깨달았다. 대부분의 폭력 위협은 위협 그 이상으로 발전하는 경우가 거의 없었다.

KKK의 폭력성을 대표하는 집단 린치의 경우를 살펴보자. 여기 미국에서 발생한 흑인 린치에 관해 터스키지 연구소가 10년 단위로 정리한 통계 자료가 있다.

연도	흑인 린치 횟수
1890~1899	1,111
1900~1909	791
1910~1919	569
1920~1929	281
1930~1939	119
1940~1949	31
1950~1959	6
1960~1969	3

 이 숫자들은 KKK가 행한 것으로 밝혀진 린치뿐만 아니라 경찰에 신고된 모든 린치 사건의 횟수라는 사실에 주목하라. 이 통계자료를 통해 우리는 적어도 세 가지 중요한 사실을 알 수 있다. 첫 번째는 시간이 갈수록 린치 사건이 줄어들고 있다는 것이며, 두 번째는 린치와 KKK단원 사이의 상관관계를 증명하기에는 증거가 부족하다는 점이다. 실제로 KKK가 휴지 상태에 있던 1900~1909년 사이에, 수백만 명의 KKK단원이 활동하던 1920년대보다 흑인 린치 사건이 오히려 더 많이 발생했다. 이는 KKK가 보통 사람들이 생각하는 것만큼 린치를 많이 행한 것은 아니라는 점을 시사한다.
 세 번째로, 흑인 인구의 규모를 고려해볼 때 린치가 실질적으로 매우 드문 사건이었다는 사실이다. 물론 린치는 단 한 건만 일어나도 지나치게 많은 것이다. 그러나 20세기에 린치는 우리가 기억하는 것만큼 흔히 일어나지 않았다. 1920년대 발생한 281건의 린치와, 당시 영양실조, 폐렴, 탈수증 등으로 죽어간 흑인 영아들의 숫자를 비교해보자. 1920년만

해도 100명 중 13명의 흑인 유아가 사망했다. 매년 2만 명의 아이들이 죽어갔지만 한 해에 린치를 당한 사람은 겨우 28명이었다. 1940년대 후반, 흑인 유아 사망자는 연간 1만 명 선으로 떨어졌다.

이 자료는 어떠한 사실을 암시하는가? 린치가 실제로는 매우 드물게 일어났고, 심지어 KKK단원의 숫자가 무섭게 급증하는 시절에도 그 빈도가 감소 추세에 있다는 것은 도대체 무슨 뜻일까?

가장 설득력 있는 해석은 KKK 초기에 행했던 린치가 제 몫을 톡톡히 해냈다는 것이다. 백인 인종차별주의자들은, KKK에 속해 있든 그렇지 않든 시작 단계에서 충분한 행동을 취했고, 그들의 화려한 수사법은 끔찍하도록 확실하고 공포스러운 강력한 인센티브 도식을 창조해냈다. 흑인들은 만일 자신이 허용치 이상의 주제넘은 행동을 한다면(예를 들어 전차 운전기사에게 말대꾸를 하거나 감히 투표를 하려 든다면), 그에 합당한 형벌을 받게 될 것이며, 심지어 죽을지도 모른다는 사실을 아주 잘 숙지하고 있었다.

따라서 1940년대 중반 스테트슨 케네디가 KKK를 깨부수려 노력하고 있을 당시, KKK는 많은 폭력을 휘두를 필요가 거의 없었다. 많은 흑인들은 이미 2류 시민처럼, 혹은 시민이 아닌 것처럼 행동하도록 경고를 받은 상태였고, 거기에 충실히 복종하고 있었다. 한두 건의 린치가 그렇게 많은 사람들에게서 오랜 기간 고분고분한 복종을 이끌어내는 효력을 발휘했던 것이다. 사람들은 강력한 인센티브에 가장 잘 반응하며, 무작위적인 폭력보다 더 강력한 인센티브는 없다. 테러리즘이 그토록 놀라운 효과를 발휘하는 것은 바로 이런 이유 때문이다.

그러나 1940년대의 KKK가 폭력을 수단으로 삼는 조직이 아니었다면, 그들은 대체 어떤 존재였을까? 케네디의 기록에 따르면 KKK는 일종의 남성 전용 사교클럽이었으며, 그들 중 대부분이 교육 수준과 사회적 지위가 낮고 무언가 감정을 해소할 분출구와 때때로 밖에서 밤을 지새울 만한 구실이 필요한 사람들이었다. 집회는 대부분 사이비 찬송가나 서약, 성서에 대한 찬미로 구성되었으며, 이 모든 것이 외부 사람들에게 깊은 인상을 주기 위해 일급비밀로 지정되었다.

케네디는 또한 KKK가 교묘하게 돈을 벌어들이고 있음을 눈치 챘다. 적어도 조직의 최상부에 위치한 이들은 그랬다. KKK의 지도자는 수많은 수입원을 가지고 있었다. 회비를 내는 수천 명의 평단원들과 자신의 신변 보호를 위해서나 노동조합원을 쫓아내기 위해 KKK를 고용하는 사업가 등등, 돈이 들어올 곳은 많았다. 또 KKK는 기부금만으로도 엄청난 현금을 긁어모았고, 때로는 총포 밀수나 밀조를 통해 돈을 벌었다. 그리고 KKK 내부에서 단원들에게 보험 상품을 파는 'KKK 사망구제협회'도 있었다. 그들은 현금이나 개인수표만을 받았으며, 수표의 수취인은 수장인 '그랜드 드래건 Grand Dragon'이었다.

그리고 비록 KKK는 일반적으로 생각하는 것만큼 그렇게 치명적인 집단은 아니었을지 몰라도 어쨌든 다분히 폭력성을 띠고 있었고, 더 나쁘게는 정치적 영향력을 행사하겠다는 목적도 갖고 있었다. 그런 연유로 케네디는 자신의 능력이 미치는 한 KKK에 커다란 타격을 안겨주고 싶었다. KKK가 노동조합 분쇄 음모를 꾸미고 있다는 사실을 알아냈을 때는 조합에 소속되어 있는 친구에게 정보를 흘려주었으며, KKK 타도를 외치는 조지아 주 검찰총장보에게 지속적으로 KKK에 관한 정보를 전달했다. 또한 KKK의 법인 허가서를 꼼꼼히 조사한 후, 조지아 주의 주지사에게 그들의 허가서를 취소해야 한다는 편지를 써 보냈다. KKK는 원래 비영리적이고 비정치적인 단체를 표방하고 있었지만, 케네디는 이들이 수익을 올리고 있을 뿐만 아니라 강력한 정치 단체라는 점을 입증할 증거를 갖고 있었다.

문제는 케네디의 이런 노력 대부분이 원했던 결과를 내지 못하고 있었다는 점이다. KKK의 규모와 영향력은 엄청난 수준이었기에 케네디는 마치 달걀로 바위를 치고 있는 듯한 심정이 들었다. 그리고 설사 애틀랜타의 KKK에게 타격을 입히더라도 전국 곳곳에 흩어져 있는 수백 개 지부들은 아무런 영향도 받지 않을 터였다.

케네디는 절망했다. 그러다 그 캄캄한 절망 속에 한 가닥 빛줄기가 비쳐들었다. 어느 날 그는 꼬마들 한 무리가 바보 같은 비밀 암호를 주고받으며 스파이 게임을 하고 있는 모습을 보았는데, 아이들의 암호 놀이가 그에게 KKK를 연상시켰다. 그는 속으로 생각했다. KKK의 암호와 여타의 비밀들을 전국의 모든 아이들에게 알려주면 어떻게 될까? 그리하여 그 아이들의 부모들도 알게 되면 어떻게 될까? 비밀 조직을 붕괴시키는 방법으로 그들의 가장 소중한 비밀을 세상에서 가장 유치한 것으로, 아울러 공개적인 것으로 만드는 것처럼 좋은 게 또 어디 있겠는가? 외부에서 헛되이 KKK를 공격하는 대신에, 존 브라운이 주례 집회에서 수집해온 내부 비밀 정보를 어떤 식으로든 퍼뜨릴 수만 있다면? 브라운이 내부에서 캐온 정보와 케네디 자신이 직접 조사한 여러 가지 덕분에 케네디는 필경 보통의 KKK단원보다 더 많은 KKK 비밀을 알고 있을 터였다.

공개된 비밀 암호

케네디는 당대의 가장 강력한 매스미디어인 라디오를 이용하기로 결심한다. 그는 당시 수백만의 성인들이 청취하는 일일 프로그램 「워싱턴 회전목마」의 진행자였던 저널리스트 드류 피어슨Drew Pearson을 만나 자신의 계획을 설명하고 KKK 관련 정보를 제공하기 시작했다. 그와 더불어 매일 저녁 시간대에 수백만 명의 어린이 청취자를 보유하고 있던 라디오 연속극 「슈퍼맨의 모험」의 프로듀서들에게도 동일한 정보를 제공했다. 그는 아야크 씨와 아카이 씨에 대해 알려주었으며, KKK의 성서인 클로란(Kloran : kl+Koran)의 과격한 구절들을 읊어주었다. (케네디는 백인 기독교 인종차별주의자들이 왜 하필 이슬람 성서 코란의 이름을 땄는지 이해할 수 없었다.) 또 마을 클래번에 소속된 KKK 간부들의 역할을 일일이 설명해주었다. 클라리프 Klaliff(부의장), 클로카드 Klokard(강사), 클러드 Kludd(목사), 클리그라프 Kligrapp(간사), 클라비 Klabee(회계), 클래드 Kladd(관리자), 클라로고 Klarogo(내부 경호원), 클렉스터 Klexter(외부 경호원), 클로칸 Klokann(5인 조사위원회), 클라발리에 Klavalier(지휘관은 일명 '엉덩이 분쇄자'라고 불렸다). 그리고 한 마을의 지부에서 전국 차원에 이르기까지 KKK의 세부적인 계급 체제에 관해서도 상세하게 그려주었다. '고귀한 사이클롭스'와 그가 거느리는 열두 명의 '공포', '위대한 타이탄'과 그 밑의 열두 명의 '분노', '그랜드 드래건'과 아홉 명의 '히드라', '황실 마법사'와 그가 거느린 열다섯 명의 '지니' 등등. 케네디는 브라운이 자신의 소속 지부, 즉 '조지아 왕국 애틀랜타 지부, 네이던 베드포드 포레스트 제1클래번'에서 수집해온 모든 정보와 모든 소문들을 빠짐없이 알려주었다.

「슈퍼맨의 모험」은 2차 세계대전 중에는 우리의 주인공 슈퍼맨이 히틀러와 무솔리니, 히로히토와 싸우는 내용을 그렸다. 하지만 이제 전쟁도 끝난 마당이니 신선하고 참신한 적수가 필요했다. 이런 상황에서 KKK단은 슈퍼맨이 무찌르기에 완벽한 대상으로 부상했다. 자타가 공인하는 KKK단 혐오자였던 드루 피어슨은 이제 자신의 라디오쇼를 통해 정기적으로 KKK단 소식을 내보내는 것은 물론, 존 브라운의 내부 보고를 바탕으로 자신의 방송이 어떤 식으로 KKK단 간부들을 미치게 만들고 있는지 등과 관련된 새로운 소식들도 계속해서 내보냈다. 피어슨의 방송이 그랜드 드래건 새뮤얼 그린을 미치게 만드는 반향실echo chamber을 창출한 셈이다. 피어슨이 진행하던 「워싱턴 회전목마」의 1948년 11월 17일자 보도 내용을 소개한다.

여기는 조지아 주 애틀랜타에 있는 제1클래번입니다. 선거가 끝난 지 1주일이 지난 오늘, 그랜드 드래건은 주먹을 쥐어짜며 다시 한 번 KKK단원들에게 입조심하라고 경고했습니다.

그는 자신이 집회에서만큼은 솔직히 말해야 하는데, 자신이 말만 하면 매번 다음 날에 미국 전역에 그 내용이 퍼지니 차라리 집회에 나오기 전에 드루 피어슨을 만나서 정보를 알려주고 오는 게 나을 것 같다며 울분을 토해냈습니다. 그는 또한 집회가 열린 다음 날 아침, 식사할 때쯤이면 AP통신이니 UP통신 등에서 전화를 걸어와 발언의 진의를 묻는 통에 미치겠다고 말했습니다.

한편 그랜드 드래건은 12월 10일에 조지아 주 메이컨에서 대규모 십자가 화형식을 거행하겠다는 계획을 발표하면서, KKK 역사상 가장 큰 집회가 될 그 행사에 만여 명의 단원들이 로브를 입고 참석하리라 기대된다고 말했습니다.

아울러 그는 KKK단의 '채찍질 부대'인 클라발리에 클럽이 활동 재개에 들어갔으며 애틀랜타 경찰당국에 많은 친구들이 있으니 걱정 말라고 덧붙였습니다.

피어슨과 슈퍼맨의 라디오쇼가 방송됨에 따라, 그리고 스테트슨 케네디가 계속해서 브라운이 수집해온 비밀을 또 다른 방송과 인쇄 매체들에 공급함에 따라, 한 가지 재미있는 현상이 발생했다. KKK단의 집회 참석자 수는 물론이고 신규 가입 건수까지 현저하게 줄기 시작한 것이다. 케네디의 이 비밀공개 운동은 편견과 싸우기 위해 그가 생각해냈던 여러 아이디어들 가운데 단연 최상의 것이었다. KKK의 비밀주의를 오히려 무기로 이용함으로써, 그들의 소중한 지식을 조롱거리로 만들어버렸던 것이다.

철학적으로 KKK에 반대하는 경향이 있었던 미국인들은 이제 더 적극적으로 그들에 대해 반대할 수 있는 구체적인 정보를 충분히 갖게 되었고, 그와 더불어 여론이 움직이기 시작했다. 철학적으로 KKK에 찬성하는 경향이 있었던 미국인들은 이제 그래서는 안 된다는 온갖 경고만을 접하게 되었다.

(특히 남부에서) 비록 완전히 소멸하지는 않을 터였지만(말솜씨가 뛰어난 루이지애나 출신의 KKK 지도자 데이비드 듀크는 1989년 주 의원으로 당선되었으며, 그 후 상원의원 및 여타의 관직에 합법적으로 출마하기도 했다), 케네디의 과감한 운동으로 인해 KKK는 적어도 일정 기간은 확실하게 불리한 입장에 처하게 되었다. 케네디의 작업이 KKK에 미친 영향을 정확하게 도출하는 것은 불가능하다(그는 KKK단을 비난하는 것만큼 열성적으로 자신의 공적을 때때로 과장했기 때문이다). 그러나 어쨌든 손상을 입힐 필요가 있는 단체에 손상을 입힌 공로로 그는 많은 사람들에게 칭송을 받았다.

이러한 결과가 도출된 것은 케네디가 용감해서, 혹은 의연하고 침착한 사람이었기 때문이 아니다. 물론 그가 실제로 그런 인물이었을지도 모르지만, 그것은 케네디의 인성 때문이 아니라 그가 정보의 순수한 힘을 이해했기 때문에 가능했던 것이다. KKK는 정치가나 부동산 중개업자, 주식 중개인과 마찬가지로 그들이 지니고 있던 폐쇄적인 정보 덕분에 강력한 힘을 행사할 수 있는 단체였다. 그리고 그 정보가 잘못된 손 (혹은 관점에 따라 '올바른 손')에 넘어감으로써 그들은 강점이자 특권을 잃어버린 것이다.

정보의 비대칭

1990년대 후반, 정기생명보험의 가격이 미친 듯이 하락하기 시작했다. 이 현상은 일종의 불가사의한 사건으로 치부되었다. 가격 하락을 부추긴 원인을 도저히 찾아낼 수가 없었기 때문이다. 다른 종류의 보험 상품들, 즉 건강보험, 자동차보험, 주택보험 등의 가격에는 커다란 변동이 없었다. 보험회사, 보험 중개인 혹은 정기생명보험 상품을 구매하는 고객들에게 극적인 변화가 생긴 것도 아니었다. 그렇다면 대체 무슨 일이 생겼던 것일까?

원인은 바로 인터넷이었다. 1996년 봄, quotesmith.com을 비롯해 몇 개의 웹사이트가 서로 다른 수십 개의 보험회사에서 판매하는 정기보험의 가격을 몇 초 안에 비교할 수 있는 시스템을 마련해 고객들에게 제공하기 시작했다. 다른 종류의 보험(예컨대, 복잡한 형태의 재정 도구인 종신보험)과 달리 대부분의 정기보험 약관은 회사마다 별 차이가 없다. 어딜 가나 '30년 후 100만 달러 보장' 등의 판에 박힌 조건이다. 따라서 정기보험의 경우 고객들에게 가장 중요한 것은 가격이었다. 그런데 이전까지 복잡할 뿐만 아니라 많은 시간을 잡아먹던, 값싼 상품을 찾는 절차가 갑자기 극도로 단순해진 것이다. 사이트에 접속만 하면 금세 가장 저렴한 상품을 찾을 수 있게 됨에 따라, 비싼 상품을 내놓은 회사들은 서둘러 가격을 내릴 수밖에 없었다. 이제 고객들이 정기보험에 들이는 비용은 연간 10억 달러나 감소되었다.

이 사이트들이 단지 가격만을 명시한다는 데 주목하자. 그들은 보험 상품을 판매하지 않는다. 따라서 그들이 취급하는 것은 보험이 아니다. 스테트슨 케네디와 마찬가지로 그들은 정보를 다루고 있는 것이다. (만일 케네디가 KKK를 공격하던 시절에 인터넷이 있었더라면, 그는 집에서 블로깅에 열중했을 것이다.) 물론 KKK의 정보를 노출시키는 것과 어떤 회사의 보험 상품이 보험료가 가장 높은지 공개하는 행위에는 차이가 있다. KKK는 비밀 정보를 공유함으로써 울타리 밖의 사람들에게 공포심을 조장했으나, 보험 가격은 각각의 비교가 어렵기는 해도 이미 대중에게 공개되어 있는 자료였기 때문이다. 그러나 두 경우 모두 정보의 유출이 그 힘을 약화시켰다는 점에서는 유사하다. 대법원장 루이스 D. 브랜다이스Louis D. Brandeis는 "햇빛이야말로 최고의 살균제"라고 기술한 바 있다.

정보는 봉화이자, 몽둥이이자, 올리브 가지다. 중요한 것은 그것을 누가 어떻게 사용하느냐 하는 점이다. 정보의 힘은 너무나도 강력하여 그 정보가 실제로 존재하지 않는다 하더라도 가정이나 추측만으로 무서운 영향력을 발휘할 수 있다. 출시된 지 하루밖에 안 된 자동차의 경우를 생각해보자.

자동차 인생에서 최악의 날은 누군가에게 팔려 주차장 밖으로 나오는 순간이다. 밖으로 나오자마자 그 자동차의 가치는 출고가의 4분의 3으로 떨어진다. 말도 안 된다고? 하지만 당신도 이미 알고 있는 사실이 아닌가. 방금 2만 달러를 주고 산 차는 1만 5,000달러 이상으로 되팔 수 없다. 왜? 왜냐하면 논리적으로 생각해볼 때, 방금 나온 따끈따끈한 자동차를 다시 팔려는 이유는 그 차가 불량품인 경우밖에 없기 때문이다. 비록 그 자동차가 불량품이 아니라 할지라도 잠재 구매자는 차에 문제가 있다고 추측할 것이다. 그는 판매자가 자신이 모르는 어떠한 정보를 알고 있다고 생각하며, 따라서 판매자는 그 정보에 대해 대가를 치러야 한다.

만약 그 차량이 불량품이라면? 판매자가 취할 수 있는 가장 좋은 방법은 1년쯤 기다리는 것이다. 그때쯤 되면 불량품일지도 모른다는 의심이 사라지고, 시중에는 완벽한 1년짜리 중고차를 팔고 싶어하는 사람들이 나타난다. 그러면 불량 차량은 그들 사이에 끼어 실제 가치보다 더한 가격을 받을 수 있다.

어떤 정보를 거래할 때, 흔히 특정 그룹이 다른 그룹보다 더욱 유용하고 훌륭한 정보를 지니는 경우가 있다. 이는 경제학자들의 용어를 빌리자면 '정보의 비대칭'이라 불린다. 우리는 누군가(대개의 경우 전문가)가 다른 사람들(고객이나 소비자)보다 많은 정보를 알고 있다는 자본주의의 진리를 인정한다. 그러나 인터넷의 출현으로 인해 이러한 정보의 비대칭은 커다란 타격을 입게 되었다.

정보는 인터넷에서 통용되는 통화 수단이다. 인터넷은 일종의 매개체로서, 정보를 가진 자의 손에서 갖지 못한 이들에게 전달하는 데 탁월한 능력을 지니고 있다. 정기생명보험의 가격처럼 때로 정보는 단편적인 파편으로 존재하곤 하는데, 이런 경우 인터넷은 흩어져 있는 바늘 조각을 찾기 위해 끝없는 건초더미의 바다를 휘젓는 커다란 자석이라 할 수 있다. 인터넷은 가장 열성적인 소비자 권익보호단체도 성공시키지 못한 일을 해냈다. 전문가와 대중 사이에 존재하던 격차를 엄청난 수준으로 축소시킨 것이다.

특히 인터넷은 전문가가 정보 비대칭을 더욱 악화시킬 수 있는 상황에 부딪혔을 때 더욱 값지게 작용한다. 그들이 자신만의 전유물인 정보의 우위를 이용해 우리를 어리석고 성급하고 저급하고 비참하게 느끼도록 만드는 상황 말이다.

　사랑하는 사람이 죽어 장의사를 불러야 할 경우를 떠올려보자. 장의사는 당신이 그의 사업에 대해 아무것도 모른다는 사실을 알고 있으며, 현재 당신이 감정적으로 궁지에 몰려 있다는 것 또한 숙지하고 있다. 그리하여 그는 당신에게 8,000달러짜리 고급 마호가니 관을 권한다. 아니면 자동차 판매업자는 어떨까? 그는 최선을 다해 수많은 옵션과 인센티브를 늘어놓음으로써 차량의 기본 가격을 숨기려고 든다. 그러나 후에 집에 돌아와 차분하고 냉정하게 인터넷을 뒤져본다면 판매업자가 그 자동차를 구매하는 데 얼마를 지불했는지 금세 찾아낼 수 있을 것이다. www.TributeDirect.com에 접속해보라. 7,000달러짜리 마호가니 관을 고작 3,595달러에 살 수 있다. 그것도 하룻밤이면 현관문 앞까지 배달이 완료된다. 2,300달러로 '마지막 홀(골프 치는 장면이 조각된 관)'이나 '사냥의 추억(커다란 수사슴과 다른 사냥감들이 뛰어다니는 모습이 새겨진 관)'을 살 수도 있으며, 혹은 너무 가격이 낮은 탓에 장의사가 아예 입 밖에도 내지 않았던 다른 관들까지 둘러볼 수 있다.

　인터넷은 강력한 힘을 지니고 있지만 정보의 비대칭이라는 괴물을 완전히 처단하지는 못했다. 2000년대 초반에 발생했던 이른바 기업 스캔들을 살펴보자. 엔론과 그 뒤에 숨은 동업자들은 채무를 숨기고 에너지 시장을 조작하는 범죄를 저질렀다. 메릴린치 Merrill Lynch의 헨리 블로짓 Henry Blodget과 살로먼 스미스 바니 Salomon Smith Barney의 잭 그루브먼 Jack Grubman은 해당 회사들이 쓰레기라는 사실을 알면서도 눈부신 투자분석 결과 보고서를 제출했다. 샘 왁살 Sam Waksal은 식품의약청 FDA이 신약 승인을 거부했다는 소식을 미리 접하자마자 자신의 임클론

ImClone 주식을 매각했고, 월드컴 WorldCom과 글로벌 크로싱 Global Crossing은 분식회계로 수십억 달러의 매출을 조작함으로써 회사 주가를 부풀렸다. 일련의 뮤추얼 펀드 회사들은 일부 고객들이 내키는 가격으로 거래할 수 있도록 해주었고, 또 다른 회사들은 관리수수료를 은닉한 혐의로 고발되었다.

이런 행위를 저지르는 사람들, 특히 복잡하고 거대한 금융 왕국에 살고 있는 이들은 필연적으로 판에 박힌 변명을 늘어놓는다. "하지만 다들 하고 있는걸요!" 불행히도, 이 말은 사실일 것이다. 정보범죄의 가장 큰 특징 중 하나는 외부에 적발되는 경우가 거의 없다는 점이다. 거리에서 일어나는 범죄와 달리, 정보범죄의 현장에는 깨진 유리창도, 시체도 없다. 베이글 범죄(폴 펠드먼의 베이글을 먹고도 대금을 지불하지 않은 행위)에서처럼 동전을 하나하나 세어 확인해보는 펠드먼 같은 사람도 없다. 정보범죄가 표면에 드러나려면 뭔가 극적인 사건이 발생해야 한다. 반면에 한번 그런 사건이 발생하면 결과는 일파만파로 퍼져 사회 전반에 커다란 충격을 불러일으킨다. 아마도 가해자는 자신의 사적인 행동이 대중에게 공개되리라고는 꿈도 꾸지 않았을 것이다. 엔론 사건이 터진 후 공개되었던, 엔론 직원들의 대화가 담긴 테이프를 생각해보자. 2000년 8월 5일 이루어진 이 전화 통화에서, 두 명의 트레이더는 캘리포니아 산불 덕분에 엔론이 전기료를 올릴 수 있게 되었다고 떠들어댄다. 한 트레이더는 이렇게 말한다. "오늘의 마법 주문은 '태워요, 베이비, 몽땅 태워버려요' 라니까." 그리고 몇 달 뒤, 케빈과 톰이라는 두 명의 엔론 트레이더는 엔론이 부당한 가격 인상으로 얻은 이익을 캘리포니아 공무원들이 환불 조치하고자 하는 것과 관련해 이야기를 나눈다.

케빈 그래서 그 개자식들이 우리 돈을 다 가져가겠대? 우리가 캘리포니아에 사는 불쌍한 노인들한테서 힘들게 뜯어낸 돈을?

톰 그래, 밀러라는 할망구가 대표로 나섰나 봐.

케빈 그러니까 그 염병할 할망구가 돈을 돌려달란단 말이지. 시간당 100만 와트를 우리가 똥구녕에 쑤셔 넣어줬는데, 그 염병할 250달러를 돌려달란단 말이지.

많은 전문가들이 자신이 아는 정보를 이용해 당신에게 손해를 입힌다고 생각하는가? 불행히도, 당신 생각이 옳다. 전문가들은 그들이 아는 정보를 당신이 모른다는 사실에 기대고 있는 족속이다. 그들은 자신들의 일이 워낙 복잡하기 때문에 설혹 당신이 정보를 가지고 있더라도 너무나 혼란스러워 그것으로 무엇을 해야 할지 모르고 허둥댈 거라고 가정하며, 당신이 자신들의 전문성에 감탄한 나머지 감히 저항하거나 대들지 못하리라는 사실도 알고 있다. 예컨대 의사가 당신에게 혈관형성술(자신의 혈관 혹은 인공 혈관 등으로 혈관을 고치거나 형성하는 일 – 옮긴이)을 받아야 한다고 말한다면(최근의 연구에 따르면 혈관형성술이 심장마비를 예방하는 데 그다지 도움이 되지 않는다고는 하지만), 당신은 그 의사가 본인이나 동료들에게 수천 달러를 벌어주기 위해 의사로서 지닌 정보를 이용한다고는 생각하지 않을 것이다. 그러나 댈러스에 있는 텍사스 사우스웨스턴 메디컬 센터 대학의 '심혈관 중재' 심장전문의 데이비드 힐리스David Hillis는 『뉴욕 타임스』와의 인터뷰에서 의사 역시 자동차 판매원이나 장의사, 뮤추얼 펀드 매니저와 마찬가지로 경제적 인센티브를 지닌다고 말한다. "당신이 심장전문의라고 칩시다. 내과 의사 조 스미스가 당신에게 환자들을 보내줍니다. 그런데 당신이 환자들에게 수술할 필요가 없다고 말하면 어떻게 될까요? 아마 조 스미스는 더 이상 당신에게 환자를 보내지 않을 겁니다."

 정보로 무장한 전문가들은 어마어마한 무언의 지레효과를 활용할 수 있다. 바로 공포심이다. 혈관형성술을 받지 않으면 어느 날 아침 당신의 자녀가 화장실에서 심장마비로 쓰러져 죽어 있는 당신을 발견할지도 모른다는 공포, 싸구려 관을 쓰면 할머니가 저 아래서 편히 쉬지 못할지도 모른다는 공포, 5만 달러짜리 자동차라면 그 어떤 외부 압력에도 끄떡없는 강철 보호막으로 사랑하는 사람들을 감싸 지켜주겠지만 2만 5,000달러짜리 자동차는 장난감처럼 산산조각 날지도 모른다는 공포 말이다. 상업 전문가들이 조성한 공포는 KKK 같은 테러리스트들이 조성하는 것과 비교할 정도는 아니지만, 그 원칙만큼은 동일하다.

부동산 중개업자가 사는 법

 겉으로 드러나지는 않지만 꽤나 큰 두려움을 조장하는 금전 거래의 경우를 생각해보자. 주택 매매는 어떨까. 집을 파는 것뿐인데 뭐가 무섭냐고? 집을 판매하는 행위가 인생에 몇 번 있을까 말까 한 상당히 규모가 큰 재정 거래라는 점은 우선 차치하고라도, 당신은 아마 부동산 분야에 대해 경험이 거의 없을 것이며 이제껏 살아온 집에 대해 애착을 느끼고 있을지도 모른다. 여기에는 적어도 두 가지 유형의 두려움이 도사리고 있다. 제값을 받지 못할지도 모른다는 걱정과, 어쩌면 아예 집이 팔리지 않을지도 모른다는 걱정이다.

 첫 번째 경우, 당신의 두려움은 가격을 너무 낮게 책정한 게 아닌가 하는 우려에 기인한다. 반면에 두 번째는 값을 너무 높게 불렀다는 우려다. 그 두 기준 사이에서 중도의 길을 찾아내는 것이 부동산 중개업자의 일이다. 그는 모든 정보를 보유한 사람이다. 그는 당신의 집과 비슷한 다른 주택들에 관한 모든 정보를 알고 있으며, 최근의 판매 경향과 모기지 시장의 변동, 아니, 어쩌면 당신의 집에 관심을 갖고 있는 구매자까지 알고 있을지도 모른다. 당신은 이렇게 복잡한 상황에 그토록 훌륭한 지식을 가진 전문가가 옆에 있다는 사실에 기뻐하고 안심한다.

참으로 유감인 점은, 그가 당신과 다른 시각을 지녔다는 사실이다. 부동산 중개업자는 당신을 동맹관계가 아니라 경계의 대상으로 인식한다. 이 책의 '들어가며'에서 언급했던 통계를 떠올려보라. 부동산 중개업자가 자신의 집을 팔 때와 고객의 집을 팔 때의 가격 차이가 기억나는가? 그 연구에 따르면 부동산 중개업자가 자신의 주택을 매매할 때는 더욱 유리한 조건이 제시될 때까지 평균 10일 이상 더 오랫동안 시장에 물건을 내놓으며, 대개 당신의 집보다 3% 이상 비싼 가격(30만 달러짜리 주택이라면 적어도 1만 달러 이상)을 받는다. 정보의 악용과 인센티브에 대한 날카로운 이해력 덕분에 당신의 주머니에는 들어가지 못했던 1만 달러가 그의 주머니에는 들어가게 되는 것이다. 문제는 이 부동산 중개업자가 당신의 집을 1만 달러 더 비싸게 팔아봤자 그가 얻을 수 있는 돈은 겨우 150달러라는 점이다. 추가 노동에 대한 대가치고는 너무나도 보잘것없는 결과다. 따라서 그의 일은 30만 달러가 상당히 괜찮은 제안, 아니, 매우 후한 편이니 바보가 아니고서야 이 기회를 놓치면 안 된다고 당신을 설득하는 것이다.

이건 꽤 교활한 솜씨가 필요한 일이다. 중개업자는 단도직입적으로 당신을 '바보'라고 부르고 싶어하지는 않는다. 따라서 여기에는 돌려 말하는 기술이 필요하다. 어쩌면 그는 건너편 거리에 있는 더 크고 멋진 새집이 6개월 동안이나 팔리지 않았다는 이야기를 꺼낼지도 모른다. 이게 바로 중개업자의 무기다. 정보를 공포로 전환시키는 것 말이다. 2001년에 스탠퍼드 대학에서 법학을 가르칠 당시 존 도너휴John Donohue가 겪었던 실화를 들어보자. "그때 난 스탠퍼드 캠퍼스에 있는 집을 하나 사려던 참이었습니다. 판매자 쪽 중개업자가 계속 기가 막힌 조건이니 기회를 놓치지 말라고 하더군요. 부동산 시장이 곧 호황을 이뤄서 값이 올라갈 거라나요? 그런데 내가 계약서에 사인을 하자 혹시 지금 살고 있는 집을 팔 생각은 없느냐고 물어보더군요. 난 이번엔 중개업자 없이 혼자서 팔아볼까 한다고 대답했습니다. 그랬더니 그가 뭐라고 했는지 아십니까? '존, 평소라면 그런 전략이 통할지 몰라도, 지금처럼 시장 침체가 지속되리라 예상되는 상황에서는 중개업자의 도움이 필요할 겁니다.'"

방금 전까지 호황을 이룰 거라는 시장이, 5분도 안 돼 침체로 돌아선 것이다. 중개업자들이 다음 건수를 찾을 때면 이런 신기한 일이 곧잘 일어나곤 한다.

부동산 중개업자들의 정보 악용과 관련해 또 하나의 이야기를 들어보자. 이건 이 책의 저자 중 한 사람의 친구 K가 들려준 것으로, K는 46만 9,000달러라고 명시된 집에 눈독을 들이고 있었다. 그는 집주인에게 45만 달러를 제안할 생각이었지만, 먼저 판매자의 중개업자에게 전화를 걸어 집을 내놓은 사람이 받아들일 만한 최저가를 알려주면 안 되겠느냐고 말했다. 그 중개업자는 그 말을 듣자마자 K에게 호통을 쳤다. "창피한 줄 아세요!" 그녀가 말했다. "그건 내 직업윤리에 어긋나는 일이라고요."

K는 사과했다. 그들은 곧 화제를 옮겨 다른 세속적인 대화를 나누었다. 10분 후 통화가 끝나갈 무렵, 중개업자가 말했다. "마지막으로 한

마디만 할게요. 어쩌면 제 고객은 당신이 생각하는 것보다 훨씬 낮은 가격으로 집을 팔지도 몰라요."

그 말을 듣고 K는 처음 생각했던 45만 달러가 아니라 42만 5,000달러를 제시했고, 결국 집주인은 43만 달러에 팔겠다고 동의했다. 중개업자에게 감사할지어다! 자신의 중개업자 덕분에 졸지에 2만 달러나 손해를 보게 되었으니 말이다. 반면에 중개업자가 잃은 금액은 겨우 300달러다. 이 거래를 빨리 성사시키면 손에 들어올 6,450달러에 비하면 푼돈인 셈이다.

그러므로 부동산 중개업자의 주업무는, 판매자에게 원하는 가격보다 훨씬 낮게 팔도록 설득하고 구매자에게는 명시된 가격보다 더 싸게 살 수도 있다는 사실을 암시하는 것인지도 모른다. 그리고 물론 여기에는 구매자에게 달려가 "더 낮게 불러요!"라고 말해주는 것보다는 훨씬 미묘하고 조심스러운 수단이 필요하다. 앞서 언급한 부동산 중개업자들에 관한 연구 조사에는 그들이 광고 문구를 이용해 어떻게 정보를 교묘히 전달하는지에 관한 데이터도 포함되어 있다. 예를 들어 부동산 중개업자에게 '잘 유지된'이라는 표현은 KKK단원이 쓰는 '아야크 씨' 만큼이나 의미심장한 말이다. 이 말은 주택이 낡았지만 무너져 내릴 정도는 아니라는 뜻이다. 경험 많고 똑똑한 구매자라면, 이 사실을 금세 알아차릴 것이다(혹은 직접 집을 구경하러 가면 알 수 있는 사실이다). 하지만 집을 내놓은 65세의 은퇴 노인에게 '잘 유지된 집'은 찬사의 표현이다. 그리고 그것이 바로 중개업자가 노리는 점이다. 부동산 중개업자가 광고에 사용하는 단어나 표현을 분석해보면 특정 단어가 주택의 최종 매매가와 깊은 관련이 있다는 사실을 발견할 수 있다. 물론 '잘 유지된'이라는 딱지를 붙인다고 해서 그 집이 동등한 수준의 다른 주택보다 저렴한 가격에 매매되는 건 아니다. 하지만 부동산 중개업자가 '잘 유지된'이라는 딱지를 붙인다는 것은 명시된 가격보다 더 싼 가격을 제시하라고 구매자를 부추기는 것일 가능성이 높다.

다음에 적은 10개의 단어는 부동산 광고에서 흔히 볼 수 있는 용어다. 이 중 다섯 개는 최종 매매가와 관련해 긍정적이며, 다른 다섯 개는 부정적인 영향을 미친다. 그럼 어떤 단어가 부정적이고 어떤 것이 긍정적일지 한번 추정해보라.

● 부동산 광고에 흔히 쓰이는 단어 10
  환상적
  화강암 재질
  넓은
  최첨단
  !
  인조대리석
  매혹적
  단풍나무 재목
  훌륭한 주변 환경
  편리한 부엌

'환상적'인 집은 아무리 높은 가격을 주어도 후회하지 않을 정도로 '환상적'일 것이다. 그렇지 않은가? '주변 환경이 훌륭한' 곳에 위치한 '매혹적'이고 '넓은' 집은 어떨까? 아니, 아니, 그럴 리가, 천만의 말씀이다. 여기 정답을 발표한다.

● 높은 매매가와 관련된 단어 5
　화강암 재질
　최첨단
　인조대리석
　단풍나무 재목
　편리한 부엌

● 낮은 매매가와 관련된 단어 5
　환상적
　넓은
　!
　매혹적
　훌륭한 주변 환경

　높은 매매가와 관련된 다섯 개의 단어 가운데 세 개 - 화강암 재질, 인조대리석, 단풍나무 재목 - 가 주택의 외형을 묘사하는 단어라는 데 주목해주기 바란다. 정보의 특성을 고려해볼 때, 이러한 단어들은 구체적이고 직설적이며, 따라서 유용하다. 만일 당신이 '화강암'을 좋아한다면 이 집이 마음에 들 것이다. 그러나 설사 당신이 '화강암'을 좋아하지 않더라도 이 단어가 집의 가치를 떨어뜨리지는 않는다. '편리한 부엌' 혹은 '최첨단'이라는 용어 역시 구매자에게 그 집이 일정 수준 이상을 갖추고 있음을, 진실로 환상적이라고 말해준다.
　반면에 '환상적'이라는 단어는 애매모호한 형용사이며, '매혹적' 역시 마찬가지다. 이 두 단어는 그 집이 특별히 묘사할 만한 특성이 없음을 시사하는 중개업자들 사이의 암호다. '넓은' 집은 대개 낡고 비실용적이며, '주변 환경이 훌륭한' 집은 구매자에게 이 집은 별로지만 그 주변의 집들은 꽤나 괜찮을지도 모른다고 말하는 것이다. 그리고 부동산 광고에서 느낌표는 무엇보다도 나쁜 소식이다. 결점을 잘못된 열정으로 슬쩍 숨기려는 속임수이기 때문이다.

자, 그럼 이번에는 부동산 중개업자가 자신의 집을 내놓을 때 어떤 광고를 내는지 살펴보자. 확실히, 그는 묘사적인 단어를 강조하고(특히 '새', '화강암 재질', '단풍나무 재목', 그리고 '즉시 입주 가능한') 아무런 의미도 없는 형용사('멋진', '완벽한', 그리고 무엇보다 확실한 증거인 '!')를 배제한다. 그런 다음 그는 최고의 조건을 제시할 구매자가 나타나기를 참을성 있게 기다린다. 어쩌면 집을 구경하러 온 구매자에게 그 근처의 다른 주택이 제시 가격보다 2만 5,000달러나 더 높은 가격에 팔렸으며, 또 어떤 집은 구매자들이 치열한 경쟁을 벌이고 있다고 말할지도 모른다. 그는 자신의 우위를 실감하고 있고, 정보 비대칭의 모든 이점을 조심스레 활용한다.

그렇다면 이 부동산 중개업자는 나쁜 사람인가? 단정 짓기 어려운 문제다. 적어도 '우리들'로서는 그렇다. 여기서 요점은 부동산 중개업자들이 나쁜 사람들이라는 것이 아니라, 그들도 역시 '사람'이라는 것이다. 거듭 강조하지만 사람은 필연적으로 인센티브에 반응하게 마련이다. 부동산 사업의 인센티브가 지금까지 살펴본 바와 같이 일부 중개업자로 하여금 고객이 얻을 수 있는 최상의 이익에 반하여 행동하도록 부추길 따름인 것이다.

하지만 인터넷의 발달은 장의사나 자동차 판매업자, 생명보험 회사와 마찬가지로 부동산 중개업자의 강점을 잠식해 들어가고 있다. 이제 주택을 매매하고 싶은 사람들은 언제든 인터넷에 접속해 최근의 매매 경향과 시장에 나온 다른 매물, 모기지 이자율을 조사하면 된다. 정보의 해방인 셈이다. 그리고 그 결과 어떠한 일이 벌어지고 있는지는 최근의 매매 데이터로 확인할 수 있다. 부동산 중개업자는 아직도 고객의 집을 팔 때보다 자신의 집을 팔 때 더 높은 가격을 받지만, 부동산 웹사이트의 확산으로 인해 그 두 가격 사이의 격차는 3분의 1까지 줄어들었다.

전문가나 상업계에 종사하는 사람들만이 정보를 왜곡하고 악용한다고 생각하면 그건 너무 순진한 생각이다. 전문가도, 중개인도 모두 평범한 인간이다. 이는 곧 우리가 개인의 삶에서도 정보를 악용한다는 것을 의미한다. 참된 정보를 공개하지 않든 공개하는 자료를 조작하고 편집하든, 어떤 형태로든 말이다. 부동산 중개업자는 '잘 유지된' 집을 목록에 올려놓으며 고개를 끄덕이곤 살짝 윙크를 보낼지도 모른다. 우리도 똑같다.

직장 면접을 볼 때와 첫 데이트를 할 때 자기를 어떻게 소개하는지 생각해보라. (두 사람이 첫 데이트를 할 때와 결혼 10년 후에 나누는 대화를 비교해보면 더욱 재미있을 것이다.) 아니면 전국 방송 TV 프로그램에 출연하게 된다면 당신은 어떻게 하겠는가? 사람들에게 어떤 이미지를 보여주고 싶은가? 아마도 당신은 똑똑하거나, 착하거나, 아니면 잘생겨 보이고 싶을 것이다. 당연히 잔인하거나 편견이 가득한 사람으로 비치고 싶지는 않다. 전성기 시절, KKK단원들은 보수적인 백인 기독교인이 아닌 사람들을 공개적으로 비난하고 업신여겼다. 그러나 시간이 지나면서 이제 공공연한 차별은 거의 사라졌다. 심지어 아주 민감하고 미묘한 표현조차도 공식적인 것이 되면 값비싼 대가를 치러야 한다. 한때 미국 의회의 다수파를 이끌던 트렌트 로트Trent Lott는 이 사실을 2002년, 동료의원이자 같은 남부 출신인 스트롬 서먼드Strom Thurmond의 100세 생일 파티에서 깨달았다. 로트는 축배의 인사에서 1948년 서먼드가 흑백분리 정책을 내세우며 대통령 후보로 출마했던 당시를 언급했다. 로트의 고향이기도 한 미시시피는 당시 서먼드가 우세했던 네 개의 주 중 하나였다. "우리는 그걸 자랑스럽게 생각합니다." 로트는 파티 참석자들에게 말했다. "그때 다른 국민들이 우리 뒤를 따랐더라면 지금 겪는 것과 같은 문제들이 발생하지 않았을 테니까요." 로트가 흑백분리주의 정책의 신봉자임을 암시하는 이 발언은 전국적으로 폭발적인 집중포화를 맞았고, 결국 그는 의장 자리에서 물러나야 했다.

「위키스트 링크」의 숨겨진 인종차별

평범한 시민이라 할지라도 인종차별주의자로 낙인찍히는 것은 사양하고 싶을 것이다. 그렇다면 공공장소에서 인종차별의 증거를 찾아낼 수 있는 방법이 있을까?

의외로 느껴질지도 모르겠지만, TV 게임쇼 「위키스트 링크」는 인종차별을 연구할 수 있는 아주 독특한 실험장이다. 영국에서 수입한 「위키스트 링크」는 얼마 지나지 않아 미국에서도 선풍적인 인기를 끌었는데, 이 프로그램은 여덟 명의 참가자(후기에 방영한 낮 프로그램은 여섯 명)가 질문에 답을 맞히며 공동으로 상금을 모아놓고 나중에 한 사람이 차지하는 게임이다(물론 정답을 많이 맞혀야 상금이 높아진다). 그러나 정답을 많이 맞힌다고 해서 반드시 최후의 승자가 되는 것은 아니다. 한 회가 끝날 때마다 참가자들의 투표를 통해 그 중 한 사람을 탈락시키기 때문이다. 탈락자를 결정하는 유일한 요인은 질문에 답하는 지적 능력이며, 인종, 성별, 나이는 결과에 그다지 영향을 끼치지 못하는 듯 보인다. 하지만 정말 그런 걸까? 실제 투표 결과와 논리적으로 참가자의 사리에 맞는 투표 방향을 측정해보면 이 프로그램 내에 인종차별이 만연해 있음을 확인할 수 있다.

투표 전략은 게임이 진행되면서 다른 양상을 띠게 된다. 초기에는 정답을 대는 실적이 낮은 참가자들을 탈락시키는 게 이성적인데, 상금의 액수를 높이기 위해서는 정답을 맞혀야 하기 때문이다. 그러나 게임이 후반에 이르면 사람들의 인센티브에는 변화가 생긴다. 상금의 액수를 늘리고자 하는 목표는 이제 그 상금을 타고자 하는 열망에 의해 가치를 상실한다. 따라서 자신보다 똑똑한 참가자들을 탈락시키는 것만이 자신이 우승할 수 있는 가장 좋은 전략이다. 간단히 말해, 평범한 참석자라면 전반에는 질문의 정답을 맞힐 만한 실력이 부족한 참가자들을 탈락시키고 후반에는 성적이 지나치게 좋은 경쟁자들을 제거하는 것이 정상이다.

「위키스트 링크」의 투표 데이터를 평가하는 열쇠는 문제를 맞히는 참가자의 능력과 그의 인종, 성별, 나이를 비교 분석하는 것이다. 만일 젊은 흑인 남성이 많은 문제에 대해 정답을 맞히고도 초반에 탈락한다면, 인종차별이 커다란 요인으로 작용했다고 추측할 수 있다. 반면에 한 문제도 제대로 대답하지 못한 백인 여성이 끝까지 자리를 지킨다면, 그녀가 높은 선호도라는 차별대우를 받고 있다고 볼 수 있다.

다시 말하지만, 이 모든 일이 카메라 앞에서 공개적으로 이루어진다는 사실을 유념하라. 참가자들은 그들의 친구, 가족, 직장 동료들 그리고 수백만 명의 낯선 이들이 TV를 지켜보고 있음을 알고 있다. 그렇다면 과연 누가 「위키스트 링크」에서 차별대우를 받는가?

　재미있게도 희생자는 흑인이 아니다. 160개 이상의 에피소드를 분석한 결과, 흑인 참가자들은 전반이든 후반이든 정답을 맞히는 지적 능력에 따라 탈락하는 것으로 밝혀졌다. 여성 참가자들의 경우도 마찬가지였다. 어떤 면에서 이러한 결과는 별로 놀랍지 않다. 반인종차별운동과 여성운동은 지난 반세기 동안 가장 활발했던 사회운동이었고, 현재 흑인과 여성을 차별하는 일은 거의 죄악에 가까운 행위로 여겨지고 있기 때문이다.

　그러므로 아마도 당신은 20세기를 거치며 우리 사회의 잘못된 차별의식이 실질적으로 거의 근절되었다고 - 마치 소아마비가 근절된 것처럼 - 말할지도 모르겠다.

　그게 아니면, 특정 집단을 차별하는 일이 사회에서 부정적으로 여겨지기에 실제로는 가장 몰상식한 사람들마저 적어도 공공장소에서만은 공정하다는 인상을 주고자 노력하는 것일까? 이는 곧 차별의식이 사라진 것이 아니라, 단지 사람들이 겉으로 표현하기를 꺼린다는 의미가 된다. 흑인과 여성에 대한 차별대우의 부재는 우리 사회가 진정 평등해졌음을 의미하는가, 아니면 단순한 제스처에 불과한가? 그 대답은 여성이나 흑인만큼 충분한 보호를 받지 못하는 다른 집단을 살펴봄으로써 구할 수 있다. 실제로 「위키스트 링크」의 투표 데이터를 분석한 결과, 두 종류의 참가자 집단이 지속적인 차별대우를 받고 있음을 확인할 수 있었다. 그들은 바로 노인과 히스패닉이다.

　경제학계에는 두 가지 유형의 차별 이론이 존재한다. 아주 흥미롭게도 「위키스트 링크」에 참가하는 나이 많은 참가자들과 히스패닉들은 각기 다른 유형의 차별에 의해 고통받는다. 첫 번째 차별 유형은 '취향에 기반한 차별'로, 단순히 특정 유형의 사람들을 좋아하지 않기 때문에 발생하는 것이다. 그리고 두 번째 유형은 '정보에 기반한 차별'인데, 특정 유형의 사람들에 대해 능력이 부족하다고 믿고 그에 따라 행동하는 것이다.

「위키스트 링크」에서 히스패닉은 정보에 기반한 차별을 받는다. 다른 참가자들은 사실과 다름에도 불구하고 히스패닉이 문제를 푸는 능력이 떨어진다고 생각한다. 이러한 견해가 다른 참가자들의 무의식에 녹아들어 있기 때문에, 히스패닉 참가자가 정답을 맞히는 능력이 뛰어남에도 불구하고 프로그램 초반에 탈락하거나, 혹은 큰 위협이 되는 경쟁자로 인식되지 않아 후반에도 탈락하지 않는 등의 일이 발생하는 것이다.

반면에 노인 참가자들은 취향에 기반한 차별의 희생자다. 프로그램 전반에도 후반에도, 그들은 실력과 상관없이 탈락되는 경향이 있다. 마치 다른 참가자들이 - 참가자들의 평균 연령은 34세다 - 단순히 노인들과 함께 있는 것을 좋아하지 않는 것처럼 말이다.

「위키스트 링크」에 참가하는 평범한 시민들은 자신이 히스패닉과 노인을 차별하고 있다는 사실 자체를(혹은 여성과 흑인의 경우는 차별하지 않는다는 사실을) 인지하지 못하고 있을 가능성이 크다. 어쨌든 그들은 눈부신 스포트라이트 아래서 한껏 긴장한 채 정신없이 게임을 진행하고 있지 않은가. 그렇다면 여기서 자연스럽게 다음 질문이 제기된다. 만일 이들이 집이라는 사적인 공간에 있다면, 자신의 취향(그리고 자기 자신에 대한 정보)을 어떻게 표현하고 공개할 것인가?

우리가 알고 있는 대부분의 정보는 진실이 아니다

해마다 약 4,000만 명의 미국인이 전혀 모르는 낯선 타인들과 자신의 개인 정보를 공유하고 있다. 사건의 현장은 바로 인터넷 데이트 주선 사이트다. Match.com, eHarmony.com, Yahoo! Personals 등 수많은 데이트 주선 사이트가 성황리에 영업 중이며, ChristianSingles.com, JDate.com, LatinMatcher.com, BlackSinglesConnection.com, Country WesternSingles.com, USMilitarySingles.com, OverweightDate.com, Gay.com 등 일부는 좀더 구체적인 취향에 맞춰 서비스를 제공하기도 한다. 오늘날 데이트 주선 사이트는 인터넷상에서 가장 성공적인 회원가입형 사업 중 하나다.

사이트마다 약간의 차이가 있지만, 데이트 주선 사이트의 골자는 하나다. 자기 자신에 관해 광고를 게재하는 것이다. 이 개인 광고에는 대개 사진과 신체 사이즈, 소득 수준, 교육 수준, 좋아하는 것과 싫어하는 것 등이 포함된다. 누군가의 광고가 마음에 들면, 이메일을 보내 데이트 약속을 잡으면 된다. 또 많은 사이트에서 '데이트 목적'란을 따로 두고 있어, 취향에 따라 '지속적인 관계', '단기간 애인', 혹은 '친구' 등으로 기재할 수 있다.

따라서 여기서 발굴할 수 있는 데이터의 종류는 두 가지다. 바로 사람들이 자신의 광고에 게재한 정보와, 특정 광고가 유발하는 반응 수준이다. 이 두 종류의 데이터는 각각 의문을 제기한다. 개인 광고의 경우, 사람들은 얼마나 솔직하게(혹은 정직하게) 자신의 정보를 공개하는가? 그리고 반응 데이터의 경우, 광고의 어떠한 정보가 가장(혹은 가장 덜) 매력적으로 비치는가?

두 명의 경제학자와 심리학자 한 명이 최근 이 질문에 대한 해답을 찾기 위해 한데 뭉쳤다. 알리 호르타수, 귄터 J. 히치, 댄 아릴리는 한 유명 온라인 데이트 주선 사이트를 활발하게 이용하는 회원 2만여 명의 정보를 수집했다. 그 중 절반은 보스턴에, 나머지 절반은 샌디에이고에 거주하고 있었으며, 56%가 남성이었고, 중앙값 연령은 21세에서 35세 사이였다. 인종이 미치는 영향과 관련해 신빙성 높은 결론을 얻을 수 있을 정도로 다양한 인종이 적절한 비율로 분포되어 있었으나 전빈적으로 백인의 비율이 지배적이었다.

대상 집단은 평균보다 부유했고, 키가 크고 날씬했으며, 보기 좋은 외모를 지니고 있었다. 적어도 그들 자신이 기재한 바에 따르면 말이다. 온라인 데이트를 희망하는 사람들 가운데 4% 이상이 20만 달러 이상의 연소득을 올리고 있었는데, 일반적인 인터넷 사용자의 경우 그 정도 소득을 올리는 이들의 비율이 1% 이하라는 점을 감안할 때 네 명 가운데 세 명이 수입을 과장했다고 추측할 수 있다. 성별을 불문하고 사이트 사용자들의 키는 전국 평균보다 약 3센티미터가 더 컸다. 몸무게의 경우, 남성은 전국 평균과 비슷했으나 여성이 기재한 수치는 전국 평균보다 약 10킬로그램이나 적었다.

가장 인상적인 사실은, 거의 72%에 달하는 여성이 '평균 이상의 외모'를 지니고 있으며, 이 중 24%가 자신을 '아주 아름다운'으로 묘사했다는 점이다. 남성들 역시 지나치게 외모가 훌륭했다. '아주 잘생긴' 19%를 포함해 68%의 남성이 자신을 '평균 이상의 외모'로 분류했고, 약 30%가 '평범한' 외모를 지녔으며, '평균 이하의 외모'를 지녔다고 말한 남성은 겨우 1%에 지나지 않았다. 즉 온라인 데이트를 즐기는 이들은 다들 끝내주는 미남미녀이거나, 자아도취에 빠져 있거나, 아니면 '평균'의 의미에 반항하는 사람들임이 틀림없다. (어쩌면 그들은 진정한 실용주의자일지도 모른다. 부동산 중개업자라면 이해하겠지만, 평범한 집은 '매혹적'이거나 '환상적'이지 않다. 하지만 그런 말을 붙이지 않으면 아무도 눈길조차 주지 않을 것이다.) 사이트에 가입한 여성들 가운데 28%가 금발이라고 대답했다. 이는 전국 평균을 한참 웃도는 수치다. 따라서 이들은 염색을 했거나 거짓말을 했거나, 혹은 둘 다일 가능성이 크다.

한편 일부 가입자들은 신선할 정도로 정직했다. 남성의 7%가 자신이 유부남이며, 이 가운데 소수만이 '행복한 결혼생활을 영위'하고 있다고 기재했다. 그러나 그들이 정직하다고 해서 아무 생각도 없다는 의미는 아니다. 243명의 '행복한 결혼생활을 영위'하는 남성들 가운데 자신의 사진을 공개한 이들은 단 12명에 불과했다. 아내가 이 광고를 발견할지도 모른다는 위험부담이 애인을 얻는 데서 오는 보상을 능가하는 것만은 분명하다. ("그럼 당신은 그 사이트에서 뭘 하고 있었던 거요!"라고 고래고래 소리를 질러봤자 아무런 도움도 되지 않을 것이다.)

데이트 주선 사이트를 이용하고도 원하는 결과를 얻지 못하는 수많은 방법 가운데 가장 확실한 것은 자기 사진 대신 남의 사진을 올려놓는 일일 것이다. (물론 웹 사이트에 올리는 사진이 꼭 자신의 것일 필요는 없으며, 자기보다 훨씬 멋진 누군가의 사진을 올려놓을 수도 있다. 그러나 그런 사기행위는 언젠가 역효과를 불러일으킬 것이다.) 사진을 올리지 않는 남성은 사진을 올리는 남성이 받는 이메일 응답의 60%밖에 받지 못한다. 여성의 경우는 더 심해서, 사진을 올리지 않는 여성은 사진을 올리는 여성이 받는 이메일 응답의 24%밖에 받지 못한다. 소득 수준과 교육 수준이 낮고 형편없는 직장에 매력적이지도 않고 뚱뚱하고 대머리라 하더라도 사진을 올리는 남성은, 연수입 20만 달러에 매혹적인 외모를 지녔지만 사진을 올리지 않는 남성보다 데이트 신청 메일을 받을 확률이 훨씬 높다. 사람들이 사진을 공개하지 않는 데에는 다양한 이유가 있다. 인터넷 사용법을 잘 모르거나, 혹은 지인들이 자신의 광고를 볼까봐, 아니면 단순히 못생겼기 때문일지도 모른다. 그러나 '팝니다' 간판이 붙은 번쩍번쩍한 새 자동차와 마찬가지로, 고객들은 베일 아래 뭔가 심각한 문제가 숨어 있지나 않을까 의심하게 된다.

실제로 데이트 기회를 잡는 것 역시 무척 힘들다. 광고를 게재한 남성의 56%와 여성의 21%가 단 한 통의 이메일도 받지 못했다. 반면에 이성에 대해 조금이나마 지식을 가지고 있는 사람이라면 어떠한 미끼를 써야 커다란 반향을 불러일으킬 수 있는지 대충 짐작이 갈 것이다. 사실, 온라인 데이트를 원하는 사람들이 선호하는 요소는 남성과 여성에 관한 대부분의 고정관념에 딱 들어맞는다.

예를 들어, 단기간 애인을 찾는 남성보다는 지속적인 관계를 원하는 남성 쪽이 훨씬 인기가 좋다. 그러나 여성의 경우에는 단기간 애인을 원하는 쪽이 더 많은 데이트 기회를 얻을 수 있다. 남성에게 무엇보다 중요한 것은 여성의 외모다. 그러나 여성에게는 남성의 소득 수준이 가장 중요하다. 남성은 부유할수록 이메일의 수가 늘어나지만, 여성의 경우 소득 수준에 따른 선호도는 종 모양의 곡선을 그린다. 남성은 너무 가난한 여성과 데이트하는 것을 좋아하지 않으나, 지나치게 부유한 여성 역시 꺼리는 경향이 있다. 여성은 군인, 경찰관, 소방관(이는 폴 펠드먼의 베이글 사업과 마찬가지로 9·11 사태의 영향일 수 있다), 변호사, 의사 등과 데이트하기를 원하며, 전반적으로 제조업에 종사하는 남성을 기피한다. 남성에게 키가 작다는 것은 아주 불리한 조건이지만(그래서 그토록 많은 남성들이 거짓말을 하는 것일 게다), 몸무게는 그다지 영향을 미치지 않는다. 반면에 여성에게 비만이나 과체중은 치명적이다(그래서 다들 거짓말을 하는 것으로 추정된다). 남성의 붉은 머리나 곱슬머리는 점수를 떨어뜨리는 요인이며, 대머리도 마찬가지다. 그러나 삭발은 괜찮다. 머리카락이 희끗희끗한 여성은 선호도가 낮지만 금발은 당연히 아주 좋다.

데이트 사이트는 소득과 교육 수준, 그리고 외모에 관한 모든 정보는 물론, 자신의 인종도 표시할 수 있게 되어 있다. 또한 자신이 데이트를 하고 싶은 사람들의 인종란도 채울 수 있는데, 택지는 '나와 동일한' 혹은 '상관없음'이다. 이들은 「위키스트 링크」의 참가자들과 마찬가지로, 피부색이 다른 사람들에 대해 어떤 사고방식을 가지고 있는지 공개적으로 과시할 기회를 갖게 된 것이다. 그러나 그들은 후에 데이트를 하고 싶은 상대에게 개인적으로 이메일을 보내기 때문에 우리는 여기서 그들의 실제 행동을 분석할 수 있다.

사이트에 가입한 절반 정도의 백인 여성과 80%의 백인 남성이 피부색은 상관없다고 기재했다. 그러나 반응 데이터는 그와 전혀 다른 이야기를 들려준다. 피부색이 상관없다고 대답한 백인 남성들의 90%가 백인 여성에게 이메일을 보냈다. 인종의 차이에 신경 쓰지 않는다고 기재한 백인 여성들의 97%가 백인 남성에게 이메일을 보냈다.

이것은 잘생기고 부유하며 교육 수준이 높은 동양계 남성은 동일 자격 기준을 충족하는 백인 남성이 백인 여성에게서 받는 이메일 수량의 25% 미만을 백인 여성에게서 받을 수 있음을 의미한다. 마찬가지로 흑인이나 히스패닉 남성은 백인 여성에게서, 만약 백인이라면 받을 수 있는 이메일 수량의 절반 정도를 받는다.

정말로 이 백인 여성과 남성들에게 피부색은 중요하지 않은 것일까? 단순히 백인이 아닌 사람들 가운데 마음에 드는 상대가 없었던 것일까? 그게 아니라면, 그저 비난받고 싶지 않기에 인종은 상관없다고 대답한 건 아닐까? 특히 자신과 같은 피부색을 지닌 미래의 데이트 상대에게 개방적이라는 인상을 주기 위해서 말이다.

우리가 외부에 공개하는 정보와 진실로 알고 있는 정보 사이에는 상당히 깊은 골이 파여 있다. (좀더 쉬운 말로 표현하자면, 우리는 말과 행동이 다르다.) 이러한 현상은 개인적인 인간관계, 상업적 거래, 그리고 당연하겠지만, 정치에서 흔히 목격된다.

우리는 정치가들이 대중 앞에서 거짓말을 하는 데 익숙해져 있다. 하지만 유권자들 역시 거짓말을 한다. 어떤 선거에서 흑인 후보자와 백인 후보자가 맞붙는 경우를 생각해보자. 혹시나 백인 유권자가, 실제보다 진보적이고 평등한 사람으로 보이고 싶은 마음에 흑인 후보자에게 표를 던지겠다고 여론조사원에게 거짓말을 하지는 않을까? 그렇다, 분명 그런 것으로 보인다. 1989년 뉴욕 시장 선거는 두 후보자 데이비드 딘킨스(흑인)와 루돌프 줄리아니(백인) 사이의 한판 승부였다. 아슬아슬한 차이로 승리를 거둔 것은 딘킨스였다. 그러나 비록 뉴욕 시 최초의 흑인 시장이 탄생했다는 사실에도 불구하고, 그의 힘든 승리는 상당한 의외로 받아들여졌다. 선거 전 설문조사에 의하면 딘킨스가 거의 15포인트나 앞설 것으로 예측되었기 때문이다. 1990년 상원의원 선거에 출마한 백인 지상주의자 데이비드 듀크는 여론조사 예상치보다 20%나 많은 득표수를 기록했다. 즉 수천 명의 루이지애나 유권자들은 자신이 인종차별적인 시각을 지니고 있는 후보자를 선호한다는 사실을 입 밖에 내고 싶지 않았던 것이다.

듀크는 한 번도 자신이 원하는 만큼 높은 정치적 지위를 얻지는 못했지만, 정보 악용의 달인이라는 사실만큼은 확실히 입증할 수 있었다. KKK 기사단의 '그랜드 위저드'로서, 그는 수천 명에 달하는 평단원들의 이메일 주소를 가지고 있었고, 그 외에도 다른 지지층, 후에 정치적 기반이 된 지지층을 유지하고 있었다. 그는 이 명단을 혼자서 사용하는 데 그치지 않고 루이지애나 주지사에게 15만 달러에 팔았다. 몇 년 뒤, 듀크는 다시 자신을 위해 그 명단을 이용했다. 자신의 입지가 위태로워졌으며 기부금이 필요하다는 소식을 지지자들에게 보냈던 것이다. 이런 식으로, 그는 백인 우월주의를 위해 투쟁하는 데 사용할 수십만 달러의 자금을 끌어 모을 수 있었다. 그는 지지자들에게 보내는 편지에서, 자신이 파산했으며 은행이 그의 집을 압류하려 한다고 설명했다.

그러나 사실 듀크는 이미 상당한 이득을 보고 그의 집을 팔아버린 상태였다. (그가 부동산 중개업자를 고용했는지는 알 수 없다.) 그가 지지자들로부터 모금한 돈의 대부분은 백인 우월주의를 홍보하는 데 쓰인 게 아니라 그의 개인적인 도박벽을 푸는 데 사용되었다. 작고 귀여운 사기를 친 것이다. 듀크는 결국 체포되어 텍사스 빅스프링에 있는 연방 감옥에 수감되었다.

3_
마약 판매상은 왜
어머니와 함께 사는 걸까?

FREAKONOMICS

　앞의 두 장에서 우리는 솔직히 좀 특이하다고 할 수밖에 없는 주제들, '교사와 스모 선수의 공통점은?' 과 'KKK와 부동산 중개업자는 어떤 부분이 닮았을까?' 라는 문제를 다루었다. 하지만 처음에는 이상하게 보인다 하더라도 자꾸 적절한 의문을 제기하다 보면 결국 가치 있는 무언가를 발견하게 마련이다.

　질문을 할 때 가장 중요한 사항은 그것이 과연 질문할 만한 가치가 있는 내용인지를 판단하는 데 있다. 전에는 한 번도 제기된 적이 없다는 이유 하나 때문에 좋은 질문이 되는 것은 아니다. 이미 몇 세기 전부터 똑똑한 이들이 수많은 질문을 던져왔으니, 아직까지 제기되지 않은 질문들 대부분은 사실 재미없는 답변을 낳지 않겠는가?

　그러나 만약 당신이 사람들이 진정 관심을 가진 사안에 대해 질문을 던질 수 있고 그들에게 충격을 안겨줄 만한 답을 찾아낼 수 있다면, 즉 사회 통념을 뒤집을 수 있다면, 당신은 참으로 운이 좋은 것이다.

'사회 통념'이라는 말을 만들어낸 사람은 현명하고 박식한 경제학계의 거두, 존 케네스 갤브레이스 John Kenneth Galbraith다. 하지만 그는 여기에 긍정적인 의미를 부여한 것은 아니었다. "우리는 진실을 편익과 연관시킨다." 그는 이렇게 썼다. "진실을 이기심과 개인의 안녕 혹은 미래와 결부시킴으로써 인생에서 자신 없는 일이나 원치 않는 일탈을 회피하려는 것이다. 우리는 또한 자존심을 만족시키는 데 기여하는 것이라면 무엇이든 적극적으로 받아들인다." 그리고 이렇게 덧붙였다. "경제적인 행동과 사회적인 행동은 매우 복잡하고 그 특성을 이해하는 작업은 지적으로 대단히 지루한 일이다. 그러므로 우리는 마치 뗏목에 매달리듯 우리의 이해를 대표하는 생각들에 매달린다."

그래서 갤브레이스의 견지에 따르면, 사회 통념은 반드시 간단하고 편리하고 편안하며 안정적이어야만 한다. 비록 진리가 아니더라도 말이다. 물론 통념이 전부 틀렸다고 주장하는 것은 어리석은 일이다. 하지만 사회 통념이 틀렸을지도 모르는 부분을 알아차리는 것, 이기적이고 조잡한 사고의 흔적을 찾아내는 것은 좋은 질문을 제기하기 위한 첫 걸음이다.

미국 노숙자들의 최근 현황에 대해 생각해보자. 1980년대 초, 노숙자들의 대변인 미치 스나이더 Mitch Snyder는 미국의 노숙자 수가 300만에 이른다고 밝혔다. 대중은 그 놀라운 수치에 경악했고, 노숙자 문제에 눈을 돌리기 시작했다. 미국인 100명당 한 명 이상이 노숙자란 말인가? 너무 많은데… 하지만 어쨌든 전문가가 한 말이니 틀림없겠지. 얼마 전까지만 해도 조용하던 문제가 갑자기 범국가적 관심사로 돌변했다. 심지어 스나이더는 노숙자 문제의 심각성에 대해 의회에서 증언을 하기까지 했다. 또한 그는 대학 강단에서 매초 45명의 노숙자가 사망하고 있다고 말했다. 그 정도 속도라면 한 해에만 14억의 노숙자가 사망한다는 얘기다(당시 미국의 인구는 2억 2,500만 명에 불과했다). 스나이더가 말을 잘못했거나 엉뚱한 자료를 인용해 실제로 말하고자 했던 바가 45초마다 한 명의 노숙자가 사망한다는 내용이었다고 가정해도 1년에 70만 1,000명이나 되는 노숙자가 사망하며, 이는 대략 미국 전체 사망자 세 사람 가운데 한 명은 노숙자라는 결론이 된다. 흐으음. 결국 스나이더는 300만이라는 수치에 대해 해명해달라는 압력을 받자 자신이 지어낸 숫자라고 시인하고 말았다. 기자들은 그에게 특정한 수치를 요구했고, 그는 기자들을 빈손으로 돌려보내고 싶지 않았던 것이다.

스나이더 같은 전문가조차 사기와 다름없는 짓을 벌일 정도로 이기적이 될 수 있다는 사실은, 슬프긴 하지만 그리 놀라운 일은 아니다. 하지만 그들도 이 모든 일을 혼자서 해낼 수는 없다. 언론은 전문가가 그들을 필요로 하는 것만큼이나 절박하게 전문가를 필요로 한다. 신문이나 TV 뉴스는 매일같이 뭔가를 전달해야 하고, 사람들에게 충격을 안겨줄 만한 지혜를 전달할 수 있는 전문가라면 언제든지 환영이다. 따라서 언론과 전문가라는 이 두 진영은 서로 합작하여 사회 통념의 창조자가 된다.

광고 역시 통념을 만들어내는 경이적인 도구다. 예를 들어 리스테린 Listerine은 19세기에 발명된 강력한 외과 수술용 소독제로서, 이후 희석된 형태로 바닥 세척제와 임질 치료제로도 이용되었다. 하지만 이 제품이 진정으로 인기를 누리게 된 것은 1920년대에 '만성구취(입냄새를 일컫는 의학 용어)' 해결사란 딱지를 달고 시판되면서부터였다. 당시 리스테린 광고에는 외로운 젊은 남녀 한 쌍이 등장하는데, 사랑에 빠진 그들은 간절히 결혼을 원하지만 상대방의 입에서 나는 썩은 냄새 때문에

망설이게 된다. "그의 입냄새가 그렇게 지독한데, 과연 내가 행복해질 수 있을까?" 광고 속의 여자는 이렇게 자문한다. 하지만 그때까지만 해도 입냄새를 그렇게 심각한 재난으로 여기는 사람은 없었다. 리스테린이 사회 통념을 바꿔버린 것이다. 광고 비평가인 제임스 B. 트위첼James B. Twitchell은 이렇게 기록했다. "리스테린은 구강 세척제만 만든 것이 아니라 입냄새라는 개념을 창조했다." 7년 후, 리스테린 제조사의 수입은 11만 5,000달러에서 800만 달러 이상으로 급증했다.

사회 통념이 인위적으로 만들어진 창조물에 불과하다고 해도, 한번 굳어진 사고방식을 바꾸기는 매우 어렵다. 경제학자 겸 『뉴욕 타임스』의 칼럼니스트이자 조지 W. 부시 대통령에 대한 열렬한 비평가 폴 크루그먼Paul Krugman은 2004년 초 대통령 선거전이 진행되는 동안 이런 사실을 두고 한탄했다. "부시 씨에 대한 일반적인 인식은 그가 어리숙하고 솔직하며 직설적인 사람이라는 것이다. 그리고 언론에 보도되는 이야기는 모두 그 이미지에 충실한 것들뿐이다. 하지만 그가 야바위꾼에 카우보이 흉내나 내고 다니는 졸부라는 통념이 널리 퍼져 있다면, 기자들은 보고 들은 것을 모두 기사화할 수 있을 것이다."

2003년 미국이 이라크를 침공하기 전 몇 달 동안, 전문가들은 이라크의 대량살상무기 보유 여부에 관해 서로 치열하게 상반되는 주장을 늘어놓았다. 하지만 통념의 전쟁에서는 많은 경우 미치 스나이더의 노숙자 '통계수치'와 비슷한 진영이 승리하게 마련이다. 예를 들어 여성운동가들은 성폭력 발생 건수를 부풀려 미국 여성이 세 명 중 한 명꼴로 강간이나 강간미수의 희생양이 된다고 주장했다. (실제 수치는 여덟 명 중 하나에 가깝다. 하지만 여성운동가들은 그들이 주장하는 통계수치를 공개적으로 반박하는 이들이 냉혈한으로 낙인찍힐 것임을 알고 있었다.) 다른 다양한 비극적 질병의 치유법을 찾고자 노력하는 사람들 역시 거의 정기적으로 같은 행위를 한다. 안 될 것은 또 뭐란 말인가? 약간의 창조적 거짓말을 보태면 관심과 의분은 물론, 무엇보다 가장 중요한 돈과 정치적 자산을 확보하게 됨으로써 진짜 문제를 해결할 수 있는데 말이다.

물론 여성운동가나 정치가의 자문, 기업의 광고 책임자 등 전문가들은 누구나 우리 평범한 이들과는 다른 인센티브를 지니고 있다. 그리고 이들 전문가의 인센티브는 상황에 따라 180도로 변할 수도 있다.

경찰의 경우를 보자. 최근 감사 결과 애틀랜타 경찰이 1990년대 초부터 범죄 발생 건수를 급격하게 줄여서 보고했다는 사실이 밝혀졌다. 이러한 관행은 분명 애틀랜타가 1996년 올림픽을 유치하기 위해 나섰을 때부터 시작된 것이 틀림없다. 애틀랜타는 폭력적 도시라는 이미지를 불식시켜야 했고, 그것도 빠른 시일 내에 해결해야 했다. 따라서 매년 수천 건의 범죄 발생 보고가 폭력사건에서 비폭력적인 것으로 축소되거나 아예 실종되어버렸다. (2002년에만 2만 2,000건에 이르는 사건이 경찰 보고에서 누락되는 이런 꾸준한 노력에도 불구하고, 애틀랜타는 여전히 미국에서 가장 범죄율이 높은 도시 중 하나로 꼽히고 있다.)

한편 1990년대 다른 도시의 경찰들은 전혀 다른 이야기를 전개하고 있었다. 크랙 코카인(crack cocaine: 싸구려 코카인 - 옮긴이)의 급격하고 폭력적인 출현으로 인해, 전국의 경찰서들이 저마다 더 좋은 장비를 확보하려고 경쟁을 벌이기 시작했던 것이다. 그들은 마약과의 전쟁에서 경찰이 불리한 입장임을 상기시키기 위해 최선을 다했다. 최첨단 무기로 무장한 마약상, 바닥이 드러나지 않는 검은 자금줄, 특히 불법자금 유입을 강조하는 방법은 대단한 성공을 거두었는데, 백만장자 마약상의 이미지만큼 준법정신이 투철한 일반 시민들의 분노를 자극할 수 있는 그림도 없었던 것이다. 언론은 이 이야깃거리에 열성적으로 매달렸고, 크랙 거래는 미국에서 가장 수익 높은 사업 중 하나로 묘사되었다.

하지만 누구든 크랙이 공공연하게 거래되는 저소득층 주택단지에서 조금만 어슬렁거려보면 뭔가 이상하다는 사실을 깨닫게 된다. 대부분의 크랙 판매상들은 여전히 가난하게 살고 있을 뿐만 아니라, 대부분 자기 집도 없이 부모와 함께 살고 있다. 사람들은 머리를 긁적이며 중얼거린다. "대체 왜 그렇지?"

이 질문에 대답하려면 먼저 적절한 데이터를 찾아야 한다. 그리고 대부분의 경우 적절한 데이터를 찾는다는 말은 곧 적절한 사람을 찾는다는 말과 같다. 하지만 이는 결코 말만큼 쉬운 일이 아니다. 경제학을 공부한 마약 판매상은 거의 없고, 경제학자가 마약상과 어울릴 기회도 거의 없다. 따라서 이 문제를 해결하려면 한때 마약상들 사이에서 함께 살았고 그들의 거래내역 기록을 손에 들고 걸어 나올 수 있었던 누군가를 찾아야 한다.

검은 갱스터 사도단

수디르 벤카테시(Sudhir Venkatesh : 어린 시절의 친구들은 시드라고 부르지만, 본인은 수디르를 고수하고 있다)는 인도에서 태어나 뉴욕 북부 교외 지역과 캘리포니아 남부에서 성장했으며 샌디에이고의 캘리포니아 대학에서 수학을 전공했다. 1989년, 그는 시카고 대학 사회학 박사과정에 들어갔다. 그의 관심 분야는 청소년이 정체성을 확립하는 방법이었고, 그것을 연구하기 위해 록그룹 '그레이트풀 데드Grateful Dead'의 공연을 따라 석 달 동안 미국 전역을 돌아다니기도 했다. 그가 관심 없는 분야가 하나 있다면 사회학 연구에서 전형적 도구로 사용되는 현장조사였다.

 그러나 그의 담당교수이자 탁월한 빈곤층 전문가인 윌리엄 율리우스 윌슨William Julius Wilson은 곧장 벤카테시에게 현장조사를 지시했다. 그에게 할당된 조사 과제는 시카고에서 가장 빈곤한 흑인들이 거주하는 주택단지를 방문해 클립보드 가득 꽂혀 있는 70문항짜리 선다식選多式 설문지에 주민들의 답을 받아오는 것이었다. 첫 번째 문항은 다음과 같았다.

- 자신이 흑인이고 가난하다는 데 대해 어떻게 생각합니까?
  1. 매우 싫다
  2. 싫다
  3. 좋지도 싫지도 않다
  4. 좋다
  5. 매우 좋다

 어느 날 벤카테시는 대학에서 스무 블록쯤 떨어진 곳에 있는 미시간 호숫가의 한 빈민가에서 설문조사를 시도했다. 이 주택단지는 노란색이 감도는 회색 벽돌로 만들어진 16층짜리 건물 세 채로 구성되어 있었다. 벤카테시는 곧 설문지에 적힌 성명과 주소가 실제 거주자와 거의 일치하지 않는다는 사실을 발견했다. 건물들은 폐기 선고를 받아, 실질적으로 버려진 것이나 다름없었다. 낮은 층에는 아직도 몇몇 가구가 살면서 수도와 전기를 몰래 끌어 쓰고 있지만 엘리베이터는 아예 작동조차 되지 않았다. 계단의 전등도 켜지지 않았다. 초겨울의 늦은 오후라 밖은 벌써 거의 어두워진 상태였다.

벤카테시는 사려 깊고 잘생기고 체격도 좋았지만, 그렇다고 해서 광적으로 용감한 사내는 아니었다. 그는 누군가 설문에 응해줄 사람을 찾아서 계단을 걸어 올라가다 6층에 이르렀는데, 자기도 모르게 계단참에서 주사위 놀이를 하고 있던 몇 명의 10대들을 놀라게 했다. 후에 알았지만 그들은 건물 밖에서 활동하는 크랙 조직의 하위 판매책들이었고, 벤카테시의 출현이 전혀 반갑지 않았다.

"나는 시카고 대학 학생입니다." 벤카테시가 손에 든 설문지를 가리키며 더듬거렸다. "설문조사를…."

"이 깜둥이 자식, 입 닥쳐. 우리 구역에서 대체 뭘 하고 있는 거야?"

당시 시카고에서는 갱단 사이의 전쟁이 한창이었다. 게다가 그 무렵에는 상황이 더욱 악화되어 거의 매일 총격전이 벌어지고 있었다. 그래서 '전미 검은 갱스터 사도단Black Gangster Disciple Nation' 소속인 이 10대 소년들은 무척 격앙된 상태였다. 그들은 벤카테시의 정체를 도무지 알 수가 없었다. 상대 갱단의 일원인 것 같지는 않아. 그럼 스파이? 하지만 경찰은 아닌 것 같은데. 흑인은 아니야. 그렇다고 백인도 아냐. 별로 위협적이지도 않아. 무기라고 해봐야 클립보드뿐이잖아. 그렇다고 전혀 무해한 사람 같지도 않은데. 석 달 동안 그레이트풀 데드를 쫓아다녔던 덕에 당시 벤카테시의 모습은 훗날 그가 술회했듯이, "머리가 허리까지 치렁치렁 늘어진 진짜 괴짜" 같았던 것이다.

이제 갱들은 벤카테시를 어떻게 해야 할지 언쟁을 벌이기 시작했다. 이놈을 보내줄까? 하지만 그랬다가 적들한테 우리 위치를 알려주면 어떻게 해? 적들의 기습을 받을지도 모르잖아. 신경질적인 한 소년은 손에 뭔가를 쥐고 앞뒤로 흔들면서(벤카테시는 희미한 조명 속에서 그것이 권총이라는 사실을 알아차렸다) 이렇게 투덜거렸다. "내가 해치울게. 내가 해치운다니까." 벤카테시는 진짜로, 정말이지 엄청나게 겁이 났다.

하나 둘씩 갱단의 수가 점점 늘어나면서 주위는 더욱 시끄러워졌다. 그러다 조금 나이가 많은 갱단원이 등장했다. 그는 벤카테시의 손에서 클립보드를 휙 낚아채더니 종이에 글자가 잔뜩 인쇄되어 있는 걸 보고 당황한 것 같았다.

"이 빌어먹을 것들이 뭔지 하나도 모르겠어." 그가 말했다.

"그거야 형님이 글을 모르니까 그렇죠." 10대들 중 하나가 이렇게 말하자 모두들 웃음을 터뜨렸다.

그 갱단원은 벤카테시에게 설문지에 있는 질문을 한번 해보라고 말했다. 벤카테시는 흑인이고 가난한 삶을 살고 있는 것에 대해 어떻게 생각하는지 묻는 첫 번째 항목을 읽었다. 사방에서 비웃음소리가 터져 나왔고, 어떤 아이들은 화를 내기까지 했다. 나중에 벤카테시는 대학원 동료에게 다섯 개의 보기로는 부족했다고 털어놓았다. 지금이라면 그도 알다시피, 현실에서는 선택지가 하나 더 필요했다.

1. 매우 싫다
2. 싫다
3. 좋지도 싫지도 않다
4. 좋다
5. 매우 좋다
6. 엿 먹어라

상황이 최악으로 치닫고 있을 무렵, 또 다른 사내가 등장했다. 그는 바로 갱단의 두목 JT였다. JT는 대체 무슨 일인지 물어보더니 벤카테시에게 설문지를 읽어보라고 했다. 그는 첫 번째 질문을 듣고는 질문에 답할 수 없다고 말했다. 왜냐하면 자신은 흑인이 아니기 때문이라는 것이다.

"알겠습니다, 그럼." 벤카테시가 말했다. "아프리카계 미국인이고 가난하다는 데 대해 어떻게 생각합니까?"

"이런 머저리, 나는 아프리카계 미국인도 아냐. 깜둥이nigger란 말야." 그러고 나서 JT는 '깜둥이'와 '아프리카계 미국인' 그리고 '흑인'의 분류학적 차이에 대해, 생생하기는 하지만 별로 우호적이지는 않은 강의를 시작했다. 그가 강의를 끝냈을 때, 주변에는 묘한 적막감이 흘렀다. 하지만 아직도 벤카테시를 어떻게 처리하면 좋을지에 대해서는 아무도 결론을 내리지 못한 것 같았다. JT는 당시 20대 후반이었는데, 부하들을 진정시키기는 했지만 그들이 잡은 포로 문제에 대해서는 직접 개입하고 싶지 않은 것이 분명했다. 주위가 완전히 어두워지자 JT는 자리를 떴다. "아무도 여기서 살아서 나갈 순 없어." 손에 권총을 쥔 신경질적인 녀석이 위협했다. "네놈도 그 정도쯤은 알 거야, 그렇지?"

밤이 깊어감에 따라 벤카테시를 붙잡고 있던 10대들은 점점 마음이 누그러졌다. 그들은 자기들이 마시던 캔맥주를 하나 권하더니 또 하나를 권하고 계속해서 그런 분위기가 이어졌다. 그러다 벤카테시는 오줌이 마려워졌고, 소년들은 자신들의 화장실인 한 층 위의 계단참을 사용하도록 허락해주었다. JT는 밤새 몇 번 더 들렀지만 별다른 말은 하지 않았다. 아침이 밝고 다시 정오가 됐다. 벤카테시는 가끔 설문조사를 시도해봤지만 그때마다 어린 크랙 판매상들은 웃음을 터뜨리며 설문지 내용이 얼마나 바보 같은지 떠들어댔다. 마침내 잡힌 지 거의 24시간이 흐른 뒤에야 벤카테시는 풀려났다.

벤카테시는 집으로 돌아가 샤워를 했다. 풀려났다는 데 안도감이 들었지만 동시에 호기심이 일기 시작했다. 자신을 포함해 대부분의 사람들이 빈민가 범죄자들의 생활상에 대해서는 거의 생각도 해본 적이 없다는 사실이 문득 머릿속을 스치고 지나갔던 것이다. 그는 '검은 갱스터 사도단'이 어떤 식으로 조직되고 운영되는지 밑바닥에서 꼭대기까지 파악하고 싶은 열망에 사로잡혔다.

몇 시간 후, 그는 다시 빈민가로 돌아가기로 결심했다. 물론 이번에는 좀더 현실에 맞는 질문을 준비해서 말이다.

이런 경우에는 통상적인 자료 수집법이 대단히 비현실적이라는 사실을 직접 체험했기에, 벤카테시는 설문지 따위는 쓰레기통에 처박아버리고 직접 갱단과 함께 생활해보기로 결심했다. 그는 JT를 찾아가 자신의 아이디어를 대강 설명했다. JT는 그가 말 그대로 미쳤다고 생각했다. 대학생이 마약 판매단과 친해지고 싶다고? 하지만 그는 벤카테시가 추구하는 바를 이해할 수 있었다. 공교롭게도 그 역시 경영학을 전공한 대학 졸업생이었던 것이다. JT는 학교를 졸업하고 사무용품을 판매하는 루프Loop에 입사해 마케팅 부서에서 일한 적이 있었다. 하지만 그곳에서 그는 항상 외톨이라고 느낄 수밖에 없었다. 그의 표현에 따르면, 마치 아프로 신(Afro Sheen: 흑인 소유의 기업 중 최초로 증시에 상장된 회사-옮긴이) 본사에 근무하는 유일한 백인이 된 듯한 기분이었던 것이다. 그래서 그는 직장을 그만뒀다. 하지만 그렇다고 이제까지 배운 것들을 잊어버린 것은 아니었다. JT는 자료를 수집하고 새로운 시장을 찾는 일이 얼마나 중요한지를 알고 있었다. 그래서 그는 언제나 새로운 경영전략을 찾는 데 심혈을 기울였다. 다시 말해, JT가 이 크랙 판매단의 우두머리가 된 것은 결코 우연이 아니란 뜻이다. 그는 보스가 될 자질을 갖추고 있었다.

부하들과 약간의 언쟁을 벌인 후, JT는 만일 벤카테시가 책을 저술할 경우 갱단에 해가 될 수 있는 정보는 삭제할 권리를 자신에게 준다면 그들의 활동상을 지켜볼 수 있도록 허락해주겠다고 말했다.

벤카테시가 처음 빈민가를 찾아간 지 얼마 지나지 않아 호수 정면에 있는 누런 회색 벽돌건물이 철거되자, 갱단은 시카고 남부 더욱 깊숙한 곳에 자리 잡은 빈민가로 이동했다. 그 후 6년간 벤카테시는 거의 그곳에서 살다시피 했다. JT의 보호 아래, 그는 일터에서든 집에서든 갱단원들을 가까이에서 관찰할 수 있었다. 그는 끊임없이 질문을 퍼부어댔는데, 때때로 갱들이 그의 호기심을 귀찮아했을 정도였다. 그러나 사실상 그보다는 자신들의 이야기를 들어준다는 데 기꺼워하며 갖가지 이야기를 늘어놓는 경우가 더 많았다. "여긴 전쟁터예요." 한 단원은 이렇게 말했다. "내 말은, 다들 날마다 어떻게든 살아남으려고 발버둥을 치고 있단 소리죠. 그러니까 우린 그냥 할 수 있는 일을 하는 거예요. 다른 선택의 여지가 없다고요. 만약에 결국 총에 맞아 죽을 운명이라면, 빌어먹을, 어쩔 수 없죠, 뭐. 그게 깜둥이들이 가족을 부양하는 방법인걸요."

벤카테시는 한 가족에서 다른 가족으로 옮겨 다니며 함께 저녁식사를 하고 설거지를 해주며 바닥에서 자기도 했다. 또 갱들의 자녀들에게 장난감을 사다주기도 했다. 한번은 한 여인이 자기 아기의 턱받이로 방금 벤카테시의 눈앞에서 총에 맞아 죽은 10대 크랙 판매원의 피를 닦아 내는 장면을 목격한 적도 있었다. 벤카테시의 이야기를 듣고 시카고 대학의 윌리엄 율리우스 윌슨이 대신 정기적으로 악몽을 꿀 정도였다.

갱단은 몇 년 동안 피비린내 나는 세력다툼을 벌여나갔고 그 결과 결국 연방법에 기소되는 처지에 이르렀다. 어느 날 JT 바로 아래 서열에 있는 부티Booty라는 단원이 벤카테시를 찾아왔다. 부티는 연방정부의 표적이 된 데 대해 다른 조직원들에게 책임을 추궁당하고 있으며 어쩌면 자신이 곧 살해당할지도 모른다고 말했다. (그의 예감은 정확했다.) 하지만 무엇보다 부티는 자신이 해온 일에 대해 조금이나마 속죄를 하고 싶어했다. 크랙 거래가 사회에는 전혀 무해하다는 갱단들의 견해에도 불구하고(심지어 그들은 자신들이 흑인 사회 밖으로 흑인 자본이 유출되지 않게끔 지키고 있다고 자랑스레 떠들어대곤 했다) 부티는 죄책감을 느끼고 있었다. 그는 뭔가 다음 세대에 도움이 될 만한 것을 남겨주고 싶었다. 부티는 벤카테시에게 허름하게 해진 낡은 스프링 노트 꾸러미를 건네주었다. 갱단을 상징하는 푸른색과 검은색으로 채색된 노트들이었다. 거기에는 4년에 걸친 갱단의 재무제표가 완벽하게 기록되어 있었다. JT의 지시에 따라, 갱단의 회계담당은 매출과 급료, 수수료는 물론이고 심지어 살해당한 조직원의 가족에게 지급된 보상금까지 철저하게 기록했던 것이다.

처음에는 벤카테시도 그 노트를 받기가 꺼려졌다. 만약 연방정부에서 내가 이런 자료를 갖고 있다는 사실을 눈치 채기라도 하면 어떻게 하지? 나도 체포당하는 거 아냐? 그게 아니더라도, 내가 이걸 가지고 도대체 뭘 할 수 있단 말인가? 수학을 전공했음에도, 그는 이미 숫자를 생각하지 않게 된 지 오래였다.

벤카테시는 시카고 대학에서 박사과정을 마친 다음, 하버드 특별연구원회에 들어갈 수 있는 자격을 얻었다. 날카로운 사고력을 요구하지만 온후한 그곳의 분위기는 벤카테시를 기쁘게 했다. 특히 한때 올리버 웬들 홈스(Oliver Wendell Holmes: 하버드 학장을 지내기도 한 미국의 문필가 - 옮긴이)가 소유했던 호두나무 재질의 셰리주 운반수레는 정말 훌륭했다. 그게 너무나 마음에 든 나머지 특별연구원회의 셰리주 급사 역할을 기꺼이 맡았을 정도였으니 말이다. 그러면서도 그는 정기적으로 케임브리지를 벗어나 여러 차례 시카고의 크랙 갱단을 찾았다. 오랫동안 이런 빈민가 현장조사에 매달리다 보니, 약간 특이한 경향이 몸에 배게 되었다. 그는 염색한 트위드 옷을 입고 그리스어 말장난을 즐기는, 다른 점잖은 특별연구원회 회원들과는 달랐다.

특별연구원회의 목적 중에는 이런 경우가 아니면 한데 모이기 힘든 다양한 분야의 학자들에게 서로 만날 기회를 제공하는 것도 포함되어 있었다. 벤카테시는 곧 자신만큼이나 독특한 젊은 연구회원을 만나게 되었다. 그 역시 전형적인 학자가 되는 데 실패한 사람이었다. 그는 경제학자였는데, 거창한 거시적 사고를 추구하는 대신 자신만의 색다른 미시적 호기심을 충족시키는 데 더 관심이 많았다. 그리고 그의 호기심 목록 맨 윗줄에는 범죄가 자리 잡고 있었다. 만난 지 10분도 채 지나지 않아, 수디르 벤카테시는 스티븐 레빗에게 시카고에서 받은 갱단의 노트에 관해 이야기를 꺼냈고, 두 사람은 공동연구를 추진하기로 결정했다. 그 어떤 경제학자도 이렇게 중요한 회계자료를 손에 넣어본 적이 없었다. 이제까지 미지의 영역이었던 범죄단체의 재정 상태가 전문적 분석의 대상이 된 것이다.

갱단의 비밀 노트

그렇다면 갱단은 어떤 식으로 활동을 하는 것일까? 놀랍게도 갱단의 사업은 대부분의 미국 기업들과 대단히 유사하며, 그 중에서도 특히 맥도널드와 거의 일치하는 모습을 보인다. 솔직히 말해 맥도널드사의 조직도와 '검은 갱스터 사도단' 조직도를 나란히 펼쳐놓는다면 그 차이점을 구분해낼 사람은 거의 없을 것이다.

벤카테시가 몇 년 동안 교류해왔던 갱단은 '검은 갱스터 사도단'의 수백 개 지부(실제로는 프랜차이즈) 중 하나에 불과했다. 학사 출신 프랜차이즈 사장 JT는 약 20명으로 구성된 중앙지도부에 정기적으로 보고를 했는데, 그들은 어찌 보면 당연하게도 '이사회'라고 불렸다. (교외 백인 사회가 랩으로 대표되는 흑인 빈민가 문화를 흉내 내는 데 열중하고 있을 때, 빈민가의 흑인 범죄자들은 부유한 백인 아버지들의 기업정신을 모방하고 있었던 것이다.) JT는 12개의 블록에서 크랙을 판매할 수 있는 권리를 보장받는 대가로 이사회에 수입의 20%에 달하는 돈을 지불했으며 나머지 수입은 임의로 분배할 수 있었다.

JT 밑에는 세 명의 간부가 있었다. 바로 집행관(조직원들의 안전담당)과 재무관(조직의 유동자산 관리), 그리고 심부름꾼(공급자에게서 대량의 약물과 자금을 전달 혹은 수령)이었다. 그리고 이들 간부 밑에는 '땅개 foot soldier'라고 불리는 길거리 마약 판매상들이 있었다. 땅개들의 목표는 언젠가 JT 휘하의 간부로 승진하는 것이었는데, JT는 이런 땅개들의 수를 시기와(가을은 크랙 판매에 최적의 시기인 반면, 여름과 크리스마스 시즌은 판매율이 저조했다) 세력권('검은 갱스터 사도단'은 어느 시점에서 상대 조직의 영역을 적대적으로 합병해 세력권을 2배로 확장했다)에 따라 대략 25명에서 75명 선에서 유지했다. 또 JT가 이끄는 조직의 가장 말단에는 평단원으로 알려진 조직원이 200명이나 있었다. 그들은 조직이 고용하고 있는 것이 아니라 오히려 조직에 회비를 지불하는 이들이었다. 어떤 이들은 경쟁관계의 갱단으로부터 보호받기 위해 돈을 지불했고, 일부는 언젠가 땅개로서 일자리를 얻기 위해 돈을 바쳤다.

노트에 적힌 4년은 공교롭게도 크랙 판매가 최절정에 달해 사업이 번창했던 시기였다. 이 기간 동안 JT의 프랜차이즈는 수입이 4배나 증가했을 정도니 말이다. 첫해에는 1만 8,500달러였던 월평균 수입이 마지막 해에는 6만 8,400달러로 뛰어올랐다. 아래는 세 번째 해의 월수입을 기록한 것이다.

마약 판매액	2만 4,800달러
회비	5,100달러
보호비	2,100달러
월 총수입	3만 2,000달러

'마약 판매액'은 오직 크랙 코카인을 판매해서 얻은 수입을 의미한다. 갱단은 일부 평단원들에게 구역 안에서 헤로인을 판매하도록 허용하고 있었으나, 이윤의 일정 지분이 아니라 고정된 면허료만 징수했다(그 돈은 장부에 기재되지 않고 곧바로 JT의 호주머니 안으로 들어갔다. 아마 다른 수입원에서 들어오는 자금 일부도 장부에 기재하지 않았을 것으로 보인다). 회비 5,100달러는 평단원들에게서 징수된 금액이다. 갱단의 정단원들은 회비를 내지 않았다. 보호비는 구역 안에서 영업하는 다른 사업체가 지불하는 돈으로 여기에는 소매점과 무면허 택시, 장물아비, 노상 자동차 수리점 등이 포함되었다.

이제 JT가 조직원들의 급료를 제외하고 수입액 3만 2,000달러를 어디에 지출했는지 살펴보자.

크랙 구입비	5,000달러
이사회 지급금	5,000달러
용병 고용비	1,300달러
무기 구입비	300달러
잡비	2,400달러
급료를 제외한 월 총지출	1만 4,000달러

용병은 갱단의 구역 전쟁에 써먹기 위해 단기적으로 고용한 비조직원을 말한다. 무기 구입비는 별로 높지 않은데, '검은 갱스터 사도단'은 총기 밀수꾼들이 구역을 안전하게 다닐 수 있도록 해주는 대가로 공짜 혹은 엄청나게 할인된 금액으로 총기를 구입하는 계약을 체결했기 때문이다. 잡비에는 변호사 비용과 파티 비용, 뇌물, 갱단이 후원하는 '지역 행사' 비용이 포함되어 있었다('검은 갱스터 사도단'은 그들이 지역 공동체의 쓰레기가 아니라 기둥이라는 이미지를 심기 위해 엄청난 노력을 기울였다). 잡비에는 또한 조직원의 죽음과 관계된 비용도 포함되어 있었다. 조직에 속한 누군가가 사망하면, 조직은 희생자의 가족에게 장례비용만 지불하는 것이 아니라 3년 치 급료에 해당하는 금액을 지불하곤 했다. 한번은 벤카테시가 이 문제에 관해 갱단이 왜 그렇게 관대한지 물어본 적이 있었다. "정말 멍청한 질문이군." JT가 말했다. "그렇게 우리랑 오래 있었는데 아직도 이해 못했단 말야? 우리는 모두 한가족이라구. 가족을 그렇게 내버려둘 수는 없잖아. 우리는 평생 동안 이 사람들을 알아왔어. 그러니 그들의 슬픔은 곧 우리의 슬픔이야. 가족을 소중하게 여겨야지." 물론 죽은 자를 위한 위로금에는 다른 이유가 있다. 갱단은 지역사회의 반발을(갱단은 분명 그 지역사회를 좀먹는 기업이니까)

두려워했던 것이다. 따라서 그들은 여기저기 몇백 달러를 뿌리면 공동체의 호감을 얻을 수 있다고 계산하고 있었다.

갱단이 벌어들인 돈 중에서 조직원들에게 돌아가는 몫에 대한 기록은 JT로부터 시작하고 있었다. 회계장부에 기재된 이 짧은 항목이야말로 JT를 가장 행복하게 만들어주었을 것이다.

| 보스에게 돌아가는 월 순수익 | 8,500달러 |

한 달에 8,500달러라면 JT의 연봉은 대략 10만 달러가 된다. 당연히 세금도 없을뿐더러 장부에 기록되지도 않은 채 곧장 JT의 주머니로 들어가는 다양한 수입도 포함되어 있지 않다. 이는 그가 루프에서 사무직으로 근무하면서 벌었던 돈보다 훨씬 큰 액수다. 게다가 JT는 '검은 갱스터 사도단' 조직의 100여 명에 이르는 중간 보스들 중 하나에 불과했다. 따라서 일부 마약 판매상은 정말로 부유한 생활을 누릴 수 있을 만한 여유가 있고, 특히 이사회에 속한 이들은 엄청나게 부유할지도 모른다는 이야기가 된다. 서열 20위 안에 드는 조직원의 한 해 수입은 50만 달러에 달했다. (그러나 그들 중 3분의 1이 언젠가 감옥에 가게 되는데, 불법 산업 고위직이라는 위험 직종에 수반되는 폐해라 할 수 있다.)

즉 서열 120위 안에 드는 조직원들은 꽤나 많은 돈을 만질 수 있다는 의미다. 그러나 그들이 쌓아 올린 피라미드 조직은 엄청나게 거대했다. JT의 프랜차이즈를 하나의 잣대로 삼아 하나의 지부에 세 명의 간부와 50명의 땅개가 있다고 가정하면 120명의 간부를 위해 5,300명이나 되는 조직원이 일하고 있다는 계산이 나온다. 거기에 무보수로 일하는 2

만 명의 평단원이 더 추가돼야 하는데, 그들 중 많은 이들이 조직의 땅개가 될 날을 고대하고 있다. 갱단의 정식 조직원이 되는 날을 위해 적극적으로 회비까지 납부하고 있을 정도니까 말이다.

그럼 이 꿈의 직장이 그들에게 지불하는 급료는 과연 얼마인가? 노트에는 JT가 자신의 조직원들에게 지급한 월급의 합계가 기록되어 있었다.

세 명의 간부에게 지급된 월급 총액	2,100달러
땅개들에게 지급된 월급 총액	7,400달러
조직원 월급 총액(보스 제외)	9,500달러

JT는 조직원들에게 도합 9,500달러를 지급했다. 이는 공식적으로 그가 가져가는 수입에서 겨우 1,000달러를 초과한 액수다. JT의 시급은 66달러다. 하지만 그의 세 간부는 매달 700달러를 들고 집으로 돌아가며, 이는 시급으로 따지면 겨우 7달러에 불과하다. 그리고 땅개들의 시급은 최저임금 기준에도 한참 부족한 3.3달러다. 따라서 앞서 제기된 의문, '마약 판매상은 왜 어머니와 함께 사는가?'에 대한 답은 간단하다. 조직의 고위 간부들을 제외하고 나머지 마약 판매상들은 돈을 많이 벌지 못하기 때문이다. 결국 그들은 부모에게 얹혀 살 수밖에 없는 처지인 것이다. 한 사람의 부자 밑에서 100여 명의 말단들이 치열하게 살아간다. 120명의 간부들은 '검은 갱스터 사도단'에 소속된 정식 조직원 중에서 2.2%에 불과하지만 전체 수입의 절반 이상에 해당하는 돈을 챙기고 있다.

달리 표현하자면, 크랙 판매조직은 일반적인 자본주의 회사와 별다를 바가 없다. 양쪽 다 많은 임금을 받기 위해서는 피라미드의 상층부에 도달해야 한다. 가족적 사업이라는 간부들의 레퍼토리에도 불구하고, 갱단의 임금 구조는 기업의 임금 구조만큼이나 왜곡되어 있다. 땅개들은 맥도널드나 월마트의 점포 직원들과 아주 유사하다. 사실상 JT의 조직원 중 상당수가 합법적인 업체의 최저임금 직종에 종사함으로써 불법활동의 빈약한 임금을 보충하고 있었다. 언젠가 다른 크랙 판매 조직의 한 보스가 벤카테시에게, 땅개들에게 더 높은 임금을 줄 수도 있지만 별로 현명한 짓은 아니라고 말한 적도 있었다. "내 밑에 있는 깜둥이들이 하나같이 내 자리를 노리고 있는 건 알죠?" 그는 이렇게 말했다. "알다시피 난 이 자식들을 보살펴줘야 합니다. 근데, 당신도 알겠지만, 또 내가 보스라는 걸 잊어버리게 해서도 안 되거든요. 그래서 뭐든 내가 우선이라는 걸 보여줘야 하는 겁니다. 안 그러면 난 보스가 아닌 거예요. 똘마니들한테 뭔가를 양보하기 시작하면 그 자식들은 당장 내가 별볼일 없고 약해빠졌다고 생각할걸요."

빈약한 보수는 제쳐두고라도, 땅개들은 끔찍한 업무환경에서 일하고 있었다. 처음에 그들은 하루 종일 거리 모퉁이를 서성이며 마약 중독자들을 상대해야 한다. (조직원들은 절대로 자기가 파는 물건을 사용해서는 안 된다는 충고를 받고 있다. 필요하다면 구타라는 수단을 동원할 정도로 철저하게.) 게다가 항상 언제 체포당할지 모르는 위험을 안고 살아야 하며, 가장 무서운 것은 폭력에 훤히 노출되어 있다는 사실이었다. 갱단의 재무제표와 벤카테시의 조사를 통해, 우리는 재무제표가 작성됐던 문제의 4년 동안 갱단에 일어난 불행한 사건들을 재구성할 수 있었다. 그 결과는 어둡고 침울했다. 이 기간 동안 만일 당신이 JT의 조직원이었다면, 아마도 다음과 같은 운명을 맞이했을 것이다.

체포될 횟수	5.9회
생명에는 지장이 없는 상해를 입을 횟수 (규율을 어겨서 조직이 내린 징계에 의한 상해는 제외)	2.4회
살해당할 확률	4명 중 1명

살해당할 확률이 네 명 중 한 명꼴이라니! 노동통계청에서 미국에서 가장 위험한 직종으로 꼽은 벌목꾼의 수치와 비교해보자. 같은 기간 동안, 벌목꾼들은 작업 중에 200명 중 한 명꼴로 사망했다. 아니면 크랙 판매상의 사망률을 다른 어떤 주보다 더 많은 사형이 집행되는 텍사스 주의 사형수가 사망할 확률과 비교해보자. 2003년 텍사스에서는 24건의 사형이 집행되었다. 다시 말해 그 시기에 거의 500명에 육박했던 사형수들 가운데 실제로 사망한 사람은 5%에 불과하다는 얘기다. 이는 텍사스 주의 사형수 감방에 앉아 있는 것보다 시카고의 빈민가에서 크랙을 팔 때 죽을 확률이 더 높음을 의미한다.

따라서 크랙 판매가 미국에서 가장 위험할 직업일 뿐만 아니라 시간당 벌이도 3.3달러에 불과하다면, 도대체 왜 그런 직종에 종사한단 말인가?

아마도 위스콘신의 시골뜨기 처녀가 할리우드에 상경하는 것과 같은 이유이리라. 똑같은 이유로 고등학교 미식축구부의 쿼터백 역시 새벽 5시에 일어나 운동을 하러 간다. 그들은 모두 극도로 경쟁이 심한 분야에서 성공을 노리고 있는 것이다. 그 분야에서 최고가 될 수만 있다면 엄청난 부를 손에 쥘 수 있을 테니까(명예와 권력이 뒤따를 것임은 말할 필요도 없다).

시카고 남부의 빈민가에서 자란 아이들에게 크랙 판매상은 대단히 매혹적인 직업으로 보인다. 다수의 아이들에게 흔히 접할 수 있고 손쉽게 돈을 버는 듯 보이는 갱단의 보스는 도전할 수 있는 최고의 직업인 것이다. 만약 그와 다른 환경에서 자란다면 그들도 경제학자나 작가가 되려는 꿈을 꿨을지 모른다. 하지만 JT의 갱단이 활동하는 지역에서는 합법적이고 고상한 직업을 가질 수 있는 길이 거의 존재하지 않았다. 그 지역 아이들의 56%가 최저 생활 수준 이하의 삶을 살며(전국 평균은 18%다) 78%는 편모 혹은 편부 슬하의 가정 출신이었다. 그 지역에 사는 성인들 가운데 대학 졸업자는 5%도 안 되고 셋 중 하나는 거의 일을 하지 않는다. 주민들의 소득 중앙값은 대략 1년에 1만 5,000달러로, 미국 전체 평균의 절반에도 훨씬 미치지 못했다. 벤카테시가 JT 갱단과 함께 생활했던 기간 동안, 땅개들은 종종 그에게 이른바 '좋은 직장'을 잡을 수 있도록 도와달라고 요청하기도 했는데, 그 좋은 직장이라는 것도 시카고 대학의 잡역부에 불과했다.

크랙 판매상이 안고 있는 문제는 다른 화려한 직종의 종사자들이 안고 있는 문제와 별반 다르지 않다. 즉 너무 많은 사람이 너무 적은 상품을 두고 경쟁을 벌임으로써 문제가 발생하는 것이다. 크랙 판매를 통해 부자가 되는 것은 위스콘신 출신의 촌뜨기 아가씨가 할리우드 스타가 되거나 고등학교 미식축구부 쿼터백이 NFL에서 뛰게 되는 것과 비슷하다. 하지만 다른 모든 평범한 사람들처럼, 범죄자들 역시 인센티브에 반응한다. 따라서 보상이 높기만 하다면 그들은 갱단에 가입하기 위해

줄을 서서 기다리는 일도 마다하지 않을 것이다.

이들 신진 마약 왕들은 불변의 노동법칙을 딛고 일어선 이들이다. 어떤 일을 하려는 의지와 능력이 있는 사람들이 시장에 다수 존재한다면, 일반적으로 그 분야의 임금은 그다지 높지 않은 법이다. 일자리에 대한 인력 공급량은 임금을 결정하는 네 가지 중요한 요인 중 하나다. 나머지 세 요인은 그 일에 필요한 특수한 기술과 그 직종이 자아내는 불쾌감, 그리고 만족시켜야 하는 서비스의 수요량이다.

이 요인들 사이에 존재하는 미묘한 균형이 직업과 관련된 여러 가지 현상, 예를 들어 어째서 평범한 매춘부가 평범한 건축가보다 더 많은 수입을 올릴 수 있는지와 같은 의문점을 설명해준다. 언뜻 보기에 이 말은 어불성설로 느껴질지도 모르겠다. 건축가는 더 높은 기술이 필요하며(일반적인 관점에서의 '기술') 교육 수준도 훨씬 높은 것처럼 보인다(다시 말하지만 일반적인 의미의 '교육' 말이다). 하지만 어린 시절부터 장래 희망으로 매춘부를 꿈꾸는 소녀들은 없다. 따라서 매춘부라는 직종에 대한 인력 공급은 상대적으로 적을 수밖에 없다. 매춘부로서의 기술은 반드시 '특수한' 것일 필요는 없지만, 문제는 그것이 대단히 특수한 환경에서 발휘된다는 데 있다. 또한 직업 자체가 불쾌감을 주는 데다 적어도 두 가지 의미심장한 측면에서 위험부담을 안고 있기까지 하다. 즉 폭력이 개입될 가능성이 높다는 것과 안정적인 가정을 이룰 기회를 잃게 된다는 것이다. 서비스의 수요량 측면은 어떤가? 단순하게 설명하자면, 건축가가 매춘부를 고용할 확률은 그 반대의 경우보다 훨씬 높다.

영화와 스포츠, 음악, 패션 등과 같이 화려한 직종의 종사자들에게는 다른 종류의 역학 구도가 작용한다. 심지어 화려함에서는 약간 뒤지는 출판과 광고, 매스미디어 분야에서도 젊고 능력 있는 젊은이들이 박봉과 아낌없는 헌신을 요구하는 힘든 일에 기꺼이 몸을 던지고 있다. 맨해튼 출판사의 편집보조는 연봉 2만 2,000달러를 받고, 고등학교 미식축구부의 쿼터백은 아예 한 푼도 벌지 못하며, 크랙 판매상은 한 시간에 3.3달러를 벌지만, 그들은 모두 같은 종류의 게임을 벌이고 있다. 바로 토너먼트다.

토너먼트의 규칙은 대단히 직설적이다. 참가자는 무조건 맨 밑바닥에서 출발해 가장 높은 자리로 올라가야 한다(메이저 리그의 유격수가 되려면 유소년 리그에서 뛰어야 하고 KKK의 '그랜드 드래건' 지위에 오르려면 최하위 '창병보조spear-carrier'에서부터 시작해야 하며, 마약 왕이 되려면 맨 먼저 길거리 마약 판매상에서부터 시작해야 한다). 그들은 낮은 급료를 받으면서 장시간의 고된 노동을 기꺼이 감수한다. 토너먼트에서 더 높은 단계로 올라서기 위해서는 자신이 단순히 평균 이상이 아니라 특출나게 뛰어난 인물임을 증명해야 한다(당연히 개인이 두각을 나타내는 방법은 직종마다 차이가 있다. JT는 자기 땅개들의 판매 실적을 확인하고 있었겠지만, 실제로 가장 중요한 요인은 인성에서 우러나오는 힘이다. 아마 메이저 리그 유격수가 되는 데는 그 정도 수준의 인성이 필요치 않을 것이다). 그러다 어느 순간 자신이 최고의 지위에 도달할 수 없다고 깨닫게 되면 토너먼트를 포기한다(어떤 이들은 다른 사람들보다 더 오래 머물기도 한다. 뉴욕에서는 머리가 희끗희끗해진 '배우들'이 배역을 구하러 다니는 모습을 볼 수 있다. 하지만 일반적으로 사람들은 금방 분위기를 파악하게 마련이다).

JT의 땅개들 대부분은 자신이 간부로 승진할 기회가 없다는 사실을 깨달은 뒤로는 더 이상 조직에 머물려고 하지 않았다. 특히 라이벌 갱단과 전쟁이 벌어졌을 때는 그런 경향이 확연하게 드러난다. 상대적으로 평화로웠던 몇 년의 시간이 흐른 후 JT의 갱단은 이웃 갱단과 구역

전쟁에 휘말리게 됐는데, 나중에는 서로 차를 타고 상대방 구역을 지나가며 총질을 하는 일이 일상사가 될 정도였다. 이런 식의 사태는 길거리에 나서야 하는 땅개들에게 대단히 위험한 상황이다. 업무의 성격상, 그들은 고객들이 쉽고 빠르게 찾아올 수 있어야 하기 때문이다. 만약 땅개가 다른 조직을 피해 몸을 숨겨야 한다면, 그는 매출을 올릴 수 없게 된다.

전쟁이 시작되기 전까지 JT의 땅개들은 위험하고 보수도 낮은 크랙 판매 일을 일종의 승진 기회로 보고 있었다. 하지만 전쟁 때문에 위험을 감수해야 하는 상황이 되자 한 땅개는 벤카테시에게 높아진 위험부담에 대한 보상을 받고 싶다고 토로했다. "당신이라면 이런 빌어먹을 일들이 벌어지는 곳에서 얼쩡거리고 싶겠어요? 그럴 리가 없잖아요, 그렇죠? 그러니까 나한테 목숨이 달린 위험한 일을 맡기려면 먼저 돈을 보여달란 말입니다. 이 정도 돈 갖고 총알이 날아다니는 데서 일을 하라니, 턱도 없어요."

JT는 전쟁을 원하지 않았다. 우선 위험부담이 증가했기 때문에 그는 땅개들에게 더 높은 보수를 지불해야 했다. 최악은 갱단 사이의 전쟁이 사업에도 악영향을 미친다는 점이었다. 만일 버거킹과 맥도널드가 시장점유율을 놓고 전쟁을 벌인다면, 그들은 가격인하로 인한 수익의 감소를 판매량을 증가시킴으로써 보충할 것이다(게다가 그 과정에서 총을 맞는 사람도 없다). 하지만 갱단이 전쟁에 돌입하면 판매가 급감한다. 난무하는 폭력 사태에 겁을 집어먹은 소비자들이 크랙을 사기 위해 길거리로 나서기를 꺼리기 때문이다. 어떤 식으로든 전쟁은 JT에게 너무 비싼 대가를 요구했다.

그럼 그는 왜 전쟁을 시작한 것일까? 정확히 말해, 그는 전쟁을 시작하지 않았다. 전쟁을 시작한 것은 그 밑에 있던 땅개들이었다. 사실상 크랙 판매조직의 보스는 부하들에게 원하는 만큼 충분한 통제력을 행사하지 못한다. 서로 다른 인센티브를 가지고 있기 때문이다.

JT에게 전쟁은 사업의 방해물이었다. 그래서 그는 조직원들이 단 한 발의 총성도 울리지 않기를 바랐다. 하지만 땅개들에게 폭력은 목표를 성취하는 데 도움이 되는 것이었다. 땅개가 인정을 받을 수 있는, 그래서 토너먼트의 다음 회전에 진출할 수 있는 몇 안 되는 방법 중 하나는 자신의 폭력적 기질을 증명하는 것이다. 그들의 세계에서 킬러killer는 존중의 대상이자 두려움의 대상이며, 주목을 받는 존재다. 땅개들의 인센티브는 명성을 날리는 데 있었다. 반면에 JT의 인센티브는 실질적으로 땅개들의 그런 행동을 예방하는 데 있었다. "우리는 이 멍청이들한테 녀석들이 속해 있는 곳이 정말로 진지한 조직체라는 걸 알려주려고 애를 많이 쓰고 있지." 한번은 JT가 벤카테시에게 이렇게 말했다. "조직은 살인을 하는 곳이 아니야. 영화가 애들 생각을 다 망쳐놨다니까. 조직생활이라는 게 이리저리 뛰어다니며 손에 피나 묻히는 거라고 생각하고 있으니, 원. 하지만 사실은 그게 아니야. 먼저 조직의 일부가 되는 방법을 배워야 하는 거지. 매일 쌈박질만 하고 다닐 순 없잖아. 그건 사업에 해롭거든."

결국 대세를 장악한 것은 JT였다. 그는 조직의 영토확장을 감독하고 상대적으로 평화롭고 번영을 구가하는 신시대를 이끌어냈다. JT는 승자였다. 그가 많은 수입을 올릴 수 있었던 것은 그처럼 능숙하게 사업을 이끌 수 있는 사람이 별로 없었기 때문이다. 그는 큰 키에 잘생겼고 영리했으며, 사람들을 분발시키는 방법을 잘 알고 있는, 강인하고 거친 사내였다. 또한 그는 상당히 약삭빨라 쓸데없이 총이나 현금 다발을 들고 다니는 바보짓도 절대로 하지 않았다. 대부분의 조직원들이 부모와 함께 살며 빈곤에 찌들어 있는 동안에도, JT는 여러 채의 집에 여러 명의 여자를 거느리고 여러 대의 자동차를 굴렸다. 물론 그가 경영을 배웠다는 사실도 커다란 도움이 됐다. 그는 자신의 이점을 최대한 살리기 위해 끊임없이 노력했다. 바로 그런 이유로 JT는 일반 기업과 같은 방식으로 회계장부를 기록하게 했고 그것이 결국 벤카테시의 손에 떨어졌던 것이다. 같은 프랜차이즈에 속하는 다른 보스들 중에서 그런 일을 시도한 사람은 아무도 없었다. JT는 조직 이사회에 자신의 장부를 공개한 적도 있었다. 마치 자신의 사업적 안목을 증명해야 하는 양 말이다.

그리고 그의 방법은 효과가 있었다. 6년 동안 자기 구역을 운영한 후 JT는 이사회의 일원으로 승진했다. 당시 그의 나이 34세였다. JT는 드디어 토너먼트에서 승리한 것이다. 그러나 그가 참가한 시합에는 출판업계나 프로 스포츠, 심지어 할리우드에도 존재하지 않는 위험이 도사리고 있었다. 마약을 파는 행위는 어쨌든 불법인 것이다. 이사회 임원이 된 지 얼마 지나지 않아 '검은 갱스터 사도단' 조직은 연방법원에 기소됨으로써(부티라는 조직원이 벤카테시에게 노트를 건네주게 만들었던 그 사건) 사실상 와해됐다. 그리고 JT는 감옥에 갇히는 신세가 됐다.

나일론 스타킹과 크랙 코카인의 공통점

이제 또 하나의 별난 질문을 생각해보자. 나일론 스타킹과 크랙 코카인은 어떤 공통점이 있을까?

1939년 듀퐁DuPont사가 처음 나일론을 선보였을 때, 미국 여성들은 자신들을 위한 기적이 내린 것으로 생각했다. 그 전까지 스타킹은 주로 비단으로 만들어졌는데, 비단은 세련되긴 했지만 가격이 비싸고 무엇보다 공급량이 부족했다. 1941년 무렵까지 약 6,400만 켤레의 나일론 스타킹이 판매되었고, 이는 당시 미국 성인 여성보다 훨씬 많은 수였다. 나일론 스타킹은 구하기도 쉽고 매력적인 데다, 실제로 중독성을 발휘했다.

듀퐁은 모든 마케터가 꿈꾸는 공훈을 이룩했다. 상류계급의 전유물을 대중에게 전파했던 것이다. 이런 측면에서 나일론의 발명은 크랙 코카인 개발과 대단히 유사하다.

1970년대에 코카인은 상류계급을 위한 고급 마약이었다. 유명 가수와 영화배우, 프로 운동선수, 심지어는 드물게 정치인들에게까지 사랑을 받았던 코카인은 진정한 권력과 지위의 상징이었다. 코카인은 하얗고 청결하며 아름다웠다. 헤로인은 무기력했고, 포트pot라고 불리는 마리화나는 안개처럼 몽롱했다. 하지만 코카인은 기분 좋은 환각상태를 만들어냈다.

그러나 유감스럽게도 코카인은 너무 비쌌다. 게다가 환각상태도 오래가지 않았다. 이런 이유로 코카인 사용자들은 약의 성능을 개선하기 위해 발버둥칠 수밖에 없었다. 그들이 주로 사용한 방법은 프리베이스(코카인 분말, 즉 코카인하이드로클로라이드에 암모니아와 에틸에테르를 섞고 그 혼합물을 가열해 코카인의 '주성분'만 추출하는 방법)였다. 하지만 이 방법은 너무 위험했다. 몇몇 마약 중독자들이 화상 흉터로 입증했듯이 화학실험은 화학자에게 맡기는 편이 낫다.

한동안 미국 전역의 코카인 판매상과 중독자들, 그리고 어쩌면 카리브 연안과 남아메리카의 판매상들까지 모두가 안전한 코카인 정제 방법을 찾기 위해 연구에 몰두했다. 그리고 마침내 코카인 분말에 탄산수소나트륨, 즉 베이킹 소다와 물을 섞고 가열해 습기를 날려버리면 흡연하기에 적당한 코카인 덩어리를 만들어낼 수 있다는 사실을 알아냈다. 크랙crack이라는 이름이 붙은 것은 베이킹 소다가 달궈지면서 탁탁 튀는 소리crack를 내기 때문이었다. 이보다 더 매력적인 별명들, 예를 들어 록Rock이나 크립토나이트Kryptonite, 키블스 앤드 비츠Kibbles 'n Bits, 스캐블Scable, 러브Love 등은 후에 붙여진 이름이다. 1980년대 초반, 드디어 이 고급 마약은 대중화할 수 있는 잠재력을 갖추게 된다. 이제 크랙이 사회현상으로 등장하기 위해서는 두 가지 조건이 남아 있었다. 코카인 원재료의 충분한 공급, 그리고 새로운 상품이 대중시장에 접근할 수 있는 유통로의 개발.

코카인 입수 문제는 간단하게 해결되었다. 공교롭게도 크랙의 개발 시기가 콜롬비아의 코카인 공급과잉 현상과 맞물렸던 것이다. 1970년대 말 미국의 코카인 가격은 순도가 상승했음에도 불구하고 오히려 급격히 하락했다. 콜롬비아 코카인 수입의 주범으로 지목된 사람은 니카라과에서 망명한 오스카 다닐로 블란돈이었다. 블란돈은 로스앤젤레스 중남부 지역에서 막 걸음마 단계에 있던 크랙 판매상들과 많은 거래를 했는데, 그 결과 '크랙계의 조니 애플시드'라는 별명을 얻게 되었다. 나중에 그는 조국 니카라과 반군을 지원하는 CIA의 자금을 조달하기 위해 크랙을 거래했다고 주장했다. 그는 CIA가 자신의 뒤를 돌봐줬기 때문에 미국에서 아무런 방해도 받지 않고 크랙을 판매할 수 있었다고 떠들어대곤 했는데, 아마도 오늘날까지 항간에 떠도는 소문(특히 도회지 흑인들 사이에), 즉 CIA가 미국 크랙 거래의 주요 후원자라는 믿음은 그의 주장에서 비롯되었을 것이다.

그런 주장의 사실 여부까지 증명하는 일은 이 책의 권한 밖이다. 어쨌든 우리가 아는 진실은 이렇다. 오스카 다닐로 블란돈은 콜롬비아 코카인 카르텔과 미국 도시 중심부의 크랙 판매상 사이에 연결고리를 만들었고, 이로 인해 미국 역사가 바뀌었다. 거리의 갱단에게 대량의 코카인을 쥐여줌으로써, 블란돈을 비롯해 동종 사업에 종사하는 이들은 엄청난 크랙 붐을 일으켰다. 그리고 '검은 갱스터 사도단'과 같은 갱단은 새로운 존재 이유를 발견했다.

미국에 도시가 존재하는 한, 그곳에는 반드시 몇 가지 유형의 갱단이 있다. 미국에서 갱단은 전통적으로 신규 이민자들이 거쳐 가는 중간 기착지였다. 1920년대에는 시카고에만 1,300개의 갱단이 존재했고, 상상할 수 있는 모든 경향의 인종적, 정치적, 범죄적 성향을 키워나가고 있었다. 일반적으로 갱단은 돈벌이보다 파괴행위에 더 익숙했다. 어떤 조직은 자신들이 상업적 조직이라는 공상을 하기도 했지만, 실제로 돈을 만질 수 있었던 이들은 마피아와 같은 일부 소수에 불과했다(그것도 기껏해야 최고 간부들만). 대부분의 갱단원들은 이른바 '25센트짜리' 보잘것없는 범죄자였다.

흑인 길거리 갱단은 특히 시카고에서 세력을 떨쳤는데, 1970년대에는 조직원만 해도 수만 명에 달했다. 그들은 대개 하찮은 범죄자, 혹은 도시 빈민의 피를 빨아먹는 무리들로 구성되어 있었다. 문제는 이들을 체포하기가 쉽지 않았다는 것이다. 미국의 1960년대와 70년대는 길거리 갱단의 전성기였다. 비록 체포된다 하더라도 유죄판결을 받을 가능성은 현저하게 낮았기에(당시는 진보주의와 범죄자 권리운동이 절정에 달했던 시기였다) 범죄를 저질러도 별로 손해 볼 것은 없었다.

하지만 1980년대가 되자 법원은 그러한 추세를 급격히 역전시키기 시작했다. 범죄자의 권리가 제한되고 더 엄격한 형량 구형 지침이 발효되었으며, 점점 더 많은 시카고 흑인 갱들이 감옥에 들어갔다. 다행스럽게도 그들의 감방 동기들 중에는 콜롬비아의 마약상과 연줄이 있는 멕시코 갱단의 단원도 있었다. 그때까지 흑인 갱단은 중간 상인인 마피아로부터 마약을 구입하고 있었으나, 당시 마피아는 연방정부의 밀수 금지법에 의해 호된 시련을 당하는 중이었다. 크랙이 시카고까지 전파됐을 무렵, 흑인 갱단은 콜롬비아 마약상으로부터 코카인을 직접 구매할 수 있는 연결망을 보유하게 되었다.

흑인 빈민가에서 코카인이 인기 상품이었던 석은 단 한 번도 없었다. 지나치게 비쌌기 때문이다. 하지만 크랙이 발명된 이래, 그것은 이제 과거의 일이 되었다. 이 새로운 상품은 소득이 낮은 길거리 고객들에게 안성맞춤이었다. 크랙은 소량의 정제 코카인만 있으면 쉽게 만들 수 있었기에 주사 한 방에 몇 달러면 충분했다. 게다가 강력한 환각상태가 뇌에 전달되기까지는 불과 몇 초밖에 걸리지 않는 데다 약효가 빨리 사라졌기 때문에 소비자는 금세 약을 더 구하기 위해 판매책을 찾아 나서게 마련이었다. 크랙은 시장에 나오자마자 엄청난 성공을 거두었다.

더구나 '검은 갱스터 사도단' 과 같은 길거리 갱단 소속의 말단 조직원들만큼 그런 물건을 잘 판매할 이들이 달리 어디 있겠는가? 갱단은 벌써 담당구역을 소유하고 있었고(본질적으로 부동산이야말로 그들 사업의 핵심이었다), 그들의 사업이 바가지라는 사실을 고객들이 꿈에도 생각지 못하도록 적절하게 위협을 가할 수도 있었다. 도심지의 길거리 갱단이 어느 날 갑자기 10대들의 불법 클럽에서 진정한 상업 기업으로 성장하게 된 것이다.

갱단은 또한 장기간 일자리를 제공했다. 크랙이 나오기 전, 조직원들은 길거리 갱단에 속해 있는 것만으로는 생활비를 감당할 수 없었다. 따라서 가족을 부양해야 하는 시점에 이르면 조직원은 갱단 생활을 접어야 했다. 그러니 30대의 갱단원 같은 것은 존재할 수 없었다. 그 정도 연령대에 이르면 조직원은 합법적인 직장을 구했거나, 사망했거나, 감옥에 가 있었다. 하지만 크랙이 나오면서 길거리 갱단은 돈을 만지게 됐다. 이제 나이 든 조직원은 어린 후배들에게 자리를 물려주고 조직을 떠나는 대신 계속 조직에 머물렀다. 이런 현상은 구시대의 평생직장(특히 공장의 노동직)이 사라지는 추세와도 맞물려 있었다. 과거 시카고의 준숙련 흑인은 공장에서 일하면 상당한 임금을 받을 수 있었다. 그러나 그러한 일자리가 점차 줄어들면서, 크랙 판매는 훨씬 더 매력적인 직업이 되었다. 어떻게 그런 일이 가능했을까? 크랙은 너무 중독성이 강한 나머지 바보라도 물건을 판매할 수 있었기 때문이다.

그러한 상황에서 크랙 판매라는 게임이 극소수만 꼭대기에 도달할 수 있는 토너먼트라는 게 무슨 상관이겠는가? 그 게임이 아무리 위험하다고 해도 신경 쓸 사람이 누가 있겠는가? 거리 모퉁이에 서서 맥도널드 점원처럼 가능한 한 빠르게, 그리고 신분을 드러내지 않으면서 모르는 사람에게 크랙을 팔며 누군가 자기를 체포하거나 죽이려고 접근하지는 않는지 끊임없이 걱정하게 되든 말든 무슨 상관인가? 내가 판물건이 열두 살짜리 아이의 손에 들어가든, 할머니나 교회 목사의 손에 들어가든, 그래서 그들이 너무나 심하게 중독된 나머지 크랙을 맞는 것 이외에는 아무 생각도 하지 못하는 상태가 되든 말든 누가 상관하겠는가? 크랙 때문에 이웃이 죽든 말든 무슨 상관인가?

미국의 흑인들에게, 제2차 세계대전에서 크랙 붐이 일어나기 전까지 40년간은 꾸준하고 때로는 급격한 진보의 시대였다. 특히 1960년대 중반 흑인 공민권법이 제정되면서 마침내 흑인들 사이에도 사회적 진보를 나타내는 신호가 뿌리내리기 시작했다. 흑인과 백인 사이의 소득 격차는 급격히 감소했고, 그와 함께 흑인 학생과 백인 학생의 성적 차이도 줄어들었다. 아마 가장 고무적인 신호는 유아 사망률일 것이다. 1964년 말만 해도 흑인 유아의 사망률은 백인 유아에 비해 2배나 높았고, 설사와 폐렴과 같은 단순한 질병으로 사망하는 경우도 많았다. 많은 흑인 환자들이 흑인 전용 병원에서 제3세계 국가의 국민들과 다름없는 치료를 받았다. 하지만 연방정부가 병원에 흑인차별을 철폐하라는 지시를 내린 후, 상황은 급변했다. 불과 7년 만에 흑인 유아 사망률은 절반으로 줄었다. 1980년대가 되자 실질적으로 미국에서의 흑인의 삶은 모든 부분에서 개선되었으며, 발전이 정체될 기미도 보이지 않았다.

그러던 중에 크랙이 등장한 것이다.

크랙의 사용이 흑인들에게만 국한된 것은 아니라고 해도, 가장 심한 타격을 입은 것은 흑인 사회였다. 그 증거는 앞에서 언급한 사회지표들을 살펴보는 것만으로도 분명하게 드러난다. 1980년대, 10년에 걸친 감소 추세가 끝나고 흑인 유아 사망률이 다시 솟구치기 시작했다. 동시에 조산아 출산율과 신생아 유기도 증가했다. 흑인 학생과 백인 학생 사이의 격차도 다시 벌어졌고 감옥에 수감된 흑인의 수는 3배로 증가했다. 크랙의 파괴력은 너무나 극적이어서 만약 이 약이 크랙 복용자와 그 가족뿐만 아니라 흑인 사회 전반에 골고루 영향력을 미친다면 우리는 제2차 세계대전 이후에 이룩한 모든 진보가 단순히 멈추는 것이 아니라 아예 10년 전의 상태로 후퇴하는 장면을 보게 될 것이다. 짐 크로 법 이래로 미국 흑인들에게 가장 커다란 손상을 입힌 단일 요인은 바로 크랙이었다.

그리고 범죄가 폭증했다. 도심지에 거주하는 흑인 청소년의 살인사건 발생률은 5년 사이에 4배나 증가했다. 어느 날 갑자기 시카고나 세인트루이스, 로스앤젤레스에서 사는 것이 콜롬비아 공화국의 보고타Bogota에 사는 것만큼이나 위험한 일이 된 것이다.

크랙 붐과 연관된 폭력은 다양하고 역동적이었다. 이 현상은 또한 20년 동안 축적되어온, 미국 사회의 더욱 광범위한 범죄 물결과도 보조를 맞추고 있었다. 물론 이런 범죄의 물결은 크랙보다 훨씬 이전에 시작된 현상이지만 크랙의 등장으로 인해 그 경향이 훨씬 더 격렬해졌고, 범죄학자들은 종말론적인 미래상을 내놓았다. 유명 언론이 가장 많이 인용하는 범죄 전문가인 제임스 앨런 폭스는 청소년 폭력으로 인해 미래에 '대량학살'이 일어날 것이라고 경고하기까지 했다.

그러나 폭스를 비롯해 통념을 신봉한 다른 전문가들의 예측은 모두 빗나갔다. 대량학살은 현실화되지 않았고 실제로 범죄율은 감소세로 돌아섰다. 너무나도 극적이고 예상치 못한 결과에, 지금은 그 시절 범죄의 물결이 일으킨 강력한 파괴력의 흔적을 찾아내기도 힘들 정도다.

왜 범죄율이 감소했을까?

몇 가지 이유가 있겠지만, 특히 그 중 한 요인은 충격적으로 다가온다. 이른바 크랙계의 조니 애플시드라는 오스카 다닐로 블란돈은 하나의 파장 효과를 일으켰고, 그 속에서 사람들은 자기도 모르게 절망의 대해大海를 초래하는 행위를 벌였다. 하지만 아무도 모르는 사이, 또 하나의 다른 강력한 파장 효과가 움직이고 있었다. 이번에는 반대 방향으로 말이다.

4_
그 많던 범죄자들은 다 어디로 갔을까?

FREAKONOMICS   1966년, 루마니아의 공산당 서기장 자리에 오른 지 1년 후 니콜라에 차우셰스쿠는 낙태를 금지했다. "태아는 사회 전체의 재산이다." 그는 이렇게 선언했다. "누구든 아이를 낳지 않으려고 하는 자는 국가 지속성의 법칙을 포기한 배신자다."

그와 같은 장엄한 선언은 차우셰스쿠 정권하에서 일상적으로 벌어지는 일이었다. 새로운 사회주의적 인간형에 적합한 국가를 창조하겠다는 그의 기본 계획은 장엄하게 실행되어야 했기 때문이다. 그는 자신만의 궁전을 건설하는 반면, 국민들은 잔인하게 다루거나 아예 무시했다. 공업을 육성하기 위해 농업을 포기하고, 수많은 농촌 거주자들을 난방도 되지 않는 아파트에 강제로 이주시켰다. 그는 정부의 요직에 자기 아내인 엘레나를 포함해 40명이나 되는 친족들을 포진시켰으며, 그들을 위해 40채의 집을 비롯해 그에 상응하는 귀금속과 모피를 대주었다. 차우셰스쿠 여사는 공식적으로 '루마니아 최고의 어머니'라는 호칭으로 불렸으나 모성애가 그다지 깊지는 않았다. "벌레들은 만족이라는 걸 몰라요. 먹이를 아무리 많이 줘도 소용없죠." 그녀 남편의 잘못된 정책으로 인해 식량부족이 초래되었다고 불만을 토로하는 루마니아인들에게, 그녀는 이렇게 말했다. 심지어 충성심을 확인하기 위해 친자녀들을 도청하는 행위도 서슴지 않았다.

차우세스쿠는 낙태를 금지함으로써 그의 주요 목표 중 하나를 달성하고자 했다. 인구를 늘려 루마니아의 국력을 급격히 키우려고 했던 것이다. 1966년까지 루마니아는 가장 진보적인 낙태 허용 정책을 취하고 있는 나라들 중 하나였다. 사실 루마니아에서 낙태는 인구 증가를 억제하는 주요 수단으로, 평균 다섯 차례의 임신 가운데 네 번이 낙태 시술로 이어지곤 했다. 그런데 급작스레, 말 그대로 하룻밤 사이에 낙태가 금지된 것이다. 유일한 예외는 이미 자녀가 넷 이상인 여성이나 공산당 고위 간부인 여성들뿐이었다. 동시에 모든 형태의 피임법과 성교육도 금지됐다. '월경 경찰'이라는 냉소적인 이름으로 불리는 정부 관리가 일터를 돌아다니며 여성들의 임신 여부를 검사했다. 만일 어떤 여성이 거듭해서 임신에 실패하면 엄청난 '금욕세禁慾稅'를 부과당했다.

차우세스쿠의 인센티브는 기대했던 성과를 거두었다. 낙태가 금지되고 1년 만에 루마니아의 출산율은 2배로 증가했다. 당시 이 신생아들의 조국은 차우세스쿠의 친족이나 공산당 엘리트에 속하지 않는다면 상당히 비참한 삶을 살아야 하는 곳이었다. 더구나 이 아이들의 삶은 더욱 비참해질 수밖에 없는 운명이었다. 낙태가 금지된 뒤에 태어난 아이들은 1년 전에 태어난 아이들에 비해 측정 가능한 모든 분야에서 뒤처졌다. 학교 성적도 낮고, 노동시장에서도 큰 성공을 거두지 못했으며, 게다가 범죄에 빠질 확률은 훨씬 더 높았다.

낙태 금지법은 차우셰스쿠가 결국 권력을 잃게 되는 그날까지 위력을 발휘했다. 1989년 12월, 수천 명의 인파가 인민을 좀먹는 그의 정권에 항의하기 위해 티미쇼아라의 거리로 몰려나왔다. 그들 중 다수는 10대이거나 대학생이었으며, 경찰은 10여 명의 시위대를 살해했다. 시위대 지도자 중 한 사람이었던 41세의 대학 교수는 훗날 자신은 시위에 참가하기 두려웠지만 당시 열세 살이던 딸이 강력히 주장했기 때문에 동참하게 됐다고 말했다. "정말 새미있는 사실은 말입니다, 우리가 자식들로부터 두려워하지 않는 법을 배웠다는 겁니다." 그는 이렇게 말했다. "대부분 열세 살에서 스무 살 사이의 아이들이죠." 티미쇼아라 학살이 있은 지 며칠 뒤, 차우셰스쿠는 부쿠레슈티에서 수십만의 청중을 모아놓고 연설을 시도했고, 또다시 젊은이들이 대규모로 거리에 몰려나왔다. 그들은 "티미쇼아라를 기억하라!", "살인마를 타도하라!"는 구호로 차우셰스쿠에게 반기를 들었다. 그의 종말이 가까워진 것이다. 차우셰스쿠는 10억 달러를 들고 엘레나와 함께 루마니아를 탈출하려고 시도했지만 생포되어 약식 재판을 받았고, 크리스마스 날 총살형에 처해졌다.

소비에트 연방의 붕괴로 당시 권좌에서 쫓겨난 공산주의 지도자 가운데 그토록 비참한 죽음을 맞이한 것은 니콜라에 차우셰스쿠뿐이다. 그의 몰락을 주도했던 이들이 루마니아의 청년층이라는 사실을 결코 간과해서는 안 된다. 그 젊은이들 대부분은 그가 낙태를 금지하지 않았더라면 태어나지도 못했을 아이들이었다.

미국 범죄율 감소의 수많은 가설들

루마니아의 낙태 금지 정책에서 1990년대 미국의 범죄 이야기를 끌어내는 것은 무척이나 특이한 논리 전개 방식처럼 보일 것이다. 하지만 알고 보면 전혀 그렇지 않다. 한 가지 중요한 측면에서, 루마니아의 낙태 이야기를 거꾸로 뒤집으면 미국의 범죄 이야기가 된다. 이 두 이야기의 대칭축에 해당하는 시기는 1989년 크리스마스다. 그날 니콜라에 차우셰스쿠는 값비싼 대가를 치르고 난 후에야(머리에 총알을 맞는) 낙태 금지 조치가 자신이 생각하는 것보다 훨씬 깊은 의미를 지니고 있다는 사실을 배울 수 있었다.

당시 미국의 범죄율은 정점에 도달해 있었다. 15년 동안 폭력범죄는 80%나 증가했고, 매일 저녁 뉴스와 미국 전역에서 벌어지는 대화에서 범죄는 결코 빠지지 않는 주요 화젯거리였다.

1990년대에 이르러 범죄율이 감소하기 시작했을 때, 너무나도 급작스럽고 빠른 변화에 모두가 경악했다. 일부 전문가들은 범죄율이 계속 상승할 것이라고 굳게 확신했기에 범죄가 감소하고 있다는 사실을 인정하는 데만 몇 년이 걸렸을 정도였다. 사실 범죄율이 정점에 도달한 후 어느 정도 시간이 흘렀을 때까지도 일부 범죄 전문가들은 기존의 예측보다 훨씬 어두운 전망을 내놓고 있었다. 그러나 범죄가 실제로 감소하고 있다는 증거는 너무나도 확연하여 반박의 여지가 설 자리조차 없었다. 범죄율이 그렸던 길고도 혹독한 그래프의 창 끝이 마침내 아래쪽을 향해 움직이기 시작했던 것이다. 그리고 화살표는 하강을 계속하여 마침내 40년 전의 수준에 도달했다.

이제 전문가들은 그들의 잘못된 예측을 해명하기 위해 부산을 떨기 시작했다. 범죄학자인 제임스 앨런 폭스는 자신이 경고한 '피의 제전 Bloodbath'이 사실은 의도적인 과장이었다고 설명했다. "제가 길거리에 피가 흐르게 될 거라고 말한 적은 없습니다." 그는 이렇게 변명했다.

"하지만 피의 제전과 같은 강렬한 용어를 사용함으로써 사람들의 주목을 끌려고 했던 겁니다. 그리고 실제로 성공을 거두었지요. 충격적인 용어를 사용했다는 이유로 사과를 하고 싶지는 않군요." (폭스가 의미상 별 차이 없는 용어를 사용하고 있는 것 같다고 생각한다면['피의 제전' 이라는 표현은 '피가 흐른다' 로 대치되었다], 전문가란 존재는 자기가 틀렸다는 사실을 시인할 때조차 이기적인 행동양식을 보인다는 사실을 명심해야 한다.)

안도감이 뿌리를 내리고 어느 정도 범죄의 공포에 떨지 않아도 되는 삶을 즐기게 되자, 자연스럽게 새로운 의문이 생겨났다. 그럼 그 많던 범죄자들은 다 어디로 간 거지?

일차적으로 생각했을 때, 그에 대한 답을 찾기란 매우 어려운 일로 보인다. 범죄학자나 경찰관, 경제학자, 정치가 등을 비롯해 범죄 문제와 관련 있는 사람들 중 누구도 범죄율이 감소할 것이라는 예측조차 하지 못했는데, 나아가 그 원인을 무슨 수로 찾아낼 수 있단 말인가?

그러나 그럼에도 불구하고 다양한 분야의 전문가들이 범죄 감소 현상을 설명하기 위해 갖가지 가설들을 쏟아냈고, 신문 지면의 많은 부분이 이와 관련된 이야기로 채워졌다. 언론은 언제나 가장 나중에 기자에게 자신의 가설을 털어놓은 전문가의 의견으로 결론을 대체했다. 다음에 제시하는 표는 1991년에서 2001년 사이 범죄율 감소에 대해 미국의 10대 일간지에 기사화되었던 다양한 분석을 인용된 빈도에 따라 순위 매긴 것으로, 렉시스넥시스LexisNexis 데이터베이스에서 인용한 것이다.

범죄 감소를 설명하는 가설	인용된 횟수
1. 혁신적 치안 정책	52
2. 징역형의 증가	47
3. 크랙을 비롯한 마약시장의 변화	33
4. 인구 고령화	32
5. 강력한 총기 규제 정책	32
6. 건실한 경제	28
7. 경찰 인원의 증가	26
8. 기타 다른 설명(사형 구형의 증가, 은밀한 무기 소지 허용법, 총기류 유상회수, 기타 등등)	34

만일 당신이 추측 게임을 좋아하는 사람이라면, 잠시 멈춰 이런 여러 가지 이론 가운데 어느 것이 맞고 어느 것이 틀린지 곰곰이 생각해보는 것도 괜찮은 일이다. 힌트를 하나 주자면, 이들 중 단지 세 가지 이유만이 실제 범죄율 감소에 기여한 것으로 밝혀졌다. 나머지는 대부분의 경우 누군가의 상상이나 이기심, 혹은 그랬으면 하는 바람에 의해 생성된 환상에 불과하다. 여기서 더 큰 힌트를 제공하겠다. 범죄 감소에 가장 크게 기여한 요인은 앞에 제시된 목록에 아예 등장하지도 않았다. 단 한 차례도 뉴스에 언급된 적이 없기 때문이다.

우선 상당히 보편적인 주장에서부터 출발해보자. 건실한 경제가 범죄 감소에 기여했다는 이론은 어떨까? 1990년대에 범죄가 급격히 감소하기 시작했을 때, 미국 경제는 활황국면에 접어들어 실업률이 크게 감소하는 추세에 있었다. 이러한 흐름은 경제가 범죄를 때려잡은 망치 구실을 한 것으로 보이게 하기 쉽다. 하지만 데이터를 조금만 자세히 들여다보면 이 이론은 여지없이 무너진다. 인력 수요의 증가가 특정 범죄에 대한 매력을 감소시킨다는 것은 분명한 사실이다. 하지만 이는 돈 문제와 직접 연관된 범죄에는 해당될지 몰라도(빈집털이와 강도, 자동차 절도) 살인이나 폭행, 강간 같은 폭력범죄와는 아무런 연관이 없다. 나아가 연구 결과에 의하면 실업률이 1% 감소함에 따라 비폭력범죄의 발생률도 1% 감소하는 것으로 드러났다. 1990년대, 실업률의 감소폭은 2%였다. 하지만 그 기간 동안 비폭력범죄는 자그마치 40%나 감소했다. 그러나 무엇보다도, 건실한 경제 이론의 가장 큰 오류는 폭력범죄에서 나타난다. 1990년대에 살인사건 발생률은 다른 어떤 범죄보다도 더 큰 폭으로 감소했다. 몇 가지 신뢰할 만한 연구 결과에 따르면, 폭력범죄와 경제 사이에는 실질적으로 아무런 연관성도 없다고 한다. 이렇게 미약해 보이는 연관성은 경제가 미친 듯이 성장했던 1960년대를 돌아보면 더욱 희미해진다. 1960년대에는 폭력범죄율마저 경제를 따라 크게 증가했던 것이다. 따라서 표면적으로는 1990년대에 급격히 성장한 경제 추세가 설득력 높은 설명으로 보일지 몰라도, 실제로는 범죄행위에 의미 있는 영향을 미치지 못했음이 분명하다.

적어도 '경제'란 말을 좀더 포괄적인 의미, 수백 개의 교도소를 건설하고 유지하는 수단이라는 의미로 사용하지 않는다면 말이다. 이제 범죄 감소의 원인에 대한 또 다른 이론을 고려해보자. '징역형의 증가가 범죄를 감소시켰다.' 먼저 범죄 문제를 다른 각도에서 살펴보면 실상을 파악하는 데 도움이 될 것이다. 무엇이 범죄를 감소시켰는지 생각하는 대신 이런 질문을 던져보자. 특정 기간 동안 범죄가 그렇게 극적으로 증가한 이유는 무엇인가?

20세기의 첫 50년 동안 미국의 폭력범죄 발생률은 전국에서 대체로 일정한 수준을 유지했다. 하지만 1960년대 초, 갑자기 폭력범죄가 증가하기 시작했다. 돌이켜보면, 이러한 폭력범죄 증가를 부추긴 주요 요인 중 하나가 이전보다 관대해진 사법체계임은 확실하다. 1960년대에는 유죄판결의 비율이 감소했고, 유죄판결을 받은 죄수의 형벌 역시 훨씬 가벼워졌다. 이러한 추세는 피의자의 권리가 확대되면서 촉발되었다 (혹자는 권리의 확대가 너무 오랫동안 지체되어왔다고 말할 것이고, 또 다른 이들은 권리 확대가 도를 넘어섰다고 주장할 것이다). 동시에 정치가들이 점점 더 범죄에 대해 유연한 태도를 취하기 시작했다. "인종차별주의자로 비칠까봐 두려웠던 것이다." 경제학자 게리 베커 Gary Becker는 이렇게 기록했다. "범죄자의 대다수가 아프리카계 미국인과 스페인계 미국인이었기 때문이다." 따라서 범죄를 저지르고 싶은 사람은 몇 가지 마음에 드는 인센티브를 골라잡을 수도 있을 정도였다. 유죄판결을 받을 확률이 적었을 뿐만 아니라, 설사 판결을 받는다 하더라도 형기가 짧았으니 말이다. 다른 사람들과 마찬가지로 범죄자들 역시 인센티브에 반응하게 마련이다. 그리고 그 결과는 범죄율 증가로 나타났다.

오랜 시간과 많은 정치적 소동을 거치긴 했지만 결국 범죄를 부추기는 인센티브는 많이 제거되었다. 과거에는 그냥 풀려났을 죄목으로도 (마약과 연관된 사안이나 가석방 위반) 이제는 감옥에 가야 했다. 1980년에서 2000년 사이, 마약과 관련된 죄목으로 수감된 범죄자의 수는 이전과 비교해 15배나 증가했다. 다른 범죄에 대한 구형, 특히 폭력범죄의 형량이 늘어났다. 효과는 놀라울 정도였다. 2000년이 되자 감옥에 수감된 죄수의 수는 200만에 이르렀는데, 이는 1972년 수감자 수의 거의 4배에 가까운 수치다. 이 증가분의 절반은 1990년대에 발생한 것이었다.
 형량의 증가와 범죄율 감소 사이의 연관성을 나타내는 증거는 상당히 강력하다. 형량의 증가는 억제 요인(범죄 성향이 있지만 아직 수감되지 않은 사람들에게)이면서 동시에 예방책(범죄로 이미 수감된 사람들에게)으로 작용했다. 이는 상당히 논리적인 이론으로 보였으나, 일부 범죄학자들은 논리에 반대하는 투쟁을 벌이기도 했다. 1977년「교도소 건설 중단을 위하여」라는 이름의 학술 연구논문은 범죄율이 높을 때에는 수감률도 높았다고 지적하며 수감률이 낮아져야만 범죄율이 떨어질 것이라 주장했다. (다행히도 수감자를 석방해놓고 뒷짐 지고 앉아 범죄율이 떨어지길 기다리는 사태는 벌어지지 않았다. 정치학자 존 J. 디일룰리오 주니어〔John J. DiIulio Jr.〕는 후에 이렇게 논평한 바 있다. "범죄자를 가두어야 범죄율이 떨어진다는 사실에 의문을 제기하려면 범죄학 박사학위가 필요한 모양이다.")
 이 '건설 중단' 연구는 상관성과 인과관계에 대한 기초적 혼동이 어떤 것인지 확연하게 보여주는 실례라 할 수 있다. 그와 대칭되는 주장을 고려해보자. 한 도시의 시장이 그 도시 프로 야구팀이 월드시리즈에서 우승하자 시민들이 미친 듯이 축하행사를 벌이는 것을 목격했다. 그는 둘 사이의 상관성을 이용하기로 했다. 그러나 그는 '건설 중단' 프로젝트 연구자처럼 상관성의 작용 방향을 완전히 거꾸로 생각했다. 그래서 다음 해, 시장은 시민들에게 월드시리즈에서 제1구가 던져지기 전에 미리 축하행사를 벌이라고 명했다. 주객이 전도된 그의 의견에 따르면, 그로 인해 팀이 우승하리라는 것이다.
 수감자 수의 지나친 증가 현상이 꺼려지는 데에는 분명 많은 이유가 있다. 많은 미국인, 특히 흑인의 상당수가 철창 안에서 살아야 하는 현실에 대해 모든 이가 기뻐하는 것은 아니다. 감옥은 범죄의 근본 원인을 해결할 수 있는 도구가 아니다. 범죄에는 대단히 다양하고 복잡한 원인들이 존재하기 때문이다. 게다가 감옥은 저렴한 해결책이라고 할 수도 없다. 한 명의 수감자를 유지하려면 연간 2만 5,000달러의 비용이 든다. 하지만 여기서 우리의 목표가 1990년대에 범죄율이 급격히 감소하게 된 원인을 설명하고자 하는 것이라면, 징역형의 증가는 분명 핵심 원인 중 하나라고 말할 수 있다. 범죄율 감소의 3분의 1 정도는 바로 이 요인에서 비롯된 것으로 평가된다.

범죄율 감소 원인에서 징역형의 증가와 함께 언급되곤 하는 또 하나의 이론이 있다. 바로 사형 구형의 증가다. 1990년대 미국의 사형집행 건수는 1980년대에 비해 4배나 늘었고, 그 결과 10년에 걸친 논쟁에 근거해 많은 사람들이 사형선고가 범죄를 줄이는 데 도움이 됐다는 결론에 도달했다. 하지만 여기에는 두 가지 중요한 사실이 간과되었다.

첫째, 사형선고 건수가 아무리 증가했다고 해도 그 수치는 극소수에 불과하며, 보통 선고에서 집행까지는 오랜 시간이 걸리기 때문에 이성을 가진 범죄자라면 사형의 위험부담 때문에 범죄를 포기하지는 않는다. 10년 사이 사형 구형은 4배로 증가했으나 실제로 1990년대에 집행된 사형 건수는 미국 전역에서 478건에 불과했다. 부모라면 말 안 듣는 자녀에게 이런 식으로 말해본 적이 있을 것이다. "좋아, 내가 열까지 세는 동안 뚝 그치지 않으면 이번엔 진짜 크게 혼날 줄 알아." 억제력과 공갈의 차이를 모르는 부모는 없다. 예를 들어, 뉴욕 주는 1995년 사형제도를 부활시키고도 이 책을 쓰고 있을 때까지 단 한 건도 사형을 집행한 적이 없다. 사형선고를 받은 수많은 죄수들 중에서도 실제로 사형이 집행되는 비율은 2%에 불과하다. ('검은 갱스터 사도단' 조직원이 사망할 확률 7%에도 훨씬 못 미치는 수치다.) 사형수의 삶이 길거리의 삶보다 더 안전하다면, 사형선고에 대한 공포가 범죄자의 고려 대상에서 큰 비중을 차지한다고 보기는 힘들다. 놀이방에서 아이를 늦게 찾아가는 부모에게 3달러의 벌금을 부과하는 것처럼, 사형의 부정적 인센티브는 범죄자가 마음을 바꾸게 만들 정도로 심각하지 않다.

사형의 유효성 논쟁이 지닌 두 번째 결점은 첫 번째 것보다 훨씬 더 뚜렷하다. 사형이 억제력을 발휘한다고 가정해보자. 그러면 얼마나 많은 범죄가 억제됐을까? 경제학자 아이작 에를리히Isaac Ehrlich는 이후 자주 인용되는 그의 1975년 논문을 통해 (일반적으로 낙관적이라 간주되는) 예측치를 발표했다. 그의 말에 따르면, 한 명의 범죄자를 사형시킬 경우 그가 앞으로 저지를지도 모르는 일곱 건의 살인이 예방된다고 한다. 이제 산수 실력을 발휘할 때다. 1991년 미국에서는 14건의 사형이 집행됐다. 2001년에는 66건으로 증가했다. 에를리히의 계산에 따르면, 사형이 52건 증가했으니 2001년에는 364건의 살인사건이 줄었을 것이다. 물론 이는 결코 작은 수치가 아니다. 하지만 그해에 살인사건은 실제로 4%나 감소했다. 따라서 사형 옹호론자의 가장 낙관적인 시나리오에서조차, 사형은 1990년대 살인사건 감소 현상의 불과 25분의 1에 해당하는 부분만을 설명할 수 있을 뿐이다. 그리고 살인범이 아니면 사형이 구형되는 경우는 거의 없기 때문에, 다른 폭력범죄의 감소를 설명할 수 없다.

따라서 현재 미국에서 실행하고 있는 방식으로는 사형이 범죄율에 어떤 영향을 주었다고 보기 어렵다. 심지어 한때 사형제도를 옹호했던 사람들조차 이런 결론에 도달하지 않았는가. "저는 도덕적으로뿐만 아니라 지적으로도 사형제도 실험이 실패했다는 사실에 동의할 수밖에 없습니다." 1994년, 연방대법관인 해리 A. 블랙먼Harry A. Blackmun은 이렇게 말했다. "저는 이제 더 이상 죽음의 기계를 만지작거리지 않을 것입니다."

즉 범죄율을 떨어뜨린 것은 사형 구형도, 경제 호황도 아니었다. 하지만 징역형의 증가는 범죄 감소와 어느 정도 연관이 있다. 그 모든 범죄자가 스스로 감옥으로 행진한 것은 아니다. 누군가 범죄를 조사하고 악당을 체포하며 증거를 모아서 그가 유죄판결을 받게 만든 것이다. 이런 사실은 자연스럽게 범죄 감소를 설명하는 한 쌍의 다른 이론으로 이어진다.

혁신적 치안 정책
경찰 인원의 증가

두 번째 이론을 먼저 생각해보겠다. 미국에서 국민 1인당 경찰관의 수는 1990년대에 14% 정도 증가했다. 하지만 단순히 경찰의 수가 증가했다고 해서 범죄가 감소했을까? 답은 확실하다. "그렇다." 하지만 그 답을 증명하기란 쉬운 일이 아니다. 왜냐하면 범죄가 증가하면 사방에서 보호를 요청하는 사람들의 목소리가 쏟아져 들어오고, 더 많은 예산이 경찰청으로 흘러들어가게 되어 있기 때문이다. 따라서 단순히 겉으로 나타나는 범죄율과 경찰력 사이의 상관관계를 고려해보면, 경찰력이 증가했을 때에는 범죄 역시 증가했음을 알 수 있다. 물론 그것이 경찰이 범죄를 초래했다는 의미는 아니다. 일부 범죄학자들이 주장했던 것처럼, 범죄자를 감옥에서 내보내면 범죄가 줄어든다는 식으로 논리를 전개해서는 안 된다는 얘기다.

둘 사이의 인과관계를 밝히기 위해, 우리는 범죄의 증가와 전혀 무관하게 경찰의 수가 증가한 시나리오가 필요하다. 예를 들어, 만약 경찰력이 일부 도시에 집중적으로 분포되어 있는 반면에 다른 도시에는 상대적으로 그 수가 적다면, 우리는 과연 경찰력이 집중된 도시에서 범죄가 감소하는지 여부를 알아볼 수 있다.

밝혀진 바와 같이, 이 같은 여건은 종종 유권자의 표를 갈망하는 정치가들에 의해 조성되기도 한다. 선거일을 몇 달 앞둔 현직 시장은 경찰력을 강화함으로써 준법과 질서를 원하는 유권자들의 표를 확보하려고 노력하게 마련이다. 심지어 범죄 발생률이 꾸준히 안정적인 추세를 유지하고 있더라도 말이다. 따라서 최근에 선거가 있었던(그리하여 추가로 경찰 인력의 증원이 있었던) 몇몇 도시의 범죄 발생률과 한동안 선거가 없었던(따라서 경찰력 확대가 없었던) 도시들의 그것을 비교해보면 추가 경찰 인력이 범죄에 미치는 영향을 분리해내는 것이 가능하다. 그리하여 우리가 추출한 답은, 두 요인 사이에 연관이 있다는 것이었다. 사실 추가 경찰력은 범죄 발생률을 상당히 크게 감소시켰다.

다시 한 번 문제를 거꾸로 돌려 범죄율이 왜 그렇게 많이 증가했는지 그 이유를 먼저 따져보자. 1960년에서 1985년 사이, 경찰관의 수는 범죄 발생 건수에 비해 50% 이상 줄었다. 어떤 경우에는 경찰 인원을 추가하는 일이 그 시대의 진보주의적 심미안에 크게 역행하는 행위로 여겨졌고, 또 어떤 경우에는 그저 비용이 너무 많이 드는 것으로 간주되었다. 이처럼 경찰력이 50% 감소했다는 말은 범죄자가 체포될 가능성이 그만큼 감소했다는 의미다. 앞에서 언급했듯 이 무렵에는 준법체계의 또 다른 한 축을 이루는 법정에서도 관대한 판결이 횡행했기 때문에, 경찰력이 이처럼 줄어들자 범죄자들은 강한 긍정적 인센티브를 갖게 되었다.

그러나 1990년대에 이르러 사고방식은 물론이고 필요성에도 변화가 오기 시작했다. 치안과 관련된 시대 조류가 거꾸로 흐르면서 미국 전역에 걸쳐 대규모 경찰 인력이 증원되었다. 그리고 그들은 단순히 범죄에 대해 억제력을 발휘하는 정도에 그치지 않고 그 전이라면 체포되지 않았을 범죄자들을 체포하는 데 필요한 인력을 제공했다. 1990년에 발생했던 범죄율 감소의 10% 정도는 경찰 인원 증가가 영향을 미친 것으로 평가된다.

하지만 1990년대에 경찰관의 수만 변화했던 것은 아니다. 이제 범죄 감소에 대한 해석으로 가장 많이 인용됐던 치안 정책상의 혁신을 고려해보자.

지능적으로 치안활동을 벌임으로써 범죄를 방지할 수 있었다는 이론만큼 사람들의 마음을 사로잡는 설명은 없을 것이다. 악한들을 제거할 뿐만 아니라 몇몇 사회적 영웅들을 탄생시키는 효과까지 발휘하기 때문이다. 이 이론이 빠른 속도로 가장 기본적인 진리로 자리 잡게 된 것은, 존 케네스 갤브레이스의 말처럼 사회 통념의 형성에 가장 크게 기여하는 요인에 호소하는 측면이 있어서다. 즉 이 이론은 이해하기가 쉽고 사람들의 개인적 편익에 큰 도움이 된다.

이러한 사실이 가장 극적으로 표현된 곳이 바로 뉴욕 시다. 당시 새로 선출된 루돌프 줄리아니 시장과 그가 임명한 경찰청장 윌리엄 브래턴William Bratton은 절망적인 뉴욕의 치안상황을 개선하겠다고 다짐했다. 브래턴은 치안활동에 새로운 접근법을 도입했다. 그는 뉴욕 경찰을 뒷날 한 고위 간부가 '우리식 아테네 중흥기'라고 일컬은 시대로 인도했고, 이를 위해 기존의 경직된 관행 대신 새로운 개념에 무게를 실어

주었다. 브래턴은 관할 경찰서장들을 설득하는 대신 책임감을 요구했다. 그리고 전근대적인 경찰의 노하우에 전적으로 의존하기보다 기술적 해법을 도입했는데, 여기에는 컴퓨터를 이용해 범죄 발생 확률이 높은 지역을 예측하는 컴스탯 CompStat 등과 같은 시스템도 포함되었다.

브래턴에 의해 생명을 얻은 새로운 아이디어 중 가장 주목해야 할 것은 깨진 유리창 이론으로, 범죄학자인 제임스 Q. 윌슨 James Q. Wilson과 조지 켈링 George Kelling이 주창한 것이다. 깨진 유리창 이론은 사소한 침해행위가 발생했을 때 이를 처리하지 않으면 중요한 행위로 발전한다는 내용이다. 즉 누군가 유리창을 깨뜨렸는데 집주인이 그것을 바로 수리하지 않고 내버려둔다면, 나머지 유리창도 다 깨뜨리거나 더 심할 경우 건물에 불을 질러도 된다는 신호로 여긴다는 것이다.

따라서 어디서나 살인사건이 빈번하게 발생하는 상황에서, 윌리엄 브래턴의 경찰들은 이전까지 그냥 눈감아주곤 했던 행위들을 단속하기 시작했다. 지하철 무임승차와 지나친 구걸행위, 노상방뇨, 운전자가 적절한 액수의 '기부'를 하지 않으면 더러운 걸레로 자동차의 앞유리창에 오물을 묻히는 행위 등이 충분한 체포 사유가 되었다.

뉴욕 시민 대부분은 이와 같은 대대적 단속을 쌍수 들고 환영했다. 하지만 그들이 특히 마음에 들어한 것은 브래턴과 줄리아니가 활발하게 전도한 혁신, 즉 작은 범죄를 뿌리 뽑으면 큰 범죄의 불길을 피워 올리는 데 필요한 산소 공급을 차단할 수 있다는 개념이었다. 오늘 지하철 개찰구를 뛰어넘은 자는 어제 살인범으로 현상수배된 자였을 가능성이 크다. 뒷골목에서 노상방뇨를 하는 자는 아마 강도질을 하러 가는 길이었을지도 모른다.

폭력범죄가 급격하게 감소하자, 뉴욕 시민들은 약간은 연극적인 브루클린 토박이 시장과 모난 얼굴에 보스턴 사투리를 쓰는 경찰 총책임자에게 기쁜 마음으로 찬사를 던졌다. 하지만 남달리 고집 센 이 두 인물은 영광을 나누어 갖는 데는 서툴렀다. 범죄 감소의 성과 덕분에 시장인 줄리아니가 아니라 브래턴이 타임스의 표지에 등장하자 그는 사임을 강요당했다. 결국 그는 27개월 만에 뉴욕 경찰청장 자리에서 물러나야 했다.

뉴욕 시는 1990년대 범죄율 하락 기간 동안 치안 정책에서 명백한 혁신을 이룩했고, 또한 다른 어떤 미국 도시보다 더 큰 폭의 범죄율 하락을 누렸다. 살인사건 발생 빈도는 1990년 인구 10만 명당 30.7건에서 2000년에 8.4건으로 떨어져 무려 73.6%의 감소율을 보였다. 하지만 실제 상황의 면밀한 분석 결과는 혁신적인 치안 정책이 이런 큰 폭의 하락에 별로 큰 영향을 미치지 못했을 것이란 사실을 암시한다.

첫째로, 뉴욕에서 범죄 감소는 1990년부터 시작되었다. 1993년 말 무렵 이미 재산범죄와 살인을 포함한 강력범죄가 20%나 감소했다. 하지만 루돌프 줄리아니는 1994년에 비로소 뉴욕 시장이 됐으며 따라서 브래턴도 아직은 경찰청장이 아니었다. 범죄율은 두 사람이 등장하기 전부터 이미 감소 추세에 들어섰던 것이다. 그리고 브래턴이 청장에서 쫓겨난 뒤에도 범죄율은 오랫동안 감소세를 유지했다.

둘째, 새로운 치안 정책은 경찰청과 관련해 좀더 의미심장한 변화와 함께 움직였다. 바로 경찰관 고용 열풍이다. 1991년에서 2001년 사이에 뉴욕 경찰은 45%나 팽창했고 이는 미국 전체 평균의 3배가 넘는 수치다. 앞에서 언급한 것처럼, 경찰관 수의 증가는 새로운 치안 정책의 시행과는 관계없이 범죄를 감소시킨다는 사실이 증명되었다. 따라서 경찰 인력의 엄청난 증가로 인해 아무리 적게 잡아도 뉴욕의 범죄율이 전국 평균에 비해 18% 이상 하락했을 것이라 예상할 수 있다. 만일 뉴욕의 살인사건 감소율에서 18%라는 수치를 뺌으로써 경찰 인력 증가에 의한 효과를 제거한다면, 뉴욕은 범죄와의 전쟁에서 다른 도시들을 앞섰다고 할 수 없게 된다. 뉴욕의 순위는 기껏해야 전국에서 중간 정도에 불과하기 때문이다. 새로 채용된 경찰의 대부분은 줄리아니에게 패배한 전임 시장 데이비드 딘킨스에 의해 고용되었다. 딘킨스는 준법과 질서를 원하는 유권자들의 표를 확보하려고 필사적일 수밖에 없었다. 자신의 상대가 전직 연방검사인 줄리아니가 될 것이란 사실을 알고 있었던 것이다(두 사람은 이미 4년 전에도 시장 선거에서 경쟁을 벌인 바 있었다). 따라서 뉴욕의 범죄율 감소에 대한 공적을 어떻게든 줄리아니에게 돌리고 싶은 사람이라면, 딘킨스가 경찰의 수를 늘린 것 또한 줄리아니의 명성 때문이었다고 변명할 수 있을 것이다. 결국 경찰 인력의 증가는 모든 사람에게 도움이 됐다. 비록 딘킨스보다 줄리아니에게 더 큰 도움이 되기는 했지만 말이다.

뉴욕의 치안 혁신이 범죄를 급격하게 감소시켰다는 주장에 대한 가장 결정적인 치명타는 단순하지만 종종 간과되는 한 가지 사실에 있다. 1990년대, 범죄 발생률은 뉴욕뿐만 아니라 미국 전역에서 감소하고 있었던 것이다. 당시 뉴욕과 똑같은 정책을 시도한 도시는 거의 없었고, 더욱이 뉴욕과 같은 열정을 보인 도시는 하나도 없었다. 심지어 최악의 치안 정책으로 악명 높은 로스앤젤레스에서조차 뉴욕에서 경찰 인력의 증가 덕분에 발생했다는 감소 비율과 비슷할 정도로 범죄율이 줄었다.

지능적이고 꼼꼼한 치안 정책을 좋은 것이 아니라고 주장하는 일은 분명 치졸한 행동일 것이다. 브래턴은 뉴욕 경찰에 혁신을 일으켰고 그 공로를 인정받을 자격이 있다. 하지만 그 자신과 대중매체들이 믿었던 것처럼 그의 정책이 범죄에 대한 만병통치약이었다는 사실을 증명할 만한 증거는 놀라울 정도로 빈약하다. 그렇다면 다음 단계는 다른 도시에서 치안 정책의 혁신이 미친 영향을 계속 측정해보는 일일 것이다. 예를 들면 2002년부터 브래턴이 경찰청장으로 재직하고 있는 도시 로스앤젤레스의 경우가 있다. 로스앤젤레스에서 브랜턴은 그의 품질보증서나 다름없었던 몇 가지 혁신 정책을 적절히 구현하는 한편, 먼저 좀 더 근본적인 문제를 해결하는 것이 최우선이라고 선언했다. 수천 명의 경관을 추가로 고용하기 위한 예산을 확보하는 일 말이다.

이제 범죄율 감소를 설명하는 또 한 쌍의 이론을 검토해보자.

강력한 총기 규제 정책
크랙을 비롯한 마약시장의 변화

우선, 총기에 대해 생각해보자. 이 문제에 대한 논쟁은 한 번도 냉정하게 이루어진 적이 없다. 총기 소유 옹호론자들은 총기류법이 너무 엄격하다고 믿는다. 반면에 반대론자들은 정확하게 그에 반대되는 믿음을 갖고 있다. 어떻게 이른바 똑똑하다는 인간들이 세상을 그렇게 다른 눈으로 바라볼 수 있는 것일까? 그것은 한 자루의 총이 단 한 가지 요인에 따라 일련의 복잡한 문제들을 제기하기 때문이다. 그 총이 누구의 손에 쥐어지는가, 이것이야말로 총기 문제에서 가장 중요한 요소다.

여기서 잠시 한 발짝 물러나 기본적인 문제를 고려해보자. 총이란 무엇인가? 누군가를 죽이는 데 사용될 수 있는 도구다. 하지만 이보다 더 중요한 의미는 총이 자연 질서에 대한 심각한 도전자라는 데 있다.

한 자루의 총은 어떤 분쟁이든 그 결과를 확신할 수 없게 만든다. 근육질의 남자와 깡마른 한 사내가 술집에서 언쟁을 벌였다고 상상해보라. 말다툼은 곧 주먹질로 발전한다. 깡마른 사내가 맞아터질 것은 뻔한 일이다. 그러니 뭐 하러 싸움을 벌이겠는가? 따라서 사회적 서열은 변함없이 그대로 유지된다. 하지만 만약 깡마른 사내에게 총이 있다면 어떨까? 이제 그가 승리할 가능성은 엄청나게 높아진다. 이 경우, 총의 존재로 인해 그것이 없을 때 일어나지 않을 폭력행위가 벌어지게 되는 것이다.

이번에는 근육질 남자와 깡마른 사내 대신 한 여고생이 밤에 산책을 나왔다가 노상강도를 만났다고 가정해보자. 강도만 총을 들고 있다면 무슨 일이 벌어질까? 반대로 소녀만 총을 갖고 있다면? 아니면 양쪽 모두 총을 갖고 있다면? 총기 소유 반대론자들은 무엇보다 먼저 총기가 강도의 손에 들어가지 못하도록 해야 한다고 주장할 것이다. 총기 소유 옹호론자들은 자연 질서를 파괴하기 위해 여학생이 총기를 갖고 있어야 할 필요가 있다고 주장할 것이다. 악당들은 언제나 총을 갖고 다니고 있으니 말이다(만약 여학생이 총으로 강도를 쫓아버린다면, 이 경우 총기의 존재는 폭력을 줄이는 결과를 초래한다). 강도짓을 하려는 의사가 조금이라도 있는 자라면 누구나 총기를 소유하게 마련이다. 왜냐하면 미국처럼 총기류 암시장이 발달한 나라에서는 누구든 총을 소유할 수 있기 때문이다.

미국에는 총기가 너무 많은 나머지 성인 한 명당 총기를 한 자루씩 분배할 경우 오히려 사람이 부족할 판이다. 미국에서 발생하는 살인사건의 거의 3분의 2는 총기에 의해 자행되며 이는 다른 산업국들보다 훨씬 높은 비율이다. 또한 살인사건 발생 비율 역시 여타 국가에 비해 훨씬 높다. 따라서 미국에서 살인 발생률이 높은 이유는 부분적으로 총기를 손쉽게 구할 수 있다는 데서 비롯되는 것으로 보인다. 연구 결과 역시 이와 일치한다.

하지만 총이 이야기의 전부는 아니다. 스위스에서는 모든 성인 남성이 시민군으로서 돌격소총을 지급받고 이를 집에 보관할 수 있다. 국민 1인당 총기 보유수로 따질 때 스위스는 그 어떤 나라보다도 많은 총기를 보유하고 있지만, 전 세계에서 가장 안전한 나라이기도 하다. 쉽게 말하자면 총기가 범죄를 초래하지는 않는다는 뜻이다. 그리고 범죄를 저지르는 사람이 총기를 소유하지 못하게끔 하는 미국식 방법은 아무리 잘 봐줘도 미약한 수준의 대책에 불과하다는 얘기이기도 하다. 한 자루의 총은 코카인 한 봉지나 자동차 한 대, 한 벌의 바지와는 달리 거의 영구적이리만큼 오랫동안 사용할 수 있기 때문에, 새로운 생산라인을 금지한다고 해도 사용 가능한 총기는 여전히 태산처럼 남게 된다.

따라서 이 모든 사실을 염두에 두고, 최근 총기와 관련해 상정된 법률안들이 1990년대라면 범죄에 어떤 영향을 줄 수 있었을지 알아보도록 하자.

가장 유명한 총기 규제법은 1993년 통과된 브랜디 법 Brandy Act으로, 총기를 사려는 사람은 전과 기록을 조회해 총을 받기까지 일정 기간 동안 기다려야 한다는 규정이다. 이런 해법은 정치가들한테는 매력적으로 보일지 몰라도 경제학자들에게는 그다지 적절해 보이지 않는다. 왜냐하면 합법적 시장에 대한 규제는 같은 상품을 파는 암거래 시장이 존재하는 경우 실패하게 되어 있기 때문이다. 그렇게 쉽고 저렴하게 총기를 구입할 수 있는 상황에서 일반적인 범죄자가 집 근처 총기류 상점에서 신청서를 작성하고 일주일을 기다릴 이유가 어디 있겠는가? 따라서 브랜디 법은 범죄를 줄이는 데 실질적으로 아무런 영향도 주지 못했다 (극형을 선고받은 죄수들에 대한 연구에서, 브랜디 법이 제정되기 전에도 정식 면허를 가진 총기류 상점에서 무기를 구입한 범죄자는 5분의 1에 지나지 않았다).

각 지역의 다양한 총기류 규제 법안들도 역시 실패했다. 워싱턴 D.C.와 시카고는 1990년대 미국 전역에서 범죄가 줄어들기 이전부터 총기 규제를 시행했지만 범죄 감소 측면에서는 여전히 여타 도시들보다 뒤처져 있다. 그나마 어느 정도 효과가 있다고 증명된 억제책은 불법 무기를 소지했다가 체포된 사람의 형량을 크게 늘린 법안이었다. 하지만 이 법안은 개선의 여지가 무궁무진하다. 물론 가능성은 희박하지만, 만약 불법 무기를 소지했다 체포된 사람에게 사형을 구형하거나 적어도 형량이 훨씬 더 강화된다면, 총기를 사용한 범죄는 분명 곤두박질 칠 것이다.

1990년대 범죄와의 전쟁에서(그리고 저녁 뉴스에서) 자주 소비된 또 다른 주요 품목은 총기류 유상회수 정책이다. 당신도 기억하고 있으리라. 번쩍번쩍 빛나는 공포스러운 총기더미가 시장과 경찰청장, 지역운동가들에게 둘러싸여 있는 모습 말이다. 이런 장면은 사진을 찍기에는 아주 좋은 피사체일지는 모르지만 총기류 유상회수가 그 정도의 의미밖에 없었다는 이야기도 된다. 회수된 총기는 일반적으로 상속받은 것이거나 폐품들이었다. 총기류를 반납하는 대신 받는 대가는 보통 50달러에서 100달러였고 예외가 있다면 캘리포니아 주의 경우로 몇 시간의 무료 정신과 진료를 제공했다(실제로 총기를 사용할 의도를 가진 사람에게 그리 적절한 인센티브라 할 수 없지만). 그리고 회수된 총기의 수는 새로 시장에 공급된 총기의 수보다 훨씬 적었다. 미국의 총기류 수와 매년 살인사건 발생 건수를 놓고 보면, 총기 1만 정 중 하나가 살인사건에 사용된다. 총기 회수 프로그램으로 회수된 총기는 1,000정도 되지 않았다. 즉 회수 프로그램으로 인해 살인사건 하나가 감소할 가능성은 10분의 1에도 미치지 않는다는 얘기다. 다시 말해, 회수된 총기의 양은 범죄 감소에 미약한 영향을 미칠 정도도 되지 않았다.

그러자 이제는 이전과 반대되는 주장이 등장했다. 더 많은 총기류를 풀어놓되 대신 그것을 적절한 사람의 손에 들려주자는 것이다. (앞에서 언급한 것처럼 강도가 아니라 여학생에게 총기를 주어야 한다는 주장이다.) 경제학자인 존 R. 로트 주니어John R. Lott Jr.는 이러한 주장의 대변자로, 그의 명함은 『늘어나는 총기, 줄어드는 범죄More Guns, Less Crime』라는 책이다. 그 책에서 그는 법을 준수하는 시민들이 은밀하게 무기를 소지할 수 있도록 허가된 지역에서는 범죄가 줄어들었다고 주장했다. 그의 이론은 상당히 놀라운 것이지만 나름대로 타당성이 있다. 잠재 희생자가 총기를 소지하고 있다고 생각했을 경우, 범죄자는 범죄를 저지르려는 의도를 억제하게 될 것이기 때문이다.

총기 소유 반대론자들은 로트를 총기 소유를 옹호하는 이념주의자라고 불렀고, 로트는 총기류에 대한 분쟁에서 피뢰침과 같은 존재가 되었다. 또한 그는 인터넷 논쟁에서 자신의 이론을 방어하기 위해 '메리 로시Mary Rosh'라는 가짜 인물을 만듦으로써 스스로 불 속에 뛰어들기까지 했다. 로시는 자신이 로트의 제자라고 밝히며, 로트가 지적이고 공정하며 카리스마적인 인물이라고 치켜세웠다. "그분은 제가 아는 한 가장 훌륭한 교수님입니다." 그녀, 아니 그는 이렇게 썼다. "수업을 들어보면 그분이 '우익' 논객이라는 생각은 전혀 들지 않을 겁니다. (…) 우리 학생들 중에는 그분의 수업이라면 뭐든지 들으려는 사람도 상당

수 있어요. 심지어 로트 교수님은 다른 교수들의 수업도 들어보고 자기와 다른 식으로 가르치는 대학원 수업도 직접 접해봐야 한다고 하셨을 정도죠." 그러다 로트는 자신의 '늘어나는 총기, 줄어드는 범죄' 이론을 뒷받침하기 위해 실제로 연구자료를 조작했다는 혐의를 받게 된다. 자료가 조작됐는지 여부와는 상관없이 로트의 매력적인 가설은 진리일 가능성이 적다. 그의 결론을 재현하려고 시도했던 다른 학자들은 '적절한 사람의 무기 소유'라는 로트의 이론이 범죄를 줄이지 못한다는 사실을 발견했다.

범죄 감소를 설명하는 다음 이론으로 넘어가보자. 크랙 버블의 붕괴 이론이다. 크랙 코카인은 너무나 강력하고 중독성이 강한 약물이라 거의 하룻밤 만에 엄청난 이윤을 남길 수 있는 시장이 형성되었다. 그러나 사실상 크랙 판매로 돈을 번 사람은 크랙 갱단의 보스들밖에 없다. 하지만 그렇기 때문에 거리에서 직접 크랙을 판매하는 조직원들은 더더욱 간절하게 조직에서 서열을 높이고 싶어한다. 그리하여 그들 중 다수가 서열 상승을 위해 기꺼이 경쟁자를 살해할 준비가 되어 있었다. 그 경쟁자가 같은 조직에 속해 있는지 아닌지는 상관없었다. 수익이 높은 마약 판매장소를 두고 총격전도 벌어졌다. 전형적인 크랙 관련 살인은 한 크랙 판매책이 다른 판매책을 쏘는 경우로(아니면 둘 혹은 셋 이상의 조직원이 개입하거나), 이른바 사회 통념과는 달리 딱부리 눈을 한 크랙 중독자가 불과 몇 달러를 위해 상점 점원에게 총질하는 경우는 거의 없었다. 어쨌든 그 결과 폭력범죄 건수가 엄청나게 증가했다. 심지어 1988년 뉴욕에서 발생한 살인사건 가운데 25% 이상이 크랙과 관련된 사건이었다.

1991년에 들어서 크랙과 관련된 범죄가 줄어들기 시작하자 많은 사람들이 크랙 자체가 사라지고 있다고 생각했다. 하지만 사실은 달랐다. 요즘에도 크랙 흡연은 대부분의 사람이 생각하는 것보다 훨씬 더 높은 인기를 누리고 있다. 미국에서 경찰에 체포되는 사람들 가운데 거의 5%(크랙 코카인의 절정기에는 6%)가 여전히 코카인과 연관이 있으며 크랙 사용으로 인해 응급실로 실려 오는 사람들의 수 역시 별로 줄지 않고 있다.

사라진 것은 크랙을 판매함으로써 얻었던 엄청난 이윤이다. 코카인 가격은 몇 년 동안 꾸준히 하락했고 크랙의 가격이 싸지면 싸질수록 사용자는 점점 더 많아졌다. 판매상들은 서로 가격인하 경쟁에 돌입했다. 그러자 이윤도 감소했다. 결국 크랙 버블은 마치 나스닥(NASDAQ: 미국의 장외주식 시장 – 옮긴이) 증시의 거품이 꺼졌을 때와 마찬가지로 극적으로 붕괴했다. (제1세대 크랙 판매상을 마이크로소프트라고 생각하고 제2세대 크랙 판매상을 Pets.com(인터넷을 통해 미국에서 애완동물을 판매하던 기업으로 한때 주가가 급등했으나 결국 파산했다 – 옮긴이)이라고 생각하면 이해가 쉬울 것이다.) 경험 많은 크랙 판매상들이 살해당하거나 감옥에 수감되는 신세로 전락하면서, 어린 판매상들은 적은 이윤을 위해 위험을 감수할 수는 없다는 판단을 내렸다. 토너먼트의 매력이 사라진 것이다. 더 이상 상대방의 구역을 빼앗기 위해 살인을 할 만한 가치는 없었다. 따라서 그 일에 종사하다 살해당하는 것은 더더욱 가치 없는 일임이 확실했다.

그에 따라 폭력이 감소했다. 1991년에서 2001년까지, 젊은 흑인들(대다수가 마약 판매상으로 이루어져 있었다) 사이에 벌어진 살인은 48% 감소했고 이는 더 나이 많은 흑인과 나이 많은 백인 사이의 살인 감소율

30%와 상당히 비교되는 수치다. (기여도는 작지만 마약 판매상 사이의 살인율이 감소하게 된 다른 이유로는 일부 마약 판매상들이 경쟁자의 목숨을 빼앗기보다 궁둥이에 총을 쏘는 방법을 택했다는 사실도 한몫했다. 이런 식의 폭력으로 모욕을 주면 상대방의 체면을 더욱 크게 손상시킬 수 있으며 더구나 살인을 했을 때보다 받게 될 처벌도 가볍다.) 이 모든 것을 고려했을 때, 마약시장의 붕괴는 1990년대 범죄 감소에 약 15%의 역할을 했다고 볼 수 있다. 이는 확실히 상당한 수치이시만, 동시에 1980년대에 폭발한 범죄 증가율에 크랙이 15% 이상의 기여를 했다는 점 역시 눈여겨봐야 한다. 다시 말해 크랙의 실효과는 여전히 범죄의 형태로 나타나고 있으며, 게다가 마약에서 비롯되는 고통은 말할 필요도 없을 것이다.

범죄 감소를 설명하는 마지막 한 쌍의 이론은 두 가지 인구통계학적 추세와 관련되어 있다. 첫 번째 경향은 이미 대중매체에서 자주 언급된 바 있는 사회의 고령화 현상이다.

범죄가 급격하게 감소하기 전에는 누구도 고령화 추세에 대해 언급하지 않았다. 사실 '피의 제전'을 주창했던 범죄학자는 인구 변동 추세를 오히려 그 반대로 예상했다. 즉 전체 인구에서 10대가 차지하는 비중이 높아짐에 따라 한 무리의 잔인한 슈퍼프레데터들이 등장할 것이고, 그들로 인해 미국은 공포에 떨게 된다는 것이다. "수평선 뒤에 한 무리의 구름이 숨어 있어 곧 바람이 그것을 우리에게 몰고 올 것이다." 제임스 Q. 윌슨은 1995년에 이렇게 썼다. "인구는 다시 젊어지게 될 것이다. (…) 단단히 각오하라."

하지만 전반적으로 전체 인구에서 10대가 차지하는 비중은 그리 높아지지 않았다. 윌슨이나 제임스 앨런 폭스와 같은 범죄학자들은 인구

통계자료를 심각하게 오해했던 것이다. 1990년대에 실제로 상승한 것은 노년층의 인구 비중이었다. 의료보험과 사회보장제도 운영 측면에서는 끔찍한 소식이기는 하지만, 일반적인 미국인은 노년층의 인구가 늘어난다고 해서 두려움에 떨지는 않는다. 범죄를 저지르려는 의도에 관한 한 노인들은 그 경향이 대단히 낮기 때문이다. 일반적인 65세 노인이 체포당할 가능성은 10대들에 비해 50분의 1에 불과하다. 인구의 고령화에 의한 범죄 감소 이론이 매력적이고 명석한 설명이 될 수 있는 것은 아마도 이런 이유 때문일 것이다. 사람은 나이가 들면 성격이 원만해지게 마련이므로 노령 인구가 늘어나면 범죄율은 줄어들리라. 하지만 데이터를 자세히 들여다보면, 미국의 고령화가 1990년대의 범죄율 감소에는 아무런 역할도 하지 못했음을 알 수 있다. 인구 변화는 너무 느리고 쉽게 느껴지지 않는 과정이어서(단 몇 년 사이에 10대 불량청소년 단계를 졸업하고 고령시민으로 성장하지는 못한다) 어느 순간 갑자기 범죄가 감소하기 시작한 이유는 될 수 없다.

하지만 1990년대에 발생한 극적인 범죄율 감소에는 눈에 띄지 않게 서서히 진행된 또 다른 인구 변동이 존재한다.

로 대 웨이드 판결

1966년의 루마니아로 돌아가보자. 아무런 사전 경고도 없이 어느 날 갑자기 차우셰스쿠가 낙태를 불법화했다. 그 이후에 태어난 아이들은 그 전에 태어난 아이들에 비해 범죄자가 될 확률이 훨씬 더 높았다. 왜 그랬을까? 1930년대와 1960년대 다른 동유럽 국가들이나 스칸디나비아 반도의 국가들을 대상으로 한 연구에서도 비슷한 경향이 발견됐다. 대부분의 사례에서 낙태는 완전히 금지되지는 않았지만 여성이 낙태를 하려면 법원에서 허가를 받아야 했다. 연구자들은 낙태를 허가받지 못한 여성들이 대체로 자기 자식을 불쾌하게 생각하는 경향이 있으며 좋은 가정환경을 만들어주지 못한다는 사실을 밝혀냈다. 심지어 산모의 수입이나 연령, 교육 수준, 건강 상태에 따라 대조군을 구성했을 때에도, 낙태를 하지 못해 태어난 아이들은 범죄자로 성장할 가능성이 더 높았다.

한편 미국의 낙태 역사는 유럽과는 다르게 전개되었다. 건국 초기에는 '태동', 즉 태아의 움직임이 처음으로 느껴지는 시기인 임신 16주에서 18주 이전에는 낙태가 허용되었다. 그러다 1828년, 뉴욕 시가 최초로 낙태를 제한했고 1900년이 되자 미국 전역에서 낙태가 불법화되었다. 20세기에 낙태 시술은 대단히 위험한 데다 대체로 엄청난 비용이 들었다. 따라서 가난한 여성은 대부분 낙태를 할 수 없었으며, 그렇다고 임신을 스스로 통제할 수 있었던 것도 아니었다. 결국 그들은 자녀를 많이 낳을 수밖에 없었다.

1960년대가 되자 몇몇 주에서 강간과 근친상간, 산모가 위험한 경우와 같이 극단적인 상황에서는 낙태 시술이 허용되었다. 1970년 무렵에는 다섯 개 주에서 낙태가 전면적으로 합법화되면서 널리 적용되었는데, 그 다섯 개 주는 뉴욕과 캘리포니아, 워싱턴, 알래스카, 하와이였다. 1973년 1월 22일, 미국 연방대법원의 로 대 웨이드 판결에 따라 낙태 시술이 미국 전역에서 합법화되었다. 해리 블랙먼이 작성한 판결문에는 부모가 될 여성의 곤란한 처지가 특별히 언급되어 있다.

정부가 이 문제에 대한 선택권을 부인함으로써 임신한 여성에게 손해를 입혔다는 사실은 명백하다. (…) 임신, 즉 자녀의 추가는 여성에게 고된 삶과 미래를 강요할 수 있다. 정신적인 피해도 절박하다. 아이의 양육으로 인해 정신 건강과 신체 건강에 심각한 부담이 생길 수도 있다. 또한 원치 않는 자식은 관련된 모든 사람에게 고통이며, 심리적인 측면에서뿐만 아니라 다른 모든 사항을 고려했을 때 이미 자식을 부양할 능력이 없는 가정에 또다시 아이가 생긴다는 점도 문제가 된다.

대법원은 루마니아와 스칸디나비아의 어머니들, 그리고 지구상 다른 모든 나라의 어머니들 역시 잘 알고 있는 사실을 대변한 것이나 마찬가지다. 여성이 아이를 원치 않을 때는 분명 그럴 만한 이유가 있기 때문이다. 결혼을 하지 않은 상태이거나 불행한 결혼생활에 시달리고 있을지도 모른다. 아이를 기르기에는 자신이 너무 가난하다고 생각하고 있을지도 모른다. 자신의 삶이 너무 불안정하고 불행하다고 생각하거나 아니면 임신 후 음주 혹은 약물 남용으로 인해 아이의 건강에 장애가 생길지도 모른다고 걱정하고 있을 수도 있다. 자신이 너무 어리거나 아직 충분한 교육을 받지 못했다고 믿고 있을지도 모른다. 너무도 간절히 자식을 원하지만 지금이 아니라 몇 년 뒤에 가졌으면 하고 바라고 있을지도 모른다. 수백 가지 이유 중 어떤 것이 됐든, 그녀는 자신이 건강하고 생산적인 아이를 키우는 데 도움이 될 만한 가정환경을 제공할 능력이 없다고 느끼고 있을 것이다.

로 대 웨이드 판결이 있고 나서 첫해에, 미국에서 75만 명의 여성이 낙태 시술을 받았다(이 수치는 네 명의 신생아가 태어날 때마다 한 명의 태아가 낙태되었음을 의미한다). 1980년이 되면 그 수치는 160만에 이르고(신생아 2.25명 중 한 명), 이후 그 수치는 일정하게 유지되고 있다. 인구 2억 2,500만의 국가에서 매년 160만 건의 낙태라면(미국인 140명 중 한 명) 그리 극적인 수치는 아닌 것처럼 보인다. 니콜라에 차우셰스쿠가 총살을 당하고 루마니아에서 낙태가 다시 합법화됐던 첫해, 루마니아인 22명당 한 건의 낙태가 있었으니 말이다. 하지만 그렇더라도 어쨌든 임신한 여성 중 매년 160만 명이 갑자기 아이를 낳지 않게 된 것은 사실이다.

로 대 웨이드 판결이 있기 전에는 중류 혹은 상류 가정의 딸들만이 안전하게 불법 낙태를 준비하고 실행할 능력을 갖고 있었다. 그러나 이제는 500달러짜리 불법 시술 대신 어떤 여성이라도 때로는 100달러 이하의 비용으로 낙태를 할 수 있게 됐다.

로 대 웨이드 판결로 가장 큰 이익을 얻은 여성은 누구일까? 미혼모나 10대 임신부, 가난한 여성, 아니면 그 세 가지 조건을 모두 갖춘 여성들이다. 이들이 아이를 낳을 경우 그 자녀들의 미래는 어떠할까? 한 연구에 의하면 낙태가 합법화된 후 초기에 낙태된 태아들이 만약 세상에 태어났다면 빈곤한 삶을 경험할 가능성은 평균치보다 50%나 높다고 한다. 편부모 슬하에서 성장할 가능성 역시 평균보다 60%나 높았다. 성장기의 가난과 편부모라는 이들 두 인자는 한 아이가 미래에 범죄자가 될 것임을 유추할 수 있는 강력한 표지판의 역할을 한다. 편부모 슬하에서 자라는 아이는 나중에 커서 범죄를 저지를 확률이 2배 정도 높다. 10대 어머니를 가진 아이들도 마찬가지다. 또 다른 연구는 모친의 낮은 교육 수준이 자녀가 범죄를 저지르는 데 영향을 미치는 가장 강력한 단일 요인이라고 보고했다.

달리 말해, 수백만의 미국 여성들로 하여금 낙태를 결심하게 만드는 바로 그 요인이 그들의 자녀들이 태어날 경우 불행한, 그리고 어쩌면 범죄자로 살게 만드는 요인이기도 하다는 얘기다.

확실히 낙태의 허용은 미국에서 엄청난 결과를 초래했다. 먼저 유아

살해가 급격히 감소했다. 임신 때문에 어쩔 수 없이 결혼하는 사례는 물론이고 입양기관에 위탁되는 아이들의 수도 현저하게 줄어들었다(그 결과 해외에서 아이를 입양하는 붐이 일었을 정도다). 임신율은 30%나 증가했지만 실제 출산율은 6% 감소했으며 이는 많은 여성들에게 낙태가 산아제한 수단이자 거칠고 과감한 일종의 보험증권 기능을 하고 있음을 가리킨다.

하지만 낙태 합법화로 인해 도출된 가장 극적인 결과이자 그 효과가 실체를 드러내는 데 가장 오랜 시간이 걸렸던 부분은 바로 낙태가 범죄에 미친 영향일 것이다. 1990년대 초, 로 대 웨이드 판결 직후 출생한 첫 번째 아이들 집단이 10대 후반에 이르렀을 때(이 시기는 청소년의 범죄 성향이 절정에 달하는 때라 할 수 있다) 범죄율이 감소하기 시작했다. 이들 세대에 부족한 것은, 당연하게도, 범죄자가 될 가능성이 높은 아이들이었다. 모친이 아이를 세상에 내보내고 싶지 않았음에도 낳을 수밖에 없어서 태어난 아이들이 존재하지 않는 세대가 계속 성년이 되어감에 따라 범죄율은 꾸준히 감소했다. 낙태의 합법화는 원치 않는 출산을 줄였다. 원치 않는 출산은 범죄율을 높인다. 따라서 낙태의 합법화는 범죄율을 낮춘 것이다.

이 이론은 무척 다양한 반응을 불러일으켰다. 이론에 대한 불신은 물론, 일상적인 것에서 도덕적인 부분까지 반대의 입장도 다양했다. 가장 먼저 나올 수 있는 반론은 가장 직설적인 질문일 것이다. 과연 이 이론이 사실인가? 어쩌면 낙태와 범죄는 상관관계만이 존재할 뿐, 인과관계는 존재하지 않을지도 모르지 않는가.

신문에서 떠드는 대로 훌륭한 치안 정책이나 지능적인 총기 규제, 경제 번영 등을 범죄 감소의 원인이라고 믿는 편이 훨씬 더 마음 편한 일일지도 모른다. 우리는 인과관계를 직접 만지거나 느낄 수 있는 사항과 연결시키도록 진화했지 저 멀리 떨어져 있거나 이해하기 어려운 현상과 연관시키도록 진화해오지는 않았기 때문이다. 특히 우리는 단기적인 인과관계를 신뢰한다. 뱀이 친구를 물었고, 그는 고통으로 비명을 지르다가 죽었다. 이때 사람들은 친구가 뱀에 물렸기 때문에 죽은 것이라고 결론 내린다. 대부분의 경우, 그러한 판단은 옳다. 하지만 원인과 결과의 문제가 되면 그와 같은 단순한 사고는 쉽게 함정에 빠진다. 불완전한 원인을 신봉하는 고대 문명에 대해 생각한다면, 예를 들어 처녀를 강간했기 때문에 자신들이 전쟁에서 승리했다고 믿는 전사들에 대해 읽는다면, 오늘날 사람들은 씨익 미소를 지을 것이다. 하지만 우리 역시 불완전한 원인을 믿기는 마찬가지다. 특히 자신이 기득권을 가진 분야에서 전문가라는 자들이 진리를 주장할 때, 그런 경향은 더더욱 심해진다.

그렇다면 우리는 어떤 방법으로 낙태와 범죄의 연관성이 단순히 상관관계가 아니라 인과관계라는 사실을 증명할 수 있을까?

낙태 허용의 효과를 증명하는 방법 중 하나는 모든 주에서 낙태가 합법화되기 전부터 낙태를 허용했던 다섯 개의 주를 대상으로 범죄 관련 자료를 검토하는 것이다. 뉴욕과 캘리포니아, 워싱턴, 알래스카, 하와이에서는 로 대 웨이드 판결이 있기 적어도 2년 전부터 낙태가 법적으로 허용되었다. 그리고 이들 다섯 개 주는 다른 45개 주와 워싱턴 D.C.보다 훨씬 전부터 범죄가 줄어드는 경향을 보였다. 1988년에서 1994년 사이에 이 초기 낙태 허용 주에서는 폭력범죄가 다른 주와 비교해 13%나 감소했다. 1994년에서 1997년 사이 살인사건 발생률은 다른 주보다 23%나 더 떨어졌다.

하지만 만약에 이들 다섯 개 주가 단지 운이 좋았던 것에 불과하다면? 낙태와 범죄 사이의 연관성을 증명하기 위해서는 어떤 다른 데이터에 눈을 돌려야 할까?

살펴볼 가치가 있는 요인 중 하나는 각 주의 낙태율과 범죄율 사이의 상관관계다. 확신을 갖기에 충분할 정도로, 1970년대에 가장 높은 낙태율을 기록한 주는 1990년대에 범죄율이 가장 크게 감소한 반면에 낙태율이 낮은 주에서는 범죄 감소율이 낮았다(이러한 상관성은 범죄에 영향을 주는 각종 요인들, 각 주의 범죄자 투옥 수준, 경찰관의 수, 경제력 등을 통제한 후에도 여전히 확인되었다). 1985년 이래로 높은 낙태율을 보인 주들은 낙태율이 낮은 주에 비해 약 30% 높은 범죄율 감소 현상을 보였다. (뉴욕 시는 낙태율이 높은 데다 조기에 낙태를 합법화한 주에 속해 있기 때문에 혁신적인 치안 정책이 범죄율 감소의 주된 원인이라는 주장은 더욱 신빙성을 잃는다.) 더욱이 1980년대 말 이전, 즉 낙태 합법화의 영향을 받은 최초의 아이들이 최고의 범죄 성향을 보이는 나이에 이르기 이전에는 이들 주에서 낙태와 범죄 사이에 아무런 연관성도 나타나지 않았다는 사실은, 로 대 웨이드 판결이 실제로 범죄 발생 경향을 뒤집은 사건임을 시사한다.

심지어 긍정적이든 부정적이든, 낙태와 범죄의 연관성을 지지하는 상관관계들은 그 외에도 많이 존재한다. 낙태율이 높은 주에서 로 대 웨이드 판결 이후 세대의 전체적인 범죄 발생률 감소는 이전 세대의 증가 추세와 뚜렷한 대조를 이룬다. 또한 오스트레일리아와 캐나다의 연구에서도 낙태 허용과 범죄율 사이에 비슷한 연관성이 나타났다. 로 대 웨이드 판결 이후에는 수천 명의 10대 남성 범죄자만 사라진 것이 아니다. 10대 미혼모의 수도 줄어들었다. 수많은 10대 미혼모가 낙태를 함으로써 어머니의 인생을 되풀이할 가능성이 높은 소녀들이 태어나지 않았던 것이다.

낙태가 미국 역사상 가장 중요한 범죄 감소 요인이었다는 발견은 말할 필요도 없이 대단히 불쾌한 일이다. 이건 다윈의 진화론이 아니라 (『걸리버 여행기』를 쓴) 스위프트Swift의 풍자에 가깝다. 오래전 G.K. 체스터턴G.K. Chesterton이 했다는 말이 생각나지 않는가? 사람들에게 나눠줄 모자가 부족하다고 해서 몇 사람의 목을 치는 것은 문제의 해결책이 아니다. 경제학에서 사용하는 용어로 표현하자면, 범죄의 감소는 낙태 허용에 따른 '의도하지 않은 혜택'일 따름이다. 하지만 개인의 슬픔이 공공의 이익으로 전환된다는 개념이 맘에 안 든다고 종교나 도덕적 근거를 들어가며 낙태에 반대할 필요까지는 없지 않을까?

사실 낙태를 그 자체로 범죄라고 여기는 사람도 많다. 한 법률학자는 낙태 합법화가 노예제도(낙태에서는 죽음이 일상적으로 일어나므로)나 홀로코스트(로 대 웨이드 판결 이후 미국에서 시행된 낙태 시술은 2004년까지 대략 3,700만 건에 이르며 이는 독일의 인종말살 계획으로 유럽에서 희생된 유대인의 수 600만 명을 크게 웃돈다)보다 더 나쁜 범죄라고까지 칭했다. 사람들이 낙태에 대해 어떻게 생각하든, 어쨌든 낙태 허용은 가장 극심한 논란을 불러일으키는 주제다. 브롱크스와 미네소타에서 고위 경찰 간부로 재직한 바 있는 앤서니 V. 보자Anthony V. Bouza는 이러한 사실을 1994년 미네소타 주지사에 출마했을 때 확실히 실감했다. 그는 주지사에 출마하기 몇 년 전에 책을 한 권 썼는데, 그 책에서 그는 낙태가 "1960년대 말 이후로 미국이 채택한 범죄 예방 조치 중 유일하게 효과를 거둔 수단"이라고 주장했다. 선거 직전 이러한 보자의 견해가 공공에 알려지자 그의 지지율은 급격하게 곤두박질쳤다. 그는 결국 선거에

패했다.

낙태에 대한 견해와 상관없이, 당신의 머릿속에는 하나의 의문이 떠오를 것이다. 낙태 증가 대 범죄 감소라는 '거래'로 우리는 무엇을 얻게 되는가? 아니, 이처럼 복잡한 거래에 어떤 수치를 부여하는 것이 가능하기나 할까?

공교롭게도 경제학자들은 복잡한 거래에 수치를 부여하기 좋아하는 흥미로운 습관을 갖고 있다. 북부 얼룩무늬 올빼미를 멸종에서 구하려는 노력을 생각해보자. 한 경제 연구에 의하면 5,000마리의 올빼미를 보호하기 위한 기회비용(벌목산업 등과 같은 산업 부문에서 포기해야 하는 수입)은 약 460억 달러, 즉 올빼미 한 마리당 900만 달러라고 한다. 1989년 유조선 엑슨 발데스Exxon Valdez호 원유 유출 사고 이후, 또 다른 연구에서는 그와 같은 사고의 재발을 예방하기 위해 전형적인 미국 가구가 기꺼이 지불할 비용은 31달러라고 계산했다. 심지어 어떤 경제학자는 인간의 신체 각 부위에 가치를 부여하기도 했다. 코네티컷 주가 산업재해 시 이용하는 피해 산정표를 살펴보자.

상실 혹은 손상된 신체 부위	주급 보상액
손가락(첫 번째)	36
손가락(두 번째)	29
손가락(세 번째)	21
손가락(네 번째)	17
엄지(주로 사용하는 쪽)	63
엄지(반대쪽)	54

손(주로 사용하는 쪽)	168
손(반대 쪽)	155
팔(주로 사용하는 쪽)	208
팔(반대쪽)	194
발가락(엄지)	28
발가락(그 외)	9
발	125
코	35
눈	157
신장	117
간	347
췌장	416
심장	520
유방	35
난소	35
고환	35
음경	35~104
음부	35~104

이제 논쟁을 위해, 조금 잔인한 문제를 던져보자. 신생아와 태아의 상대적 가치는 얼마나 차이가 날까? 한 명의 신생아를 희생시켜 여러 명의 태아를 구해야 하는 솔로몬적 과제에 직면에 있다면, 과연 당신은 신생아 한 명당 태아의 수를 몇 명으로 잡아야 타당하다고 하겠는가? 물론 이는 사고 훈련에 지나지 않지만(당연히 여기에는 정답이 없다), 이러한 연습은 낙태가 범죄에 미치는 영향을 명확하게 밝혀내는 데 도움

이 될 수 있다.

절대적인 낙태 옹호론자나 낙태 반대론자라면 이 문제는 아주 간단한 계산에 불과할 것이다. 우선 생명이 수정 단계에서 시작된다고 믿는 사람은 신생아와 태아의 상대적 가치를 1:1로 계산할 것이다. 반면에 낙태에 대한 여성의 선택권이 모든 것에 우선한다고 믿는 사람이라면 몇 명의 태아도 단 하나의 신생아에 미치지 못한다고 주장하리라.

그렇다면 양쪽 진영 어느 쪽에도 속하지 않는 제3자의 경우를 고려해보자. (만약 당신이 앞서 제시한 두 부류에 속한다고 믿는다면 이제부터 전개될 내용은 당신에게 대단히 모욕적일 수 있으며, 차라리 이 단락에서 다음 단락까지 그냥 뛰어넘는 편이 좋을지도 모르겠다.) 제3의 인물은 태아가 신생아와 대등한 가치를 갖는다고 생각하지도 않지만 그렇다고 아예 신생아와 비교할 만한 가치가 없다고 믿지도 않는다. 이제 토론을 위해 양쪽에 상대치를 부여한다고 가정했을 때, 선택의 길에 서 있는 그가 신생아 한 명당 100명의 태아가 상응한다는 결론을 내린다고 치자.

미국에서는 매년 150만 건 정도의 낙태 시술이 이루어지고 있다. 신생아와 태아의 상대적 가치가 1:100이라고 믿는 사람에게 150만 건의 낙태는(150만을 100으로 나누면) 1만 5,000명의 생명이 희생된 것이나 마찬가지다. 1만 5,000명이면 미국에서 살인사건으로 희생되는 사람의 수와 거의 비슷하다. 그리고 그 수는 낙태가 합법화됨으로써 매년 줄어들고 있는 살인사건보다 훨씬 많은 수효다. 따라서 태아가 인간의 100분의 1에 해당하는 가치를 갖고 있다고 믿는 사람이 보기에 낙태를 증가시켜 범죄를 감소시키는 교환거래는 경제적 관점에서 매우 비효율적이다.

낙태와 범죄 사이의 연관성이 시사하는 바는 다음과 같다. 정부가 여성에게 낙태 여부를 스스로 결정할 수 있는 기회를 주었을 때, 일반적으로 아이를 잘 기를 수 있는지 여부를 가장 정확하게 판단할 수 있는 사람은 바로 그 여성 자신이다. 만약 아이를 기를 수 없다고 판단한다면, 그녀는 낙태를 선택할 것이다.

하지만 그녀가 아이를 기를 수 있다고 판단하는 경우에도, 또 하나의 중요한 문제가 등장한다. 아이가 태어났다. 그렇다면 이제 부모는 아이를 어떻게 키워야 할 것인가?

5_
완벽한 부모는 어떻게 만들어지는가?

FREAKONOMICS 자녀 양육 기술만큼 그토록 열렬하고 간절하게 하나의 학문으로 전환된 기술이 또 있을까?

최근 몇십 년 동안 방대하고 다양한 전문 육아법이 등장했다. 하지만 가벼운 마음으로 그러한 충고를 따라보려고 하는 사람들은 모두 곤경에 처하게 되는 것 같다. 육아에 대한 사회 통념이 매시간 바뀌는 것처럼 보이기 때문이다. 한 가지 경우를 두고 전문가마다 다른 이야기를 하기도 하고, 정말 말 많은 전문가들이 갑자기 한꺼번에 구식의 지혜는 그르며 (적어도 잠시 동안은) 새로운 지혜가 분명 옳다고 의견을 모으기도 한다. 예를 들어보자. 엄마가 직접 가슴으로 모유를 먹이는 것만이 아이를 건강하게 키우고 똑똑하게 만들 수 있는 유일한 방법이다. 아니다, 젖병에 먹여도 괜찮다. 아기는 항상 등이 바닥에 닿도록 똑바로 재워야 한다. 아니다, 아기는 엎어 재우는 게 더 좋다. 간을 먹이는 것은 a) 독이 되기도 하고, b) 두뇌 발달에 꼭 필요한 사항이 되기도 한다.

매를 아끼면 아이를 망친다. 아니다, 아이를 때리면 감옥에 간다.

앤 헐버트Ann Hulbert는 『미국의 자녀 양육: 전문가와 부모, 그리고 자녀 양육 조언의 1세기 역사Raising America: Experts, Parents, and a Century of Advice About Children』라는 저서에서 여러 가지 자료를 통해 자녀 양육 전문가들이 서로 모순되는 말을 하거나 심지어 자기모순을 범한다는 사실을 입증하고 있다. 이들의 장난질이 종종 혼란과 두려움만 조장하지 않는다면, 그냥 웃어넘길 수도 있을 것이다. '탁월한 자녀 양육법'을 습득하려 노력하는 부모를 위해 '유아 관리 전략'을 보장하는 『베이비와이즈Babywise』라는 책에서 게리 에조Gary Ezzo는 어린 시절부터 아이들이 밤에 혼자 잘 수 있도록 훈련시키는 것이 얼마나 중요한지를 강조한다. 그러면서 수면부족이 '유아의 중추신경계 발달에 부정적인 영향'을 미칠 수도 있으며 학습장애로 이어질 수 있다고 경고한다. 한편 '부모와 함께 자는 것'을 옹호하는 사람들은 혼자 자는 것이 정신건강에 해로울 수 있으므로 아이를 '가족 침대'로 데려오는 것이 옳다고 이야기한다. 자극에 대한 의견은 또 어떠한가? T. 베리 브래즐턴T. Berry Brazelton은 1983년의 저작에서 아기는 '자기 자신과 주위 세상을 학습할 준비를 완전히 갖추고' 이 세상에 태어난다고 적고 있다. 브래즐턴은 초기에 강한 자극을 주는 것, 즉 아기의 상호작용을 이끌어내는 것이 중요하다고 이야기한다. 그러나 100년 전 L. 에밋 홀트L. Emmett Holt는 아기는 '장난감'이 아니라고 경고했다. 홀트는 태어나서 처음 2년간은 아기에게 '힘이나 압력, 심한 자극'을 가해서는 안 된다고 믿었다. 그 기간 동안에 뇌가 급격히 발달하기 때문에 지나친 자극은 '상당한 해'를 끼칠 수 있다는 것이었다. 그는 또한 고통 때문이 아니라면 우는 아이를 어르지 말라고도 했다. 그의 설명에 따르면 아기는 하루에

15분에서 30분은 울도록 놔두어야 했다. '우는 것은 아기의 운동'이기 때문이라는 것이었다.

다른 분야의 전문가들과 마찬가지로, 전형적인 육아 전문가 역시 자신에 대해 과도하게 확신하는 경향이 있다. 전문가들은 대개 문제의 한 측면에 깃발을 단단히 꽂아둘 뿐, 다양한 각도에서 충분한 논의를 펼치려 하지 않는다. 신중하거나 미묘한 주장을 펼치는 전문가는 종종 많은 주목을 받지 못하기 때문이다. 자신의 소박한 이론이 사회 통념으로 바뀌기 바라는 전문가라면 뻔뻔해질 필요가 있다. 그리고 이를 위한 가장 좋은 방법은 대중의 감정을 개입시키는 것이다. 감정은 합리적 논증의 적이기 때문이다. 그리고 그러한 감정 중에서 다른 어떤 것보다 큰 힘을 발휘하는 것이 바로 두려움이다. 슈퍼프레데터, 이라크의 대량살상무기, 광우병, 유아의 돌연사에 대해 한번 생각해보라. 마치 어린아이들에게 무서운 이야기를 해주는 심술궂은 삼촌처럼 전문가가 이상의 문제들과 관련해 공포 상황을 조성하면, 우리는 전문가의 조언에 도저히 귀를 기울이지 않을 수 없게 된다.

두려움과 책임의 딜레마

부모만큼 전문가가 조성하는 공포를 잘 받아들이는 사람은 없다. 사실 두려움은 육아라는 행위의 주요 구성요소이기 때문이다. 결국 부모는 또 하나의 생물체, 더구나 갓 태어났을 때는 다른 그 어느 종보다 연약한 생물체를 보살피는 시중꾼 아니던가. 이로 인해 부모는 단순히 걱정과 불안, 두려움 등에 자신의 양육 에너지를 상당 부분 소비한다.

문제는 부모들이 종종 두려움을 느끼지 않아도 될 대상에 두려움을 느낀다는 것이다. 사실 이는 부모들의 탓으로 돌릴 수 없는 것이다. 소문에서 사실을 분리해내는 것은 언제나 어려운 일이며, 바쁜 부모들에게는 특히 그렇기 때문이다. (동년배 부모들이 가하는 압력은 말할 것도 없고) 전문가들이 내는 백색 소음은 너무나 위압적이라 부모들은 거의 스스로 생각할 수조차 없게 된다. 그리하여 그들이 가까스로 모으는 사실들은 보통 호도되거나 과장된 것이기 십상이며, 아니면 자신들의 아젠다와는 관계없는 것이기 일쑤다.

가령 몰리라는 여덟 살짜리 딸을 가진 부모가 있다고 생각해보자. 몰리의 가장 친한 친구인 에이미와 이마니는 모두 몰리의 집 근처에 살고 있다. 몰리의 부모는 에이미의 부모가 집에 총을 두고 있다는 사실을 알기 때문에 몰리에게 그 집에 가서 놀지 못하게 한다. 그 대신 몰리는 뒤뜰에 수영장이 있는 이마니의 집에서 많은 시간을 보낸다. 몰리의 부모는 자신들이 딸을 보호하기 위해 현명한 선택을 했다고 생각하며 안심한다.

하지만 데이터에 따르면 그들은 결코 현명한 선택을 한 것이 아니다. 미국의 경우 집 안에 있는 수영장에서 아이가 익사사고를 당할 확률은 1만 1,000분의 1이다. (이는 전국적으로 600만 개의 개인 수영장이 있는 미국의 경우 매년 약 550명의 열 살 미만 어린이가 익사사고를 당한다는 뜻이다.) 한편 총으로 인한 사고로 아이가 목숨을 잃을 확률은 100만분의 1 미만이다. (이는 대략 2억 정의 총기가 있는 것으로 추정되는 미국의 경우 매년 약 175명의 열 살 미만 어린이가 총기사고로 목숨을 잃는다는 뜻이다.) 수영장에서 익사사고를 당할 확률(1만 1,000분의 1) 대 총기사고로 목숨을 잃을 확률(100만분의 1 미만)은 비교도 되지 않는다. 몰리가 이마니의 집 수영장에서 익사사고로 죽을 확률이 에이미의 집에서 총을 가지고 놀다가 목숨을 잃을 확률보다 훨씬 더 높은 것이다.

하지만 우리 대부분은 몰리의 부모와 마찬가지로 리스크를 평가하는 능력이 형편없다. 스스로를 '리스크 커뮤니케이션 컨설턴트'라고 칭하는 피터 샌드먼Peter Sandman은 단 한 건의 광우병 발병으로 미국 전역에 쇠고기 기피증이 일어났던 2004년 초반에 바로 이 점을 지적했다. 샌드먼은 『뉴욕 타임스』에 "사람들을 두렵게 만드는 리스크와 사람들을 실제로 죽음에 이르게 하는 리스크가 아주 다르다는 것을 인식하는 것이 기본"이라고 말했다.

그리고 샌드먼은 광우병(끔찍하게 무섭지만 발생 빈도는 지극히 낮은 위협)과 일반 가정의 부엌에서 음식을 통해 확산되는 병원균(지극히 흔하지만 그리 무섭지는 않은 위협)을 비교한다. "통제할 수 없는 리스크가 통제할 수 있는 리스크보다 더 많은 분노를 일으키는 법이다. 광우병은 자신의 통제를 벗어난 영역에 있는 것으로 느껴진다. 내가 먹을 고기에 프리온(prion: proteinaceous infectious particle, 광우병의 원인이 된다고 알려져 있다 - 옮긴이)이 있는지 없는지는 알 수 없다. 그것은 육안으로도 냄새로도 확인이 되지 않는다. 반면에 자신의 집 부엌에 있는 음식물은 충분히 통제가 가능하다. 주변 환경의 청결을 유지하고 잘 관리하면 되기 때문이다."

샌드먼의 '통제' 원리는 왜 대부분의 사람들이 차를 운전하는 것보다 비행기 타는 것을 더 무서워하는지도 설명한다. 사람들은 이렇게 생각한다. 차를 통제하는 건 나니까, 나의 안전을 지키는 것은 나야. 하지만 비행기를 통제하는 건 내가 아니니까, 나의 안전이 무수한 외부 요인에 의해 좌우된단 말이야.

그렇다면 실제로 우리는 어떤 것을 더 두려워해야 하는 것일까, 비행기 타는 것과 차를 운전하는 것 중에서?

이에 앞서 좀더 근본적인 질문을 던지는 게 도움이 될 것이다. 우리가 두려워하는 것은 정확히 무엇인가? 아마 죽음일 것이다. 하지만 죽음에 대한 두려움은 그 범위를 좁혀볼 필요가 있다. 우리 모두는 당연히 언젠간 죽는다는 사실을 알고 있지만, 일상적으로 죽음을 걱정하지는 않는다. 하지만 1년 안에 당신이 죽을 확률이 10%라는 이야기를 듣는다면 훨씬 더 많은 걱정을 하게 될 것이고, 심지어 삶을 다르게 살기로 결심할 수도 있다. 또 1분 안에 당신이 죽을 가능성이 10%라는 이야기를 듣는다면 아마 공포에 질릴 것이다. 즉 우리를 두려움으로 몰고 가는 것은 바로 죽음의 임박 가능성인 것이다. 이는 곧 죽음에 대한 두려움을 계산하는 가장 합당한 방법은 시간 단위로 생각해보는 것이라는 뜻이 된다.

여행을 가려 할 때 차 운전이나 비행기 탑승 중 하나를 선택해야 한다면, 당신은 차를 운전하는 것과 비행기를 타는 것의 시간당 사망률을 고려해보고 싶을지도 모른다. 미국에서 차 사고로 죽는 사람(연간 약 4만 명)이 비행기 사고로 죽는 사람(연간 1,000명 미만)보다 훨씬 많은 것은 사실이다. 하지만 대부분의 사람들이 비행기보다 차에서 보내는 시간이 훨씬 더 많은 것 또한 사실이다. (배 사고로 죽는 사람도 비행기 사고로 죽는 사람보다 더 많다. 총과 수영장의 예에서도 보았듯이, 물은 대부분의 사람들이 생각하는 것보다 훨씬 더 위험하다.) 하지만 차 운전과 비행기 탑승의 '시간당' 사망률은 거의 같다. 두 가지의 '기발한' 장치가 우리를 죽음에 이르게 하는 (좀더 엄밀히 말하면 죽음에 이르지 않게 하는) 확률은 거의 동일한 것이다.

두려움은 현재의 일일 때 가장 큰 위력을 발휘한다. 전문가들이 현재 시제에 의존하는 것도 바로 이 때문이다. 시간이 오래 걸리는 과정을 점점 더 인내하지 못하는 세상에서 두려움은 막강한 힘을 발휘하는 단기 활동이다. 당신이 정부 관리로서 (두 가지 치명적 위협인) 테러 공격과 심장병 중 하나를 물리치기 위한 자금 조달의 책임을 맡았다고 해보자. 의회로 하여금 국고를 열게 할 것이 어떤 것이라 생각하는가? 테러 공격으로 어떤 사람이 죽을 확률은 그 사람이 기름기 많은 음식 때문에 혈관이 막혀 심장병으로 죽을 확률보다 현저히 낮다. 하지만 테러 공격은 '현재' 일어나고 있는 위협이고, 심장병으로 인한 죽음은 다소 멀리 떨어져 있는, 조용한 재난이다. 또 테러리스트의 행동은 우리가 통제할 수 없지만 프렌치프라이는 그렇지 않다. 통제 요소만큼이나 중요한 이 요소를 피터 샌드먼은 '두려움 요소dread factor'라 부른다. 테러 공격으로 인한 죽음(혹은 광우병으로 인한 죽음)은 너무나도 무시무시하게 생각된다. 반면에 심장병으로 인한 죽음은 어쩐지 그만큼 무섭게 느껴지지는 않는다.

샌드먼은 특정 진영을 위해 일하는 전문가가 아니다. 어느 날은 공중보건 유해물을 밝히는 환경단체를 돕다가, 또 어느 날은 대장균 발생 문제를 처리하려고 노력하는 패스트푸드 회사의 CEO를 고객으로 맞기도 한다. 샌드먼은 자신의 전문 지식을 다음과 같은 방정식으로 간단히 정리했다. "리스크 = 유해물 + 분노." 샌드먼은 질 나쁜 햄버거 고기 때문에 고민하는 패스트푸드 회사 CEO를 위해서는 '분노 감소'에 주력하고, 질 나쁜 햄버거 고기를 접한 환경주의자들을 위해서는 '분노 증가'에 주력한다.

샌드먼이 유해물 자체가 아닌 분노를 강조한다는 점에 유의해야 한다. 그는 자신의 리스크 방정식에서 분노와 유해물이 똑같은 무게를 지니지 않는다는 점을 인정한다. "유해물의 정도가 높아도 분노가 낮으면 사람들은 미온적인 반응을 보이고, 유해물의 정도가 낮아도 분노가 높으면 사람들은 과잉 반응을 보이기 때문이죠."

그렇다면 왜 수영장이 총기보다 공포스럽지 않은 것일까? 아이가 이웃집에서 총을 가지고 놀다가 가슴에 총을 맞는 것은 생각만 해도 끔찍하고, 극적이며, 공포스럽다. 즉 우리의 분노를 자아내는 것이다. 하지만 수영장은 분노를 일으키지는 않는다. 그것은 우리가 수영장에 익숙한 것에 일부 원인이 있다. 대부분의 사람들이 비행기보다 차에서 보내는 시간이 더 많은 것처럼 우리 대부분은 총을 쏘며 겪은 것보다는 수영장에서 수영하며 겪은 경험이 훨씬 더 많다. 그러나 아이가 익사하는 데는 30초 정도밖에 걸리지 않으며, 소리 없이 일어나는 경우가 많다. 유아의 경우는 10센티미터밖에 안 되는 얕은 물에서도 익사할 수 있다. 한편 익사를 막기 위한 조치는 아주 간단하다. 어른이 잘 지켜보고 있거나, 수영장 주위에 담을 치거나, 이제 막 걸음마를 시작한 아이가 아무도 모르는 사이에 집 밖으로 빠져나가지 않도록 뒷문을 단단히 걸어두는 것 등이 있다.

만일 모든 부모가 이 예방 조치를 따른다면 매년 400명 이상의 어린 아이들이 목숨을 구할 수 있을 것이다. 어린이의 안전을 위해 최근 가장 널리 권장되는 발명품인 유아용 안전침대와 자동차 아동좌석도 이 정도의 목숨을 구하지는 못한다. 자료에 따르면 아동좌석은 기껏해야 명목적인 도움만 될 뿐이라고 한다. 아이를 무릎에 안고 앞좌석에 타는 것보다는 뒷좌석에 타는 게 더 안전하다는 것은 분명한 사실이다. 앞좌석에 앉은 상태에서 사고가 일어날 경우에는 십중팔구 아이가 앞으로 튀어나가기 때문이다. 아동좌석을 뒷자리에 설치하도록 권하는 것도 이 때문이다. 하지만 여기서 안전이 확보되는 건 아이를 앞좌석에 앉히지 않았기 때문이지, 200달러짜리 아동좌석에 묶어두었기 때문이 아니다. 그럼에도 많은 부모들은 아동좌석의 혜택을 지나치게 확대 해석해 인근 경찰서나 소방서에까지 가서 아동좌석을 제대로 설치하려 한다. 물론 이것은 사랑의 표시다. 하지만 이는 이른바 '강박적 자녀 양육'의 표시가 될 수도 있다(강박적인 부모는 자신이 그렇다는 사실을 알고 있으며 그것을 자랑스럽게 여긴다. 한편 강박적이지 않은 부모 역시 강박적인 부모가 누구인지를 알며, 그들을 흉보는 경향이 있다).

어린이의 안전을 위한 혁신적인 제품 대부분은 (충격적이게도) 마케팅의 주력 대상이 되는 신제품과 밀접한 관계가 있다. (매년 판매되는 아동좌석의 수는 거의 500만 개에 이른다.) 이러한 상품은 (피터 샌드먼이 말한 것처럼) 분노가 유해물을 압도하는 상황에서 커져가는 근심을 반영하는 경우가 많다. 그러면 사람들이 그토록 시끄럽게 선전하는 혁신적인 제품이나 조치가 과연 얼마나 많은 인명을 구하는지, 수영장의 몇 가지 예방 조치로 구할 수 있는 400명의 인명과 비교해보자.

- 어린이 위해 방지 포장 – 연간 50명 정도로 추산
- 내연성 잠옷 – 10명
- 아이들에게 차의 에어백 근처에 가지 못하게 하는 것 – 에어백 도입 이후 에어백 사고로 사망한 아이는 5명 미만
- 아동복에 달린 안전용 끈drawstring – 2명

잠깐! 당신은 이렇게 말할지도 모른다. 부모들이 전문가와 마케터들한테 조종당하고 있다고 해도 그게 뭐 어떻단 말인가? 구하는 인명수가 생각보다 적든, 또 그 안에 어떤 속셈이 담겨 있든, 아이 한 명의 안

전이라도 보장한다면 그것에 박수를 보내야 하는 것 아닌가? 그것 말고도 부모들은 걱정할 일이 수두룩하다. 결국 부모는 경외감을 느껴야 마땅할 중요한 임무를 책임지고 있지 않은가. 자녀의 인성을 형성하는 것 말이다. 그렇지 않은가?

콜로라도 입양 프로젝트

자녀 양육에 대한 사회 통념에 최근 들어 가장 급진적인 변화를 일으킨 것은 다음과 같은 간단한 질문이었다. 과연 부모는 실제로 얼마나 중요할까?

분명, '나쁜' 자녀 양육은 상당히 많은 영향을 끼친다. 낙태와 범죄의 관계를 살펴볼 때 분명히 드러났듯, 원하지 않은 아이(무시와 학대의 대상이 되는 경우가 두드러지게 많다)는 부모가 기쁘게 맞이한 아이보다 더 나쁜 결과를 가져온다. 하지만 이 열렬한 부모가 아이들을 위해 실제로 할 수 있는 일은 얼마나 될까?

이 질문은 수십 년 동안 축적되어온 연구 결과의 핵심을 대변한다. (태어나면서 따로 살게 된 쌍둥이에 대한 연구를 포함하여) 수많은 연구가 이미 유전적 요인으로만 아이의 인성과 능력의 50% 정도가 결정된다고 결론을 내린 바 있다.

선천성이 아이 운명의 반을 좌우한다면 나머지 반을 좌우하는 것은 무엇일까? 분명 그것은 후천성일 것이다. 태교 시 들려주는 모차르트 음악, 교회의 예배, 박물관 관람, 프랑스어 수업, 약속과 칭찬, 다툼과 벌, 이 모든 것이 양육행위를 구성한다. 하지만 또 하나의 유명한 연구인 콜로라도 입양 프로젝트Colorado Adoption Project에 대해 우리는 어떻게 설명해야 할까? 이 연구는 입양된 아기 245명의 삶을 추적하여 아이의 성격 특성과 수양부모의 성격 특성은 실제로 '아무 관련도 없다'는 사실을 알아냈다. 또 아이를 탁아소에 보내든, 부모 양쪽이 다 있든 없든, 엄마가 직장에 다니든 다니지 않든, 엄마가 둘이든 아버지가 둘이든 아이의 성격에 크게 영향을 미치지 않는다는 연구 결과는 또 어떤가?

이러한 선천성과 후천성의 불일치를 지적한 사람은 별로 유명하지 않았던, 교과서 저자 주디스 리치 해리스 Judith Rich Harris였다. 그녀의 1998년 저작 『후천성에 대한 가정 The Nurture Assumption』은 실제로는 강박적인 자녀 양육을 공격하고 있으며, 아주 도발적이어서 부제를 두 개나 달아야 했다('왜 아이들은 자기 방식대로 성장하는가 Why Children Turn Out the Way They Do'와 '부모는 생각보다 중요하지 않으며 친구가 더 중요하다 Parents Matter Less than You Think and Peers Matter More'). 해리스는 차분한 어조로, 부모들은 자신이 자녀의 성격 형성에 중대한 공헌을 한다고 생각하는데 이는 잘못이라고 주장한다. 그녀의 저술에 따르면, 이러한 믿음은 '문화가 만들어낸 허상'이다. 피어 프레셔 peer pressure의 근본적 영향, 즉 또래나 학교 친구들이 매일 미치는 암묵적인 힘이 상층의 부모로부터 전해지는 영향보다 더 크다는 것이다.

해리스(그녀는 박사학위가 있거나 학문 연구를 하는 사람이 아닌, 평범한 할머니였다)의 믿을 수 없는 폭탄선언은 놀라움과 분노를 동시에 불러일으켰다. 한 독자는 독자서평에 이렇게 적기도 했다. "'또 시작이군!'이라고 말해도 전혀 심한 말이 아닐 것이다. 한 해에는 긴밀한 유대가 핵심이라고 하고, 다음 해에는 출생 순서가 중요하다고 한다. 아니다, 진정 중요한 것은 자극이라고 한다. 태어나서 처음 5년이 가장 중요하다는 주장이 나오면, 그 다음엔 3년이 중요하다고 하고, 또 어떤 이는 중요한 시기가 태어나서 1년뿐이라고 한다. 그런데 이젠 또 유전자가 전부라고 하니…!"

하지만 해리스의 이론은 몇몇 유명인사들이 적절히 지지해주었다. 그 중의 한 사람이 인지심리학자이자 베스트셀러 작가인 스티븐 핑커 Steven Pinker로, 그는 자신의 저서 『빈 서판Blank Slate』에서 해리스의 관점이 (좋은 의미에서) "아주 놀랍다"고 말한다. "종래 정신치료를 받던 환자들은 50분 동안 편하게 앉아서 유년 시절의 갈등을 떠올리고는 자신의 불행을 부모 탓으로 돌리는 방법을 배웠다. (…) 대다수의 전기傳記는 성인이 되어 겪은 비극이나 성취의 근원을 찾느라 주인공의 어린 시절을 들쑤신다. (…) '육아 전문가'들은 여성들로 하여금 일하러 집을 나서거나 한 번이라도 『굿나잇 문Goodnight Moon』 동화책을 읽어주는 걸 거르면 스스로를 야만인처럼 생각하게 만든다. 사람들 마음속에 깊숙이 자리 잡은 이 믿음에 대해 우리는 다시 생각해볼 필요가 있다."

그래서 다시 생각해본 결과는? 그래도 부모는 여전히 '분명' 중요한 역할을 하는 것처럼 보일 것이다. 게다가 또래 친구들이 그렇게 많은 영향을 끼친다고 해도, 결국 아이의 친구를 선택하는 것은 부모라고 할 수 있지 않은가? 부모가 이웃이나 학교 친구들이 아이에게 적절한지 고심하는 것도 이 때문이 아니던가?

부모가 얼마나 중요한가 하는 것은 좋은 질문이지만, 지독하게 복잡한 질문이기도 하다. 부모의 영향이 얼마나 되는지 결정하기 위해 우리는 아이의 어떤 면을 측정해야 하는 것일까? 아이의 인성? 학교 성적? 윤리적 행동? 창의성? 성인이 되어 받는 봉급? 또 아이에게 영향을 미치는 많은 요소들에 우리는 각각 얼마만큼의 무게를 할당해야 하는 것일까? 유전에는? 가정환경에는? 사회경제적 수준에는? 학교 교육에는? 차별에는? 행운에는? 병에는? 또 그 밖의 다른 것에는?

　논의 전개를 위해 두 소년의 이야기를 생각해보기로 하자. 한 아이는 백인이고 한 아이는 흑인이다.

　백인 소년은 시카고의 외곽지역에서 자랐다. 그의 부모는 견문이 넓으며 학교 개혁school reform에도 직접 참여하고 있다. 남부럽지 않은 제조업에 종사하고 있는 아버지는 이따금 아이를 도보여행에 데려간다. 그의 어머니는 현재 전업주부이지만 나중에는 대학에서 다시 공부해 교육학 학사학위를 받는다. 아이는 행복한 유년 시절을 보내고 있으며 학교 성적도 아주 좋다. 선생님들이 그가 정말 수학 천재일지 모른다고 생각할 정도다. 부모는 아이를 격려해주며, 아이가 한 학년 월반을 했을 때는 그를 무척이나 자랑스러워했다. 사랑스러운 동생 역시 아주 머리가 좋다. 집에는 서재까지 갖추어져 있다.

　흑인 소년은 플로리다의 데이토나 비치에서 태어났으며, 그의 어머니는 두 살 때 그를 버렸다. 그의 아버지는 좋은 실적을 내는 판매원이었으나 술을 많이 마셨다. 그는 정원용 호스 끄트머리에 달린 금속 부위로 아이를 때리곤 했다. 열한 살이던 어느 날 밤, 아이는 탁상용 크리스마스트리(태어나서 처음으로 그가 가져본 것이었다)를 장식하고 있었다. 그때 아버지가 부엌에서 애인을 때리기 시작했다. 너무나 심하게 때린 나머지 그녀의 이 하나가 입에서 튀어나와 아이의 크리스마스 트리 아랫부분에 떨어졌다. 하지만 아이는 목소리를 높일 만큼 바보가 아니었다. 학교에서 그는 어떤 노력도 하지 않았다. 오래전부터 그는 마약을 팔았고, 교외지역을 털었으며, 총을 가지고 다녔다. 그는 아버지가 술에 취해 들어올 때는 반드시 잠자리에 들어 있었고, 아버지가 깨기 전에 집에서 나왔다. 아버지는 결국 강간죄로 감옥에 갔다. 열두 살이 되던 해, 그 소년은 스스로 살아나가야 하는 처지나 다름없었다.

이쯤 되면 강박적인 자녀 양육의 타당성 여부를 떠올릴 필요도 없이, 누구라도 분명 두 번째 소년은 성공할 가능성이 없고 첫 번째 소년은 성공 가능성이 높다고 생각할 것이다. 인종차별이라는 핸디캡까지 받게 되는 두 번째 소년이 결국 생산적인 삶을 살아갈 확률은 얼마일까? 또 성공이 보장된 것처럼 보이는 첫 번째 소년이 실패할 확률은 얼마일까? 또 여기서 소년들은 자신의 운명을 어느 정도까지 부모의 탓(혹은 덕분)으로 돌릴 수 있을 것인가?

어떤 이는 완벽한 부모가 되는 방법에 대해 변치 않는 이론을 만들려고 할 것이다. 하지만 이 책의 저자는 그러지 않으려 한다. 거기에는 두 가지 이유가 있다. 첫째, 우리 둘 모두 자녀 양육에 전문가라고는 할 수 없기 때문이다(우리 둘 밑에는 다섯 살도 안 된 아이들이 여섯이나 있지만, 어쨌든). 둘째, 우리를 납득시키는 것은 자녀 양육 이론이 아니라 데이터를 통해 나타난 결과이기 때문이다.

아이에게 나타나는 양상 중에는 인성이나 창의성과 같이 데이터로 측정할 수 없는 것들도 있다. 하지만 학교 성적은 측정이 가능하다. 또 부모라면 대부분 교육이 자녀의 성장 과정에 핵심적인 요소라는 걸 인정할 것이기 때문에, 먼저 의미 있는 학교 데이터를 조사해보는 것이 합당할 것이다.

여기서 살펴볼 데이터는 사람들의 의견이 양분된 채 합의의 기미가 보이지 않는 학교 선택권 school choice의 문제와 관련이 있다. 학교 선택권을 맹신하는 사람들은 납세자로서 자신의 아이를 가능한 한 좋은 학교에 보낼 수 있는 권리가 있어야 한다고 주장한다. 한편 학교 선택권을 비판하는 사람들은 이로 인해 가정환경이 가장 열악한 학생들이 가장 환경이 나쁜 학교에 가게 되지 않을까 우려한다. 하지만 모든 부모가 다음과 같은 점에서는 적어도 의견 일치를 보고 있는 듯 보인다. 즉 학업과 특별활동, 친목, 안전의 요소가 적절히 조합된 '제대로 된' 학교에 가기만 하면 아이가 훌륭히 성장하리라고 생각하는 것이다.

시카고 공립학교 체제CPS에는 학교 선택권이 일찍부터 도입되었다. 대부분의 도시 학군과 마찬가지로 여기서도 소수인종 학생들이 고르게 분포하지 않았기 때문이었다. 1954년 '브라운 대 토피카 교육위원회 Brown vs. Board of Education of Topeka' 판결에서 연방대법원이 학교에는 인종차별 정책이 허용되지 않음을 선언했음에도, CPS에서는 흑인 학생 대다수가 여전히 흑인 학생들만 있는 학교에 다니고 있었다. 이에 1980년 미 법무부와 시카고 교육위원회가 공조하여 시카고의 학교들을 좀더 확실히 통합하기 위한 노력을 펼쳤다. 이러한 노력의 결과로 고등학교에 올라가는 신입생은 학군 내의 사실상 모든 학교에 지원할 수 있는 법령이 마련되었다.

CPS는 오랜 연혁 외에도 연구 대상이 되기에 좋은 이유를 여러 가지 가지고 있다. 우선 방대한 데이터를 제공한다(시카고의 교육체제는 뉴욕과 로스앤젤레스에 이어 미국에서 세 번째로 크다). 또 학교 선택권의 폭도 무척 광범위할 뿐만 아니라(60개 이상의 고등학교) 매우 유연하다. 따라서 이에 응하는 학생의 수도 매우 많고, 학생의 절반 정도가 자신의 주거지역에 있는 학교에서 벗어난다. 하지만 CPS 프로그램에서 얻은 가장 큰 횡재는(물론 연구를 목적으로 할 때) 바로 학교 선택권이란 게임의 작동 방식이었다.

시카고의 모든 신입생에게 모든 학교의 문을 열면 소란이 일 것이라는 우려는 충분히 예상된 것이었다. 성적이 좋고 졸업률이 높은 학교에는 분명 지원자들이 맹렬하게 몰려들 터였고, 따라서 모든 학생의 요구를 만족시키기는 불가능할 것이었다.

그래서 CPS는 공정성을 기하기 위해 추첨제를 택했다. 연구 측면에서 보면 이는 특별한 혜택인 셈이다. 행동과학을 연구하는 학자가 실험실에서 인위로 만들어낸다 해도 이보다 더 나은 실험을 고안하기는 어려울 것이다. 무작위로 어떤 생쥐는 실험군treatment group으로 보내고 어떤 생쥐는 대조군control group으로 보내듯, 시카고 교육위원회도 결과적으로는 학생들을 무작위로 학교에 배정한 것이다. 동일한 통계기록을 가진 두 명의 학생이 있다고 가정해보자. 이 둘 모두는 좀더 나은 새 학교(기존에 다니던 공립학교에서 옮기는 것이므로 새 학교라 할 수 있다. 미국에서는 동네 공립학교에 들어가면 고등학교 과정까지 한 학교에서 마치는 경우가 많다는 점을 참고하기 바란다 - 옮긴이)에 가고 싶어한다. 행운의 여신 덕분에 한 학생은 원하던 학교에 가고 한 학생은 그냥 인근 학교에 다니게 된다. 이제 그러한 학생들이 수천 명으로 늘어났다고 생각해보자. 자연스럽게 거대한 규모의 실험이 행해진 것이다. 시카고 교육당국의 임원들이 추첨제를 생각해낼 때는 그것까지 염두에 두지는 않았겠지만 말이다. 우리 입장에서 추첨제는 학교 선택권(좀더 엄밀하게 말하면, 더 나은 학교)이 실제로 얼마나 중요한 역할을 하는지 측정할 수 있는 아주 훌륭한 데이터가 생긴 셈이다.

그러면 데이터를 통해 드러난 결과는 무엇일까?

자녀 양육에 강박적인 부모에게는 그 결과가 반갑지 않을 것이다. 데이터를 통해 나타난 결과는 학교 선택권이 사실상 거의 중요하지 않다는 것이었다. 물론 추첨에 당첨되어 원하던 학교에 '들어간' 학생들이 그렇지 못한 학생들보다 졸업률이 높았던 것은 사실이다. 이 사실만 놓고 보면 학교 선택권이 유효한 것처럼 보인다. 하지만 그것은 착각이다. 다음의 두 가지 사실을 비교해보면 그 증거가 드러난다. 추첨에 당첨되어 '더 나은' 학교에 간 학생들이 추첨에서 떨어져 인근 학교에 간 또래 학생들보다 학업 성적이 나아지지 않은 것이다. 즉 새 학교로 옮긴 학생들의 졸업률이 높았던 것은 학교 선택권을 행사하는 학생들이 그 기회를 잡든 잡지 못하든 어차피 끝까지 고등학교를 마칠 가능성이 높은 것으로 해석해야 한다는 얘기다. 새 학교로 옮김으로써 얻을 수 있는 이득으로 생각되던 것은 사실상 새 학교와는 전혀 상관이 없었다. 이는 인근 학교에서 벗어나기로 결정한 학생(혹은 부모)들이 좀더 똑똑하고 학업에 대한 열의도 높음을 의미한다. 그러나 통계적으로 볼 때, 이들은 학교를 바꿈으로 해서 학업적 이득은 별로 얻지 못했다.

그렇다면 인근 학교에 남은 학생들의 학업 성적이 떨어졌다는 얘기는 낭설이란 말인가? 그렇다. 이 학생들은 '인재 유출'로 추정되던 일이 일어나기 전과 비슷한 수준의 테스트 결과를 꾸준히 냈다.

그런데 시카고 학군 내에서 급격한 변화를 보인 집단이 하나 있기는 했다. 바로 실업고등학교나 직업학교에 들어간 학생들이었다. 이 학생들은 실제로 예전 학교에서보다 더 좋은 성적을 냈으며, 과거 성적으로 추정되는 것보다 훨씬 더 높은 졸업률을 보였다. 결국 CPS의 학교 선택권 프로그램에서 진정 도움을 받은 것은, 그런 제도가 없었다면 변변한 일자리를 찾기 위해 고군분투했을 일단의 소규모 학생들로서, 이들은 학교에서 배운 실용 기술을 바탕으로 안정된 경력을 준비할 수 있었다. 어쨌든 학교 선택권이 학생들을 훨씬 더 똑똑하게 만든 것은 아닌 것으로 보인다.

정말로 학교 선택권이 그다지 중요하지 않은 것일까? 강박적이든 그렇지 않든 자존심 있는 부모라면 이를 믿을 준비가 되어 있지 않을 것이다. 잠깐, 이런 결과가 나온 건 CPS 연구가 고등학교 학생들을 대상으로 했기 때문일 수도 있다. 이미 게임이 끝나버린 상태의 학생들을 대상으로 삼았기에 그런 결과가 나온 것일 수도 있다는 얘기다. "고등학교 과정에 대한 준비 없이 고등학교에 진학하는 학생이 너무 많다." 뉴욕 주의 교육위원인 리처드 P. 밀스Richard P. Mills는 말힌다. "고등학교에 진학하면서 독해와 작문, 수학 능력이 초등학교 수준밖에 되지 않는 학생이 너무도 많다. 우리는 초등교육에서부터 이 문제를 바로잡을 필요가 있다."

사실 밀스의 우려를 입증해주는 연구 결과들은 충분히 나와 있다. 흑인과 백인 사이의 소득 격차(흑인들이 더 적게 번다는 사실은 이미 입증된 상태다)를 연구한 학자들은 흑인들의 상대적으로 낮은 8학년(중2) 성적까지 고려사항에 넣는 경우, 그러한 소득 격차는 논할 가치도 없어진다는 사실을 발견했다. 다시 말해, 흑인과 백인 간의 소득 격차는 대부분 그보다 훨씬 일찍 나타나는 교육 격차의 산물이라는 얘기다. 한 연구의 저자는 "흑인과 백인 사이의 성적 차이를 줄이는 것이 폭넓은 정책 지원이 필요한 그 어떤 전략보다도 인종 문제를 더 많이 개선할 것"이라고 말한다.

그렇다면 흑인과 백인 사이의 성적 차이는 어디서 오는 것일까? 이에 대해서도 그동안 수없이 많은 이론이 나왔다. 빈곤이나 유전자 구성의 차이를 제시하는 이론도 있었고, 여름방학 퇴행현상(학기가 없는 방학 동안, 흑인이 백인보다 배운 것을 더 많이 잊어버린다고 간주한다) 혹은 시험이나 교사의 인식에서 나타나는 인종적 편견이 이유라는 이론도 있었으며, '백인 행세acting white'에 대한 흑인들의 반발심리 때문이라는 이야기도 있었다.

하버드의 젊은 흑인 학자 롤랜드 G. 프라이어 주니어Roland G. Fryer Jr.는 「백인 행세의 경제학The Economics of 'Acting White'」이라는 논문에서 다음과 같이 주장한다. "어떤 흑인 학생들은 특정 행동을 하지 않기 위해 극도로 신경을 쓴다. 백인 행세나 하는 놈으로 낙인찍히지 않기 위해서다(그들은 '백인 행세'를 '배신행위'라고 부르기도 한다). 특정 지역에서는 그런 낙인이 찍히면 응징이 가해진다. 사회적으로 추방을 당하거나 구타를 당하고, 심지어는 살해되기도 한다." 프라이어는 어린 시절에 루 알신도어Lew Alcindor라 불렸던 카림 압둘 자바Kareem Abdul-Jabbar의 회상을 인용한다. 그는 신설 학교의 4학년으로 전학 간 자신이 그 학교의 7학년들보다 읽기 능력이 더 낫다는 사실을 알게 되었다. "아이들이 그 사실을 알게 되었을 때, 나는 목표물이 되었다. 그때는 내가 처음으로 집에서 벗어나, 처음으로 흑인들만 다니는 학교에 들어간 상황이었다. 난 그때까지 옳다고 배웠던 모든 것 때문에 혹사당해야 했다. 학점은 전부 A였지만 그것 때문에 미움을 받았고, 옳은 말을 해도 실없는 소리란 이야기를 들었다. 단지 위협에 대응하기 위해 새로운 언어를 배워야만 했고, 매너 좋고 착하게 굴어도 돌아오는 건 구타뿐이었다."

프라이어는 「초등학교 1, 2학년 때 나타나는 흑인과 백인 간의 성적 차이에 대한 이해Understanding the Black-White Test Score Gap in the First Two Years of School」라는 논문의 공동 집필자이기도 하다. 이 논문은 흑인과 백인의 차이에 대해 믿을 만한 설명을 제공하는 정부의 데이터를 새롭게 발견해 이용하고 있다. 가장 흥미로운 부분은 이 데이터가 모든 부모(흑인이든 백인이든 어떤 사람이든)가 묻고 싶어하는 질문에 훌륭한 답을 제공한다는 사실이다. 바로 '초등학교 시절 아이들의 학교 성적에 영향을 미치는 요소와 그렇지 않은 요소는 무엇인가?'에 대해서 말이다.

부모와 아이 성적의 상관관계

1990년대 후반 미 교육부는 '아동 성취도 발달에 관한 장기적 연구 Early Childhood Longitudinal Study, ECLS'라는 기념비적인 프로젝트에 착수했다. ECLS가 목표로 한 것은 2만 명이 넘는 아이들을 대상으로 유치원에서 5학년까지의 학업 성취도 발달 과정을 측정하는 것이었다. ECLS는 미국 학생들의 정확한 단면을 포착하기 위해 전국에서 골고루 실험 대상을 추출했다.

ECLS는 학생들의 학업 성적을 측정하고 각 학생들의 기본적인 정보(인종, 성별, 가족 구성, 가족의 사회경제적 지위, 부모의 교육 수준 등)를 조사했다. 그뿐만 아니라 이 연구에는 학부모(그리고 교사 및 학교 운영진)와의 인터뷰도 포함되었다. 이 인터뷰에서 던진 질문들은 일반적인 정부기관의 인터뷰보다 상세했다. 예를 들면, 아이에게 체벌을 가하는지, 가한다면 얼마나 자주인지, 또 아이들을 도서관이나 박물관에 데리고 가는지, 그리고 아이들이 TV를 얼마나 많이 보는지 등등이다.

그 결과 믿을 수 없을 정도로 엄청난 양의 데이터가 나왔다. 질문만 제대로 한다면 무언가 놀라운 이야기를 들을 수 있는 데이터였다.

이런 종류의 데이터가 믿을 만한 이야기를 하도록 하려면 어떻게 해야 할까? 경제학자들이 가장 좋아하는 요령인 '회귀분석 regression analysis'을 이용하면 된다. 회귀분석이라고? 지금은 쓰이지 않는 정신과 치료법의 일종 아닌가? 아니다. 회귀분석은 (제한적이기는 하지만) 통계기법statistical technique을 이용해서 잘 드러나지 않는 상관관계correlation를 찾아내는 막강한 도구다.

'상관관계'는 두 가지 변수가 함께 움직이는지 여부를 밝히는 데 사용하는 통계학 용어다. 눈이 오면 바깥의 날씨는 추운 경향이 있다. 이 경우 이 두 가지 변수는 양陽의 상관관계에 있다고 한다. 한편 햇빛과 비는 음陰의 상관관계에 있다. 변수가 두 개밖에 없으면 상관관계 분석은 전혀 어렵지 않다. 하지만 변수가 200개로 늘어나면 상관관계 파악이 어려워진다. 회귀분석은 경제학자가 이런 거대한 양의 데이터를 분류할 때 이용하는 도구다. 회귀분석은 초점을 맞추고자 하는 두 가지 변수를 제외한 모든 변수를 인위적으로 일정하게 맞춰놓고, 그 두 가지 변수가 서로 변하는 과정을 살펴보는 방법이다.

완벽한 세계에서라면 경제학자도 물리학자나 생물학자처럼 통제된 실험을 수행할 수 있을 것이다. 두 가지 실험 샘플을 마련해 무작위로 그 중 하나를 조작하고, 그 결과를 측정하는 것과 같은 방식으로 말이다. 하지만 경제학자는 그런 '순전한 실험pure experimentation'이라는 호사를 누릴 기회가 거의 없다(바로 이 때문에 경제학자에게는 시카고의 학교 선택권 추첨제가 너무나 행복한 사건인 것이다). 경제학자들에게 보통 주어지는 것은 엄청난 양의 변수가 들어 있는 데이터 세트data set다. 그 변수 중에는 임의로 발생한 것이 하나도 없지만, 관련 있는 변수가 있기도 한 반면에 관련 없는 변수도 있다. 이렇게 뒤범벅된 자료 속에서 경제학자는 어떤 요소가 서로 상관관계에 있으며 어떤 요소가 그렇지 않은지를 결정해야만 한다.

ECLS 데이터에 대한 회귀분석의 경우, 다음과 같은 작업을 수행한다고 생각하면 도움이 될 것이다. 먼저 2만 명의 학생 각각을 동일한 수의 스위치를 갖춘 일종의 회로판으로 바꾼다. 스위치는 학생 각각의 데이터 중 하나의 범주를 나타낸다. 즉 해당 학생의 1학년 수학 성적, 3학년 읽기 성적, 어머니의 교육 수준, 아버지의 소득, 집에 있는 책의 권수, 이웃의 상대적인 부의 수준 등을 가리키는 것으로 보면 된다.

이제 연구자는 아주 복잡한 이 데이터 세트에서 약간의 통찰력을 끄집어내야 한다. 많은 특성을 공유하고 있는 학생들(즉 같은 방향으로 넘어간 스위치를 다량으로 공유하는 회로판들)을 정렬하고, 이들이 공유하지 '않은' 하나의 특성을 짚어낸다. 이것이 바로 다양한 특성을 갖춘 회로판에 그 단 하나의 스위치가 미치는 진정한 영향을 분리해내는 방법이다. 바로 그 스위치(종국에는 모든 스위치)의 효과를 확실히 드러내는 방법인 것이다.

우리가 ECLS 데이터를 놓고 자녀 양육과 교육에 대한 근본적인 질문 하나, 즉 '집에 책이 많으면 아이의 학교 성적이 좋은가?' 라는 질문을 던진다고 하자. 회귀분석은 그러한 질문에는 적절한 대답을 내놓지 않는다. 하지만 그와 약간 다른 질문에는 답을 해줄 수 있다. '집에 책이 많은 아이는 집에 책이 전혀 없는 아이보다 공부를 더 잘하는 경향이 있는가?' 첫 번째 질문은 인과관계를 묻고 있는 반면, 두 번째 질문은 상관관계를 묻고 있기 때문이다. 회귀분석은 상관관계를 증명할 수는 있지만, 인과관계를 증명하지는 못한다. 두 가지 변수는 여러 가지 방식으로 상관관계를 맺을 수 있다. X가 Y의 원인일 수도 있고, Y가 X의 원인일 수도 있으며, 어떤 다른 요인이 X와 Y 둘 다의 원인일 수도 있는, 그런 상관관계 말이다. 회귀분석만으로는 추워서 눈이 오는 것인지 눈이 와서 추운 것인지, 혹은 단지 그 두 가지가 우연히 함께 일어나는 것인지 알 수 없다.

실제로 ECLS 데이터는 집에 책이 많은 아이가 집에 책이 전혀 없는 아이보다 성적이 더 높은 경향이 있음을 보여준다. 따라서 이들 요소는 상관관계에 있는 것이다. 바람직한 현상이 아닐 수 없다. 하지만 높은 성적은 여러 가지 다른 요소와도 상관관계에 있을 수 있다. 집에 책이 많은 아이와 집에 책이 하나도 없는 아이만 다룬다면, 거기서 나온 대답은 그다지 의미가 있지 않을 것이다. 어쩌면 어떤 아이의 집에 있는 책의 권수는 단순히 부모의 수입 정도를 가리키는 것일 수도 있다. 우리가 진정 원하는 것은 다른 모든 점에서는 비슷하고 한 가지에서만 다른 두 아이를 조사하여 그 한 가지 요소 때문에 아이의 학교 성적에 차이가 나는지 알아보는 것이다.

회귀분석은 학문이라기보다 하나의 기술art이라고 해야 할 것이다(이 점에서 회귀분석은 자녀 양육 자체와 아주 비슷하다고 할 수 있다). 하지만 회귀분석을 능란하게 이용할 줄 아는 사람이라면 그것을 통해 어떤 상관관계가 얼마나 의미가 있는지, 더 나아가 그러한 상관관계가 인과관계를 나타낼 수도 있는지를 알아낼 수 있다.

그렇다면 우리는 ECLS의 데이터로 아이들의 학교 성적에 대해 무엇을 알 수 있을까? 여러 가지 사실 중에서 우리가 첫 번째로 주목한 것은 흑인과 백인의 성적 차이에 관한 것이다.

지금까지 관찰된 바에 의하면 흑인 아이들은 학교에 들어가기 전부터 또래의 백인 아이들보다 성적이 떨어진다. 더욱이 광범위한 다른 변수를 통제하고 살펴봐도 흑인 아이들은 백인 아이들을 따라잡지 못한다(어떤 변수를 통제한다는 것은 결국 그것의 영향을 없앤다는 뜻이다. 골프 경기에서 핸디캡을 사용하는 것처럼 말이다. ECLS와 같은 학업 성적에 관한 연구에서는 한 학생이 보통의 학생들에 대해 가지고 있는 불리한 점을 연구자가 통제할 수 있다). 그런데 변수를 통제하고 나온 이 데이터 세트에서 우리는 다른 이야기를 들을 수 있었다. 단 몇 가지의 변수, 즉 부모의 소득과 교육 수준, 엄마의 첫아이 출산 연령만을 통제하자 학교에 들어갈 무렵에는 흑인과 백인 아이들 사이에 사실상 차이가 없는 것으로 나타난 것이다.

이는 두 가지 면에서 고무적인 발견이다. 그것은 곧 어린 흑인 아이들이 또래 백인 아이들과 마찬가지로 일정 수준의 학습 능력을 갖춘다는 의미다. 또 그 차이가 어느 정도든, 쉽게 확인할 수 있는 몇 가지 요소와 쉽게 관련시킬 수 있다는 의미이기도 하다. 데이터에 따르면 흑인 아이들의 학교 성적이 좋지 않은 건 그들이 흑인이기 때문이 아니라 소득이 낮고 교육 수준이 낮은 가정에서 자랄 가능성이 상대적으로 높기 때문이다. 똑같은 사회경제적 배경을 가진 전형적인 흑인 아이와 백인 아이는 유치원에 들어갔을 때 수학과 읽기 능력이 똑같았다.

엄청난 소식이다. 그렇지 않은가? 하지만 속단하기에는 아직 이르다. 무엇보다도 평균적으로 볼 때, 흑인 아이가 소득 수준과 교육 수준이 낮은 가정에서 자라는 경우가 '실제로' 더 많기 때문에, 그 차이는 매우 현실적이다. 평균적으로, 흑인 아이들의 성적이 여전히 낮은 것이 '현실'이라는 뜻이다. 게다가 부모의 수입과 교육 수준이 통제되어도 아이가 학교에 들어가고 2년이 지나면, 흑인과 백인 사이의 격차가 다시 나타난다. 1학년 말이 되면 흑인 아이는 통계적으로 동등한 백인 아이에 비해 성적이 좋지 않다. 그리고 그러한 격차는 2학년, 3학년이 되면서 조금씩 더 벌어진다.

왜 이런 일이 일어나는 것일까? 이는 어렵고 복잡한 질문이다. 하지만 전형적인 흑인 아이들이 다니는 학교가 전형적인 백인 아이들이 다니는 학교와 똑같지 않다는 사실, 그리고 전형적인 흑인 아이들은 정말 말 그대로 '나쁜' 학교에 다니고 있다는 사실에서 우리는 그 해답을 찾을 수 있을 것이다. '브라운 대 위원회' 판결이 있은 지 50년이 지났지만, 미국의 많은 학교들은 아직도 사실상 인종적으로 분리되어 있다. ECLS 프로젝트는 대략 1,000개의 학교에서 각각 20명씩의 학생들을 조사했다. 이 학교 중 샘플에 흑인 학생이 단 한 명도 포함되어 있지 않은 곳이 35%였다. ECLS 조사상의 전형적인 백인 아이들이 다니는 학교에는 흑인 아이가 6%에 불과했다. 한편 전형적인 흑인 아이들이 다니는 학교의 흑인 아이 비율은 60%였다.

그렇다면 흑인 학교의 상황은 도대체 얼마나 열악한 것일까? 흥미롭게도 전통적인 평가 기준에 따르면 그렇게 열악한 것은 아니다. 학급 인원수나 교사의 교육 수준(교사의 능력), 1인당 컴퓨터 대수 등으로 볼 때는 흑인 아이들이 다니는 학교나 백인 아이들이 다니는 학교나 비슷하다. 하지만 전형적인 흑인 학생들이 다니는 학교에서는 폭력집단의 문제나 학적이 없는 아이들이 학교 앞을 어슬렁거리는 문제, PTA(학부모교사협의회) 예산 지원 부족 문제 등을 훨씬 더 많이 겪는다. 이런 학교에서는 학업을 위한 분위기가 제대로 조성되지 않는 것이다.

이렇게 환경이 열악한 학교에서는 흑인 학생들만 성적이 좋지 않은 게 아니다. 이런 학교에 다니면 백인 학생 역시 학업 성적이 좋지 않다. 사실 학생들의 배경을 통제하면, (초기에) 열악한 학교 '내'에서는 흑인과 백인 학생 사이에 성적차가 사실상 나지 않는다. 하지만 열악한 학교에 다니는 모든 학생(흑인 학생, 백인 학생 모두)은 좋은 학교에 다니는 학생들에 비해 성적이 '뒤떨어진다'. 혹시 교육자와 연구자들은 흑인과 백인 사이의 성적 격차라는 것에 너무 얽매여 있는 건 아닐까? 더 중요한 문제는 아마도 열악한 학교와 좋은 학교의 격차일 것이다. 다음과 같은 사실을 고려해보자. ECLS 데이터가 드러내는 바에 따르면, 좋은 학교에 다니는 흑인 학생들은 동등한 조건의 백인 아이들에게 뒤지지 않고, 좋은 학교에 다니는 흑인 학생들은 열악한 학교에 다니는 백인 아이들보다 성적이 좋다.

따라서 이 데이터에 따르면 적어도 초등학교 시절에는 아이가 다니는 학교가 아이의 학업에 분명 확실한 영향을 끼치는 것으로 보이는 것이다. 자녀 양육에 대해서도 이와 똑같은 이야기를 할 수 있을까? '태교용 모차르트 테이프'는 정말 효과가 있을까? 『굿나잇 문』 동화책을 오랫동안 꾸준히 읽어주는 것은? 교외 주택가로 이사 가는 것은 아이들에게 좋은 일일까? 부모가 PTA 활동을 하는 아이들이, PTA가 뭔지도 모르는 부모의 아이들보다 성적이 좋을까?

광범위한 ECLS 데이터는 아이들의 개인적 환경과 학교 성적 사이에 강력한 상관관계가 있음을 제시한다. 예를 들어, 다른 모든 요인을 통제했을 경우, 시골지역의 학생들이 평균보다 낮은 성적을 내는 경향이 분명하게 나타났다. 한편 교외지역의 학생들은 중간이었고, 도시의 학생들은 평균보다 높은 성적을 내는 경향이 있었다(아마 도시가 교육받은 인력과, 그 결과로 더 똑똑한 아이들을 둔 부모를 더 많이 끌어들이기 때문일 것이다). 평균적으로 여자아이가 남자아이보다 성적이 높고, 아시아인이 백인보다 성적이 높다. 우리가 이미 확인했듯, 흑인은 동등한 배경을 지니고 동등한 학교에 다닐 경우 백인과 성적이 비슷하다.

현재 당신이 알고 있는 회귀분석과 사회 통념, 자녀 양육 기술을 통해 다음의 열여섯 가지 요소들에 대해 생각해보라. ECLS 데이터에 따르면, 이 중 여덟 가지 요소는 학업 성적과 강한 상관관계(양이든 음이든)가 있다. 나머지 여덟 가지는 중요하지 않은 것으로 보인다. 부담 갖지 말고 그 요소들이 어떤 것인지 가려내보라. 이러한 결과는 단지 어떤 아이의 어린 시절 성적을 반영한 것이라는 점을 명심하기 바란다. 유용하긴 하지만 지극히 한정된 측정인 셈이다. 어린 시절의 나쁜 성적이 반드시 미래의 수입이나 창의성, 행복 등에 직결되는 것은 아니라는 얘기다.

부모의 교육 수준이 높다.
가족 구성이 온전하다.
부모의 사회경제적 지위가 높다.
최근에 주변 환경이 더 좋은 곳으로 이사했다.
엄마가 첫아이를 출산한 나이가 30세 이상이었다.
아이가 태어나서 유치원에 다니기까지 엄마가 직장에 다니지 않았다.
아이의 출생 당시 몸무게가 적었다(저체중아였다).
아이가 헤드 스타트(Head Start: 영세민 자녀를 위한 조기교육 프로그램 - 옮긴이)에 다녔다.
아이의 부모가 집에서 영어를 쓴다.
부모가 아이를 박물관에 자주 데리고 간다.
입양된 아이다.
아이를 정기적으로 체벌한다.
부모가 PTA 활동을 한다.
아이가 TV를 많이 본다.

집에 책이 많다.

부모가 거의 매일 아이에게 책을 읽어준다.

이 가운데 다음의 여덟 가지 요소가 성적과 강한 '상관관계를 보이는' 것들이다.

부모의 교육 수준이 높다.
부모의 사회경제적 지위가 높다.
엄마가 첫아이를 출산한 나이가 30세 이상이었다.
아이의 출생 당시 몸무게가 적었다(저체중아였다).
아이의 부모가 집에서 영어를 쓴다.
입양된 아이다.
부모가 PTA 활동을 한다.
집에 책이 많다.

다음은 강한 상관관계를 보이지 않은 요소들이다.

가족 구성이 온전하다.
최근에 주변 환경이 더 좋은 곳으로 이사했다.
아이가 태어나서 유치원에 다니기까지 엄마가 직장에 다니지 않았다.
아이가 헤드 스타트에 다녔다.
부모가 아이를 박물관에 자주 데리고 간다.
아이를 정기적으로 체벌한다.
아이가 TV를 많이 본다.

부모가 거의 매일 아이에게 책을 읽어준다.

이제 두 가지씩 짝을 지어 이 요소들에 대해 생각해보기로 하자.

상관관계가 있는 것 아이의 부모가 교육 수준이 높다.
그렇지 않은 것 가족 구성이 온전하다.

부모의 교육 수준이 높은 아이는 보통 학교 성적이 좋다. 이는 그다지 놀랄 일은 아니다. 교육 수준이 높은 가정에서는 학교 교육을 중요하게 여기는 경향이 있기 때문이다. 하지만 아마 이보다 더 중요한 것은 IQ가 더 높은 부모가 더 많은 교육을 받는다는 것, 그리고 IQ는 유전적 요소가 강하다는 사실일 것이다. 하지만 가족 구성이 온전한가 하는 점은 중요한 요소가 아닌 것으로 보인다. 앞서 가족 구성이 아이의 인성에 별 영향을 끼치지 않는다는 내용의 연구가 있었듯이, 가족 구성은 적어도 어린 시절에는 아이의 학업 능력에 영향을 끼치지 않는 것으로 보인다. 그렇다고 가족이 제멋대로 뿔뿔이 흩어져 살아야 한다는 것은 아니다. 하지만 편모 혹은 편부 슬하에서 자라는 약 2,000만의 미국 학생들에게 이 사실은 분명 힘이 될 것이다.

상관관계가 있는 것 부모의 사회경제적 지위가 높다.
그렇지 않은 것 최근에 주변 환경이 더 좋은 곳으로 이사했다.

높은 사회경제적 지위는 높은 학업 성적과 강한 상관관계가 있는데, 이는 쉽게 이해가 되는 사항이다. 사회경제적 지위는 일반적으로 성공에 대한 확실한 지표이며(이는 IQ가 높고 교육을 많이 받았음을 의미한다), 성공한 부모 밑에서 자란 아이가 성공할 확률이 더 높기 때문이다. 하지만 주변 환경이 더 나은 곳으로 이사를 한다고 아이의 성적이 올라가지는 않는다. 아마 이사라는 것 자체가 방해 요인이 될 수도 있기 때문일 것이다. 혹은 (이보다 더 타당성 있는 것으로) 좋은 운동화를 신었다고 점프력이 향상되지 않는 것처럼, 좋은 집에서 산다고 수학이나 읽기 성적이 향상되지는 않기 때문일 것이나.

상관관계가 있는 것 엄마가 첫아이를 출산한 나이가 30세 이상이었다.
그렇지 않은 것 아이가 태어나서 유치원에 다니기까지 엄마가 직장에 다니지 않았다.

적어도 30세가 되어서 첫아이를 낳은 여성의 아이가 학교에서 성적이 좋을 가능성이 높다. 이런 엄마는 고급 교육을 받기를 원했거나, 자기 일에서 역량을 향상시키고 싶어했던 여성일 가능성이 높기 때문이다. 또 10대의 엄마가 원하는 것보다 아이를 더 '원했을' 가능성이 있다. 그렇다고 첫 출산이 늦은 엄마가 반드시 더 좋은 엄마라는 건 아니다. 하지만 그럴 경우가 (자신이나 자녀에게) 좀더 유리한 건 사실이다 (10대에 엄마가 된 사람이 서른이 될 때까지 기다렸다가 '둘째' 아이를 낳는다고 해서 이런 이점이 생기지 않는다는 점에 주목할 필요가 있다. ECLS 데이터에 따르면 이렇게 낳은 둘째 아이가 첫째 아이보다 더 낫지는 않다). 또 아이가 유치원에 갈 때까지 엄마가 집에 있는다 해도 어떤 이점이 생기는 것으로 보이지는 않는다. 강박적인 부모라면 이것이 학업과 상관관계가 없다는 사실을 잘 받아들이지 못할 수도 있다. '산모교실에서 들은 그 이야기는 전부 뭐란 말이야?' 라는 생각이 들 것이다. 하지만 데이터에 따르면 그렇다.

상관관계가 있는 것 아이의 출생 당시 몸무게가 적었다(저체중아였다).
그렇지 않은 것 아이가 헤드 스타트에 다녔다.

태어날 때 몸무게가 적게 나갔던 아이는 학교 성적이 좋지 않은 경향이 있다. 아마 단순히 조산早産이 아이의 전반적인 몸 상태에 해로웠을 수 있다. 또 출생 몸무게가 적다는 것은 자녀 양육에 신경을 쓰지 않을 거라는 예고일 수도 있다. 태내에 있는 아이를 담배나 술 등으로 학대한 엄마가 단지 아이가 태어났다는 이유로 단번에 그러한 버릇을 없애리라고 생각하기는 어렵기 때문이다. 또 출생 몸무게가 적은 아이는 가난할 가능성이 높고 따라서 연방 조기교육 프로그램인 헤드 스타트에 다닐 가능성이 높다. 하지만 ECLS 데이터에 따르면, 헤드 스타트는 아이의 장래 학업 성적에 아무런 영향을 끼치지 않는다. 물론 헤드 스타트 프로그램에 대해서는 심심한 경의를 표해야 하지만(저자 중 한 사람도 어린 시절 그런 프로그램을 거쳤다), 그것이 이미 여러 차례에 걸쳐 장기적으로 비효율적인 프로그램임이 입증되었음을 우리는 인정해야 한다. 아마 다음이 그 이유가 될 수 있겠다. 전형적인 헤드 스타트 프로그램을 받는 아이는 하루를 교육 수준이 낮고 과도하게 일하는 자신의 엄마와 보내는 대신, 역시 교육 수준이 낮고 과도하게 일하는 다른 누군가의 엄마(그리고 방 가득한 비슷한 처지의 가난한 아이들)와 보내게 되는 셈이다. 공교롭게도 헤드 스타트의 교사 중에는 학사학위 소지자가 30%도 되지 않는다. 게다가 보수도 너무 낮아서(일반적인 유치원 교사의 연봉은 4만 달러 수준인 데 비해 약 2만 1,000달러 수준), 현재 상황에서는 더 나은 교사를 끌어들이기가 어려워 보인다.

상관관계가 있는 것 아이의 부모가 집에서 영어를 쓴다.
그렇지 않은 것 부모가 아이를 박물관에 자주 데리고 간다.

부모가 집에서 영어를 쓰는 아이가 그렇지 않은 아이보다 학교 성적이 더 좋다. 이 역시 그리 놀랄 일은 아니다. 이러한 상관관계는 남미계 학생의 성적을 볼 때 더 타당해진다. 남미계 학생들을 따로 분류해보면 성적이 낮게 나타나는 것이다. 그리고 이들 중에는 부모가 영어를 사용하지 않는 경향이 현저하게 나타난다. (하지만 이들은 고학년이 되면 동급생들을 따라잡는 경향이 있다.) 이와 상반되는 경우는 어떨까? 엄마와 아빠가 영어에 유창할 뿐만 아니라 아이의 문화적 지평을 넓혀주기 위해 주말이면 박물관까지 데려가는 경우 말이다. 유감스럽게도, 문화적 포식飽食은 강박적인 자녀 양육에서는 기본적인 신념일 수 있으나, ECLS의 데이터에 따르면 박물관 관람과 시험 성적 사이에는 어떠한 상관관계도 없다.

상관관계가 있는 것 입양된 아이다.
그렇지 않은 것 아이를 정기적으로 체벌한다.

입양과 학교 성적 사이에는 강한 '음'의 상관관계가 존재한다. 왜 그럴까? 이제까지 나온 연구에 따르면 아이의 학업 능력은 수양부모의 IQ보다 친부모의 IQ에 훨씬 더 많은 영향을 받는다. 또 아이를 포기하고 입양을 보낸 엄마들은 아이를 입양해 기르는 사람들보다 IQ가 현저히 낮은 경향이 있다. (불쾌한 설명일 수도 있지만) 입양한 아이들의 성적이 낮은 데 대한 또 다른 설명은 이기심이라는 기본적 경제 이론과 일치하는 부분이 있다. 즉 아이를 입양시키겠다고 생각하고 있는 여성은 스스로 아이를 키울 것이라고 생각하는 여성과 똑같은 수준으로 아기를 보살필 가능성이 없다(이로써 불쾌감이 더 심해질 위험이 있지만, 자기 차를 다룰 때와 일주일간 빌린 차를 다룰 때 과연 똑같을지 한번 생각해보라). 그런데 입양된 아이는 시험 성적이 낮은 경향이 있는 반면, 체벌을 받는 아이는 그렇지 않다. 이는 놀라워 보일 것이다. 체벌 자체가 해로워서가 아니라, 이제까지 체벌을 미개한 방식으로 여겨왔을 것이기 때문에 놀랄 거라는 의미다. 일반적으로 우리는 체벌을 가하는 부모가 다른 면에서도 미개할 것이라 가정한다. 하지만 이는 전혀 근거가 없는 것으로 보인다. 아니면 체벌이라는 요소에 뭔가 다른 것이 연관되어 있을 수 있다. ECLS 조사에는 아이 부모와의 직접 인터뷰도 포함되었다는 것을 기억하는가. 따라서 부모는 정부의 연구자와 마주 앉은 상태에서 자신이 아이에게 체벌을 가한다는 것을 인정해야 했을 것이다. 이는 체벌을 가한다고 인정한 부모가 미개하다는 뜻도 되지만 동시에 (이 점이 더 흥미로운데) 선천적으로 정직하다는 뜻이기도 하다(혹은 나름대로 그에 대한 확신이 서 있었다고 볼 수도 있다). 이는 체벌이 자녀 양육에 나쁘다기보다 정직함이 훌륭한 자녀 양육에 더 중요하다는 뜻으로 보인다.

상관관계가 있는 것 부모가 PTA 활동을 한다.
그렇지 않은 것 아이가 TV를 많이 본다.

부모가 PTA 활동을 하는 경우 아이의 학교 성적이 더 좋은 경향이 있다. 이는 교육에 많은 관심을 가진 부모가 PTA 활동에 참여한다는 것이지, PTA 활동이 아이들을 더 똑똑하게 만든다는 것은 아닐 것이다. 한편 ECLS 데이터에 따르면, 아이의 시험 성적과 아이가 TV를 보는 시간 사이에는 어떤 상관관계도 없다. 사회 통념과는 다르게, TV를 본다고 해서 아이의 머리가 반드시 둔해지는 것은 아니다(세계 최고의 교육 시스템을 가졌다고 하는 핀란드에서는 대부분의 아이들이 일곱 살까지는 공부를 시작하지 않고, 핀란드어 자막이 나오는 미국의 TV 프로그램을 보면서 스스로 읽는 법을 배우는 경우가 많다). 그렇지만 집에서 컴퓨터를 사용한다고 해서 아이가 아인슈타인이 되는 것도 아니다. ECLS의 데이터에 따르면, 컴퓨터 사용과 학교 성적 사이에는 어떠한 상관관계도 없다.

이제 마지막 요소다.

상관관계가 있는 것 집에 책이 많다.
그렇지 않은 것 부모가 거의 매일 아이에게 책을 읽어준다.

앞서 밝혔듯이, 집에 책이 많은 아이가 실제로 학교 시험에서 좋은 성적을 낸다는 사실이 입증되었다. 하지만 아이에게 정기적으로 책을 읽어주는 것은 어린 시절의 학교 성적에 영향을 끼치지 '않는다'.
이는 마치 수수께끼라도 푸는 것 같다. 뭔가 답을 찾기 위해 우리는 결국 처음의 질문으로 되돌아가게 된다. 부모는 도대체 어떤 면에서 진정 어느 만큼이나 중요한 것일까?
'양'의 상관관계가 있는 것부터 생각해보기로 하자. 집에 책이 많으면 학교 성적도 높다. 대부분의 사람들은 이러한 상관관계를 접하면 이것이 분명한 '원인과 결과'의 관계라고 추론할 것이다. 즉 다음과 같이 생각하는 것이다. 이사야는 집에 책이 많다. 이사야는 학교에서의 읽기 성적이 정말 좋다. 이는 분명 엄마와 아빠가 이사야에게 정기적으로 책을 읽어주기 때문일 것이다. 하지만 이사야의 친구인 에밀리 역시 집에 책이 많지만, 에밀리는 그것에 손도 대지 않는다. 그보다 에밀리는 인형에 옷을 입히거나 만화를 본다. 그래도 에밀리는 이사야만큼이나 학교 성적이 좋다. 한편 이사야와 에밀리의 친구인 리키는 집에 책이 '하나도' 없다. 하지만 리키는 매일 엄마와 함께 도서관에 간다. 하지만 그의 학교 성적은 에밀리나 이사야보다 '낮다'.

여기서 우리는 어떤 생각을 할 수 있을까? 책이 어린 시절의 학교 성적에는 영향을 주지 않지만, 책이 집에 있는 것만으로 아이가 더 똑똑해질 수 있다는 것일까? 책이 아이들의 머리에 일종의 마법적인 삼투작용을 일으키는 것일까? 그렇다면 단순히 아직 학교에 들어가지 않은 아이가 있는 모든 집에 책을 한 트럭씩 보내고 싶은 유혹을 받을 수도 있다.

사실 일리노이 주지사가 시도한 것이 바로 이것이었다. 2004년 초반 로드 블라고제비치 Rod Blagojevich 주지사는 일리노이의 모든 아이에게 그들이 태어나서 유치원에 갈 때까지 매달 책 한 권을 보내는 계획을 발표했다. 그 계획에 들어가는 비용은 연 2,600만 달러가 될 것이었다. 블라고제비치의 주장에 따르면 이는 읽기 능력이 학년 수준에 미치지 못하는 3학년 학생이 40%에 이르는 일리노이 주의 상황을 고려한 중대한 개입이었다. 그는 다음과 같이 말했다. "[책을] 가지게 되면 그건 여러분 것입니다. 그 책은 바로 여러분 삶의 일부입니다. 그 책들은 모두 판단력에 도움이 될 것이며, 그 책들은 여러분 삶의 일부가 될 것입니다."

그 계획에 따르면 일리노이 주에 사는 모든 아이는 학교에 들어갈 나이가 되면 60권의 책을 가지게 될 것이었다. 이는 곧 이들의 읽기 성적이 더 나아질 거라는 뜻일까?

아마 그렇지는 않을 것이다(우리는 이에 대해 결코 확실하게 알 수는 없을 것이다. 일리노이 주의회가 이 도서 공급 계획안을 거부했기 때문이다). ECLS 데이터가 말해주는 바에 따르면 집에 있는 책이 높은 시험 성적의 '원인'은 아니다. 그 데이터는 단지 두 가지가 관련되어 있다고만 말하고 있을 뿐이다.

그렇다면 이 상관관계를 우리는 어떻게 해석해야 할까? 그럴듯한 이론을 하나 제시하면 다음과 같다. 자녀를 위해 책을 많이 사는 부모 대부분은 우선 머리가 좋고 교육 수준이 높은 경향이 있다(또 이들은 자기 자신의 지능과 직업윤리를 아이에게 전달해준다). 혹은 일반적으로 이들은 교육이나 아이에게 많은 관심을 가지는 경우일 수 있다(즉 학습을 권장하고 학습에 대해 보상하는 환경을 조성한다는 의미다). 그러한 부모는 아이들의 책을 모두 자유로운 지성으로 이어지는 신비한 부적과 같다고 믿고 있을 수 있다. 하지만 이들의 생각은 잘못된 것이리라. 책이란 사실상 지성의 원인이라기보다는 하나의 지표인 것이다.

그렇다면 이 모든 것을 종합해볼 때 부모의 중요성에 관해서는 일반적으로 어떻게 이야기할 수 있을까? 학교 성적과 상관관계가 있었던 ECLS의 요소를 다시 한 번 생각해보자.

부모의 교육 수준이 높다.

부모의 사회경제적 지위가 높다.

엄마가 첫아이를 출산한 나이가 30세 이상이었다.

아이의 출생 당시 몸무게가 적었다(저체중아였다).

아이의 부모가 집에서 영어를 쓴다.

입양된 아이다.

부모가 PTA 활동을 한다.

집에 책이 많다.

다음은 상관관계가 없는 요소들이다.

가족 구성이 온전하다.

최근에 주변 환경이 더 좋은 곳으로 이사했다.

아이가 태어나서 유치원에 다니기까지 엄마가 직장에 다니지 않았다.

아이가 헤드 스타트에 다녔다.

부모가 아이를 박물관에 자주 데리고 간다.

아이를 정기적으로 체벌한다.

아이가 TV를 많이 본다.

부모가 거의 매일 아이에게 책을 읽어준다.

약간 지나치게 일반화하면, 첫 번째 목록은 부모가 '어떤 사람'인지를 묘사한다. 반면에 두 번째 목록은 부모가 '아이에게 해주는 일'을 묘사한다. 교육 수준이 높고 성공적이며 건강한 부모의 아이가 학교 성적이 높은 경향이 있다. 하지만 아이를 박물관에 데려가든, 체벌을 가하든, 헤드 스타트에 보내든, 자주 책을 읽어주든, TV에 빠져 있게 하든 그것은 그다지 중요하지 않아 보인다.

  자녀 양육 기술에 사로잡혀 있는 부모에게는(그리고 자녀 양육 전문가에게는) 이것이 정신 번쩍 들게 하는 소식일 수 있다. 현실적으로 자녀 양육 기술이 지나치게 높이 평가되고 있다는 얘기가 되기 때문이다.

  그렇다고 부모가 중요하지 않다는 건 아니다. 부모가 아주 중요하다는 사실은 명백하다. 그런데 여기 어려운 문제가 있다. 대부분의 사람들이 자녀 양육 책을 집어 드는 그 시기는 이미 너무 늦은 상태라는 점이다. 사실 중요한 것 대부분은 이미 오래전에 결정되어버리는 것이다. 당신이 어떤 사람이며, 누구와 결혼을 했으며, 어떤 삶을 이끌어나가고 있는가 하는 것 말이다. 만일 당신이 머리가 좋고, 근면하고, 교육 수준이 높고, 봉급도 많고, 당신만큼이나 운이 좋은 사람과 결혼했다면, 당신의 아이들도 성공할 가능성이 아주 높다(그렇다고 정직, 사려 깊음, 사랑, 세상에 대한 호기심 등의 가치를 가볍게 보는 것은 아니다). 하지만 당신이 부모로서 '무엇을 하는가'는 그다지 중요하지 않아 보인다. 다시 강조하지만, 중요한 것은 당신이 어떤 사람인가 하는 점이다. 이런 점에서 볼 때 위압적인 부모는, 선거에서 승리하게 만들어주는 것은 돈이라고 믿는 후보와 아주 비슷하다고 할 수 있다. 실제로 세상의 모든 돈을 다 가졌어도 유권자들이 원래부터 그를 좋아하지 않는다면 그 후보는 당선될 수 없는데도 말이다.

  「경제적 성과의 선천성과 후천성 The Nature and Nurture of Economic Outcomes」이라는 논문에서 경제학자인 브루스 새서도트 Bruce Sacerdote는 자녀 양육에 대한 장기적인 양적 조사를 통해 선천성-후천성 논쟁을 다루었다. 그가 이용한 것은 두 개의 미국 자료와 하나의 영국 자료였는데, 이 자료 모두에는 입양된 아이와 그의 수양부모 그리고 친부모에 대한 상세한 데이터가 들어 있었다. 새서도트는 아이를 입양한 부모가 아이의 친부모보다 보통 머리가 더 좋고, 교육 수준이 더 높으며, 수입이 더 높다는 사실을 알아냈다. 하지만 수양부모의 이점은 아이의 학교 성적과는 거의 관계가 없었다. ECLS 데이터에서 이미 살펴봤듯, 입양된 아이의 학교 성적은 상대적으로 낮은 편이다. 수양부모가 어떤 영향을 끼친다고 하더라도 그것은 유전의 힘을 능가하지 못하는 것으로 보였다. 하지만 새서도트 교수가 발견한 바에 따르면 수양부모의 영향이 영원히 아무 소용 없는 것은 아니었다. 입양된 아이가 성인이 되자 이들은 IQ만으로 예정되었던 운명을 급격히 벗어났다. 비슷한 상황에 있으면서 입양되지 않은 아이들과 비교해봤을 때, 이들은 대학에 가서 보수가 좋은 직장을 얻고 안정적으로 20대에 결혼할 확률이 훨씬 더 높았다. "이러한 차이가 생기게 된 것은 수양부모의 영향이다." 새서도트 교수의 결론이다.

6_
부모는 아이에게 과연 영향을 미치는가?

FREAKONOMICS 강박적이든 아니든, 모든 부모는 자신이 자녀의 장래에 큰 영향을 미치고 있다고 생각하고 '싶어한다'. 그렇지 않다면 자녀의 일에 왜 그리 고심하겠는가?

부모의 영향력에 대한 신념은 부모로서의 첫 공식 행위에서 분명하게 나타난다. 바로 아이의 이름을 지어주는 일 말이다. 현대의 부모라면 누구나 알다시피, 아이 작명 산업baby-naming industry은 현재 한창 호황을 누리고 있으며, 관련 서적과 웹사이트, 컨설턴트들이 급증하고 있다는 사실 역시 이를 뒷받침해준다. 많은 부모들이 아이에게 걸맞은 이름을 지어주지 않으면 훌륭히 자라지 못할 거라고 믿는 것 같다. 이름에는 위대한 미학적 힘, 아니 어떤 예언적 힘마저 깃들어 있는 것처럼 느껴진다.

아마 바로 이런 이유 때문에 1958년, 뉴욕에 살던 로버트 레인은 아들의 이름을 위너(Winner: 승리자)라고 짓기로 결심했을 것이다. 할렘의 저소득층 공공주택에 살던 레인가家에는 이미 몇 명의 아이들이 있었는데, 그들의 이름은 모두 매우 평범했다. 하지만 로버트 레인은 이 아들에게만큼은 각별한 감정이 있었나 보다. 위너 레인이라니, 그런 이름을 가졌는데 인생에 실패할 리가 없지 않은가!

3년 후, 레인가에 또 한 명의 남자아이가 태어났다. 레인 가의 일곱 번째 자녀이자 마지막 아이였다. 대체 왜 그랬는지 정확히 알 수는 없지만, 로버트는 이 아이의 이름을 루저(Loser: 패배자)라 짓기로 했다. 로버트가 아이의 탄생을 기뻐하지 않은 것 같지는 않다. 그저 재미 삼아 대구對句를 맞추듯 그런 이름을 지은 게 아닐까 싶다. 저 녀석은 위너, 이 녀석은 루저라는 식으로 말이다. 위너 레인은 당연히 실패하지 않을 것처럼 보인다. 그렇다면 루저는 성공할 수 있을까?

재미있게도, 실제로 성공한 사람은 루저 레인이었다. 그는 장학금을 받으며 프렙 스쿨(prep school: 기숙이 가능한 대학 진학 사립 중·고등학교 - 옮긴이)에 다녔으며, 펜실베이니아에 있는 라파예트 대학에 들어갔다. 그리고 뉴욕 경찰의(이는 어머니의 오랜 소원이었다) 형사가 되었고 마침내 경사로까지 승진했다. 그는 자신의 이름을 숨긴 적이 한 번도 없었지만, 사람들은 그의 이름을 부르길 꺼렸다. "그래서 제겐 이름이 많죠." 루저는 말한다. "지미에서 제임스까지, 다들 자기들이 부르고 싶은 대로 부릅니다. 티미라고 할 때도 있고. 하지만 루저라고 부르는 사람은 거의 없어요. 가끔씩은 프랑스식으로 꼬아 부르기도 하죠. '로지에르Losier'라구요." 동료 경찰관들에게 그는 루Lou로 알려져 있다.

결코 실패하지 않을 것처럼 보였던 그의 형은 어떻게 되었을까? 현재 40대 중반인 위너 레인의 경력에서 가장 눈에 띄는 부분은 기나긴 범죄 기록이다. 절도, 가정폭력, 불법침입, 체포불응 및 여러 기타 상해에 이르기까지, 그는 무려 30건이 훨씬 넘는 범죄 기록을 가지고 있다.

요즘 루저와 위너는 거의 대화를 나누지 않으며, 아이들의 이름을 지어준 아버지는 돌아가셨다. 이름이 운명을 결정한다는 그의 생각은 분명 옳았던 것으로 보인다. 그러나 그는 아이들을 잘못 골랐다.

템프트리스(Temptress: 요부라는 뜻 - 옮긴이)라는 이름을 가진 열다섯 살 난 소녀의 경우도 있다. 얼마 전 이 아이는 범죄를 저질러 뉴욕 알바니 카운티 가정법원에 오게 되었는데, 담당판사인 W. 데니스 더간W. Dennis Duggan은 오랫동안 범법자들이 지닌 특이한 이름에 관심을 갖고 있던 참이었다. 예를 들어 한 10대 소년의 이름 암처Amcher는 그의 부모가 병원에 도착해 맨 처음 눈에 띈 것을 따서 지은 것이었다. 그들이 본 것은 바로 알바니 의료 센터 응급실Albany Medical Center Hospital Emergency Room의 간판이었다. 하지만 더간은 템프트리스라는 이름이 자기가 이제껏 본 것 가운데 가장 모욕적인 이름이라고 생각했다.

"나는 템프트리스를 법정에서 내보낸 후 아이 엄마에게 왜 딸의 이름을 그렇게 지었는지 물어보았다." 판사는 후에 이렇게 술회했다. "그녀는 자신이 「코스비 쇼(The Cosby Show: 미국의 TV 프로그램 - 옮긴이)」를 즐겨 보며 거기에 나오는 젊은 여배우가 좋아서 그랬다고 대답했다. 나는 그녀에게 그 여배우의 이름은 '템피스트 블레드소Tempestt Bledsoe'라고 이야기해주었다. 그녀는 나중에 그 사실과 이름의 철자가 잘못되었다는 사실을 알았다고 말했다. 그래서 나는 그녀에게 '템프트리스temptress'의 뜻이 무언지 아느냐고 물어보았고, 그녀는 나중에야 이름에 그런 뜻이 있다는 걸 알게 되었노라고 했다. 그녀의 딸은 비행 청소년으로 고발당한 상태였는데, 거기에는 모친이 직장에 가 있는 동안 집에 남자를 데려온 일도 포함되어 있었다. 나는 그 엄마에게 아이가 이름대로 살게 되지 않을까 생각해본 적이 있느냐고 물었다. 하지만 이런 이야기 대부분은 그녀의 머리로는 잘 이해되지 않는 것이었다."

더간 판사의 생각처럼 템프트리스는 정말 '자신의 이름대로' 살았던 것일까? 아니면 어머니가 그녀에게 '채스터티(Chastity: 정숙, 순결)'라는 이름을 지어줬어도 그런 문제를 일으켰을까? *(각주 401쪽 참조)

템프트리스가 이상적인 부모를 가지지 못했다고 가정한다 해도 심각한 확대해석은 아닐 것이다. 이 어머니는 처음부터 그녀의 이름을 '템프트리스'라고 지었을 뿐만 아니라, 그 단어가 무슨 의미인지도 모를 정도로 똑똑하지 못했다. 그런 면에서 보자면, 암처라는 이름을 가진 남자아이도 가정법원에 오고 말았다는 사실 역시 그리 놀랄 일은 아닐 것이다. 아이의 이름을 고심하여 짓지 않는 부모는 훌륭한 부모가 아닐 가능성이 높다.

그렇다면 당신이 지어주는 이름은 과연 아이의 삶에 진실로 영향을 미칠까? 혹은 아이의 이름에 '당신의 삶'이 반영되는 건 아닐까? 어떤 경우든 간에 아이의 이름이 세상에 보내는 신호는 무엇일까? 아니, 그보다 더욱 중요한 질문, 이름은 정말 중요한 것일까?

프라이어의 캘리포니아 데이터

루저와 위너, 템프트리스와 암처는 모두 흑인이었다. 이는 그저 우연의 일치일까, 아니면 이름과 문화에는 좀더 거창한 무언가가 관련되어 있는 걸까?

어떤 세대든 흑인 문화에 대해 진보적 고찰을 제시하는 탁월한 학자들을 배출하는 것처럼 보인다. '백인 행세' 현상 그리고 흑인과 백인 학생들 간의 성적차를 분석한 젊은 흑인 경제학자 롤랜드 G. 프라이어

주니어도 곧 그 대열에 올라서게 될 것이다. 그의 사회적 상승 과정은 놀라울 정도다. 불안정한 가정에서 태어나 고등학교 시절까지 공부에 아무런 관심도 없었던 그는 체육 특기생으로 알링턴의 텍사스 대학에 진학했다. 그리고 대학을 다니는 동안 그에게 두 가지 사건이 일어났다. 하나는 그가 결코 NFL이나 NBA에 갈 수 없으리라는 사실을 깨달은 것이었고, 다른 하나는 난생처음으로 공부를 진지하게 생각하기 시작해 자신이 공부를 좋아한다는 사실을 알게 된 것이었다. 펜 스테이트 대학과 시카고 대학에서 대학원 과정을 마친 그는 스물다섯의 나이에 하버드 교수로 임용되었다. 인종 문제에 관한 거리낌 없는 사고방식으로 이미 명성을 널리 떨치고 있었다.

프라이어의 임무는 '흑인들의 낮은 성취도'를 연구하는 것이다. "누구라도 흑인들의 성취도가 그다지 높지 않다는 통계자료를 제시할 수 있을 겁니다." 프라이어는 이렇게 말한다. "흑인과 백인은 사생아 출생률에서 유아 사망률, 평균 수명에 이르기까지 모든 분야에서 커다란 차이가 납니다. 흑인은 SAT에서 가장 성적이 낮은 인종이고, 백인보다 소득도 적고, 그저 여러 면에서 여전히 뒤처진다는 얘기가 종종 나옵니다. 내가 알아내고자 하는 것은 흑인들이 어디서 잘못되었는가 하는 점이며, 나는 이 문제를 연구하는 데 내 삶을 바치고 싶습니다."

흑인과 백인 사이의 사회경제적 격차와 더불어 프라이어가 흥미를 가졌던 부분은 문화에 나타나는 인종분리 현상이었다. 흑인과 백인은 서로 다른 TV 프로그램을 시청한다. (「먼데이 나이트 풋볼Monday Night Football」만이 유일하게 흑인과 백인의 선호 프로그램 양쪽에서 10위권에 들어 있으며, 역사상 가장 인기 있는 시트콤 중 하나인 「사인펠드Seinfeld」는 흑인 시청자들 사이에서 50위권에 오른 적이 한 번도 없다.) 흑인과 백인은 피우는 담배도 다르다. (10대 흑인들 사이에서는 뉴포트Newport가 75%의 점유율을 보이는 반면, 뉴포트를 피우는 백인의 비율은 12%밖에 되지 않는다. 10대 백인들은 주로 말보로를 피운다.) 그리고 흑인 부모가 아이들에게 지어주는 이름 역시 백인과는 현저하게 다르다.

따라서 프라이어는 다음과 같은 의문을 가지게 되었다. 흑인 특유의 문화는 흑인과 백인의 경제적 격차를 만드는 '원인'인가, 아니면 단지 그것의 반영일 뿐인가?

ECLS 연구에서와 마찬가지로, 이번에도 프라이어는 산더미 같은 데이터를 통해 답을 찾아 나섰다. 1961년 이후 캘리포니아에서 태어난 모든 아이에 관한 출생 정보를 조사한 것이다. 1,600만 명 이상의 출생 정보를 담고 있는 그 데이터에는 아이들의 이름, 성별, 인종, 출생 시 몸무게, 부모의 결혼 여부가 포함되어 있었다. 또 이와 함께 거주지 우편번호(사회경제적 지위와 이웃의 인종 구성을 파악할 수 있는 지표), 병원비 결제 수단(역시 경제적 지표), 교육 수준 등 부모에 대한 좀더 상세한 요소도 들어 있었다.

이 캘리포니아 데이터는 흑인 부모와 백인 부모가 아이의 이름을 짓는 데 얼마나 다른 취향을 지니고 있는지 입증해준다. 한편 백인과 아시아계 미국인 부모들이 지어주는 이름은 대개 비슷하다. 백인과 라틴아메리카계 미국인 부모들의 경우, 약간의 차이가 있긴 했지만 흑인과 백인 부모들의 차이와 비교하면 미미한 수준이었다.

또한 이 데이터는 흑인과 백인 부모들의 차이가 비교적 최근에 일어난 현상임을 보여주고 있다. 1970년대 초반까지만 해도 흑인과 백인의 이름은 겹치는 부분이 아주 많았다. 1970년대에 흑인 거주지역에서 태어난 보통의 흑인 여자아이는 백인식 이름보다 흑인 특유의 이름을 받을 확률이 2배였다. 그런데 1980년대가 되면 그 수치는 자그마치 20배로 늘어난다. (남자아이의 이름 역시 이와 같은 흐름을 보이지만 여자아이만큼 심하지는 않다. 아마 인종을 막론하고 모든 부모가 여자아이보다 남자아이의 이름을 지을 때 더 신중하기 때문일 것이다.) 이러한 변화가 일어난 지역과 시기를 고려해볼 때(미국 흑인들의 행동주의가 힘을 모으던 대도시 인구 밀집 지역), 흑인 특유의 이름이 폭발적으로 증가한 것에 대한 가장 타당한 이유는 아마도 아프리카 문화를 강조하고 흑인이 열등하다는 주장에 맞서 싸우는 블랙파워 운동(Black Power Movement: 흑인 지위향상 운동)일 것이다. 만일 이름짓기 혁명이 정말로 블랙파워 운동 때문에 일어난 것이라면, 이는 그 운동의 가장 오래된 잔여물이라 할 수 있다. 이제 아프리카식의 둥근 곱슬머리를 하고 다니는 흑인은 드물다. 다시키(dashiki: 아프리카의 남성용 민속 의상 – 옮긴이)를 입는 사람은 더더욱 찾아볼 수 없다. 블랙 팬더(Black Panther: 급진적 흑인 인권단체 – 옮긴이)를 창시한 바비 실Bobby Seale은 현재 바비큐 요리법을 소개하는 사람으로 더 많이 알려져 있다.

오늘날 흑인들의 이름 중 대다수는 흑인만 사용하는 이름이다. 어느 해 캘리포니아에서 태어난 흑인 여자아이들의 약 40%는, 그해 캘리포니아에서 태어난 약 10만 명의 백인 여자아이들과 일치하는 이름이 단 '하나'도 없었다. 훨씬 더 놀라운 사실은 그해 캘리포니아에서 태어난 흑인 여자아이 중 30%가 백인이나 흑인 그 어떤 인종에서도 찾아볼 수 없는 독특한 이름을 가지게 되었다는 것이다. (1990년대만도 유닉Unique라는 이름을 가진 아이가 228명이나 됐다. 또 유닉 Uneek, 유네크 Uneque, 유네키 Unequee라는 이름도 각각 한 명씩 발견되었다.) 흑인들 사이에서 인기 있는 이름이라 해도 백인들이 이용하는 경우는 드물었다.

1990년대에 데자Deja라는 이름을 가진 626명의 여자아이 중 591명이 흑인이었다. 또 프레셔스Precious라는 이름을 가진 454명의 여자아이 중 431명이 흑인이었고, 318명의 샤니스Shanice 중에서는 310명이 흑인이었다.

그렇다면 흑인 특유의 이름을 지어주는 부모는 어떤 사람들일까? 데이터를 살펴보면 명확한 답이 나온다. 흑인 거주지역 출신, 미혼에 소득과 교육 수준이 낮은 10대이며 자신이 흑인 특유의 이름을 가지고 있는 어머니. 프라이어의 관점에 따르면 아이에게 진정 흑인다운 이름을 지어주는 것은 흑인 부모들이 공동체(지역사회)와의 결속을 나타내는 것이라고 한다. "만일 내가 아이의 이름을 매디슨Madison이라고 지으면, 사람들은 이렇게 생각할 겁니다. '음, 철길 건너편에 가서 살고 싶은 모양이군, 그런 거야?'" 프라이어의 말에 따르면, 미적분학이나 발레를 배우는 흑인 아이가 '백인 행세'를 하는 것이라면 아이를 샤니스라 부르는 엄마는 단순히 '흑인 행세'를 하는 것뿐이다.

캘리포니아에서의 한 연구에 의하면 많은 백인 부모들 역시 이와 같은 신호를 보내고 있다. 단, 방향이 반대일 뿐이다. 백인 아이 중 40% 이상이 백인들 사이에서 최소 4배는 흔한 이름을 가지게 된다. 코너Connor, 코디Cody, 에밀리Emily, 애비게일Abigail 등의 이름을 한번 생각해보자. 최근의 10년 단위 연구에서, 2만 명 이상의 캘리포니아 아이들이 이 이름을 받았지만 그 중 흑인은 2%도 되지 않았다.

그렇다면 '가장 백인다운' 이름과 '가장 흑인다운' 이름은 어떤 것일까?

'가장 백인다운' 여자아이 이름 20위	'가장 흑인다운' 여자아이 이름 20위
1. 몰리 Molly	1. 이마니 Imani
2. 에이미 Amy	2. 에보니 Ebony
3. 클레어 Claire	3. 샤니스 Shanice
4. 에밀리 Emily	4. 알리야 Aaliyah
5. 캐티 Katie	5. 프레셔스 Precious
6. 매들린 Madeline	6. 니아 Nia
7. 케이틀린 Katelyn	7. 데자 Deja
8. 에마 Emma	8. 다이아몬드 Diamond
9. 애비게일 Abigail	9. 아시아 Asia
10. 칼리 Carly	10. 알리야 Aliyah
11. 제나 Jenna	11. 자다 Jada
12. 헤더 Heather	12. 티에라 Tierra
13. 캐서린 Katherine	13. 티아라 Tiara
14. 케이틀린 Caitlin	14. 키아라 Kiara
15. 케이틀린 Kaitlin	15. 재즈민 Jazmine
16. 홀리 Holly	16. 재스민 Jasmin
17. 앨리슨 Allison	17. 재즈민 Jazmin
18. 케이틀린 Kaitlyn	18. 재스민 Jasmine
19. 한나 Hannah	19. 알렉서스 Alexus
20. 캐스린 Kathryn	20. 레이븐 Raven

'가장 백인다운' 남자아이 이름 20위	'가장 흑인다운' 남자아이 이름 20위
1. 제이크 Jake	1. 드숀 DeShawn
2. 코너 Connor	2. 드안드레 DeAndre
3. 태너 Tanner	3. 마르키스 Marquis
4. 와트 Wyatt	4. 다넬 Darnell
5. 코디 Cody	5. 테렐 Terrell
6. 더스틴 Dustin	6. 말릭 Malik
7. 루크 Luke	7. 트레번 Trevon
8. 잭 Jack	8. 타이론 Tyrone
9. 스콧 Scott	9. 윌리 Willie
10. 로건 Logan	10. 도미니크 Dominique
11. 콜 Cole	11. 드미트리우스 Demetrius
12. 루카스 Lucas	12. 레지널드 Reginald
13. 브래들리 Bradley	13. 자말 Jamal
14. 제이콥 Jacob	14. 모리스 Maurice
15. 가렛 Garrett	15. 잘렌 Jalen
16. 딜런 Dylan	16. 다리우스 Darius
17. 맥스웰 Maxwell	17. 자비에르 Xavier
18. 헌터 Hunter	18. 테런스 Terrance
19. 브렛 Brett	19. 안드레 Andre
20. 콜린 Colin	20. 대릴 Darryl

부모는 아이에게 과연 영향을 미치는가?

만일 당신의 이름이 아주 백인답거나 흑인다울 경우, 그것이 끼치는 영향은 얼마나 될까? 몇 년에 걸쳐, 연구자들은 일련의 '감사 연구audit study'를 통해 사람들이 여러 가지 다양한 이름을 어떻게 인식하는지 알아내려고 했다. 연구자는 똑같은 (가짜) 이력서 두 장에, 하나는 전통적인 백인 이름, 다른 하나는 전통적인 흑인 이름을 기입해 잠재 고용주에게 보냈다. 그 결과는? '백인'의 이력서가 항상 더 많은 면접 기회를 얻을 수 있었다.

즉 이 연구에 따르면 드숀 윌리엄스와 제이크 윌리엄스가 고용주에게 똑같은 이력서를 보냈을 경우 제이크 윌리엄스에게 연락이 올 가능성이 더 높다는 것이다. 여기에는 흑인으로 보이는 이름은 경제적 불이익을 받는다는 의미가 함축되어 있다. 이러한 조사는 아주 흥미롭긴 하지만, 분명 한계가 있다. '왜' 드숀에게는 전화가 걸려오지 않는지 그 이유를 설명할 수 없기 때문이다. 그 고용주가 인종차별주의자이고, 드숀 윌리엄스란 이름이 흑인으로 생각되어 거부당한 것일까? 아니면 '드숀'이란 이름이 소득과 교육 수준이 낮은 가정 출신인 것 같아서였을까? 사람들이 이력서의 내용을 그다지 신뢰하지 않는다는 점을 고려하면(최근의 연구에 의하면 이력서의 50%가 거짓 내용을 포함하고 있다고 한다), 고용주는 단순히 '드숀'이란 이름을 보고 그가 불우한 환경에서 자랐다고 생각했으며 그런 환경에서 자란 사람들은 신뢰할 수 없다 여기고 연락을 하지 않은 것일 수도 있다.

또한 이 백인과 흑인 감사 연구는 면접 과정에서 어떤 일이 일어날지도 예상하지 못한다. 만일 그 고용주가 '실제' 인종차별주의자이며 백인 이름을 가진 흑인을 면접하기로 했다고 해보자. 일대일 면접이 끝난 뒤에 과연 그가 그 흑인을 고용할 가능성이 조금이라도 더 높아질까?

아니면 흑인 지원자에게 그 인터뷰는 고통스럽고 힘 빠지는 시간낭비, 즉 '백인' 이름을 가진 흑인에 대한 경제적 불이익이 될 것일까? 이와 같은 맥락에서 백인 이름을 가진 흑인은 '흑인' 사회에서도 같은 경제적 불이익을 받을 것이다. 그렇다면 흑인 특유의 이름은 어떤 '이점'을 제공해주는가? 불행히도 이런 감사 연구로는 존재하지 않는 드숀 윌리엄스 대 제이크 윌리엄스의 실제 삶의 성과를 측정할 수 없기 때문에, 흑인 특유의 이름이 갖는 좀더 광범위한 영향에 대해서도 측정이 불가능하다.

어쩌면 드숀이란 사람은 차라리 그냥 이름을 바꾸는 편이 나을지도 모른다.

물론 개명은 아주 흔한 일이다. 뉴욕 시 민사법원의 서기가 최근 보고한 바에 따르면 개명과 관련된 민원 건수는 언제나 최고 수준을 유지한다고 한다. 약간 이상하게 들릴지도 모르지만, 어떤 사람들은 순전히 미학적인 목적을 위해 이름을 바꾸기도 한다. 나탈리 제레미젠코Natalie Jeremijenko와 달턴 콘리Dalton Conley는 최근 네 살짜리 아들의 이름을 요싱 헤이노 아우구스투스 아이스너 알렉산더 와이저 너클스 제레미젠코-콘리Yo Xing Heyno Augustus Eisner Alexander Weiser Knuckles Jeremijenko-Conley로 개명했다. 어떤 이들은 경제적 목적을 위해 개명을 하기도 한다. 2004년 초반 마이클 골드버그Michael Goldberg라는 한 택시 운전사가 뉴욕에서 총격을 당했는데, 그는 인도 태생의 시크 교도이며 뉴욕으로 이주하면서 유대인 이름을 가지고 있는 것이 유리할 것이라는 생각에 이름을 바꾼 것으로 밝혀졌다. 골드버그의 사고방식은 연예계에 종사하는 사람들에게는 조금 황당하게 다가왔을 것이다. 연예계에서는 유대인 이름을 달리 개명하는 것이 전통적 관례이기 때문이다. 커크 더글러스Kirk Douglas의 원래 이름은 이수르 다니엘로비치Issur Danielovitch였고, 윌리엄 모리스 에이전시(William Morris Agency: 미국의 3대 저작권 에이전시 중 하나 - 옮긴이)는 젤먼 모제스Zelman Moses에서 이름을 바꾼 후 두각을 나타냈다.

이때 떠오르는 질문은 젤먼 모제스가 윌리엄 모리스로 이름을 바꾸지 않았어도 그만큼 성공했을까 하는 점이다. 드숀 윌리엄스가 자신의 이름을 제이크 윌리엄스나 코너 윌리엄스로 바꾼다면 더 나은 성과를 얻을 수 있을까? 이건 상당히 유혹적인 생각이다. 한 트럭의 책을 가져다주면 아이가 더 똑똑해질 거라는 생각처럼 말이다.

감사 연구로는 이름이 진정 얼마나 중요한지 측정할 수 없지만, 캘리포니아의 이름 데이터로는 가능하다.

어째서일까? 캘리포니아 데이터에는 각 아이의 필수적 통계자료뿐 아니라 모친의 교육과 소득 수준, 그리고 가장 중요한, 모친의 출생일이 포함되어 있기 때문이다. 이 마지막 정보를 통해 아이와 똑같이 캘리포니아 출신인 어머니 수십만 명을 확인할 수 있고, 그들 '자신의' 출생 기록을 살펴볼 수 있었다. 이제 데이터에는 아주 새롭고 막강한 이야기가 등장하게 된다. 즉 모든 여성 개개인의 삶의 성과를 추적할 수 있게 된 것이다. 이는 연구자들이라면 누구나 꿈에 그리는 연쇄 데이터로, 이것이 있으면 비슷한 환경에서 태어난 아이들을 찾아내어 20~30년 후 그들이 어떻게 되었는지 살펴볼 수 있다. 캘리포니아 데이터에 존재하는 수십만 명의 여성 중에는 흑인 특유의 이름을 가지고 있는 사람도, 그렇지 않은 사람도 많았다. 회귀분석을 이용해 인생의 궤도에 영향을 줄 수 있는 다른 요소를 통제하면 특정 요소(이 경우에는 여성의 이름)가 그녀의 교육, 소득, 건강에 끼친 영향을 측정할 수 있다.

그렇다면 이름은 진정 많은 영향을 끼치는가?

데이터에 따르면 평균적으로 흑인 특유의 이름을 가진 사람들(이마니라는 이름의 여성이나 드숀이라는 이름의 남성)은 몰리나 제이크와 같은 이름을 가진 사람들보다 '실제로' 더 열악한 삶을 살고 있다. 하지만 그것은 이름 탓이 아니다. 제이크 윌리엄스와 드숀 윌리엄스라는 두 명의 흑인 소년이 똑같은 지역, 가정환경, 경제적 환경에 있다고 가정할 때 이들의 인생은 비슷한 양상으로 전개될 가능성이 높았다. 그러나 아들의 이름을 제이크라고 짓는 부모와 드숀이라고 짓는 부모는 지역적으로도 경제적으로도 서로 '다른' 환경을 겪어온 경향이 있었다. 바로 이것이 (평균적으로) 제이크라는 이름을 가진 아이가 드숀이라는 이름의 아이보다 더 많은 돈을 벌고 더 많은 교육을 받게 되는 이유다. 드숀에게는 저소득, 낮은 교육 수준, 편부·편모 슬하라는 불리함이 작용할 가능성이 높았다. 아이의 이름은 그들의 미래 인생에 대한 지표일 뿐 원인은 아니다. 집에 책이 전혀 없는 아이가 학교 성적이 좋을 가능성이 별로 없었던 것처럼, 드숀이란 이름을 가진 아이도 인생에서 성공할 확률이 높지 않다.

그렇다면, 만일 드숀이 제이크나 코너로 이름을 '바꿨다면' 어땠을까? 그의 상황은 나아졌을까? 여기서는 이런 추측이 가능하다. 경제적 성공을 위해 고심해서 이름을 바꾼 사람은 (학교 선택권 추첨에 당첨된 시카고의 신입생처럼) 적어도 아주 의욕적이다. 그리고 이름보다는 역시 의욕이 성공을 나타내는 더욱 강력한 지표일 것이다.

ECLS 데이터가 단순히 흑인과 백인 사이의 성적차를 넘어서 자녀 양육에 대한 몇 가지 질문에 대답해주었던 것처럼, 캘리포니아의 이름 데이터 역시 흑인 특유의 이름에 대한 것 말고도 다른 많은 이야기를 해준다. 조금 넓게 말하자면, 그 데이터는 부모들이 자기 자신을 어떻게 보는지를 알려준다. 그리고 더 중요한 것, 즉 부모가 자녀에게 어떤 종류의 기대를 가지고 있는지도 이야기해준다.

시작에 앞서 떠오르는 질문이 하나 있다. 도대체 사람들은 어디에서 이름을 따오는 것일까? 이름의 실제 출처를 이야기하는 것이 아니다. 그 정도는 쉽게 알 수 있다. 성경, 전통적으로 사용해온 수많은 영어·독어·이탈리아어·프랑스어 이름, 왕족의 이름이나 히피식 이름, 추억의 이름이나 지명 등등. 브랜드 네임(렉서스Lexus, 아르마니Armani, 바카디Bacardi, 팀버랜드Timberland)을 이름으로 사용하는 경우도 점차 늘어나고 있으며, 열망을 담은 이름aspirational name이라고 할 수 있는 것들도 늘어나고 있다. 데이터에 따르면 1990년대 캘리포니아에는 하버드Harvard가 8명(모두 흑인), 예일Yale이 15명(모두 백인), 프린스턴Princeton이 18명(모두 흑인) 태어났다. 닥터Doctor라는 이름은 하나도 없었지만, 로이어(Lawyer: 변호사)가 3명(모두 흑인), 저지(Judge: 판사)가 9명(8명이 백인), 시네이터(Senator: 상원의원)가 3명(모두 백인), 프레지던트(President: 대통령)가 2명(모두 흑인)이었다. 사람들이 개인적으로 만들어내는 이름도 있다. 롤랜드 G. 프라이어 주니어는 라디오 쇼에 출연해 이름에 대한 자신의 연구에 대해 논의하던 중 한 흑인 여성의 전화를 받았는데, 그녀는 얼마 전에 태어난 자기 조카의 이름에 대해 분통을 터뜨렸다. 셔티드shuh-TEED라고 발음되는 그 이름의 실제 철자는 'Shithead(멍텅구리)'였다. *(각주 401쪽 참조)

셔티드 같은 이름은 아직 대중적으로 인기를 얻지 못하고 있지만 어떤 이름들은 널리 퍼지게 된다. 그런데 이름은 어떻게 사람들 사이에 퍼지며, 왜 그렇게 되는 걸까? 순전히 시대적인 문제인 것일까, 아니면 좀더 합리적인 설명이 있는 것일까? 우리는 이름도 흥망성쇠를 거듭한다는 것(한때 거의 멸종했던 소피Sophie와 맥스Max란 이름이 다시 부활한 것을 보라)을 알고 있다. 혹시 이런 흐름에 특정 패턴이 있는 것은 아닐까?

답은 캘리포니아 데이터 안에 놓여 있으며, 결과는 '그렇다' 이다.

데이터를 통해 알 수 있는 사실 가운데 가장 흥미로운 것은 아이의 이름과 부모의 사회경제적 지위 사이의 상관관계다. 백인 중산층 가정과 저소득층 가정에서 가장 흔한 여자아이들의 이름을 살펴보자. (아래 목록과 앞으로 보게 될 목록은 1990년대의 데이터만을 분석한 것이다. 되도록 최신의 샘플을 다량으로 이용하기 위해서다.)

백인 중산층 가정에서 가장 흔한 여자아이 이름	백인 저소득층 가정에서 가장 흔한 여자아이 이름
1. 사라 Sarah	1. 애슐리 Ashley
2. 에밀리 Emily	2. 제시카 Jessica
3. 제시카 Jessica	3. 아만다 Amanda
4. 로렌 Lauren	4. 사만다 Samantha
5. 애슐리 Ashley	5. 브리타니 Brittany
6. 아만다 Amanda	6. 사라 Sarah
7. 메간 Megan	7. 케일라 Kayla
8. 사만다 Samantha	8. 앰버 Amber
9. 한나 Hannah	9. 메간 Megan

10. 레이첼 Rachel	10. 테일러 Taylor
11. 니콜 Nicole	11. 에밀리 Emily
12. 테일러 Taylor	12. 니콜 Nicole
13. 엘리자베스 Elizabeth	13. 엘리자베스 Elizabeth
14. 캐서린 Katherine	14. 헤더 Heather
15. 매디슨 Madison	15. 알리사 Alyssa
16. 제니퍼 Jennifer	16. 스테파니 Stephanie
17. 알렉산드라 Alexandra	17. 제니퍼 Jennifer
18. 브리타니 Brittany	18. 한나 Hannah
19. 대니얼 Danielle	19. 코트니 Courtney
20. 레베카 Rebecca	20. 레베카 Rebecca

분명 이 두 목록에는 겹치는 부분이 많다. 하지만 이들이 모든 이름 가운데서 가장 흔히 쓰이는 이름이라는 걸 염두에 두어야 한다. 데이터 세트의 크기도 고려하지 않을 수 없다. 순위가 하나만 차이 나도 그 인원은 수백 명, 심지어는 수천 명까지 차이 날 수 있는 것이다. 따라서 브리타니라는 이름은 저소득층에서 5위, 중산층에서 18위로 양쪽 모두의 목록에 올라 있기는 하지만 저소득층 이름이라고 결론 내려도 무방할 것이다.

이런 양상이 훨씬 더 뚜렷하게 나타나는 이름들도 있다. 각각의 목록에 올라 있는 이름들 중 다섯 개는 다른 목록에는 아예 나타나지도 않는다. 다음은 부유층과 빈곤층 가정에서 가장 많이 사용하는 이름 다섯 개다. 순위에서 다른 목록과 차이점을 발견할 것이다.

부유층 가정에서 가장 흔한 여자아이 이름	빈곤층 가정에서 가장 흔한 여자아이 이름
1. 알렉산드라	1. 앰버
2. 로렌	2. 헤더
3. 캐서린	3. 케일라
4. 매디슨	4. 스테파니
5. 레이첼	5. 알리사

다음은 남자아이들 이름이다.

부유층 가정에서 가장 흔한 남자아이 이름	빈곤층 가정에서 가장 흔한 남자아이 이름
1. 벤저민 Benjamin	1. 코디 Cody
2. 새뮤얼 Samuel	2. 브랜던 Brandon
3. 조너선 Jonathan	3. 앤서니 Anthony
4. 알렉산더 Alexander	4. 저스틴 Justin
5. 앤드루 Andrew	5. 로버트 Robert

소득과 이름 사이의 상관관계 그리고 소득과 '교육 수준'이 밀접하게 관련되어 있다는 사실을 고려해볼 때, 부모의 교육 수준과 그들이 아이에게 지어주는 이름 사이에 그만큼 밀접한 관계가 발견된다는 것

은 그리 놀랄 일이 아니다.

백인들 사이에서 가장 흔히 사용되는 이름 가운데 교육 수준이 높은 부모와 최소의 교육만 받은 부모가 사용하는 이름 상위 5위를 뽑아보면 다음과 같다.

교육 수준이 높은 부모가 가장 많이 사용하는 백인 여자아이 이름	교육 수준이 낮은 부모가 가장 많이 사용하는 백인 여자아이 이름
1. 캐서린	1. 케일라
2. 에마	2. 앰버
3. 알렉산드라	3. 헤더
4. 줄리아	4. 브리타니
5. 레이첼	5. 브리애너 Brianna

교육 수준이 높은 부모가 가장 많이 사용하는 백인 남자아이 이름	교육 수준이 낮은 부모가 가장 많이 사용하는 백인 남자아이 이름
1. 벤저민	1. 코디
2. 새뮤얼	2. 트래비스 Travis
3. 알렉산더	3. 브랜던
4. 존	4. 저스틴
5. 윌리엄	5. 타일러 Tyler

이러한 결과는 샘플의 범위를 가장 흔한 이름에 한정하지 않고 더욱 넓혀보면 훨씬 뚜렷하게 나타난다. 다음은 캘리포니아 전체 데이터베이스에서 뽑은 것으로, 아이들의 부모가 교육 수준이 가장 낮은 백인층임을 나타내는 이름들이다.

부모의 교육 수준이 낮음을 암시하는 백인 여자아이의 이름 상위 20위(최소 100명)	
1. 앤젤 Angel	(11.38)
2. 헤븐 Heaven	(11.46)
3. 미스티 Misty	(11.61)
4. 데스티니 Destiny	(11.66)
5. 브렌다 Brenda	(11.71)
6. 타바사 Tabatha	(11.81)
7. 바비 Bobbie	(11.87)
8. 브랜디 Brandy	(11.89)
9. 데스티니 Destinee	(11.91)
10. 신디 Cindy	(11.92)
11. 재즈민 Jazmine	(11.94)
12. 샤이안 Shyanne	(11.96)
13. 브리타니 Britany	(12.05)
14. 메르세데스 Mercedes	(12.06)
15. 티파니 Tiffanie	(12.08)
16. 애슐리 Ashley	(12.11)
17. 토냐 Tonya	(12.13)
18. 크리스털 Crystal	(12.15)
19. 브랜디 Brandie	(12.16)
20. 브랜디 Brandi	(12.17)

괄호 안의 숫자는 모친이 교육받은 평균 기간(년)을 나타낸다.

당신 자신이나 당신이 잘 아는 신디나 브렌다가 40세가 넘었을 경우에는, 당시엔 그런 이름들이 낮은 교육 수준을 반영하지 않았다는 생각이 들지도 모른다. 그 말이 맞다. 현대 사회의 다른 많은 것들과 마찬가지로 이 이름들 역시 최근 심하고 급격한 변화를 겪었다. 또 낮은 교육 수준을 반영하는 이름들 중에는 (의도적이든 아니든) 보통 사용되는 이름의 철자를 잘못 표기한 경우도 있다. 하지만 그 이름의 원래 이름 타비사Tabitha, 샤이엔Cheyenne, 티파니Tiffany, 브리타니Brittany, 재스민Jasmine 역시 낮은 교육 수준을 반영하는 것이 대부분이다. 하지만 한 가지 이름에 대한 다양한 표기는 교육 수준의 상이함을 나타내기도 한다.

교육 기간에 따른 '재스민Jasmine'의 열 가지 표기

1. 재즈민Jazmine	(11.94)
2. 재즈민Jazmyne	(12.08)
3. 재즈민Jazzmin	(12.14)
4. 재즈민Jazzmine	(12.16)
5. 재스민Jasmyne	(12.18)
6. 재스미나Jasmina	(12.50)
7. 재즈민Jazmyn	(12.77)
8. 재스민Jasmine	(12.88)
9. 재스민Jasmin	(13.12)
10. 재스민Jasmyn	(13.23)

괄호 안의 숫자는 모친이 교육받은 평균 기간(년)을 나타낸다.

다음은 교육 수준이 낮은 가정의 백인 남자아이 이름이다. 마이클 Micheal이나 타일러 Tylor처럼 가끔 표기가 잘못된 경우도 더러 포함되어 있지만, 더욱 일반적으로 나타나는 현상은 이름을 애칭(약칭)으로 짓는 경향이다.

부모의 교육 수준이 낮음을 암시하는 백인 남자아이의 이름 상위 20위(최소 100명)	
1. 리키 Ricky	(11.55)
2. 조이 Joey	(11.65)
3. 제시 Jessie	(11.66)
4. 지미 Jimmy	(11.66)
5. 빌리 Billy	(11.69)
6. 바비 Bobby	(11.74)
7. 조니 Johnny	(11.75)
8. 래리 Larry	(11.80)
9. 에드거 Edgar	(11.81)
10. 스티브 Steve	(11.84)
11. 토미 Tommy	(11.89)
12. 토니 Tony	(11.96)
13. 마이클 Micheal	(11.98)
14. 로니 Ronnie	(12.03)
15. 랜디 Randy	(12.07)
16. 제리 Jerry	(12.08)
17. 타일러 Tylor	(12.14)
18. 테리 Terry	(12.15)
19. 대니 Danny	(12.17)
20. 할리 Harley	(12.22)

괄호 안의 숫자는 모친이 교육받은 평균 기간(년)을 나타낸다.

그럼 이제는 부모의 교육 수준이 '최상' 임을 나타내는 이름들을 한 번 살펴보자. 이런 이름들은 발음에서나 모양새에서나 낮은 교육 수준을 반영하는 이름들과는 공통점이 그다지 많지 않다. 여자아이들의 이름은 문학적이고 예술적인 분위기가 난다는 점에서 비슷한 면이 있지만, 가장 다양한 분포를 보이고 있다. 장래 부모가 될 사람으로서 '똑똑한' 이름을 찾고 있는 사람들에게는 다음과 같이 경고하는 바다. 이름이 아이를 똑똑하게 '만들지는' 않는다는 사실을 명심하라. 그 이름들은 단지 (잠시 동안이나마) 다른 똑똑한 아이들과 같은 이름으로 불리게 해줄 뿐이다. (더욱 자세한 이름 목록은 402~405쪽에 나와 있다.)

부모의 교육 수준이 높음을 암시하는 백인 여자아이의 이름 상위 20위(최소 100명)	
1. 루시엔 Lucienne	(16.60)
2. 마리-클레르 Marie-Claire	(16.50)
3. 글리니스 Glynnis	(16.40)
4. 어데어 Adair	(16.36)
5. 메이라 Meira	(16.27)
6. 비트릭스 Beatrix	(16.26)
7. 클레멘타인 Clementine	(16.23)
8. 필리파 Philippa	(16.21)
9. 아비바 Aviva	(16.18)
10. 플래너리 Flannery	(16.10)
11. 로템 Rotem	(16.08)
12. 오나 Oona	(16.00)
13. 아타라 Atara	(16.00)
14. 린덴 Linden	(15.94)

15. 웨이벌리 Waverly	(15.93)
16. 조피아 Zofia	(15.88)
17. 파스케일 Pascale	(15.82)
18. 엘리노라 Eleanora	(15.80)
19. 엘리카 Elika	(15.80)
20. 니카 Neeka	(15.77)

괄호 안의 숫자는 모친이 교육받은 평균 기간(년)을 나타낸다.

이제 교육 수준이 높은 가정에서 최근 나타나는 남자아이 이름을 살펴보자. 이 목록에는 아일랜드풍 전통주의를 추구하는 경향이 뚜렷이 나타남과 동시에 특히 헤브라이어가 많이 사용되고 있다.

부모의 교육 수준이 높음을 암시하는 백인 남자아이의 이름 상위 20위(최소 100명)

1. 도브 Dov	(16.50)
2. 아키바 Akiva	(16.42)
3. 샌더 Sander	(16.29)
4. 야닉 Yannick	(16.20)
5. 샤샤 Sacha	(16.18)
6. 기욤 Guillaume	(16.17)
7. 엘론 Elon	(16.16)
8. 안셀 Ansel	(16.14)
9. 요나 Yonah	(16.14)
10. 토르 Tor	(16.13)
11. 피네간 Finnegan	(16.13)

부모는 아이에게 과연 영향을 미치는가?

12. 맥그리거 MacGregor	(16.10)	
13. 플로리안 Florian	(15.94)	
14. 제브 Zev	(15.92)	
15. 베케트 Beckett	(15.91)	
16. 키아 Kia	(15.90)	
17. 애시콘 Ashkon	(15.84)	
18. 하퍼 Harper	(15.83)	
19. 섬너 Sumner	(15.77)	괄호 안의 숫자는 모친이 교육받은 평균 기간(년)을 나타낸다.
20. 칼더 Calder	(15.75)	

위의 목록에 적힌 이름들이 낯설다 해도 기분 나빠할 필요는 없다. 남자아이들의 이름은(원래 다양성에서 여자아이들에 비해 훨씬 뒤처졌던) 시간이 지남에 따라 그 가짓수가 급격하게 증가해왔다. 이는 곧 현재 가장 인기 있는 이름이라고 해도 예전에 사랑받던 이름만큼의 인기를 누리고 있지는 않다는 뜻이다. 1990년과 2000년에 가장 인기 있던 흑인 남자아이 이름 10위 목록을 살펴보라. 1990년에는 상위 10위 안에 3,375명의 아이들이 포함되어 있었지만(그해 태어난 아이의 18.7%), 2000년에는 겨우 2,115명만이 포함되어 있을 뿐이다(그해 태어난 아이의 14.6%).

가장 인기 있는 흑인 남자아이 이름

1990년		2000년	
1. 마이클 Michael	(532)	1. 이사야 Isaiah	(308)
2. 크리스토퍼 Christopher	(531)	2. 조던 Jordan	(267)
3. 앤서니 Anthony	(395)	3. 엘리야 Elijah	(262)
4. 브랜던 Brandon	(323)	4. 마이클 Michael	(235)
5. 제임스 James	(303)	5. 조슈아 Joshua	(218)
6. 조슈아 Joshua	(301)	6. 앤서니 Anthony	(208)
7. 로버트 Robert	(276)	7. 크리스토퍼 Christopher	(169)
8. 데이비드 David	(243)	8. 제일런 Jalen	(159)
9. 케빈 Kevin	(240)	9. 브랜던 Brandon	(148)
10. 저스틴 Justin	(231)	10. 저스틴 Justin	(141)

괄호 안의 숫자는 그해에 태어난 같은 이름을 가진 아이의 수를 나타낸다.

10년이 지나면서 1위 이름의 인기도는 훨씬 떨어졌다(마이클이란 이름을 가진 아이는 532명이었던 반면, 이사야라는 이름을 가진 아이는 308명이다). 즉 부모들이 좀더 다양하게 이름을 짓게 되었다는 얘기다. 하지만 이들 목록에는 또 다른 주목할 만한 변화가 숨어 있다. 바로 급격한 교체가 이루어진다는 것이다. 1990년 목록에 올라 있는 이름 중 네 가지(제임스, 로버트, 데이비드, 케빈)가 2000년 목록에서 빠져 있다. 이들은 1990년 목록의 하위에 자리 잡고 있었지만 2000년에 이들을 대체한 이름들은 하위권이 아니다. 새로운 이름 세 가지(이사야, 조던, 엘리야)가 2000년의 1, 2, 3위를 차지한 것이다. 이름의 사용 주기가 얼마나 급격하게 변하는지 훨씬 더 극명하게 보여주는 것은 다음의 목록이다. 1960

년과 2000년에 캘리포니아의 백인 여자아이들에게 가장 인기 있었던 이름들을 살펴보자.

가장 인기 있는 백인 여자아이 이름

1960년	2000년
1. 수전 Susan	1. 에밀리
2. 리사 Lisa	2. 한나
3. 카렌 Karen	3. 매디슨
4. 메리 Mary	4. 사라
5. 신시아 Cynthia	5. 사만다
6. 데보라 Deborah	6. 로렌
7. 린다 Linda	7. 애슐리
8. 패트리샤 Patricia	8. 에마
9. 데브라 Debra	9. 테일러
10. 산드라 Sandra	10. 메간

1960년에 인기를 누리던 이름들 가운데 2000년에 10위에 든 것은 하나도 없다. 하긴 40년 동안 내내 인기를 유지하기란 어려운 일이다. 그렇다면 현재 가장 인기 있는 이름들과 20년 전의 이름들을 비교해보면 어떨까?

가장 인기 있는 백인 여자아이 이름

1980년	2000년
1. 제니퍼	1. 에밀리
2. 사라	2. 한나
3. 멜리사 Melissa	3. 매디슨
4. 제시카 Jessica	4. 사라
5. 크리스티나 Christina	5. 사만다
6. 아만다	6. 로렌
7. 니콜	7. 애슐리
8. 미셸 Michelle	8. 에마
9. 헤더	9. 테일러
10. 앰버	10. 메간

남아 있는 건 '사라'라는 이름 하나뿐이다. 그렇다면 이 많은 에밀리, 에마, 로렌은 모두 어디에서 온 것일까? '매디슨'이란 이름은 도대체 어디에서 따온 것일까?*(매디슨이라는 이름은 1984년 대릴 한나Daryl Hannah가 주연한 영화 「스플래시Splash」가 출처인 것이 거의 확실하다. 영화에서 그녀는 인어로 나오는데, 뉴욕 시 해안에 도착해서 '매디슨 애비뉴'라는 거리 표지를 보고 자신의 이름을 짓는다. 이 이름은 얼마 후 극도로 희귀한 이름에서 매년 상위 5위 안에 드는 이름으로 진보했다.) 새로운 이름이 아주 급속도로 인기를 탄다는 것은 쉽게 알 수 있다. 그런데 대체 왜 그런 걸까?

그럼 좀더 최근의 목록 두 개를 살펴보자. 이것은 1990년대 저소득층 가정과 중산층 이상 가정에서 가장 인기 있었던 여자아이 이름이다.

1990년대 '부유층'에서 가장 흔한 백인 여자아이 이름	1990년대 '빈곤층'에서 가장 흔한 백인 여자아이 이름
1. 알렉산드라	1. 앰버
2. 로렌	2. 헤더
3. 캐서린	3. 케일라
4. 매디슨	4. 스테파니
5. 레이첼	5. 알리사

무언가 눈에 띄는 점이 있는가? 어쩌면 당신은 이 이름들을 252쪽의 '가장 인기 있는 백인 여자아이 이름'과 비교해보고 싶을지도 모르겠다. 1980년에서 2000년까지의 인기 이름 상위 10위 목록과 함께라면 더욱 좋을 것이다. 1990년대에 가장 인기 있던 '부유층' 이름인 로렌과 매디슨은 2000년의 10위 목록에 올라 있다. 한편 1980년대에 가장 인기 있던 이름인 앰버와 헤더는 현재 '저소득층' 이름이다.

여기서 우리는 한 가지 패턴이 분명히 작용함을 알 수 있다. 어떤 이름이 고소득에 교육 수준이 높은 부모 사이에서 인기를 얻으면, 사회경제적 지위라는 사다리를 타고 내려가기 시작한다는 것이다. 스테파니와 브리타니처럼 앰버와 헤더 역시 처음에는 부유층 이름으로 시작했다. 그러다가 10년 후에 이르면 그 5배에 해당하는 저소득층 아이들이 스테파니와 브리타니라는 이름을 갖게 되는 것이다.

그렇다면 저소득층 가정은 어디서 이름 쇼핑을 하는 것일까? 많은 사람들이 이름의 유행 기류가 유명인사에 의해 좌우된다고 생각한다. 하지만 실제로 유명인사들은 아이의 이름에 미미한 영향밖에 끼치지 못한다. 2000년만 해도 팝 스타 마돈나는 전 세계적으로 1,300만 장의 음반을 팔았지만, 마돈나라는 이름의 아이는 10명도 채 되지 않아(적어도 캘리포니아에서는) 402~404쪽에 제시된 기다란 이름 목록의 원래 출처인 마스터 색인(4,000개의 이름이 포함되어 있는)에도 들어가지 못했다. 혹은 요즘 마주치는 그 숱한 '브리트니(Brittany, Britney, Brittani, Brittney, Brittni 등)'를 보고 브리트니 스피어스를 떠올릴지도 모르겠다. 하지만 사실 그녀는 '브리트니' 이름 열풍의 한 징후이지, 원인이 아니다. 가장 흔하게 사용하는 Brittany의 경우, 부유층 가정에서 18위, 저소득층 가정에서 5위를 차지하는 것으로 보아 유통기한에 거의 다다랐음이 분명하다. 몇십 년 전의 셜리 템플(Shirley Temple: 미국의 유명 아역 배우-옮긴이) 역시 셜리 붐의 한 징후였다. 비록 요즘 사람들은 그녀를 원인으로 기억하는 경우가 많지만 말이다. (셜리 Shirley, 캐롤 Carol, 레슬리 Leslie, 힐러리 Hilary, 르네 Renee, 스테이시 Stacy, 트레이시 Tracy를 비롯한 많은 여자아이 이름이 처음에는 남자아이 이름이었다는 사실에도 주목해야 할 것이다. 하지만 여자아이 이름은 남자아이에게 거의 쓰이지 않는다.)

그러므로 이름 게임을 좌우하는 것은 유명한 사람들이 아니라고 할 수 있다. 이름의 흐름을 주도하는 이들은 다름 아닌 몇 블록 건너 커다란 집에 살며 최신형 차를 모는 가족이다. 딸의 이름을 처음으로 앰버나 헤더라고 지었던 사람들은, 지금은 로렌이나 매디슨이라는 이름을 붙여주고 있다. 아들에게 저스틴이나 브랜던이란 이름을 지어주던 가정은 현재 자신의 아들을 알렉산더나 벤저민이라고 부른다. 부모들은 너무 가까운 사람들(일가친척이나 친한 친구들)이 쓰는 이름을 가로채고 싶어하지 않는다. 하지만 많은 부모들이 (인식하든 인식하지 못하든) '성공적'으로 보이는 이름을 선호한다.

그런데 사람들이 부유층 이름을 대거 차용하기 시작하면 부유층 부모들은 그 이름을 포기하기 시작한다. 그리고 결국에는 너무 흔해진 나머지 저소득층 부모들도 선호하지 않게 되고, 이 이름은 순환 과정에서 완전히 해방된다. 한편 저소득층 부모는 상위층 부모들이 길들여놓은 다른 이름을 찾아 나선다.

따라서 여기에 함축된 바는 분명하다. 알렉산드라, 로렌, 캐서린, 매디슨, 레이첼이란 이름을 지어준 부모들은 그 명성이 그리 오래가리라 기대해선 안 된다는 것이다. 그 이름들은 이미 과다 노출을 겪었으니 말이다. 그렇다면 새로운 부유층 이름은 어디에서 올까?

248~250쪽에서 다룬 바 있는, 꽤나 괴상해 보이지만 캘리포니아에서 가장 '똑똑한' 아이들 이름이 그 기원이 된다는 것은 그다지 놀라운 일이 아닐 것이다. 오나Oona, 글리니스Glynnis, 플로리안Florian, 키아Kia 같은 이름은 앞으로도 유명세를 타지 못할 게 분명해 보인다. 오늘날 주류를 형성하고 있는 이름들 대다수(데이비드, 조너선, 새뮤얼, 벤저민, 레이첼, 한나, 사라, 레베카)가 헤브라이어 성경에서 나온 건 사실이지만, 대부분의 헤브라이어 이름(로템, 조피아, 아키바, 제브) 등도 마찬가지 운명을 겪을 것이다. 현대식 헤브라이어 이름인 아비바는 유명세를 탈 준비가 되어 있는 것 같다. 발음이 쉬울 뿐만 아니라, 예쁘고 쾌활해 보이며, 적당한 융통성도 갖추었다.

다음은 '똑똑한' 아이 데이터베이스에서 나온 현재의 부유층 이름 견본이다. 이들 중 몇몇은 겉보기에는 전혀 그럴 것 같지 않아 보인다 해도 장차 주류 이름이 될 것임이 틀림없다. 비웃기 전에 다시 한 번 생각해보라. '매디슨'이란 이름도 10년 전에는 이보다 더 우스웠으면 우스웠지 결코 덜하진 않았다.

2015년에 가장 인기 있을 여자아이 이름?	2015년에 가장 인기 있을 남자아이 이름?
아니카 Annika	에이단 Aidan
앤슬리 Ansley	알도 Aldo
아바 Ava	앤더슨 Anderson
에이버리 Avery	안셀 Ansel
아비바 Aviva	애셔 Asher
클레멘타인 Clementine	베케트 Beckett
엘리노어 Eleanor	베네트 Bennett
엘라 Ella	카터 Carter
에마 Emma	쿠퍼 Cooper
피오나 Fiona	피네간 Finnegan
플래너리 Flannery	하퍼 Harper
그레이스 Grace	잭슨 Jackson
이사벨 Isabel	요한 Johan
케이트 Kate	케이온 Keyon
라라 Lara	리암 Liam
린덴 Linden	맥시밀리언 Maximilian
메이브 Maeve	맥그리거 MacGregor
마리-클레르 Marie-Claire	올리버 Oliver
마야 Maya	리건 Reagan
필리파 Philippa	샌더 Sander
피비 Phoebe	섬너 Sumner
퀸 Quinn	윌 Will
소피 Sophie	
웨이벌리 Waverly	

부모는 아이에게 과연 영향을 미치는가?

부모들이 아이에게 지어줄 이름을 생각할 때는 분명 다양한 요인들이 작용한다. 전통적인 이름, 자유분방한 이름, 어쩌면 독특한 것을 찾거나 유행에 완벽하게 맞는 이름을 원할 수도 있다. 의식적이든 무의식적이든 모든 부모가 '똑똑한' 이름이나 '부유층' 이름을 찾는다고 하면 과장일 것이다. 하지만 위너든 루저든, 매디슨이든 앰버든, 셔티드든 샌더든, 드숀이든 제이크든, 부모는 모두 자식의 이름으로 '무언가'를 전달하려고 한다. 캘리포니아 데이터가 밝혀낸 바에 따르면, 대다수의 부모가 이름을 통해 자신의 자녀들이 앞으로 얼마나 성공적일지 '그들 자신의 기대'를 표현한다. 이름 자체는 아주 미미한 변화도 만들어내지 못한다. 하지만 부모들로서는 적어도 시작부터 최선을 다한다는 사실을 위안으로 삼을 수 있을 것이다.

나오며

하버드로 가는 두 갈래 길

FREAKONOMICS

    모든 페이지를 넘긴 지금, 우리가 책 서두에서 했던 약속을 지켰음을 확인했을 것이다. 이 책에는 정말 '하나로 통합된 중심 주제'가 전혀 없다는 것 말이다.

    그렇다, 『괴짜경제학』에는 통합된 중심 주제가 없다. 하지만 적어도 괴짜경제학을 일상에 적용하는 데에는 이를 관통하는 하나의 공통된 끈이 존재한다. 바로 세상 사람들의 실제 행동방식에 관해 이치에 맞게 생각하는 것이다. 이때 우리에게 필요한 것은 기존의 방식과는 다른 방식으로 무언가를 관찰하고, 분별하고 측정하는 것뿐이다. 어려운 일도 아니고, 극도로 복잡한 사고가 필요한 일도 아니다. 본질적으로 우리의 노력은 전형적인 갱단원이나 스모 선수가 무슨 생각을 하는지 이해하는 데 집중되지 않았던가. (물론 그 과정을 반대로 밟아나가야 하기는 했지만.)

    과연 이러한 사고 능력이 당신의 삶을 실제로 개선해줄까? 아니, 그렇지는 않을 것이다. 실질적인 문제 해결을 위해서라면, 집 수영장 주위에 튼튼한 문을 설치하거나 부동산 중개인이 좀더 열심히 일하도록 몰아치는 편이 낫다. 하지만 당신이 겪은 변화는 이보다 훨씬 미묘하다. 어쩌면 당신은 사회 통념에 대해 좀더 회의적이 되었을지도 모른다. 사물이 겉보기와는 어떻게 다른지 단서를 찾아 헤매기 시작할지도 모른다. 일련의 데이터를 수집해 그것을 정제精製하고, 그 과정에서 지력과 직관을 조화시켜 어렴풋하지만 새로운 아이디어에 도달할 가능성도 있다. 이런 아이디어 중 몇몇은 당신을 불편하게 만들 수도 있고, 심지어는 당신의 평판을 떨어뜨릴 수도 있다. 낙태 합법화가 범죄율을 크게 떨어뜨렸다는 주장은 윤리적 반론의 폭발적인 반응을 일으켰다. 하지만 괴짜경제학식의 사고는 단순히 윤리적인 문제를 취급하는 게 아니다. 이 책의 '들어가며'에서 이미 이야기했듯, 윤리학이 이상 세계를 반영한다면 경제학은 현실 세계를 반영한다.

이 책을 읽음으로써 얻을 수 있는 성과는 아주 단순하다. 바로 스스로 많은 질문을 던지게 된다는 것이다. 이 중 대다수는 아무런 소득도 가져다주지 않을 것이다. 하지만 어떤 것들은 흥미롭고 때로는 심지어 아주 놀라운 답을 내놓을 수도 있다. 이 책의 제5장 시작 부분에서 제기된 질문을 한번 생각해보라. 과연 부모는 실제로 얼마나 중요할까?

이제까지 나온 자료에 따르면 어떤 면(그 중 대부분은 아이가 태어나기 이미 오래전에 결정되어 있다)에서는 부모가 상당히 큰 영향을 끼치지만, 어떤 면(우리가 고민하는 부분)에서는 전혀 영향을 끼치지 않는다는 것이 분명해졌다. 자녀의 성공을 위해 무언가를 해주려고 노력하는 부모를 탓할 수는 없다. 그것이 자녀에게 아주 근사한 이름을 지어주는 것만큼이나 성공과 관련 없는 일이라 해도 말이다.

하지만 최상의 양육을 위해 노력하는 사람들도 무작위성이라는 거대한 요인의 영향을 받는다. 자신이 어느 모로 보나 전형적인 사람이라 해도, 지적이며 헌신적인 부모의 자녀가 심하게 탈선하는 경우에 대해 익히 알고 있을 것이다. 또는 그 반대의 예로 의지도 없고 습관도 나쁜 부모의 자녀가 큰 성공을 거두기도 한다.

잠시 제5장에서 언급한 바 있는 두 소년(한 명은 백인이고 한 명은 흑인)을 떠올려보자. (왜 제5장에서 이 소년들에 대한 마무리 언급이 없는지 궁금해했던 독자들이 있었으리라 믿는다.) 시카고의 외곽에서 자란 그 백인 소년의 부모는 현명하고, 견실하고, 아이들을 격려하고 사랑해주었으며, 교육과 가정을 강조했다. 한편 데이토나 비치 출신의 흑인 소년은 어머니에게 버림받고 아버지에게는 구타를 당했으며, 10대 때에는 폭력조직에 깊이 개입한 적도 있었다. 이 두 소년은 어떻게 되었을까?

현재 스물여덟 살이 된 두 번째 소년 롤랜드 G. 프라이어 주니어는 하버드 대학의 경제학자가 되어 '흑인들의 낮은 성취도'에 대해 연구하고 있다.

백인 아이 역시 하버드에 갔다. 하지만 이후 그의 삶은 잘못 돌아가기 시작했다. 소년의 이름은 테드 카진스키 Ted Kaczynski, 일명 유나바머 Unabomber로 17년 동안 폭탄 테러로 온 미국을 공포에 떨게 만든 장본인이다.

FREAKONOMICS
Revised and Expanded Edition

괴짜경제학 보너스 자료

1 **스티븐 레빗, 그는 누구인가** : 『뉴욕 타임스 매거진』 인물 소개 기사. 이 책의 저자 중 한 명 (더브너)이 다른 한 명(레빗)을 취재한 내용이며, 이 책의 탄생에 단초를 제공했던 기사다.

2 **괴짜경제학 칼럼 7편** : 『괴짜경제학』 출간 후, 2005년 8월에서 2006년 4월 사이에 『뉴욕 타임스 매거진』에 실린 칼럼 7편이다.

3 **괴짜경제학 블로그 게시글** : 2005년 3월에서 2006년 5월 사이에 저자들의 블로그 (www.freakonomics.com/blog/)에 게시된 여러 다양한 글들 가운데 몇 편을 골랐다.

1 스티븐 레빗, 그는 누구인가

부동산 중개업자는 무엇 때문에 당신을 속일까?
글_ 스티븐 J. 더브너
『뉴욕 타임스 매거진』 2003년 8월 3일자

　시카고 남부의 한 도로, 신호등에 빨간 불이 들어오자 미국에서 가장 영리한 젊은 경제학자(적어도 선배 학자들이 보기엔 그렇다)는 브레이크를 밟았다. 밝은 햇살이 쏟아지는 6월 중순의 어느 화창한 날이었다. 그는 낡은 초록색 셰비 카발리에를 몰고 있었는데, 계기판은 먼지로 흐릿했고 창문은 잘 닫히지 않아 속도를 내면 둔탁한 소음을 울려댔다.
　하지만 지금은 그의 차도 조용히 입을 다물고 있었다. 한낮의 도로 역시 고요했다. 주유소와 끝이 보이지 않는 콘크리트 도로, 나무 창문이 달린 벽돌 건물들이 적막함을 더했다.
　나이 많은 부랑자 하나가 접근했다. 노숙자였다. 그가 들고 있는 종이에는 이런 내용이 적혀 있었다. "불쌍한 노숙자에게 적선을!" 그는 6월에 입기에는 너무 두꺼워 보이는 해진 재킷을 걸치고 머리에는 때 묻은 빨간 야구 모자를 쓰고 있었다.

경제학자는 자동차 문의 잠금장치를 누르지도, 차를 앞으로 움직이지도 않았다. 그렇다고 잔돈을 찾아 주머니를 뒤지지도 않았다. 그저 지그시 지켜볼 뿐이었다. 그는 마치 둘 사이에 자기 쪽에서만 볼 수 있는 '매직미러'라도 놓여 있는 듯 잠자코 노숙자를 관찰했다. 잠시 후 노숙자는 다른 곳으로 발길을 돌렸다.

"아주 멋진 헤드폰을 끼고 있군요." 백미러에 비친 부랑자의 뒷모습을 좇으며 경제학자가 말했다. "제 것보다도 훨씬 좋은 헤드폰이에요. 저것만 빼면 훨씬 더 노숙자 같아 보일 텐데."

스티븐 레빗은 평범한 이들과는 다른 시각으로 세상을 바라본다. 물론 다른 경제학자들과도 다르다. 이는 경제학자에 대해 어떻게 생각하느냐에 따라 훌륭한 장점이 될 수도, 혹은 골치 아픈 문제점이 될 수도 있다. 일반적으로 경제학자는 금융 문제라면 무엇이든 짐짓 점체하며 식견을 늘어놓는 사람으로 생각한다. 그러나 혹시 누군가가 어찌어찌 기회가 생겨 레빗에게 어떤 표준적인 경제 문제에 대해 묻는다면, 아마 그는 머리를 쓸어올리며 무지에 대한 변명을 늘어놓을 것이다. "모르는 것에 대해 아는 척하는 태도를 오래전에 버렸습니다. 그러니까 사실 난 경제학에 대해 아는 게 그리 많지 않습니다. 수학을 잘하지도 못하고, 경제지표 계산에도 재주가 없지요. 그리고 이론을 어떻게 세우는지도 모릅니다. 만약에 당신이 내게 주가가 올라갈 것인지 내려갈 것인지 묻는다면, 아니면 경기가 호황일지 불황일지, 디플레이션이 좋은 건지 나쁜 건지, 세금에 대해선 어떻게 생각하는지 묻는다면… 그러니까 내 말은, 내가 그런 것들에 대해 잘 아는 것처럼 대답한다면 그건 새빨간 거짓말이라는 거죠."

레빗의 견해에 따르면, 경제학은 해답을 얻는 데 유용한 훌륭한 도구들을 보유하고 있는 반면, 흥미로운 질문은 심각할 정도로 부족한 학문이다. 레빗이 지닌 특수한 재능은 바로 그러한 질문을 던지는 능력이다. 몇 가지 예를 들어보면 다음과 같다. 마약 판매상이 정말로 많은 돈을 번다면 어째서 여전히 어머니와 함께 사는 것일까? 총기와 수영장 가운데 어떤 것이 더 위험한가? 지난 10년간 범죄율이 급락한 이유는? 부동산 중개인들은 진실로 고객의 이익을 위해 최선을 다하는가? 어째서 흑인 부모들은 자녀들의 인생에 방해가 될지도 모르는 이름을 지어주는 것일까? 고부담시험(high-stakes test: 검사 결과가 개인뿐만 아니라 학교 및 사회에도 큰 영향을 끼치는 시험. 각종 자격시험, 수학능력시험 등이 대표적이다 - 옮긴이)의 기준을 충족시키기 위해 부정행위를 저지르는 교사는 없는가? 스모 선수들의 승부 조작을 증명하는 방법은?

그리고 찢어진 옷을 걸친 노숙자가 어떻게 50달러짜리 헤드폰을 끼고 다닐 수 있을까?

많은 이들이 - 그의 동료들을 포함해 - 레빗의 이러한 연구들을 경제학으로 인정하지 않을지도 모른다. 그러나 그는 소위 따분하고 재미없는 이 학문을 증류하여 불순물을 제거함으로써 경제학의 가장 순수한 목적만을 추출해내고 있는지도 모른다. 경제학의 목적, 그것은 바로 사람들이 어떻게 자신이 원하는 바를 손에 넣는가에 대해 설명하는 것이다. 대부분의 학자들과 달리 그는 개인적인 호기심과 관찰력을 사용하는 데 주저하지 않는다. 또한 갖가지 일화와 이야기를 이용하는 것도 두려워하지 않는다(하지만 미적분학만큼은 꺼려한다). 레빗은 직관론자다. 그는 산더미 같은 데이터를 분석하여 아무도 발견하지 못한 이야기를 찾아낸다. 다른 베테랑 경제학자들이 '측정 불가'라고 선언한 영향력과 결과를 측정하는 방법도 도출해낸다. 그에게 끝없는 흥미를 불러일으키는 최대의 관심사는 - 비록 그 자신은 한 번도 그러한 불법 행위를 저질러본 적이 없다고 말하지만 - 부정행위와 부패, 그리고 범죄다.

한편 노숙자가 끼고 있던 헤드폰에 대한 그의 관심은 그리 오래가지 않았다. 그가 나중에 한 말을 들어보자. "어쩌면 요즘 내가 너무 정신없이 바쁜 탓에 맘에 드는 헤드폰 하나 살 시간을 못 내고 있어서 그게 유독 눈에 들어온 건지도 모르지요."

레빗은 자신의 연구 주제 중 일부가 평범하고 사소한 것이라고 말한 최초의 인물이다. 그러나 그는 자신이 독창적인 연구자이며 통찰력이 뛰어난 사상가임을 입증해왔고, 그래서 해당 분야의 변방이 할당되는 대신 정반대의 일이 벌어졌다. 그는 다른 경제학자 동료들에게 그들이 평소에 사용해왔던 연구 도구가 현실 세계를 분석하는 데 얼마나 탁월한 능력을 발휘할 수 있는지 보여주었다. "레빗은 경제학계에서 반신半神과도 같은 존재입니다. 창의력에 있어서라면 경제학계에서, 아니 모든 사회과학 분야에서 그를 따라갈 인물이 없을 겁니다." 캘리포니아 공과대학의 경제학자 콜린 F. 캐머러 Colin F. Camerer의 말이다. "레빗은 경제학 대학원에 가는 모든 사람들이 그렇게 되길 꿈꾸는 이상적인 경제학자입니다. 하지만 막상 대학원에 가면 그들이 지녔던 창의력의 불씨는 끝이 보이지 않는 수학에 질려 꺼져버리지요… 레빗은, 말하자면 사건의 진상을 파헤치는 인텔리 탐정인 셈입니다."

레빗은 일련의 대중화 과정을 겪고 있는 분야에서 대표적인 대중주의자다. 일류 대학의 경제학과는 신입생들로 넘쳐나고 있다. 경제학을 지적인 명성(잘하면 노벨 경제학상을 탈 수도 있지 않은가)과 수준 높은 재정적 경력(레빗처럼 학계에 남지만 않는다면 큰돈을 벌 수도 있으니까)을 쌓을 수 있는 이상적인 학부 과정으로 보고 있기 때문이다. 주식시장에 대한 세간의 맹목적 숭배와 앨런 그린스펀 Alan Greenspan에 대한 병적인 애착 덕분에 경제학은 이제 실생활에서도 역사상 그 어느 때보다 더 눈에 잘 띄는 학문이 된 상태다.

그렇지만 가장 큰 변화는 해당 학문의 계급체계 내부에서 일어나고 있다. 미시경제학자가 거시경제학자를 경쟁에서 제치고 있으며, 경험주의자가 이론주의자를 경쟁에서 떼어놓고 있다. 또한 행동경제학자 behavioral economist들은 우리들 개개인에 이성적인 의사결정권자가 존재한다고 가정하는 '호모 에코노미쿠스 homo economicus' 개념에 미심쩍은 눈초리를 보내고 있으며, 어느 분야에 속하든 젊은 경제학자들은 실생활과 밀접한 주제들을 탐구하려는 성향을 보이는 한편, 심리학이나 범죄학, 사회학, 심지어 신경학 등과 같은 인접 학문까지 깊이 파고들고 싶어한다. 자신들의 학문을 수학적 모델에 대한 노예적인 의존에서 구하려는 의도로 말이다.

레빗은 어디에나 속할 수 있는 사람이자, 동시에 어디에도 속하지 않는 존재다. 모두가 원하지만 그 누구도 붙잡을 수 없는 사색하는 나비다. (그는 한때 경제팀에 합류해달라는 클린턴 행정부의 요청을 받은 바 있으며, 2000년 대통령 선거 때에는 부시 선거운동본부에서 범죄문제 자문역을 맡아달라는 제의를 받았다.) 그러면서도 폭넓게 인정받는 인재인 것이다. "스티븐 레빗은 사실 행동경제학자가 아닙니다. 행동경제학자들이야 물론 그가 끼면 좋아하겠지만 말입니다." 시카고 경영대학원에서 경제학을 가르치는 오스턴 굴스비 Austan Goolsbee 교수의 설명이다. "그렇다면 전통적으로 가격 이론에 치중하는 시카고학파에 속하느냐? 그것도 아닙니다. 여기 시카고 친구들이야 그를 원하지만 말입니다. 그럼 케임

브리지학파냐? 그것도 아닙니다. 그들은 그가 돌아오길 간절히 원하지만." 레빗은 하버드 대학을 졸업하고 동 대학원에서 석사학위를 땄고, 박사학위는 MIT에서 취득했다.

물론 레빗을 비판하는 사람들도 있다. 텍사스 대학의 저명한 노동경제학자labor economist 대니얼 해머메시Daniel Hamermesh는 레빗의 논문 「낙태 합법화가 범죄에 미치는 영향」을 학부생들의 교재로 쓴 바 있다고 한다. "그 논문을 초고 상태로도 보았고, 인쇄판으로도 상세하게 살펴봤는데, 뭐, 잘못된 부분은 하나도 없다는 생각이 들더군요. 그런데 문제는 하나도 공감이 안 간다는 거예요. 스모 선수들에 대한 연구만 해도 그래요. 그게 뭐가 대수고, 관심을 기울일 가치는 또 뭐가 있단 말입니까? 180킬로그램씩 나가는 일본인이 아닌 다음에야."

그러나 레빗은 서른여섯 살에 미국에서 가장 전설적인 학과 과정으로 통하는, 시카고 대학 경제학과의 정교수다. (그는 재직 2년 만에 종신재직권을 받았다.) 그는 또한 업계 최고의 전문지 『폴리티컬 이코노미 저널The Journal of Political Economy』의 편집자로도 활동하고 있다. 최근 미국 경제학회는 40세 이하 미국 최고 경제학자에게 격년제로 수여하는 존 베이츠 클라크 메달을 그에게 수여했다.

레빗은 다양한 분야와 관련해 다양한 논문을 발표하는 학자다. 그러나 낙태 증가와 범죄율 감소의 연관성을 밝힌 그의 논문은 나머지 논문 모두를 합한 것보다 더 시끄러운 논란을 불러일으켰다. 논문의 공저자인 스탠퍼드 법학대학원의 존 도너휴와 레빗은 1990년대 초 이래로 계속되어온 범죄율 하락의 원인 가운데 50% 정도를 로 대 웨이드 사건에서 찾을 수 있다고 주장했다. 그들의 논리는 이렇다. 낙태의 필요성에 가장 많이 직면하는 여성들(가난하거나 싱글이거나 흑인이거나 10대인 여성들)은, 만약에 태어난다면 범죄자가 될 가능성이 가장 높은 아이들을 낳는다. 그런데 그러한 아이들이 태어나지 않았기 때문에, 그들이 태어났더라면 범죄 적령기에 접어들었을 시점부터 범죄율이 감소하기 시작했다는 것이다. 대화 중 레빗은 이 이론을 적절한 삼단논법으로 요약해 주었다. "원치 않는 출산은 높은 범죄율의 원인이 된다. 낙태는 원치 않는 출산을 줄여준다. 고로 낙태는 낮은 범죄율의 원인이 된다."

레빗은 이미 그 전에도 여러 차례에 걸쳐 범죄와 처벌을 주제로 논문을 발표한 전력이 있었다. 그 중에서 대학원생 시절에 쓴 논문 한 편은 지금도 각종 연구서에 꾸준히 인용되고 있다. 그 논문의 제목은 천진할 정도로 단순하다. 「경찰 인력의 증가가 범죄율 감소와 관련이 있을까?」 답은 명료해 보인다. "그렇다"일 것이 분명해 보인다는 얘기다. 그러나 그것을 논리적으로 증명한 사람은 아무도 없었다. 경찰관의 수는 범죄 발생 건수의 증가에 따라 늘어나는 경향이 있는 까닭에 경찰 인력 증가의 효과를 측정하는 데 꽤나 까다로운 문제가 수반되었던 것이다.

레빗에게 필요한 것은 범죄율과 경관 채용을 결부 지을 필요가 없는 메커니즘이었다. 그는 그것을 정치 역학에서 발견했다. 재선을 노리고 출마하는 시장이나 주지사가 종종 경관 채용을 늘린다는 사실을 알아챈 것이다. 바로 그러한 인력 증가를 범죄율과 결부시켜 측정함으로써 레빗은 경찰 인력의 증가가 실제로 폭력 범죄를 감소시킨다는 결론을 내릴 수 있었다.

그 논문은 후에 논박의 대상이 되었다. 어떤 대학원생이 그의 논문에서 심각한 수학적 오류 하나를 발견한 것이다. 그러나 그것으로 인해 레빗이 지닌 방법론 도출의 천재성이 훼손된 것은 아니었다. 그는 단순하고 간단한 해법의 대가로 인정받기 시작했다. 이를테면 그는 소위 슬랩 코미디에 등장하는, 고장 난 기계를 둘러싸고 수십 명의 엔지니어들이 엎치락뒤치락 난리판을 벌이고 있을 때 한쪽 옆에서 기계의 전기 코드가 빠져 있다는 사실을 발견하는 그런 인물이었다.

경찰 인력의 증가가 범죄를 막는 데 효과가 있다는 주장은 레빗에게 적을 만들어주지 않았다. 그러나 낙태가 범죄를 막는 데 효과가 있다는 주장은 전혀 딴판인 상황을 만들어주었다.

2001년에 발표한 낙태에 관한 논문에서 레빗과 공동 저자 존 도너휴는 자신들의 연구가 "낙태를 지지한다거나 출산에 대한 여성의 결정에 주 정부가 개입해야 한다는 의미로 오해받아서는 안 된다"고 경고했다. 그들의 의도는 오히려 "미래에 범죄자가 되기 쉬운 환경에 있는 아이들에게 더 좋은 환경을 제공해주는 것만으로도 쉽게 범죄율을 낮출 수 있다"는 사실을 제시하는 것이었다.

그럼에도 불구하고 그들이 선택한 주제는 거의 모든 이들을 불쾌하게 만들었다. 보수주의자들은 낙태가 범죄예방 수단으로 해석될 수 있다는 사실에 분개했다. 진보진영은 가난한 흑인 여성이 낙태의 대상으로 지목됐다는 사실에 대경실색했다. 경제학자들은 레빗의 방법론에 문제가 있다고 불평했다. 삼단논법이란 결국 마법의 속임수가 될 수도 있는 것 아닌가. "모든 고양이는 죽는다. 소크라테스는 죽었다. 고로 소크라테스는 고양이였다."

문제의 '낙태 논문'에 대해 비판적인 글을 쓴, 바루크 대학의 경제학자 테드 조이스Ted Joyce는 이렇게 말한다. "나는 그가 많은 분야에서 명석함을 드러낸 친구라고 생각합니다. 특히 역逆인과관계 문제에 집중하는 그의 방식은 퍽이나 인상적이었지요. 그러나 이번 경우에는 그런 문제를 무시하거나 아니면 충분히 주의를 기울이지 않은 게 아닌가 싶네요."

대중매체들이 낙태와 범죄율에 대한 이야기에 게걸스레 달려드는 동안 레빗은 현란한 집중포화 아래 노출됐다. 그는 이념주의자(보수진영과 진보진영 양쪽 모두로부터), 인종개량론자, 인종차별주의자, 지독한 악당 등으로 낙인찍혔다.

그러나 사실 그는 세상이 찍은 어떤 낙인과도 별로 연관성이 없어 보인다. 그는 정치에 그다지 관심이 없고, 심지어 도덕화moralizing에는 더더욱 관심이 없다. 그는 온화하고 자기표현을 절제하며 침착한 데다 자신감이 넘치지만, 그렇다고 건방진 것은 아니다. 그는 학생들과 동료들로부터 존경받는 교수다. 그는 찾는 사람이 많은 공동 연구자다. 호기심의 폭이 워낙 넓은 까닭에 그는 종종 자신의 분야와 거리가 먼 곳에서 일하는 학자들과도 공동 연구를 수행한다. 이는 경제학자로서는 보기 드문 자질이다.

"이런 표현을 쓰기는 싫지만, 그는 사기꾼입니다. 좋은 의미로 말입니다." 컬럼비아 대학의 사회학자 수디르 벤카테시는 말한다. "셰익스피어의 희극에 나오는 어릿광대 같은 친구지요. 그와 함께 공동 작업을 수행해보세요. 자기가 내놓은 아이디어들도 당신이 낸 것으로 믿게 만들어버린다니까요." 벤카테시는 「마약 판매상의 재정에 대한 경제적 분석」이라는 논문의 공저자다. 레빗과 벤카테시는 그 논문에서 일반적인 길거리 마약 판매상이 어머니와 함께 사는 이유가 수입이 형편없기 때문이라는 주장을 펼친다. 논문은 한 크랙(코카인 정제 저질 마약에 대한 속어) 갱단의 재정 활동을 마치 기업의 그것처럼 분석했다. (전직 갱단원에게서 자료를 수집한 인물이 바로 벤카테시였다.) 그런 분석을 시도한 사람은 아무도 없었다. 레빗은 해당 논문의 한 인쇄본에 짐짓 이렇게 쓴 바 있다. "이러한 초점 부족은 필경 부분적으로는 갱단에 대한 연구를 수행한 경제학자가 거의 없었다는 사실에 기인할 것이다."

아이투의 혀 짧은 소리가 섞여 있는 말투나 외모를 보면 레빗은 영락없는 샌님이다. 격자무늬 남방에 아무런 특징도 없는 카키색 바지를 입고, 허리에는 꽈배기형 벨트를 두르고, 발에는 평범한 갈색 신발을 신고 있다. 그의 수첩에는 미국 경제조사국 로고가 박혀 있다. "저는 그이가 1년에 세 번 이상 이발을 했으면 좋겠어요." 그의 아내 저넷 Jeannette은 이렇게 말한다. "그리고 15년 전에 산 안경도 이제 그만 끼었으면 해요. 그때도 그건 한물간 물건이었다니까요, 글쎄." 그는 고등학교 시절 상당히 뛰어난 골프 선수였지만 지금은 신체적으로 너무나 약해진 나머지 스스로를 "지구상에 살아 있는 가장 연약한 인간"이라고 부를 정도이며, 집 안에 있을 때는 병뚜껑을 여는 것조차 아내에게 부탁하곤 한다.

달리 말하자면, 논쟁에 불을 지피는 '화염 방사기'의 기미는 그의 외관이나 태도, 그 어디에서도 찾아볼 수 없다. 그는 자신이 하는 일이라고는 밤낮 가리지 않고 책상에 앉아 산더미같이 쌓인 이상한 자료들과 씨름하는 것뿐이라고 말한다. 그는 또 그런 일이라면 얼마든지 공짜로 해줄 수도 있다고(소문에 의하면 그의 연봉은 20만 달러가 넘는다.) 말하는데, 그 말이 거짓말처럼 들리지 않는다. 그는 우연한 선동가일지도 모르지만, 그럼에도 불구하고 선동가는 선동가다.

레빗은 부정행위자를 적발하는 데 특히 즐거움을 느낀다. 한 논문에서 그는 부정행위를 저지른 교사들을 잡아낼 수 있는 일련의 연산 방식을 선보였다(그의 조사 대상은 시카고 공립학교 교사들이었다). 레빗과 공저자 브라이언 제이콥(Brian Jacob : 하버드 행정대학원 교수)은 「부정행위 교사를 적발하는 방법」이라는 논문에서 이렇게 썼다. "부정행위를 저지른 학급은 그렇지 않은 학급과 여러 면에서 체계적으로 다른 특질을 드러내게 마련이다. 예컨대 부정행위 학급의 학생들은 그런 행위가 저질러진 해의 시험성적만 특이하게 큰 폭으로 향상되었다가 부정행위에 기인한 상승효과가 사라지는 그 다음 해에는 특이하게 소폭 향상되거나 심지어 퇴보했을 가능성이 크다."

레빗은 이미 오래전부터 다른 연구자들도 이용이 가능했던 시카고 내 공립학교들의 시험성적 자료를 이용했다. 교사들이 부정행위를 저지를 수 있는 방법이 매우 다양하다는 점을 그는 깨달았다. 아주 뻔뻔한(그리고 멍청한) 교사라면 아예 학생들에게 정답을 가르쳐줄 수도 있었다. 혹은 시험시간이 끝난 후 학생들의 오답을 지우고 정답을 적어 넣는 방법도 있었다. 영리한 부정행위자라면 학생들의 답안지들 사이에 동일한 답이 연속되는 특징적인 구간이 생기지 않도록 주의를 기울일 것이었다. 그러나 레빗은 더 영리했다. "의심스러운 구간을 분석하는 첫 번째 단계는 각각의 학생이 각각의 문제에 대해 특정한 답을 적을 확률을 산출하는 것이다. 그러한 산출은 과거의 시험성적과 인구통계학적 특성 및 사회경제학적 특성을 설명 변수(explanatory variables : 독립 변수와 같음)로 두고 다항의 로짓 구조multinomial logit framework를 이용하여 뽑을 수 있다.

그렇게 다수의 인자(특정 문제의 난이도, 학생들이 어려운 문제를 맞히거나 쉬운 문제를 틀리는 빈도, 한 학급에서 특정한 답들이 상관관계를 갖는 정도 등)를 측정함으로써 레빗은 어떤 교사들이 부정행위를 저지르고 있는지 파악했다. (필경 그만큼 가치 있는 일로서, 그는 그 과정에서 훌륭한 교사들도 파악할 수 있었다.) 시카고 교육당국은 레빗이 찾아낸 결과를 반박하는 대신 그를 초빙해 상황 설명을 듣고 의심스러운 학교들에 대해 재시험을 실시했다. 그리고 재시험 결과를 토대로 부정행위 교사들을 적발해 파면 조치했다.

이어서 레빗이 발표한 논문이 바로 최근에 나온「1990년대 범죄율 감소에 대한 이해: 범죄율 감소에 영향을 미친 네 가지 요인과, 전혀 관계없는 일곱 가지 요인」이다. 레빗은 전체적인 범죄율 감소가 경찰 인력의 증원과 수감 죄수의 증가, 마약 소비의 감소 그리고 로 대 웨이드 사건 덕분이었다고 말한다.

뉴욕 시장 루돌프 줄리아니와 경찰국장 윌리엄 브래턴이 그렇게 자랑하며 떠들었던 '혁신적인 치안전략'이라는 요인은 별다른 영향을 끼치지 못했다는 게 그의 주장이다.

"내 생각인데, 그렇게 말하는 사람은 나 혼자인가 봐요." 레빗의 말이다.

레빗은 미네소타 주 최대의 도시인 미니애폴리스 출신인데, 그의 가문은 다소 특이한 업적을 이룬 조상들로 유명하다. 그의 아버지는 의학 연구자로서 장내 가스 분야의 일류 권위자로 인정받고 있다. (아버지는 스스로를 "소화기관 내 가스에 지위를 부여하고 방귀에 품격을 부여한 사람"으로 일컫는다고 한다.) 그의 종조부 중 한 명은 『루돌프 사슴코 Rudolph the Red-Nosed Reindeer』를 쓴 로버트 메이Robert May다. 나중에 그 책을 토대로 노래를 지은 이는 또 다른 종조부인 조니 마크스Johnny Marks다.

하버드 시절 레빗은 말의 순종 번식에 관한 졸업 논문을 썼고, 최우등으로 졸업했다. (그는 여전히 경마에 집착한다. 지금도 경마 부정이 횡행하고 있다고 믿고 있으며, 그러한 경마 부정을 역이용할 수 있는 베팅 시스템을 고안해놓았노라고 말한다. 그런데 그 세부 방법은 좀처럼 가르쳐주지 않는다.) 그는 대학 졸업 후 2년간 경영 컨설턴트로 일하다가 경제학 박사 학위 코스를 밟기 위해 MIT에 등록했다. MIT 경제학 박사과정은 다른 무엇보다도 수학에 집중하는 것으로 유명했다. 레빗은 학부 시절 수학 과목은 단 한 번 수강한 적이 있었고, 거기서 배운 것도 죄다 까먹은 상태였다. 대학원 1학기 때 한번은 강의 시간에 옆에 앉은 학생에게 칠판에 적힌 공식과 관련해 질문을 했다. "저기 저 곧게 쭉 뻗은 도함수 기호와 저 꼬부라진 도함수 기호 사이에 어떤 차이가 있는 거지?" 그가 들은 대답은 이랬다. "너, 앞으로 갈 길이 참 험난하겠다. 네가 갈 그 험난한 길만큼의 차이가 있지."

"사람들은 그를 실패작으로 보았죠." 당시 대학원 동기였던 시카고 대학의 경제학자 오스턴 굴스비의 회상이다. "사람들은 '저 친구는 앞날이 깜깜해'라고 말하곤 했습니다."

레빗은 자기 나름의 코스를 마련했다. 다른 대학원생들은 좋은 성적을 받기 위해 수학 문제들과 씨름하며 밤을 지새우는 동안 그는 연구조사와 집필로 밤을 지새웠다. "나는 이 분야에서 성공하는 길은 위대한 논문을 쓰는 데 있다고 생각했습니다. 그런 생각이 들자마자 바로 시작했지요." 레빗의 설명이다.

때로는 하나의 질문을 던져놓고 연구를 시작했고, 때로는 우연히 눈에 띈 일련의 자료를 보고 연구를 개시했다. 어느 해 여름에는 수년치의 의회 선거결과를 컴퓨터에 입력하느라 방학을 다 써버리기도 했다. (레빗은 요즘에는 그 정도의 정보는 인터넷에서 손쉽게 구할 수 있기 때문에 학생들에게 자료를 입력하라고 시킬 수 없는 게 유감이라고 투덜거렸다.) 당시 그는 현직 의원들이 그렇게 종종 재선되는 이유에 대해 막연한 호기심을 가지고 있었다.

그러다가 그는 우연히 "돈이 선거의 전부"라고 주장하는 정치학 서적을 보게 되었다. 레빗은 회상한다. "그 책의 저자들은 선거결과를 선거비용의 기능으로 설명하려고 애썼지요. 정치헌금 기부자들은 실질적인 승산이 있는 후보자들에게 돈을 주는 경향이 강하고, 현직자들은 승산이 없어 보일 때 많은 돈을 쓰는 경향이 강하다는 사실은 완전히 무시한 채 말입니다. 선거비용은 되돌아보면 비슷하긴 하지만 똑같다고는 할 수 없는 유사 영향력을 선거결과에 미치는 것뿐인데, 그들은 그것을 인과관계로 확신한 것이지요."

적어도 레빗에게는 그 사실이 분명해 보였다. 5분도 채 지나지 않아 그는 자신이 쓸 논문의 대강을 그릴 수 있었다. "명약관화하게 떠오르더군요." 레빗의 회상이다.

문제는 자신이 가진 자료로는 누가 훌륭한 후보자이고 누가 그렇지 않은지 가릴 수가 없다는 점이었다. 그 때문에 돈의 영향력을 일단 배제하는 것 자체가 불가능했다. 경찰 인력의 증가와 범죄율 감소 사이의 수수께끼를 풀 때처럼, 그는 자료를 이리저리 들여다보며 실마리를 찾지 않을 수 없었다.

다행히도 실마리는 쉽게 잡혔다. 그 자신이 직접 입력한 자료였던 터라 실마리를 잡기가 더 쉬웠던 것이다. 그는 동일한 두 후보가 수차례 맞붙은 경우가 빈번하다는 사실을 발견했다. 오직 그러한 경우의 자료만 분석함으로써 레빗은 올바른 결과를 도출해낼 수 있었다. 그가 내린 결론은 이렇다. "선거비용이 선거결과에 미치는 영향력은 일반적으로 인식하는 수준의 10분의 1 정도다."

무명의 대학원생이었지만 그는 자신의 논문을 『정치경제저널The Journal of Political Economy』에 보냈다. 한 교수는 그런 시도 자체를 미친 짓이라고 평했지만, 그의 논문은 잡지에 실렸다. 레빗은 박사학위를 3년 만에 따냈다. 그러나 레빗의 말에 따르면, 자신이 우선적으로 역점을 둔 사안들 때문에(다시 말해 학과 성적은 등한시한 탓에) 그는 여전히 교수진에게는 '보이지 않는' 학생이었다. 그래서 그는 돌아보건대 경력의 전환점이라 할 수 있는 시기를 겪으며 고군분투해야 했다.

레빗은 하버드 특별연구원회Society of Fellows에 들어가기 위해 면접을 보았다. 하버드 특별연구원회는 유망한 젊은 학자들이 자신의 연구 과제를 정해서 3년 동안 자유롭게 연구할 수 있도록 연구비를 지원하는 유서 깊은 후원단체다. 레빗은 자신이 뽑히리라고는 기대조차 하지 않았다. 무엇보다 쟁쟁한 선배들이 많았고, 아직 스스로를 지식인이라고 생각하지 않았기 때문이다. 면접은 그의 선배 학자들, 다시 말해 세계적으로 유명한 철학자, 과학자, 역사학자들과 함께 저녁 만찬을 들며 진행될 예정이었고, 그는 첫 번째 요리 접시가 채 치워지기도 전에 말문이 막히지 않을까 염려스러웠다.

그러나 상황은 반대로 돌아가 그는 열변을 토해냈다. 두뇌, 개미, 철학 등등 무슨 주제가 나오건 전에 읽은 간결한 무언가가 그저 생각이 났다. 평생 재워놓았던 재치가 한꺼번에 깨어난 것만 같았다. 미네소타 경마장에서 거의 살다시피 하면서 베팅 체계 연구에 몰두하던 두 번의 여름방학에 대한 얘기를 풀어놓을 때에는 모두가 그의 입만 바라보며 열중했다.

그러다가 마침내 그의 우려대로, 선배 학자 하나가 레빗에게 말했다. "나는 자네 연구를 통합하는 중심 주제가 뭔지 잘 모르겠네. 좀 설명해줄 수 있겠나?"

레빗은 난처해졌다. 그 역시 자신의 연구를 하나로 아우르는 중심 주제가 무엇인지 알 수 없었다. 아니, 과연 그런 것이 있기나 한 걸까.

후에 노벨상을 수상하게 되는 경제학자 아마르티아 센Amartya Sen이 끼어들더니, 자신이 발견한 레빗의 주제에 관해 간략하고 훌륭하게 설명했다.

"맞습니다." 레빗이 기다렸다는 듯이 대답했다. "그게 제가 말하고자 하는 바입니다."

다른 학자가 또 다른 의견을 제시했다.

"그 말도 맞습니다." 레빗이 말했다. "그게 바로 제가 연구하는 중심 주제입니다."

마치 뼈다귀 하나를 두고 여러 마리의 개들이 몰려들듯, 그런 식의 의견 제시가 계속되었다. 그러다 결국 철학자 로버트 노직Robert Nozick이 말했다. 만약 레빗에게 지식인 영웅이 한 명 있다고 한다면, 그 영웅은 바로 노직일 것이다.

"자네 몇 살인가, 스티브?"

"스물여섯입니다."

노직은 다른 학자들에게로 몸을 돌렸다. "이 친구는 이제 겨우 스물여섯 살이네. 그렇다면 벌써부터 굳이 통합적인 중심 주제가 있을 필요는 없지 않은가? 어쩌면 이 젊은이는 재능이 너무나 풍부하여 어느 하나에 집착할 필요가 없는 친구인지도 모르지. 결국 그때그때 질문을 하나 택해서, 그에 대한 해답을 찾을 거라는 얘긴데, 그거면 충분하지 않은가?"

시카고 대학 경제학부는 하나의 통합적인 중심 주제가 있는 것으로 유명했다. 보수 성향이 가미된 '자유 시장에 대한 신조'가 바로 그것이었다. 그래서 레빗이 교수로 재직하기에 가장 적합한 곳은 아닌 것처럼 보였다. 레빗도 알고 있듯이, 시카고 대학은 이론과 깊은 사고, 거대한 아이디어로 대변되는 곳인 데 반해 그는 경험주의와 영리한 사고, 그리고 '기발하지만 궁극적으로는 사소한 아이디어'로 대변되는 인물이다.

그러나 시카고에는 또한 게리 베커 Gary Becker가 있었다. 레빗이 보기에 베커는 지난 50년 역사에서 가장 영향력이 큰 경제학자였다. 베커는 그런 것이 유행하기 오래전에 미시경제학을 엉뚱한 주제에 갖다붙인 인물이었다. 특히 가족과 범죄 같은 것이 그의 단골메뉴였다. 그래서 한동안 그에게는 '악마'라는 별칭이 따라붙었다. "아이의 가격" 등과 같은 문구가 형언할 수 없는 충격을 유발하곤 했기 때문이다. "경력을 밟는 내내 나의 연구가 어리석다거나 적절치 않다거나 경제학이 아니라고 생각하는 사람들로부터 정말 엄청난 시달림을 받아야 했지요." 베커의 회상이다. 그러나 시카고는 그에 대한 지원을 철회하지 않았고, 그는 묵묵히 견뎌냈으며, 그리하여 마침내 1992년 노벨 경제학상을 수상했다. 그리고 그는 스티븐 레빗이라는 젊은 경제학자의 역할모델이 되었다.

베커는 레빗에게 시카고가 그를 키워줄 훌륭한 환경이 될 거라고 말해주었다. "자네의 연구결과에 모두가 동의하지는 않을 걸세. 그러나 우리는 자네가 하는 일이 매우 흥미로운 작업이라는 점에 동의하고, 따라서 우리는 그런 점에서 자네를 지원할 걸세."

레빗은 시카고 대학에서 제공하는 도움이 단순히 학문 연구에 대한 지원에서 그치지 않는다는 것을 곧 체득했다. 그가 임용된 이듬해, 그의 아내는 첫 아이 앤드루를 낳았다. 앤드루는 갓 한 살을 넘긴 어느 날, 약간의 발열 증세를 보였다. 의사는 귀에 염증이 생긴 것이라고 진단했다. 다음 날 아침 앤드루가 토하기 시작했을 때, 레빗과 아내는 아이를 데리고 병원으로 갔다. 그리고 다음 날 아이는 폐렴구균성 수막염으로 사망했다.

레빗은 충격과 슬픔에 휩싸였지만, 강의해야 할 학부생 수업이 있었다. 그를 대신해 강의를 맡아준 사람은 곧 일흔 살을 앞둔 노벨상 수상자 개리 베커였다. 또 다른 동료인 D. 게일 존슨D. Gale Johnson이 보내준 위로 카드는 너무나 감동적이어서, 레빗은 구절 하나하나를 지금도 생생히 기억하고 있다.

이후 레빗은 80대에 접어든 농경제학자 존슨과 이야기를 나누는 일이 잦아졌다. 레빗은 존슨의 딸이 오래전에(그런 일이 시작된 초기에) 중국에서 여자아이를 입양했다는 사실을 알게 되었다. 레빗 역시 입양 절차를 밟아 여자아이 한 명을 입양하고 아만다라는 이름을 지어주었다. 그 후 레빗 부부는 세 살짜리 여자아이 한 명과 돌이 채 안 된 남자아이 한 명을 더 입양했다. 하지만 앤드루의 죽음은 여러 가지 면에서 계속 영향을 미쳤다. 레빗 부부는 앤드루의 간을 기증받은 어린 여자아이의 가족과 절친한 친구 사이가 되었다.(레빗 부부는 앤드루의 심장도 기증했지만, 심장을 기증받은 아이는 죽고 말았다.) 그리고 삶의 현실적 문제를 파헤치는 학자인 레빗에게 당연히 아들의 죽음은 연구 작업의 근간이 되었다.

레빗과 저넷은 자녀를 잃은 부모들의 모임에 가입했다. 레빗은 거기서 상당히 많은 수의 아이들이 수영장에서 익사사고를 당한다는 사실을 알고 놀랐다. 수영장 익사사고는 이제 신문에서도 잘 취급하지 않는 사고였다. 아이들이 총기를 가지고 놀다가 사고로 목숨을 잃으면 신문에 대문짝만 하게 실리는데 말이다.

이에 관심이 생긴 레빗은 진상을 밝혀줄 수치를 찾아 나섰다. 그리고 그 결과를 『시카고 선 타임스Chicago Sun-Times』에 특집기사로 발표했다. 레빗을 유명하게 만든, 직관에 반하며 울려 퍼지는 구슬픈 결과가 이 연구의 특징이었다. "집에 총기가 있고 뒤뜰에는 수영장이 있다면, 수영장이 아이를 죽음에 이르게 할 확률이 총기보다 대략 100배 정도 높다."

아이의 죽음을 잊기 위한 노력의 일환으로 레빗은 새로운 취미활동을 하나 시작했다. 자신이 사는 동네인 오크파크에서 낡은 집을 구입해 개보수한 뒤 다시 파는 부업을 시작한 것이다. 이 경험은 그가 또 다른 논문, 즉 부동산 중개인 시장에 관한 논문을 준비하는 계기를 마련해주었다. 이 논문은 가격 이론을 중심으로 전개되므로 어찌 보면 가장 시카고학파다운 성과물이었으며, 시카고 대학이 그에게 미친 영향력이 그가 시카고 대학에 미친 영향력만큼 강력했음을 보여주는 방증이기도 했다. 그러나 역시 레빗은 레빗, 이 논문도 부정행위를 주제로 다룬다.

낡은 주택을 구입하기 위해 흥정을 벌이는 과정에서, 그는 판매자의 중개인이 종종 구매자인 그에게 (대놓고 그러는 것은 아니었지만) 은연중 가격을 낮춰 제시하도록 유도한다는 사실을 발견했다. 이상한 일이었다. 중개인이라면 의당 판매자에게 최상의 이익이 돌아가도록 힘써야 하는 것 아닌가? 그는 중개인의 역할에 대해 좀더 깊이 생각해보지 않을 수 없었다.

부동산 중개인은 여타의 '전문가들(예컨대 자동차 정비공이나 주식 중개인 등)'처럼 일반인보다 해당 분야를 훨씬 더 잘 아는 사람들이다. 따라서 집주인은 중개인이 제공하는 정보를 신뢰하게 마련이다. 만약 중개인이 구매자가 제시한 낮은 가격을 집주인에게 들고 가서 그 가격이 기대할 수 있는 최대치일 것 같다고 말한다면 대개의 경우 집주인은 그 말을 믿을 수밖에 없다. 레빗은 문제의 열쇠가 중개인이 받는 몫에 있다고 결론 내렸다. 더 높은 가격에 집을 팔더라도 그렇게 해서 늘어나는 이익 가운데 극히 미미한 부분만이 중개인에게 돌아간다는 사실에 주목한 것이다. 매매 회전으로 수수료를 챙기는 주식 중개인이나 마권 발매로 수수료를 챙기는 마권업자처럼 부동산 중개인은 그저 거래의 성사에만 관심이 있다. 집주인에게 조금이라도 더 이익이 돌아가게 하기 위해 시간을 끄는 것보다 싼값에 빨리 처리하여 구전을 챙기는 것이 훨씬 더 이롭기 때문에 부동산 중개인은 그렇게 종종 '너무 빨리 너무 싸게' 팔도록 집주인을 종용하는 것이다.

이제 남은 것은 그러한 결과를 수치로 입증하는 것이었다. 이번에도 레빗은 영리한 메커니즘을 발견했다. 그는 일리노이 주 쿡카운티에서 거래된 5만 건 이상의 주택매매 자료를 이용하여 부동산 중개인이 자기 소유의 주택을 판매했을 때와 단지 중개인 역할만 했을 때의 차이를 비교 분석했다. 중개인 본인의 주택은 의뢰받은 주택보다 평균 10일 이상 시장에 더 머물렀고 평균 2% 이상 더 비싼 가격에 팔렸다.

어느 여름날 오후, 레빗은 시카고 대학의 고딕 양식 건물들 가운데 한 곳에 위치한 자신의 교수실에 앉아 있다. 천장은 여기저기 얼룩이 졌고 창문 둘레의 회반죽은 군데군데 떨어져나간 상태다. 레빗은 스탠퍼드에서 안식년을 보내고 막 돌아온 참이다. 책상은 책과 잡지 더미, 물컵, 오렌지 압착기 등으로 그야말로 난장판이다.

그날 오후는 학생들을 면담하는 시간이었다. 레빗은 마운틴듀를 마시며 차분한 어조로 학생들과 대화를 나눴다. 몇몇 학생은 연구과제를 받으러 왔고, 몇몇 학생은 조언을 구하러 왔다. 한 학생이 막 완성한 졸업논문을 들고 왔다. 논문 제목은 '불경기에 대학 졸업생들이 노동시장에 미치는 영향'이었다. "졸업논문으로는 매우 훌륭한 편이군." 레빗이 그 여학생에게 말했다. 그러자 여학생은 자신의 논문을 경제학 전문지에 보내고 싶어했다.

"자네는 대학생답게 글을 쓰는데, 그게 문제라네. 좀더 정확하게 말하자면 자네 논문은 마치 소설 같아. 여기저기 암시와 예시가 있고, 이런저런 트릭이 총동원되고 있어. 자네는 독자들이 자네가 설정한 특정한 경로를 따라가 주길 원하지. 그래서 그들이 결론을 읽을 때면 결론을 이해하는 것은 물론 100% 신뢰하게 되길 바라는 거야. 그러나 자네는 또 자네의 약점들에 대해서 정직한 태도를 보이고 싶은 마음도 있지. 사람들은 감추어진 약점들보다는 명백히 드러난 약점들에 대해 훨씬 덜 가혹하게 구는 법이니까…"

"자신의 약점들에 대해 정직한 태도를 보여라." 최고 권위의 상을 수상한 학자들 가운데 스티븐 레빗만큼 자신의 약점들에 대해 정직한 태도를 보인 사람이 있을까? 그는 경제학에 대한 이해가 짧고 수학을 잘 못한다고 스스로 말한다. 그는 거창한 사상가들의 세계에서 사소한 사상을 드러낸다. 그는 심지어 집에서 스파게티 소스 병 하나 제 손으로 열지 못한다.

친구들은 레빗의 겸손이 진심에서 우러나온 것이기도 하고 계산된 것이기도 하다고 말한다. 학계 내부에서 경제학자들은 살벌한 분야에서 살아남은 가장 살벌한 존재라는 것을 자랑스러워한다. TV 프로그램

「위키스트 링크」에서 나타나는 인종차별에 대한 연구(레빗의 결론에 따르면, 출연자들은 흑인이나 여성이 아닌 라틴계나 노인을 차별한다)나 스모 선수의 부정행위에 대한 연구(자신들의 토너먼트 순위를 적절히 관리하기 위해 스모 선수들은 종종 승부를 조작한다) 따위를 발표하는 경제학자라면 또한 교만을 버리는 게 나을 것이다.

혹은 어쩌면 레빗의 겸손은 결코 자기비하가 아닐지도 모른다. 자기 채찍질에 가까울지도 모른다는 의미다. 어쩌면 스티븐 레빗이 진정으로 원하는 것은 그 '어리석고 사소하며 천박한' 주제들을 졸업하는 것인지도 모른다.

현재 레빗은 흑인들의 이름에 관한 새 논문에서 뭔가를 발견했다고 생각하고 있다. 처음에 그는 얼핏 봐도 흑인이라는 사실을 알 수 있는 이름을 가진 사람들이 경제적 불이익을 받는지 알고 싶었다. 그의 대답은 (최근에 행한 다른 연구들과는 반대로) '아니다'였다. 그러나 이제 그에게는 더 큰 의문점이 생겼다. 흑인 문화는 인종 불평등의 원인일까, 아니면 결과일까? 이는 경제학자에게, 심지어 레빗에게조차도 완전히 새로운 영역이다. 그는 이 작업을 '문화 양화 quantifying culture'라 부른다. 이 연구는 아주 난처하고 혼란스러우며 심지어 불가능해 보이기까지 한다. 그러면서도 레빗은 타오르는 호기심을 억누를 수가 없다.

그날 저녁 오크파크의 집으로 차를 몰고 올 때, 그의 카발리에 승용차가 아이젠하워 고속도로를 풀 죽은 소음을 울리며 달릴 무렵, 그는 의무감이라도 느낀 듯 자신의 미래에 관해 이야기했다. 학계를 떠나 헤지펀드나 정부 관련 일을 하는 것에는 관심이 없다고 했다. (부업으로 부정행위 교사들을 적발하는 회사를 차리는 건 어떨까 생각 중이라고 했다.)

그는 미국 내 각 대학 경제학부에서 보유하고 있는 스카우트 목록의 최상위에 올라 있다고 한다. 그러나 앤드루가 죽었을 때 그와 저넷이 심은 나무가 다른 데로 옮기기에는 너무 크게 자란 상태라고 한다. 당분간은 시카고를 떠나지 않을 것 같은 느낌이다.

"그동안 또 몇 가지 중요한 문제를 다룬 논문을 준비해왔는데, 이제 거의 발표할 준비가 된 것 같아요." 중요한 문제라면? "탈세와 돈세탁이죠. 그리고 조만간 테러리스트들을 잡아낼 수 있는 일련의 도구를 만들고 싶습니다. 그러니까, 그러한 목표가 있다는 의미지요. 어떻게 하면 좋을지 아직은 잘 모르겠지만, 정확한 데이터만 있다면 해답을 얻어낼 수 있으리라 확신합니다."

경제학자가 테러리스트를 잡고 싶다니, 말도 안 된다. 마치 당신이 시카고의 한 학교에서 교사로 일하고 있는데, 어느 날 교장실에 불려갔더니 난데없이 교장이 "에헴, 방금 뱅글뱅글 안경을 쓴 깡마른 남자가 고안해낸 연산법이 당신이 부정행위를 저질렀다는 걸 증명해냈소. 당신은 이제 해고야!"라고 하는 것만큼 말이 안 된다. 스티븐 레빗은 자신의 능력을 전적으로 신뢰하지는 않는다. 그러나 이것만은 무슨 일이 있어도 굳게 믿고 있다. 교사들과 범죄자, 부동산 중개업자들도 거짓말을 할 수 있다. 정치가들, 심지어 CIA의 분석가들조차도 거짓말을 한다. 그러나 숫자는 결코 거짓말을 하지 않는다.

2 『뉴욕 타임스 매거진』 칼럼 7편

그 많던 크랙 코카인은 어디로 갔을까? ★ ★ ★ ★ ★ ★ ★ ★ ★

2005년 8월 7일

만일 당신이 뉴스에서 얻는 정보에만 의존하는 사람이라면, 크랙 코카인을 이제는 거의 사라진 과거의 존재물로 생각할지 모른다. 하지만 실제 데이터를 살펴보면 조금 다른 결론을 얻게 될 것이다.

크랙 코카인의 사용 실태와 영향을 측정하기는 쉽지 않다. 관련 자료를 제공하는 정부의 공식 웹사이트도 없고, 판매상들을 대상으로 조사를 실시한다 해도 신뢰도가 높을 리 만무하기 때문이다. 그렇다면 정확한 진실을 어떻게 알 수 있을까? 한 가지 방법은 코카인 사범 검거자 수, 코카인 관련 응급실 입원 환자나 사망률 같은, 완벽하진 않지만 일면 타당성 있는 다양한 항목들을 살펴보는 것이다. 대부분의 뉴스 보도와 반대로, 이러한 항목들은 충격적일 만큼 높은 수치를 유지하고 있다. 예를 들어, 코카인 사범 검거자 수는 1980년대 후반 크랙 붐 이후 지금까지 약 15%밖에 감소하지 않았으며 코카인 관련 사망자나 응급실 환자는 지금이 더 많다. 이러한 데이터들을 주의 깊게 조합해서 생각해보면 크랙에 관한 유용한 통계를 얻을 수 있다.

통계가 우리에게 알려주는 사실은 무엇일까? 1980년대 초에 처음 나타난 크랙 사용자는 1985년에 그 수가 미친 듯이 증가했고 1989년 최고에 달했다. 크랙은 초기에 주로 미국 서부지역에서 사용되었으나 이내 북동부와 중부 대서양 연안의 도시들에까지 퍼져 나갔다. 또한 크랙으로 인해 특히 흑인 젊은이들의 총기 범죄가 급격히 증가했으며 이들은 주로 길거리 크랙 판매상들이었다. 크랙 붐 동안 13~17세 흑인 청소년의 살인사건 발생률은 4배나 증가했다. 하지만 가장 놀라운 사실은 따로 있다. 2000년(통계 확인이 가능한 가장 최근 연도)에 미국인들이, 크랙 소비량이 최고에 달했을 때의 약 70%에 해당하는 크랙을 피우고 있었다는 사실이다.

이쯤에서 의문이 생긴다. 그렇게 많은 크랙이 여전히 판매되고 있다면 왜 우리는 그것을 눈치 채지 못할까? 크랙 관련 범죄가 대폭 줄어들었기 때문이다. 과거에 평범한 중산층 사람들로 하여금 크랙에 관심을 갖게 만든 것은 바로 (그와 관련된) 범죄였다. 그렇다면 범죄가 왜 사라졌을까? 이는 간단한 경제학적 원리로 설명할 수 있다. 도심의 거리 갱단은 크랙 코카인의 주요 유통망이었다. 초기에 크랙의 수요는 경이적이었고 자연히 거기에 담긴 잠재적 이윤도 엄청났다. 대부분의 크랙 관련 살인사건은, 코카인 살 돈을 강탈하기 위해 마약 중독자가 노인을 위협하다 생긴 것이 아니라 짭짤한 이익이 쏟아지는 구역을 차지하기 위해 크랙 판매상이 다른 판매상을(때로는 그 옆의 구경꾼들까지도) 총으로 쏴서 발생한 것이었다.

하지만 시간이 지나자 시장에 변화가 찾아왔다. 코카인의 파괴적인 영향이 명백해졌고, 코카인이 가져오는 해악으로 고통받는 사람들을 목격한 청소년들이 점차 그것을 멀리하기 시작했다. (최근 조사결과에 따르면, 30대 후반의 크랙 사용률이 10대 후반과 20대 초반보다 3배나 높다.) 수요가 감소하자 판매상들의 가격인하 경쟁이 벌어졌다. 그러자 이윤도 감소했다. 판돈이 점점 작아지자 범죄 또한 줄어들었다. 지금도 젊은 갱단들이 거리에서 크랙을 판매하고 있지만, 구역의 가치가 떨어지면 그곳을 차지하기 위해 다른 판매상에게 총을 쏠 인센티브도 줄어든다.

그렇다면 크랙 소비량이 여전히 높은 것은 어찌 된 일일까? 그 이유 중 일부는 지역적 요인과 관련이 있을 가능성이 있다. 통계자료를 보면 애리조나, 미네소타, 콜로라도, 미시간처럼 해안에서 떨어진 내륙의 주들에서 크랙 소비량이 높음을 알 수 있다. 하지만 그보다 주요한 원인은 크랙 관련 범죄율을 낮아지게 만든 가격 변화에 있다. 가격이 최고일 때에 비해 약 75%까지 떨어지자 흥미로운 소비 패턴이 나타났다. 사용자 수는 훨씬 줄어들었지만, 각 사용자가 더 많은 양의 크랙을 흡연하게 된 것이다. 얼마나 경제적인가. 당신이 지독한 크랙 중독자인데 가격이 예전의 4분의 1로 떨어졌다면, 같은 돈으로 4배나 되는 양을 살 수 있으니 말이다.

그러나 크랙으로 인한 사회적 피해와 범죄가 줄었음에도 판매에 대한 처벌 법규에는 변화가 없었다. 1986년 NBA 드래프트 1차 지명자였던 농구 스타 렌 바이어스Len Bias가 코카인 때문에 사망한 후 마약에 대한 전 국민적 관심이 고조된 시기에, 의회는 크랙 코카인 단 5그램 판매에 5년이라는 강제적 형량을 부과하는 법안을 통과시켰다. 반면 분말 코카인의 경우 500그램에 대해 동일한 형량이 적용됐다. 이로 인해 흑인들이 감옥에 가는 경우가 훨씬 많았기 때문에 이 법안은 종종 인종차별주의적이라는 비판을 받았다.

사실 이 법안은 당시로서는 합리적이었을 것이다. 분말 코카인보다 크랙 코카인에 수반되는 사회적 비용이 훨씬 막대했으니 말이다. 하지만 더 이상은 그렇지가 않다. 렌 바이어스가 살아 있었다면 지금쯤 마흔 살이 넘어 보스턴 셀틱스 팀에는 더 이상 필요 없는 존재가 되었을 것이다. 그의 죽음 이후 제정된 법안 역시 그 수명이 다했음을 우리 모두 인정해야 할 때가 아닐까 싶다.

해답은 바로 내 몸 안에? ★ ★ ★ ★ ★ ★ ★ ★ ★ ★ ★

한 심리학 교수의 다이어트 자기실험

2005년 9월 11일

올해 52세인 세스 로버츠Seth Roberts는 버클리 캘리포니아 대학교 심리학 교수다. 25년 전, 로버츠에게는 문제가 한두 가지가 아니었다. 얼굴은 여드름투성이에 새벽마다 너무 일찍 잠에서 깨는 바람에 하루 종일 피곤했다. 우울증에 걸릴 정도까지는 아니었지만 컨디션이 저조한 날이 많았다. 무엇보다도 큰 문제는 비만이었다. 그는 키 180센티미터에 몸무게가 90킬로그램이었다.

하지만 지금의 세스 로버츠는 완전히 딴사람이다. 피부도 깨끗하고 충분한 휴식으로 에너지가 충전돼 있으며 싹싹한 성격에 몸무게 70킬로그램 남짓을 유지하고, 실제 나이보다 10년은 젊어 보인다. 그 사이 무슨 일이 있었던 것일까?

변화의 시작점은 그의 대학원 시절이었다. 그는 자신의 문제점들을 연구 주제로 삼는다는 독특한 아이디어를 내고, 자기 몸을 실험실로 삼기로 했다. 이후 로버츠는 과학적 자기실험 self-experimentation이라는 기나긴 여정을 시작하게 된다. 그는 끊임없이 자기 자신을 자극하고 측정했을 뿐 아니라 그 과정에서 얻은 모든 데이터를 정확하고 엄밀하게 기록했다.

자기실험은 과학계에서 완전히 새로운 아이디어는 아니지만 흔하게 행해지지는 않는다. 오늘날 많은 과학자들은 과학적 정확도가 떨어진다는 이유로 그것을 신뢰하지 않는 경향이 있다. 대조군도 존재하지 않고, 연구자와 피실험자가 동일인이므로 이중맹검(二重盲檢: 환자와 검사자 모두 어떤 치료법 또는 약물을 사용하는지 모르게 하는 방법 - 옮긴이) 방법을 쓸 수도 없기 때문이다. 하지만 자기실험이 과학적으로는 인정을 받지 못한다 해도, 또 다른 좋은 방식이 될 수도 있지 않을까? 실제로 실험실에서 이루어진 과학실험 가운데는(특히 의료 분야) 부적절한 방법론이나 뻔뻔한 개인의 이기심으로 얼룩진 사례가 상당히 많다. 로버츠의 경우, 개인적인 욕심과 목표가 크기는 했지만 그는 적어도 그것을 솔직하게 표현했다. 또한 그의 방법론은 간단명료했기 때문에(확실한 해답을 찾을 때까지 수백 번이고 계속 시도하는 것) 최상의 투명도가 확보되었다.

어떤 의미에서 보면, 자기실험은 자연과학보다는 경제학과 공통점이 더 많다. 경제학자는 무작위 표본 실험을 수행할 수가 없기 때문에, 입수 가능한 데이터를 최대한 활용하는 경우가 많다. 어떤 경제학자가 교도소 수감이 범죄 발생률에 미치는 영향을 조사하려 한다고 가정해보자. 가장 이상적인 방법은 무작위로 선택한 몇 개의 주에서 갑자기 1만 명의 죄수를 석방하게 하고 또 다른 몇 개의 주에서 1만 명의 죄수를 추가로 수감하게 한 뒤에 결과를 지켜보는 것이다. 하지만 그것은 이론상으로만 가능할 뿐 현실적으로는 불가능하다. 따라서 경제학자는 대안적 방법에 의존할 수밖에 없다. 예컨대 수많은 재판 이후 여러 주의 감옥들이 과포화상태가 된 이후, 어쩔 수 없이 많은 죄수들을 무작위로 석방하게 됨으로써 나타나는 결과를 지켜보는 것이다. (물론 죄수 석방 이후 이 주들의 범죄율은 급상승한다.)

데이터를 산출하는 데 자기 자신의 몸을 이용하는 것만큼 편리한 방법이 어디 있겠는가? 로버츠는 먼저 작은 부분, 즉 여드름을 출발점으로 실험을 계속 진행하여 새벽 불면증 해결법까지 찾기에 이르렀다. 실험에 걸린 시간은 장장 10년 이상, 그는 전날 아침에 충분한 햇볕을 쬐고 아침식사를 거르고 적어도 8시간을 서서 보내면 다음 날 새벽 불면증이 사라진다는 사실을 발견했다.

그보다 더 흥미로운 발견은 기분 전환에 대한 해결법이었다. 그는 매일 아침 적어도 한 시간씩 화면 가득히 비친 뉴스 앵커나 프로그램 해설자가 나오는 TV를 시청했다. 단 저녁에는 TV를 시청하지 않았다. 로버츠는 이러한 해결법을 발견하고 나서 석기시대 사람들의 삶을 떠올렸다. 인류학 연구 내용을 보면, 선사시대의 사람들은 아침에 일어나서 주변 사람들의 얼굴을 직접 마주하며 생활했지만 해가 진 후에는 타인과 거의 교류하지 않았다. 말하자면 로버츠의 TV 시청 방식은 이와 상당히 유사했던 것이다.

로버츠가 체중 조절법의 힌트를 얻은 것도 바로 선사시대에서였다. 그는 수년 동안 초밥 다이어트, 파스타 다이어트, 하루에 물 5리터 마시기 등등 시도해보지 않은 방법이 없었다. 하지만 어느 것도 효과가 없었을 뿐 아니라 너무 힘들어서 오래 지속할 수가 없었다. 선사시대에서 힌트를 얻은 그는 우리의 신체가 '세트 포인트set point'에 의해 조절

된다는 이론을 받아들이게 되었다. 세트 포인트란 각자에게 최적인 몸무게를 신체 스스로 유지하려고 하는 시점으로서, 일종의 선사시대식 체내 자동조절 장치라고 할 수 있다. 비교하자면, 집 안의 자동 온도조절 장치는 그와 반대 방식으로 작동한다. 실내가 추워지면 온도조절 장치는 난방기를 가동시킨다. 그러나 로버츠의 세트 포인트 이론은 이렇다. 몸 안에 들어오는 음식이 적어지면 우리는 배고픔을 '덜' 느끼게 되고, 음식이 많으면 배고픔을 더 느끼게 된다.

"그 반대 아니야?" 하고 고개를 갸우뚱하는 사람이 있을 것이다. 한여름에 난방기를 돌리는 식이 아니냐면서 말이다. 그러나 실내 난방과 칼로리 사이에는 중요한 차이점이 있다. 겨울에 대비해 따뜻한 공기를 집 안에 저장하는 것은 불가능하지만, 장래에 쓸 칼로리를 미리 비축해두는 것은 '가능하다'는 사실이다. 이렇게 보면 지방은 돈과 비슷하다. 지금 열심히 벌어서 저축해뒀다가 나중에 필요할 때 꺼내 쓸 수 있으니 말이다.

식량과 물자가 부족했던 시대, 다시 말해 고급 중국 레스토랑에 예약 전화 한 통이면 해결되는 것이 아니라 사냥 결과가 풍성해야만 다음 끼니를 걱정하지 않아도 되는 시대에는 그러한 세트 포인트 시스템이 매우 유용했다. 음식이 부족할 때는 비축해두었던 체내 지방을 소비하고, 음식이 풍부할 때는 지방을 비축할 수 있기 때문이다. 로버츠는 세트 포인트 시스템에 하나의 강력한 신호 메커니즘이 동반된다고 확신했다. 맛 좋고 풍미 있으며(풍요로운 현대사회의 감미료가 가능케 한) 익숙한 (예전에도 맛있게 먹은 적이 있는) 음식을 먹을 때마다 우리 신체는 거기서 얻는 칼로리를 가능한 한 많이 저장해두려고 한다는 것이다.

로버츠는 이러한 신호 메커니즘이 학습된 결과물이며('파블로프의 개'의 반응처럼) 그것이 옛날 옛적에는 인간에게 매우 적절하게 작용했다고 생각했다. 그러나 먹을거리가 풍부해진 오늘날 이러한 신호 메커니즘은 오히려 비만과 과식을 유발하는 원인이 될 수 있다.

로버츠는 이러한 '선사시대식' 시스템을 활용해보기로 했다. 신체에 보내는 신호를 줄임으로써 세트 포인트를 낮게 유지할 수 있다면 어떨까? 쉽게 생각해볼 수 있는 방법 한 가지는 자극이 적은 담백한 음식 위주의 식사였다. 하지만 그 방법은 썩 내키지 않았다. (사실 그는 맛있는 음식이라면 혹하는 미식가였다.) 수차례의 실험 끝에 그는 세트 포인트 시스템을 속일 수 있는 두 가지 방법을 알아냈다. 하루에 서너 번 정도 식간에 인공 조미료를 가미하지 않은 오일을 몇 스푼씩 먹으면(캐놀라 오일이나 엑스트라 라이트 올리브 오일을 썼다) 칼로리는 보충되면서도 체내에 더 저장하라는 신호는 전달되지 않았다. 또 적정량의 설탕물(일반 백설탕보다 혈당을 천천히 상승시키는 결정 과당을 사용했다) 역시 같은 효과를 냈다. (단맛 자체는 체내의 칼로리 신호 시스템에서 인공 감미료 같은 역할을 하지 않는 듯하다.)

결과는 놀라웠다. 로버츠는 무려 18킬로그램이 빠졌고 다시 살이 찌지도 않았다. 그는 먹고 싶은 것들을 충분히 먹었으며 예전보다 배고픔을 훨씬 적게 느꼈다. 주변 동료와 친구들도 그의 다이어트 방식을 시도해서 대부분 비슷한 효과를 보았다. 그의 식이요법은 다른 대부분의 다이어트 방법에는 없는 장점들을 갖고 있었다. 우선 실천하기가 쉬웠고 과학적 이론에 근거했으며, 무엇보다도 주린 배를 움켜쥐고 다이어트를 하지 않아도 되었다.

로버츠의 자기실험은 과학자들에게 비판을 받기도 했지만 열렬한 추종자 또한 생겨났다. 후자 가운데는 저명한 심리학자인 로버트 로젠탈

Robert Rosenthal도 있었다. 그는 로버츠를 두고 이렇게 격찬했다. "그는 기존 이론에 정해진 방식보다는(또는 그것에 더해) 실험적 정신을 갖고 데이터에 접근했다. 또한 데이터 분석을 통해 놀라운 결과를 얻어낼 수 있으리라고 믿었다." 로젠탈은 나아가 "미래에는 '자기실험자'가 하나의 새로운 파트타임(또는 풀타임) 직업이 되는 날이 올 것"이라고 전망했다.

그러나 세스 로버츠의 특이한 체중 조절 방법(그는 '천국의 다이어트'라고 불렀다)이 살을 빼고 싶어하는 다른 수백만의 사람들에게도 똑같이 효과가 있을까? 그건 좀더 두고 볼 일이다. 앳킨스 다이어트 회사가 파산하고 난 후 미국인들은 열광할 다른 다이어트를 애타게 찾고 있다. 어쩌면 몇 스푼의 설탕이 그 해답일지도 모른다.

뉴욕 시내 개똥 제거 계획 ★ ★ ★ ★ ★ ★ ★ ★ ★ ★ ★ ★

기술 발전으로 뉴욕 시내가 깨끗해질까?

2005년 10월 2일

2,500톤. 이는 19세기 말 뉴욕 시 안팎에서 사람과 물자를 실어 나르던 20만 마리의 말이 만들어낸 하루 배설물의 양이다. 배설물의 대부분은 제대로 수거되지 않아서 심각한 골칫거리였다. (말의 소변, 딸가닥거리는 시끄러운 말발굽 소리, 길거리에서 썩어가는 말의 시체는 말할 것도 없다.) 도처에 널린 배설물은 냄새도 고약하고 비위생적이었기 때문에, 고급 주택들의 경우 집주인이 배설물을 밟지 않도록 하기 위해 2층 입구로 이어지는 층층대를 만들어놓기도 했다.

굉장히 골치 아파 보이는 문제들을 기술이 척척 해결해주듯, 이 문제 역시 그랬다. 전차와 자동차의 등장으로 말은 도시에서 자취를 감췄다. 물론 배설물도 함께 사라졌다.

오늘날 뉴욕 시에서 발견되는 대부분의 동물 배설물의 주범은 애완견이다. (애완견 수의 추정치는 자료마다 차이가 있지만 100만 마리 정도로 보는 게 타당할 것이다.) 물론 모든 배설물이 거리에 그대로 남는 것은 아니다. 1978년 뉴욕 시가 그 유명한 '푸퍼 스쿠퍼' 법을 제정한 이후 뉴욕 거리는 예전보다 한층 깨끗해졌다('푸퍼 스쿠퍼 pooper scooper'는 동물 배설물을 치우는 삽 모양의 도구 또는 그것을 치우는 사람을 뜻한다 – 옮긴이). 하지만 최초 위반 시 벌금 50달러라는 금액은 개 주인으로 하여금 배설물을 알아서 치우게 만들 경제적 인센티브를 제공하지 않는다. 또 완벽하게 시행할 수 있는 법도 아닌 듯하다. 개 주인의 99%가 법규를 잘 준수한다고 치자. 그렇다 해도 나머지 1%인 1만 마리의 배설물은 여전히 공공장소에 남겨질 것이다. 작년 한 해 동안 애완견 배설물 법규 위반에 대한 범칙금 티켓 발부는 471건에 불과했다. 이 말은 전형적인 법규 위반자가 적발될 확률이 대략 8,000분의 1이라는 의미다(1만 마리에 365일을 곱하고 471건으로 나눌 경우의 연간 적발 확률 – 옮긴이). 그럼 생각해보자. 왜 애완견의 배설물을 알아서 치우는 사람들이 그렇게 많을까? 그들의 사회적 인센티브(지나가는 사람들의 따가운 눈초리와 거리를 더럽혔다는 죄책감을 생각해보라)가 경제적 인센티브나 법적 인센티브 못지않게 강력하기 때문일 것이다.

사회적 인센티브로 인해 대부분의 경우에는 법규를 잘 지킨다 해도, 배설물을 치우지 않는 비양심적인 사람들은 심심찮게 있게 마련이다. 뉴욕의 어느 동네든 잠시 돌아다녀 보면 모두가 법규를 완벽하게 지키지는 않는다는 사실을 쉽게 알 수 있다. 공원 및 공공장소의 쾌적함과 청결을 관리하는 시 공원관리국의 발표에 따르면 애완견 배설물이 청결 방해요인의 20%를 차지한다고 한다. 개의 배설물은 그 옛날 말의 그것에 비하면 훨씬 덜 불쾌하다. 하지만 만일 당신이 매일 두 아이를 학교까지 걸어서 데려다주는데 물컹물컹한 '그것'을 잘못해서 밟지 않도록 늘 신경을 곤두세워야 한다면, 짜증나지 않겠는가.

말의 배설물을 없애는 해결책은 간단했다. 말을 없애면 됐으니까. 하지만 개를 없애지 않고 그 배설물을 없애는 방법은 없을까? 총기를 예로 들어 생각해보자. 총 자체를 없애는 법규를 실행하기는 상당히 어렵다. 한번 소지한 총은 매우 오랫동안 갖고 있게 되며, 애완견과 마찬가지로 총은 많은 이들이 즐겨 소유하는 대상이다. 하지만 총기 규제의 핵심은 총 자체를 없애는 것이어서는 안 된다. 포인트는 바로 총의 '오용', 즉 범죄에 총을 사용하는 것을 막는 것이다. 바꿔 말해, 모든 총기 관련 범죄에 강제적으로 감옥형을 구형하는 것처럼 총의 오용을 처벌하는 것이 가장 성공적인 정책이 될 수 있다. 실제로 캘리포니아 등 여러 지역에서 그러한 방법이 총기 범죄율을 상당히 낮췄다.

마찬가지로 뉴욕 시의 문제는 애완견 자체와는 거의 상관이 없다. 따라서 '진짜 문제(배설물)'에 집중해야만 해법을 찾을 수 있다.

이런 방법은 어떨까? DNA 검사를 하는 것이다. 모든 개 주인으로부터 개의 침이나 혈액 샘플을 제출받아 DNA 파일을 만들어둔다. 그리고 거리에서 배설물이 발견되면 샘플을 채집하여 범인의 DNA를 확인하는 것이다. (위벽과 장벽에서 수많은 세포들이 떨어져나오기 때문에 배설물은 매우 확실한 DNA 창고다. 2002년 인디애나 주에서 있었던 살인사건 재판에서, 용의자의 운동화 바닥에 묻은 강아지 똥이 그가 범죄현장에 있었음을 입증하는 데 결정적 역할을 했다.) 길거리 배설물의 DNA와 일치하는 DNA 파일 기록을 찾아내고서는 개 주인에게 벌금 통보서를 보내는 것이다. 뉴욕 모든 개들의 DNA 샘플 파일을 만드는 데는 약 3천만 달러의 비용이 들 것이다. (DNA 파일을 만듦으로써) 만일 모두가 배설물을 잘 치운다면, 뉴욕 시는 3천만 달러를 들여 거리를 깨끗하게 만들 수 있는 셈이다. 만일 그렇지 않다 해도, 3천만 달러는 깨끗한 거리를 만들 수 있는 기본 비용이 된다.

하지만 유감스럽게도 이 계획에는 커다란 맹점이 있다. 배설물 범인을 찾기 위해서는 뉴욕 모든 개의 DNA 자료가 파일화되어 있어야 한다. 2003년의 경우(기록 확인 가능한 가장 최근 연도) 시에 등록된 애완견 수는 불과 10만 2,004마리였다. 의무적으로 애완견을 등록하도록 법규로 정해두었고 비용도 1년에 겨우 8달러 50센트이며 우편으로 쉽게 등록할 수 있는데도, 대부분의 개 주인들이 법규를 무시한다. 그럴 만도 한 것이, 작년에 뉴욕 시가 애완견 미등록자에게 발부한 소환장은 68건에 불과했다. 따라서 설령 DNA 계획이 실행된다고 해도 대다수의 위반자들은 처벌을 면하게 될 것이다.

애완견을 등록한 사람이 등록하지 않은 사람보다 법규를 어길 가능성이 '더 적다'고 보는 것이 옳다. 자기 개를 등록할 만큼 책임감 있는 주인이라면 배설물을 깨끗하게 처리하는 책임감도 있을 확률이 높기 때문이다. 그렇다면 뉴욕 시의 모든 개를 등록시킬 방법은 없을까? 몇 푼 안 되는 벌금을 물릴 것이 아니라 애완견을 등록하는 사람에게 시 당국이 일정액을 지불하는 방법이 있다. 또 등록을 선택할 수 있게 하지 않고 의무적으로 강제할 수 있을 것이다. 일부 시민은 애완견과 산책하다가 등록 여부를 무작위로 검사받는 것을 짜증스러워할지도 모르지만, 그러한 방법은 줄리아니 전 뉴욕시장이 '깨진 유리창 이론(사소한 경범죄부터 감소시켜가면서 궁극적으로 전체 범죄율을 감소시켜야 한다는 이론 - 옮긴이)'에 따라 범죄율을 성공적으로 감소시켰던 것과 같은 맥락을 지닌다고 할 수 있다.

DNA 확인법이 터무니없고 비현실적인 아이디어라고 생각하는가? (솔직히 말해 이 아이디어가 처음 떠올랐을 때 나 역시 터무니없다고 느낄 뻔했다.) 그렇다면 다음 사실을 떠올려보라. 오스트리아 빈과 독일 드레스덴의 시 관리들이 최근 이와 똑같은 아이디어를 제안했다. (빈의 한 정치가는 줄리아니 시장에게 큰 영감을 받았다고 말했다.) 미국에서도 뉴저지 주 호보켄에 사는 한 여중생이 DNA 확인법을 제안한 적이 있다.

지난해 호보켄 시의회가 열린 자리에서 경찰서장의 딸인 로렌 메카 Lauren Mecka는 다음과 같은 의견을 발표했다. "어른들은 공원이나 길거리의 강아지 배설물을 보고 눈살을 찌푸리는 데서 끝나겠지만, 그것이 몸에 묻어 세균에 감염될 위험이 더 큰 것은 바로 우리 같은 청소년이나 어린이들입니다. 우리는 거리에서 자전거를 타고, 공 던지기 놀이를 하고, 롤러블레이드를 타니까요. 또 공원 풀밭을 뒹굴며 판타지 만화에 나오는 주인공을 흉내 내면서 모험을 즐기기도 하니까요."

하지만 메카의 말을 들어보면 시의회가 그녀의 의견을 별로 진지하게 받아들이지 않은 듯하다. "시의원들은 내 의견을 무시했어요. 난 그저 열두 살짜리 어린애에 불과했으니까요."

사람들이 투표에 참여하는 이유 ★ ★ ★ ★ ★ ★ ★ ★ ★ ★ ★

투표를 해도 경제적 이득은 전혀 없다. 그렇다면 이 민주주의적 본능을 자극하는 것은 무엇일까?

2005년 11월 6일

경제학과 학생들 사이에서 유명한, 그러나 정확한 출처는 알 수 없는 이야기가 하나 있다. 이 이야기에는 세계적으로 유명한 경제학자 두 명이 등장한다. 두 사람은 어느 날 투표장에서 우연히 마주친다.

"아니, 여기 웬일이십니까?" 한 경제학자가 묻는다.

"마누라가 투표하라고 하도 성화여서요." 다른 경제학자가 대답한다.

그러자 첫 번째 경제학자가 고개를 끄덕인다. "저도 마찬가집니다."

잠시 멋쩍은 순간이 흐른 후, 한 사람이 이렇게 말한다.

"여기서 저를 봤다고 아무한테도 말하지 말아주십시오. 저 역시 당신을 봤단 얘길 안 할 테니까요."

두 사람은 악수를 나누고 투표를 마친 뒤 서둘러 집으로 돌아갔다.

왜 경제학자는 투표하기를 꺼려할까? 투표는 비용(시간, 노력, 생산성 손실 등)이 들어가는 반면 명백한 이득(보상)이 없는 행위이기 때문이다. 굳이 이득이 있다면 '시민의 의무'를 다했다는 막연한 느낌 정도일까. 경제학자 패트리샤 펑크Patricia Funk는 최근 논문에서 "합리적인 사람이라면 투표를 하지 않는다"라고 말했다.

한 개인의 표가 실제로 선거 결과에 영향을 미칠 확률은 지극히, 아주 지극히 미미하다. 이는 경제학자 케이시 멀리건Casey Mulligan과 찰스 헌터Charles Hunter의 연구에서도 나타났다. 그들은 1898년 이후의 5만 6,000건 이상의 연방의회 및 주의회 선거를 분석했는데, 아슬아슬한 표 차이로 승부가 결정된 경우는 극히 적었다. 연방의회 선거의 경우 당선과 2등 낙선의 득표율 차에 대한 중앙값이 22%였고, 주의회 선거의 경우 25%였다. 아무리 박빙의 승부라고 해도 단 한 표가 결과를 좌우할 확률은 거의 없다. 멀리건과 헌터가 분석한 4만 건 이상의 주의원 선거(거의 10억 개의 표수가 되는) 가운데 한 표 차이로 승자가 결정된 것은 7건에 불과했고, 2건은 동점을 기록했다. 1만 6,000건 이상의 연방의회 선거에서는 지난 100년간 단 한 번의 선거(1910년 버팔로에서의 선거)만 한 표 차이로 승부가 판가름 났다.

하지만 중요한 사실이 한 가지 있다. 선거가 접전을 벌일수록 그 결과가 투표자들의 소관 밖으로 멀어진다는 점이다. 지난 2000년 대통령 선거에서 여실히 드러난 것처럼 말이다. 그러한 선거의 결과는 소수의 결정권자들의 손에 맡겨진다. 2000년 대선 당시에는 케네디Kennedy, 오코너O'Connor, 렌퀴스트Rehnquist, 스칼리아Scalia, 토머스Thomas가 바로 그들이었다(2000년 대선에서 플로리다 주 재검표 논란에서 재검표를 실시하지 않는다는 판결이 내려지면서 부시의 승리가 확정되었는데, 이때 판결을 주도한 판사들의 이름이다 – 옮긴이). 결정적인 역할을 한 것은 판사복을 입고 있는 그들의 찬성표였지, 그들이 자신의 선거구에서 유권자로서 던진 표가 아니었다.

하지만 어쨌거나 수많은 사람들이 여전히 투표를 한다. 왜일까? 아래와 같은 세 가지 이유를 추정해볼 수 있다.

1. 사람들은 그다지 똑똑하지 못하므로 자신의 표가 결과에 영향을 미칠 것이라고 착각하기 때문에.
2. 복권을 사는 것과 똑같은 심리에서. 복권이 당첨될 확률과 자신의 표

가 선거에 영향을 미칠 확률은 매우 비슷하다. 경제적 관점에서 볼 때 복권을 사는 것은 바람직하지 못한 투자다. 하지만 재미있고 비용이 비교적 적게 든다. 복권 한 장 값만 지불하면, 당첨된 돈을 어떻게 쓸지 장밋빛 몽상을 할 수 있는 권리가 생기는 것이다. 투표 역시 자신의 한 표가 정책에 모종의 영향을 미칠 것이라는 꿈을 꾸게 해준다.

3. '투표는 시민의 의무'라는 개념으로 스스로 사회화되어 있기 때문에. 투표를 하는 것이 딱히 개인에겐 별 이득이 없을지라도 사회에는 바람직한 일이라고 생각하는 것이다. 따라서 투표를 하지 않으면 죄책감을 느낀다.

당신은 "잠깐!" 하며 이렇게 말하고 싶을지도 모른다. 만일 모든 사람이 투표에 대해 경제학자처럼 생각한다면, 선거라는 제도가 유지될 수 없을 것 아닌가? 실제로 자신의 한 표가 결과에 결정적인 영향을 줄 것이라고 생각하며 투표장으로 향하는 사람은 없지 않은가? 투표를 하는 것이 별 가치가 없다고 말하는 것은 너무하지 않은가?

사실 그것은 '미끄러운 비탈길 논리(slippery slope: 특정 원칙이나 의견을 그릇되게 확대 적용하는 것 - 옮긴이)'에 해당한다. 겉보기에는 대수롭지 않은 개인의 행동 하나하나가 모두 합쳐지면 매우 큰 의미를 지니게 된다고 하는 식이기 때문이다. 유사한 예를 한번 들어보자. 당신과 여덟 살 된 당신의 딸이 식물원을 구경하고 있는데 갑자기 딸아이가 나무에서 활짝 핀 꽃 한 송이를 꺾는다. 그러자 당신은 이렇게 말한다.

"그럼 안 돼, 애야."

"왜요?"

"생각해보렴. 모든 사람이 그렇게 꽃을 꺾으면, 꽃이 하나도 남지 않을 거야."

"맞아요. 하지만 모든 사람이 꽃을 꺾지는 않아요. 나만 꺾었잖아요."

옛날에는 투표를 할 좀더 실용적인 인센티브가 존재했다. 정당들이 투표하는 사람에게 5달러나 10달러를 지급했던 것이다. 때로는 돈 대신 위스키 한 통, 밀가루 한 통을 주었고 1890년 뉴햄프셔 의회선거에서는 돼지를 주기도 했다.

그때와 마찬가지로 오늘날 역시 많은 이들이 낮은 투표율을 걱정한다(지난 대선에서는 유권자의 반을 조금 넘는 수만이 투표에 참여했다). 하지만 이 문제를 뒤집어서 조금 다른 질문을 던져보는 것이 유용하리란 생각이다. 개인의 한 표가 거의 중요하지 않다는 사실을 감안할 때, 왜 그토록 많은 사람이 여전히 투표하는 수고를 마다하지 않는 것일까?

어쩌면 우리는 스위스에서 답을 찾을 수 있을지도 모른다. 패트리샤 펑크는 스위스의 사례를 통해 투표자의 행동양식을 관찰했다.

스위스는 국회의원 선거, 각종 국민투표 등 유난히 투표가 많은 나라다. 하지만 수년간 투표율이 계속 낮아지자(어쩌면 돼지 나눠주는 것을 중단해서인지도 모른다), 참여율을 높이기 위해 우편투표라는 새로운 방식을 도입했다. 미국에서는 투표자가 투표를 하려면 주선거위원회에 등록을 해야 하지만 스위스는 그렇지 않다. 스위스의 모든 유권자는 우편으로 투표용지를 받으며, 용지를 작성한 뒤에 우편으로 다시 보내면 된다.

사회과학자가 볼 때 이러한 우편투표 방식은 매우 유용했다. 스위스 연방을 구성하는 여러 주에서 여러 해에 걸쳐 시행되어 그 효과에 대한 복잡한 측정을 가능하게 했기 때문이다.

스위스 국민들은 더 이상 비바람 속을 뚫고 투표장에 나가지 않아도 되었으며, 투표 실시 비용도 상당히 낮출 수 있었다. 따라서 경제학 모델에 따르면 투표율이 현저히 상승해야 마땅하다. 정말로 그랬을까?

그렇지 않았다. 투표율은 크기가 작은 주에서, 그리고 주 내의 작은 행정구역들에서 감소한 경우가 많았다. 이러한 결과는 인터넷 투표 옹호자들에게 진지한 시사점을 던져준다. 그들은 인터넷 투표를 실시하면 투표가 더욱 쉬워지므로 참여율이 높아질 것이라고 오래전부터 주장해왔다. 그러나 스위스의 사례가 보여주듯, 정반대의 결과가 나타날 수도 있다.

그 이유는 무엇일까? 투표하는 데 드는 비용이 낮아지는데도 도대체 왜 참여율이 떨어지는 것일까?

투표 뒤에 숨겨진 인센티브에 다시 눈을 돌려보자. 한 표가 투표 결과에 영향을 미칠 확률이 거의 없다면, 사람들은 왜 투표장으로 향하는 것일까? 미국과 마찬가지로 스위스에서도 역시 "훌륭한 국민이라면 투표를 해야 한다는 강력한 사회적 규범이 존재한다"는 것이 펑크의 설명이다. 그녀는 이렇게 말한다. "투표장에 나가는 것이 유일한 선택안인 경우에는, 투표에 참여하는 모습을 '보이려면' 투표장에 직접 나가야 하는 인센티브(또는 압력)가 존재했습니다. 그 동기는 사회적으로 존중받고 싶어서, 또는 사회에 잘 협조하는 사람이 됨으로써 어떤 이득을 얻을 수 있어서, 또는 처벌을 피하기 위해서일 수도 있습니다. 규모가 작은 지역사회에서는 서로 누가 누구인지 다 알고, 국민의 의무를 저버린 사람이 누구인지 금방 소문이 나기 때문에, 규범을 준수함으로써 얻는 이득이 훨씬 높았습니다."

다시 말해, 사람들은 자기 이익을 위해 투표를 하며(경제학자들이 만족스러워할 결론이다), 그 이익은 실제로 투표용지 위에 하는 선택이 가져오는 이익과 반드시 일치하지는 않는다. 경제적 이해관계 때문에 투표한다는 이런저런 논의들도 있지만, 스위스의 연구결과는 우리가 경제적 인센티브보다는 사회적 인센티브 때문에 투표하는 것일 수도 있다는 사실을 보여준다. 투표를 함으로써 얻는 가장 훌륭한 보상은, 당신의 친구나 직장 동료들에게 투표장에 나온 당신의 모습을 보이는 것일지도 모른다.

물론 당신이 경제학자가 아니라면 말이다.

에이즈와 성적 취향의 문제 ★ ★ ★ ★ ★ ★ ★ ★ ★ ★ ★

욕망의 경제학, 에이즈에 대한 두려움이 성적性的 취향을 바꿀 수 있을까?

2005년 12월 11일

비용이란 무엇일까?

당신이 경제학자가 아니라면, 단순히 어떤 특정한 물건에 대해 지불하는 돈의 액수를 비용이라고 생각할 것이다. 즉 휴일에 좋아하는 근처 레스토랑에서 점심을 먹고 낸 돈을 식사의 비용이라고 생각할 것이다. 하지만 경제학자가 생각하는 비용은 그 범위가 훨씬 넓다. 빈 테이블이 날 때까지 기다린 20분도 비용의 일부이고, 음식 자체에 포함된 영양학적 결점도 비용에 해당한다.

경제학자 케빈 머피 Kevin Murphy의 계산에 따르면, 건강에 미치는 장기적인 영향을 고려할 때 치즈버거는 샐러드보다 2달러 50센트의 비용이 더 든다. 도덕적 비용과 사회적 비용 역시 존재한다. 햄버거를 주문하는 당신에게 보내는 채식주의자의 조소 섞인 표정이 그 예에 해당한다. 레스토랑 메뉴에 적힌 치즈버거의 가격이 7달러 95센트라 하더라도, 그것은 전체 비용의 극히 일부에 불과하다.

경제학의 가장 기본적인 원리는 가격이 오르면 수요가 떨어진다는 것이다. 이는 레스토랑의 음식, 부동산 거래, 대학 교육, 또는 당신이 떠올리는 거의 모든 대상에 해당된다. 물건의 가격이 오르면 사람들의 구매량은 줄어든다(물론 그것을 '덜' 원한다는 의미는 아니다).

그렇다면 성性은 어떨까? 인간사에서 이성적인 측면이 가장 덜 개입되는 성의 경우엔 합리적인 비용 이론을 따를 수 없지 않을까?

예외적인 몇몇 상황을 제외하고, 우리는 일반적으로 성을 비용과 연결시켜 생각하지는 않는다. 그 예외적인 상황에는 매춘이 포함되고, 남자가 여자에게 구혼하는 경우도 포함된다. 일부 남성들은 값비싼 저녁을 사는 것이 자기 짝을 찾기 위한 현명한 투자라고 생각하니 말이다.

하지만 비용 변화가 성적 행동방식에 어떤 영향을 미칠 수 있을까? 또 비용 변화가 성의 특성 자체에 관해 우리에게 뭔가 말해주는 바는 없을까?

여기에 좋은 예가 있다. 교도소에 투옥된 남자는 여자와의 섹스 비용이 높기 때문에(물론 공급 부족 때문이다), 남자와 섹스를 즐길 확률이 높아진다. 미국의 부유층 청소년들 사이에서 오럴섹스가 유행인 점 역시 비용 이론을 뒷받침하는 것으로 보인다. 질병에 걸리거나 임신할 가능성이 있으므로 직접적인 성교는 감수해야 할 비용이 높다. 따라서 직접적인 성교를 그다지 바람직하지 않으며 비용도 높은 행위로 여기게 된 것이다. 이렇게 본다면 오럴섹스는 저렴한 대안인 셈이다.

최근 들어 우리는 섹스와 관련된 가장 커다란 비용의 등장을 목격했다. 바로 HIV 바이러스다. 치명적인 질병인 AIDS는 동성애자들의 성 접촉에 의해 비교적 쉽게 전염되기 때문에, 1980년대 초반 최초 발병한 이래 동성애자 섹스에 수반되는 비용은 엄청나게 상승했다. 시카고 대학에서 경제학을 전공하는 대학원생인 앤드루 프랜시스Andrew Francis는 이와 관련해 흥미로운 계산을 했다. 미국인 한 명의 생명을 200만 달러로 매긴다고 치면, AIDS 관련 사망률 측면에서 볼 때 1992년에 (AIDS 위기가 최고였을 때) 남자 한 명이 무방비 상태에서 동성애자 남성 한 명과 섹스를 할 때 드는 비용은 1,923달러 75센트인 반면 여성과 섹스를 할 때 드는 비용은 1달러 이하였다. 콘돔 사용이 AIDS 감염 위험을 상당히 낮춰주기는 하지만, 콘돔 역시 섹스에 수반되는 또 다른 비용이다. 버클리 캘리포니아 대학의 경제학자 폴 거틀러Paul Gertler와 두 공저자가 수행한 멕시코 매춘부들에 대한 연구조사에 따르면, 고객이 콘돔 없이 성관계를 요구하면 대체로 매춘부들은 원래 가격에 24%의 추가 금액을 받았다.

프랜시스는 「성性의 경제학」이라는 논문 초고에서 비용 계산과는 또 다른 차원에서 해당 주제를 연구했다. 그는 성에 대한 사람들의 일반적인 생각을 흔들어놓을 주장을 폈다.

사회과학자들이 측정하고자 노력하는 인간의 다른 행동양식들과 마찬가지로 성 역시 퍽 까다로운 주제임에 틀림없다. 그러나 프랜시스는 다소 흥미로운 가능성을 제기하는 일련의 데이터를 발견했다. 미국 정부와 몇몇 재단의 지원하에 실시된 전국 건강 및 사회생활 통계조사 National Health and Social Life Survey에서 약 3,500명을 대상으로 성과 관련된 설문조사를 실시했다. 이 조사는 자신이 하는 다양한 성행위, 성행위의 대상과 시기, 성적 취향과 성 정체성, 지인들 가운데 AIDS에 걸린 사람이 있는지 여부 등 다양한 주제의 질문들로 구성돼 있었다. 자기점검 데이터가 흔히 그렇듯 조사결과의 신뢰도가 떨어질 가능성도 있었다. 하지만 익명을 확실하게 보장하여 정직한 답변을 얻을 수 있도록 했다.

조사가 실시된 것은 오늘날보다 AIDS 치료율이 훨씬 낮은 1992년이었다. 먼저 프랜시스는 AIDS에 걸린 친구를 갖고 있는 것과 동성애 섹스를 선호하는 것 사이에 상관관계가 있는지 알아보았다. 그의 예상대로 둘 사이에는 양의 상관관계positive correlation가 있었다. "친구는 스스로 선택하는 것입니다. 동성애자는 동성애자를 친구(또는 애인)로 택할 가능성이 높지요." 프랜시스의 말이다.

그러나 가족을 선택할 수는 없다. 다음으로 프랜시스는 AIDS에 걸린 친척이 있는 것과 동성애 섹스를 선호하는 것 사이에 상관관계가 있는지 살펴보았다. 이때 남자의 경우에 음의 상관관계negative correlation가 나타났다. 이는 다소 의외의 결과였다. 많은 과학자들은 성적 취향이 출생 전에 결정된다고, 즉 유전적 요인에 의해 결정된다고 생각하기 때문이다. 같은 가족 내의 사람은 비슷한 성적 취향을 가질 가능성이 높은 것이다. 프랜시스는 이렇게 말한다. "그러니까, 그들은 AIDS를 두려워했던 것입니다."

그는 AIDS에 걸린 친척이 있는 약 150명의 응답자 군에 주목했다. 통계조사에서는 응답자의 성적性的 이력과 성에 대한 현재의 답변들을 함께 기록했기 때문에, AIDS의 공포와 그에 수반되는 유무형의 비용들을 가까이서 직접 목격함으로써 그들의 삶에 어떤 변화가 있었는지 대략적으로 측정해볼 수 있었다.

프랜시스가 얻은 결과는 이러했다. AIDS에 걸린 친척이 있는 남성

중에는 최근 5년간 남자와 섹스를 했다고 대답한 사람이 한 명도 없었다. 또 동일 그룹에서, 남성에게 성적 매력을 느끼거나 자신이 동성애자라고 생각한다고 대답한 남성도 한 명도 없었다. 그러나 여성들은 달랐다. 동일 그룹 내의 여성은 남성과의 섹스를 기피했다. 이 여성들의 경우, 최근에 여성과 섹스를 한 비율과 자신을 동성애자로 생각한다고 대답한 비율이 AIDS에 걸린 친척이 없는 사람들에 비해 2배 이상 높았다.

표본의 크기가 작은 편이었으므로(그 정도 크기의 그룹 내에서는 단지 소수의 남성만이 동성애자일 수도 있으니까), 위의 데이터에서 확정적인 결론을 내리기는 힘들다. (분명한 것은 친척 가운데 AIDS 감염자가 있다고 해서 모든 남성이 자신의 성적 행동방식이나 성 정체성을 바꾸지는 않는다는 사실이다.) 그러나 전반적으로 볼 때, 프랜시스의 연구에 나타난 수치들은 거기에 인과관계가 있을 가능성을 암시한다. 친척 중에 AIDS 감염자가 있으면 성적 행동방식뿐 아니라 익명의 설문지에 적는 자신의 성 정체성이나 기호도 영향을 받을 가능성이 있다는 것을 말이다.

요컨대 성적 취향은 대개 유전적으로 결정되지만 생물학이 아닌 경제학과 관련된 힘에 좌우될 가능성 역시 존재한다. 만일 이것이 사실이라면, 성에 대한 모든 사람들(과학자, 정치가, 신학자를 포함하여)의 생각이 바뀌게 될 것이다. 하지만 필경 경제학자의 생각은 변하지 않을 것이다. 경제학자들은 언제나 굳게 믿어왔다. 좋든 싫든, 모든 것에는 비용이 수반된다는 사실을 말이다.

정의의 사도에게 속았다 ★ ★ ★ ★ ★ ★ ★ ★ ★ ★ ★ ★

큐클럭스클랜의 비밀을 폭로한 열정적인 활동가가 자신의 정보 입수법을 거짓으로 부풀렸다면?

2006년 1월 8일

『괴짜경제학』에는 'KKK와 부동산 중개업자는 어떤 부분이 닮았을까?'라는 장이 들어 있다. 한쪽이 다른 한쪽보다 더 많은 정보를 갖고 있는 상황인 정보 비대칭이라는 경제학적 개념을 환기시키기 위한 장이었다. 부동산 중개업자가 고객보다 훨씬 많은 정보를 갖고 있다는 것은 비교적 이해하기 쉬운 명백한 사실이었다. 하지만 KKK단의 이야기도 정보 비대칭 사례라는 주장은 쉽게 납득이 가지 않았을 수도 있다. 어쨌든 우리는 KKK의 비밀(독특한 의식, 그들만의 은어, 비밀 암호 등)이 정보 비대칭을 만들어냈고, 그것이 흑인들을 응징한다는 그들의 목표를 달성하는 데 중요한 역할을 했다고 설명했다.

하지만 책 속 이야기의 진정한 주인공은 KKK가 아니라 스테트슨 케네디라는 플로리다 출신의 백인 남성이었다. 그는 일찍부터 인종적, 사회적 편견과 불의에 맞서 싸운 인물이었다. 연방주의, 투표권 등 다양한 대의를 위해 싸운 열정적인 활동 가운데서도, 케네디는 1940년대에 KKK에 몰래 잠입한 것으로 유명하다. 그는 저서 『KKK의 가면을 벗기다(The Klan Unmasked: 1954년 '나는 KKK와 함께 했다I Rode With the Ku Klux Klan'라는 제목으로 처음 출간됨)』에서, 엄청난 위험을 무릅쓰고 애틀랜타에 있는 KKK의 심장부에 잠입하기 위해 위장했던 방법, 클라발리에(KKK의 비밀경찰이자 일명 '채찍질 부대')에 선발된 과정, 또 KKK의 집회와 주요 행사들에 참여했던 일 등을 소개했다.

케네디는 자신이 수집한 KKK의 비밀 정보로 무엇을 했을까? 그는 그것들을 주 검찰에, 인권단체에, 심지어 저널리스트 드류 피어슨과 「슈퍼맨의 모험」이라는 라디오 프로그램의 프로듀서에게까지 뿌렸고, 이로써 KKK의 비밀 정보는 방송을 통해 노출되었다. 케네디는 정보 비대칭을 거꾸로 이용한 것이다. 그럼으로써 전후戰後 미국에서 KKK의 부흥을 막는 데 중요한 역할을 했다고, 그는 자신의 저서에 기록했다.

케네디의 공적은 사람들로부터 칭송을 받았다. 그와 친분을 쌓았던 우디 거스리는 그를 위한 노래를 만들었으며, 플로리다 주의 세인트존스 카운티(89세인 그는 현재 이곳에 살고 있다)에서는 '스테트슨 케네디의 날'이 제정되기도 했다. 우리가 약 2년 전 케네디를 인터뷰한 것도 그곳에서였다. 우리 책에 실린 내용은 그와의 인터뷰, 『KKK의 가면을 벗기다』, 그리고 일부 역사책과 신문기사를 토대로 한 것이었다.

하지만 케네디의 그 놀라운 이야기가 사실이었을까?

이 질문을 끊임없이 물고 늘어졌던 또 다른 사람이 있다. 바로 플로리다의 작가 벤 그린Ben Green으로, 그는 1951년에 살해된 흑인 인권운동가 해리 T. 무어Harry T. Moore에 관한 책을 1992년부터 쓰기 시작했다. 한때 스테트슨 케네디는 이 책의 작업에 참여한 적이 있었다. 그는 책의 주제에서는 좀 벗어나지만(무어에 대한 책에는 잠깐 등장할 뿐이었다) 케네디의 KKK 잠입 활동에 관심을 가졌고, 나중에는 뉴욕과 애틀랜타 도서관에 있는 케네디의 저작들을 비롯한 수많은 자료들을 검토해보기에 이르렀다.

그 자료들은 시인이자 민속학자, 진실을 파헤치는 저널리스트이자 연방주의자인 한 인간의 범상치 않은 화려한 삶을 보여주고 있었다. 하지만 그린은 자료들에 담긴 내용이 『KKK의 가면을 벗기다』에 적힌 내용과 상당히 다르다는 것을 알고 당황했다.

케네디는 『KKK의 가면을 벗기다』에서, 자신은 존 S. 퍼킨스John S. Perkins라는 이름의 박식한 세일즈맨 행세를 했는데 KKK 가입 초기의 작전 수행 때 조지아 전前 주지사(KKK의 지지자였다)를 만나 KKK의 비밀 서적들을 제공하며 비위를 맞췄다고 했다. 그러나 도서관에서 발견한 자료에 따르면, 그는 실제로 전 주지사를 만나기는 했지만 비밀작전 수행의 일부는 아니었다. 그는 자신이 쓰고 있던 책 때문에 주지사를 인터뷰했으며, 해당 자료에는 비밀 서적과 관련된 어떤 내용도 없었다.

자료들을 꼼꼼히 훑어보자 자주 등장하는 패턴이 하나 있었다. KKK의 리더와 지지자들을 상대로 그가 했던 인터뷰는 『KKK의 가면을 벗기다』에도 종종 등장했지만 앞뒤 상황과 세부 사실들이 달라져 있었다. 또 자료에는 케네디가 기자로서 KKK의 공식 행사를 취재한 내용이 있었는데, 『KKK의 가면을 벗기다』에서는 그것이 비밀작전으로 각색되어 있었다. 또한 케네디는 KKK를 비롯해 자신이 가입했던 다른 백인지상주의 단체들에 관한 방대한 양의 문헌을 수집했다고 했지만, 자료에 따르면 그는 대부분의 단체에 우편으로만 가입했을 뿐이었다.

그렇다면, 케네디는 저서에 기술한 대로 직접 KKK단에 잠입해 들어갔을까?

그린이 찾은 자료에는 케네디가 속해 있던 인권단체 중 하나인 반인종주의연맹Anti-Defamation League에 제출된 일련의 메모들이 있었다. 메모 중 일부는 그가 직접 적은 것이었고, 다른 것들은 존 브라운이라는 사람이 적은 것이었다. 존 브라운은 노조 활동에 열심인 근로자였는데, 삶의 철학이 바뀌어 KKK에 비밀 잠입했고 그런 과정에서 KKK 간부 자리에까지 올랐던 사람이다. 케네디는 1946년 초의 메모에 이렇게 적었다. "이 노조원이 나 대신 KKK에 들어갈 것이다. 그는 믿을 만한 사람이라는 확신이 든다."

이어지는 메모에서(그리고 당시 케네디가 쓴 수많은 서신에서) 그는 사실상 존 브라운 덕분에 가장 핵심적인 KKK 정보들을 확보할 수 있었다고 적었다. 어떤 메모에는 "8월 12일 애틀랜타 KKK 지부 1의 집회와 8월 15일 애틀랜타 KKK 지부 297의 집회에 대해 나의 정보통이 알려준 보고 내용"이라고 적혀 있었다. 존 브라운이 KKK 내부정보를 케네디에게 제공하면, 케네디는 그것을 반인종주의연맹 같은 단체나 검찰, 언론 등에 뿌렸던 것이다. 그는 몇 년 후 『KKK의 가면을 벗기다』를 쓰고 나서, 마치 젤리그(Zelig: 영화 「젤리그」의 주인공 이름으로, 주변의 누구든 흉내 낼 줄 아는 능력을 지닌 가상 인물. 이 영화는 허구와 현실의 구분을 감쪽같이 지웠다는 평을 얻었다 - 옮긴이)처럼 자신이 이 모든 업적의 주인공인 양 행세했다.

벤 그린은 수개월간 케네디의 자료들을 파고들었지만 존 브라운이라는 남자가 누구인지 밝힐 수 없었다. 그는 전前 주 검사이자 케네디와 가까이에서 일했던(『KKK의 가면을 벗기다』에 소개되어 있다) 댄 듀크Dan Duke를 인터뷰했다. 듀크는 케네디가 "KKK 내부모임에 몇 번 참여했다"는 사실에는 동의했지만, 극적으로 묘사된 그와 KKK의 관계에 대해서는 명백하게 이의를 제기했다. 그는 "그런 일은 결코 없었습니다"라고 말했다. 1999년, 그린의 책 『해리 무어의 짧은 생Before His Time』이 출간되었을 때 책 안의 각주에는 『KKK의 가면을 벗기다』를 '소설'이라고 칭하고 있었다.

케네디가 진실을 왜곡했다고 확신한 사람은 비단 그린뿐이 아니었다. 센트럴 플로리다 대학에서 역사를 가르치는 짐 클라크Jim Clark는 케네디가 "일어나지도 않은 일들로 전국적 명성을 얻었다"고 말한다. 케네디의 저서 네 권을 출판한 바 있는 플로리다 주 대학 출판사(University Press of Florida : 플로리다 주 소재 대학들의 간행물을 전문적으로 출판하는 조직 – 옮긴이)의 이사 메러디스 바브Meredith Babb도 이제는 케네디를 일컬어 '사업가적 민속학자'라고 부른다. 그러나 그린의 각주 내용을 제외하고, 그들 모두『괴짜경제학』에 케네디의 업적이 소개되기 전까지는 입을 꾹 다물고 있었다. 왜일까? "그것을 폭로하는 것은 산타클로스를 죽이는 것과 마찬가지거든요." 그린의 말이다. "내 생각에 가장 안타까운 점은, 그가 자신이 '실제로' 했던 일들로 만족할 줄 몰랐다는 점입니다. 그는 이야기를 억지로 만들어내고 미화했으며 자신이 하지 않은 일들로 공적을 쌓고 싶어했습니다."

　몇 주 전 플로리다에 있는 케네디의 자택 근처에서 그와 함께 점심식사를 했다. 우리는 그린이 찾아냈던 자료를 그에게 보여주며 "『KKK의 가면을 벗기다』가 다소 조작되거나 픽션화된 것은 아닌지" 솔직하게 말해달라고 요청했다. 그는 단호하게 부인하며 이렇게 대답했다. "책에 나오는 대화 가운데 지금 내 기억과 다른 내용이 조금 있을 수는 있습니다. 하지만 그 외에는 절대 그렇지 않습니다." 재차 다그치자 그는 "일부 사례에서 그 사람(존 브라운)의 조사나 활동내용을 활용해 이야기를 엮었다"고 마지못해 인정했다. 케네디는 이전에도 적어도 한 번은 그 점을 인정한 적이 있었다. 미 의회도서관 내의 민중생활 연구 센터 소장인 페기 버글러Peggy Bulger는 1992년 케네디와의 장시간 인터뷰 내용을 토대로 하여 「스테트슨 케네디: 응용민속학과 문화 수호」라는 논문을 썼다. 버글러는 논문 말미의 주석에 "케네디는 1954년 저작『나는 KKK와 함께 했다』에서 자신의 비밀작전 경험과 존 브라운에게 들은 내용을 합성했다"라고 적고 있다.

　물론 우리는 우리가 『괴짜경제학』에 그처럼 불확실하고 잘못된 이야기를 실었음을 알고 상당히 기분이 언짢았다. 『괴짜경제학』은 기존 사회통념을 더 굳건히 하는 것이 아니라 그것을 전복시킨다는 취지를 지닌 책이었는데, 스테트슨 케네디가 KKK에 잠입한 용감무쌍한 전사라는 사실은 무엇보다도 잘못된 사회통념이었으니 말이다.

　유감을 느끼는 또 한 가지 중요한 이유가 있다. 우리는 책에서 일화逸話보다는 데이터에 주목해야 함을 누누이 강조했다. 숫자는 사람들과 달리 거짓말을 하지 않기 때문이다. 그런데 스테트슨 케네디의 이야기는 일련의 일화들이었으며 그것은(수십 년간 사람들 사이에 얼마나 회자되었는가와 상관없이) 거의 대부분 사리를 도모하는 개인의 이기적인 동기에서 만들어진 것이었다.

　어쩌면 케네디가 오랫동안 훌륭한 대의를 위해 싸웠다는 사실이 더 중요할지도 모른다. 또 어쩌면 '문화 수호'라는 목표를 위해서 역사나 저널리즘에 어울리는 정직함 같은 것보다는 '응용민속학'이 필요했을지도 모른다. 우리가 부인할 수 없는 진실 하나는 케네디가 분명히 정보 비대칭을 완벽하게 활용했다는 점이다. 데이터가 그의 덜미를 움켜쥐기 전까지는 말이다.

불량납세자의 인센티브는 무엇일까? ★ ★ ★ ★ ★ ★ ★ ★ ★

국세청에 더 강력한 세무조사를 실시하라고 요구해야 하는 이유

2006년 4월 2일

매년 이맘때면 미국 국민들은 좋든 싫든 세금을, 또 자신들이 끔찍이도 싫어하는 국세청을 떠올려야 한다(미국에서는 개인의 경우 매년 4월 15일이 세금보고 마감일이다 – 옮긴이). 하지만 대부분의 사람들이 국세청을 싫어하는 이유에는 문제가 있는 듯하다. 그들은 국세청이 모질고 잔인한 기관이라고 생각하지만, 실제로는 원래 그래야 하는 것보다 덜 모질고 잔인하기 때문이다.

먼저 우리가 기억해야 할 점은 국세청이 세법을 만드는 주체가 아니라는 점이다. 국세청은 불량 납세자를 재빨리 찾아내 압력을 가할 임무를 지닌다. 이 기관의 설립 목적을 인용하면 이렇다. "우리나라에서는 의회가 세법을 통과시키고 납세자에게 그 준수를 요구한다. 국세청의 역할은 대다수의 성실한 납세자가 법을 준수하도록 지원하고 소수의 불성실한 납세자가 정당한 액수를 납부하도록 감독하는 것이다."

그러므로 국세청은 경찰과 비슷하다(좀더 정확히 말하면 세상에서 가장 거대한 경찰단이다). 경찰은 소수의 사람들이 만든 법을 다수의 사람들(그 중 대다수는 법이 너무 복잡하고 비용이 많이 들며 불공평하다고 여긴다)을 위해 실제로 집행하는 존재이기 때문이다.

대부분의 미국인은 세금을 내는 것이 자랑스럽다고 말한다. 지난해 국세청 감독위원회가 실시한 조사에 따르면 응답자의 96%가 "정당한 금액의 세금을 내는 것이 모든 국민의 의무"라는 말에 동의했고, 93%가 "소득을 속여서 신고하는 사람은 자기 행동에 책임을 져야 한다"는 데에

동의했다. 한편 세금보고를 정직하게 하려는 의지에 영향을 미치는 것이 무엇이냐는 질문에는 62%가 "회계감사가 두려워서"라고, 68%가 "자신의 소득이 이미 제3자에 의해 국세청에 보고됐기 때문"이라고 답했다. 많은 이들이 시민의 의무 운운하지만, 결국 성실한 납세 여부를 결정하는 요인은 예전부터 있어온 전통적인 인센티브인 듯하다.

그렇다면 이들 인센티브 가운데 어떤 것이 작동하고 어떤 것은 그렇지 않은 것일까? 이를 알아보기 위해 국세청은 3년에 걸쳐 국가조사 프로그램(National Research Program: 일종의 납세 성실도 측정을 위한 조사로서 어떤 업종의 신고 성실도가 낮은지, 어떤 거래에서 세금 탈루가 있는지 파악하기 위한 조사 – 옮긴이)을 실시했다. 이 조사에서는 무작위로 추출한 2001년도의 납세신고서 4만 6,000건이 면밀하게 검토되었다. (국세청은 이 4만 6,000명을 어떤 방식으로 조사했는지는 구체적으로 밝히지 않았지만, 조사 이후 국세청은 어지간히 욕을 얻어먹었을 것이다.) 그리고 이 추출조사에서 3,450억 달러의 조세 격차(법적으로 징수해야 하는 세금과 실제 징수된 세금의 차이)가 드러났다. 이는 국세청이 거둬들인 총 세액의 5분의 1에 가까운 금액이다. 또 이는 2007년 예상되는 연방 예산적자보다 불과 수십억 달러 적은 금액이며, 미국 전체 국민이 1인당 1,000달러 이상을 속여서 신고한 금액에 해당한다.

그러나 대다수의 사람들은 거짓 신고를 하지 않는다. 허위 신고를 하는 사람과 그렇지 않은 사람들을 자세히 살펴보면, 세금을 꼬박꼬박 납부하는 사람들이 어떤 이들인지 알 수 있다. 국세청의 조사 항목 가운데는 허위보고 순비율이라는 중요한 통계가 있다. 이는 4만 6,000건의 세금신고 가운데 주요 업종별로 허위 신고된 사례를 측정한 것이다. 예를 들어 '노임, 봉급, 팁' 카테고리의 경우에는 소득의 1%만이 실제보다 적게 신고되는 반면, '비농업 사업소득' 카테고리에서는(식당 주인이나 건설인력업체의 책임자를 생각해보라) 소득의 57%가 허위로 신고된다. 미납세액 680억 달러가 드러나는 부분이다.

봉급 생활자와 식당 주인 사이에 왜 그렇게 커다란 차이가 존재하는 것일까? 이유는 간단하다. 식당의 소득을 국세청에 신고하는 사람은 식당 주인 자신이지만, 봉급 생활자의 경우엔 고용주가 W2(세금보고 자료. 일종의 근로소득 연말정산서다 - 옮긴이)를 작성하므로 직원에게 지급된 월급이 정확하게 국세청에 보고되기 때문이다. 따라서 봉급생활자의 세금은 원천징수로 꼬박꼬박 빠져나가지만, 식당 주인은 세금을 정직하게 낼지 또 얼마나 낼지 마음대로 결정할 수 있다.

그렇다면 일반적으로 자영업자가 봉급 생활자보다 덜 정직하다는 의미일까? 꼭 그렇게 해석할 수만은 없다. 단지 자영업자가 허위 신고를 할 인센티브를 더 많이 지닌 것뿐이다. 자영업자는 국세청이 자신의 진짜 소득과 지출을 파악할 유일한 방법은 회계감사임을 잘 안다. 하지만 그는 곧 국세청의 극도로 낮은 감사율을 발견하고는(작년에 국세청은 개인 납세자의 불과 0.19%에 대해서만 직접 감사를 실시했다) 대담하게 계속 허위 세금신고를 하는 것이다.

그럼 생각해보자. 사람들은 왜 세금을 낼까? 그것이 옳은 행동이기 때문에? 아니면 탈세가 들킬까 봐 두려워서? 아마 후자 쪽일 것이다. 훌륭한 기술의 발달(고용주의 세금보고와 원천징수)과 사람들의 착각(성실한 납세자 대부분은 회계감사를 받을 확률을 실제보다 높게 생각한다)이 합쳐져 전체 시스템을 굴러가게 만들고 있다. 총 세액의 5분의 1에 해당하는 금액이 허위 신고로 빠져나가고 있다는 소식은 분명 유감스럽기는 하지만, 경제학자이자 세제 전문가인 조엘 슬렘로드Joel Slemrod에 따르면 미국이 전 세계에서 납세율이 높은 상위권 국가에 들어간다고 한다.

그러나 만일 당신이 허위 세금신고 없이 성실하게 납부를 하고 있다면, 당신은 국세청을 향해 '화를 내야' 한다. 세금납부를 똑바로 감시하라고 말이다. 마땅히 징수해야 할 세금 수천억 달러가 누락되고 있는데 왜 당신만 착실하게 세금을 내야 하는가?

이 같은 현실을 바꾸고 싶은 것은 누구보다도 국세청 자신일 것이다. 지난 몇 년간 국세청은 운영 예산이 넉넉하지 않은 상황 속에서도 강제 징수 세액과 감사율을 현저히 늘렸다. 국세청장(현재 마크 에버슨Mark Everson)의 주요 임무는 의회와 백악관에 재원을 적극적으로 요청하는 것이다. 국세청이 거둬들인 세수는 어차피 정부에 고스란히 들어갈 돈인데도, 대부분의 정치가들은 국세청의 파워가 더 강력해지는 것을 원치 않는다. 마이클 듀카키스Michael Dukakis가 1988년 대선 캠페인 때 이를 시도했으나(그는 회계 감사율을 높이는 등 강력한 세금정책을 주장했다 – 옮긴이) 먹히지 않았다.

마음만 먹으면 허위로 신고할 수 있는 국민들에게 세금을 징수해야 하는 임무를 맡은 국세청은, 힘겨운 상황 속에서도 나름대로 최선을 다하고 있다. 그리고 이따금씩 결정적으로 중요한 부분을 밝혀내기도 한다.

1980년대 초, 국세청 연구감독관인 존 실라기John Szilagyi는 회계감사 자료들을 검토한 뒤 일부 납세자들이 세금을 면제받기 위해 부양가족을 사실과 다르게 보고한다는 것을 알았다. 일부는 진짜 실수였고(이혼한 부부의 자녀가 이중으로 등록된 경우), 일부는 어이없이 속인 경우였다('플러피'라는 부양가족이 있었는데 애완동물이었다).

실라기는 자녀의 사회보장번호(우리나라의 주민등록번호 같은 역할을 한다 - 옮긴이)를 의무적으로 기록하게 하면 그 같은 부정이 없어질 것이라고 생각했다. 지금은 은퇴하여 플로리다에 거주하는 66세의 실라기는 이렇게 말한다. "처음에는 반대자가 많았습니다. 조지 오웰의 『1984년』에 나오는 것과 같은 감시 사회가 떠오른다면서 말입니다." 그 아이디어는 추진되지 못했다.

그러나 몇 년 후 세수를 늘려야 한다는 의회의 목소리가 높아지자, 실라기의 아이디어는 다시 사람들의 주목을 받기 시작했고 1986년에 법안으로 만들어졌다. 그리고 이듬해 4월, 세금보고 시즌이 되었을 때 그와 국세청 고위 관리자들은 깜짝 놀랐다. 700만 명의 부양가족이 갑자기 리스트에서 사라졌기 때문이다. 엄청난 수의 애완동물과 가상의 자녀가 사라졌던 것이다. 실라기의 제안으로 인해 한 해의 세수가 30억 달러 가까이 늘어났다.

실라기의 직속상관은 그의 공로를 인정해 보상을 해줘야 한다고 생각했지만 윗자리에 앉은 사람들의 생각은 달랐다. 실라기는 한 하원의원에게 연락을 취했고, 이 의원이 실라기에 대한 보상을 적극적으로 추진해주었다. 실라기의 아이디어가 법으로 제정된 후 5년이 지나, 마침내 그는 2만 5,000달러의 보너스를 받았다(당시 그의 연봉은 약 8만 달러였다). 그 즈음 그의 아이디어에서 시작된 법안 덕분에 늘어난 세수는 대략 140억 달러에 이르렀다.

국세청을 비난할 수 있는 적어도 한 가지 타당한 이유가 여기 있다. 만일 당시 국세청이 실라기에 대한 보상에 그렇게 인색하게 굴지 않았다면, 거짓 세금신고자들을 없앨 기발한 아이디어(오늘날 국세청에게 정말 필요한)가 훨씬 많이 쏟아졌을지도 모른다.

3 괴짜경제학 블로그 게시글

아래에 발췌한 글들에 담긴 생각과 의견은 아무래도 불완전하고 미흡할 것이다. 블로그에 올리는 글이란 그 특성상 책이나 신문의 글보다 충동적이고 구어적이며 임의적이기 때문이다. 하지만 그처럼 편안하게 비공식적으로 쓴 글도 나름대로 가치를 지닐 수 있다고 생각하며, 또 그러길 바라는 마음이다. 아래 발췌한 글들은 약간씩 편집한 것이다. 웹사이트와 달리 종이 위에는 "더 읽으려면 여기를 클릭하시오"라는 하이퍼링크를 (아직은) 넣을 수가 없기 때문이다. 발췌문들은 다음 네 가지 범주로 나뉜다.

1. 『괴짜경제학』과 그 여파에 관한 것.
2. 『괴짜경제학』에 소개된 낙태 관련 논의의 연장에 해당하는 것.
3. 『괴짜경제학』과 직접 연계되진 않지만 웬만큼 관련성을 지닌 다양한 주제에 대한 자유로운 소고小考. 비유하자면, '코셔식 kosher style'에서는 엄격한 코셔를 고집하진 않지만 새우 따위는 먹지 않는다는 점을 떠올려보라(코셔는 유대교 율법에 따른 정결한 음식이며, 코셔식이란 이 율법을 엄격하게 적용하지는 않지만 돼지나 갑각류를 먹지 않는 등 유대교

규정에 준하는 식사 스타일을 말한다 – 옮긴이).
4. 개인적인 분노의 목소리.

여기에 실은 글은 우리가 블로그를 개설한 이래 웹페이지에 올렸던 내용의 3% 정도에 해당하며, 네티즌의 댓글이나 코멘트는 싣지 않았다. 때때로 그들은 우리보다 훨씬 더 열정적으로 의견을 제시했고 개중에는 흥미로운 것도 적지 않았다. 블로그의 전체 내용을 읽고 싶은 독자는 www.freakonomics.com/blog/를 방문해보기 바란다.

블로그와 책『괴짜경제학』의 또 다른 중요한 차이점은, 처음 두 개의 발췌문을 제외한 나머지는 우리 둘 중 한 사람이 쓴 것이라는 점이다. 따라서 레빗의 글에는 'SDL', 더브너의 글에는 'SJD'라고 글쓴이를 표시해두었다.

1. 『괴짜경제학』에 대하여 ★ ★ ★ ★ ★ ★ ★ ★ ★ ★ ★

『괴짜경제학』을 쓰고 출판하는 과정을 거치며, 그리고 독자들의 반응을 얻으면서 우리가 가졌던 생각들

산고產苦를 겪으며

세상의 모든 부모는 자기 자식이 세상에서 제일 예쁘다고 생각한다. 인간의 뇌는 자기가 낳은 자식을 매일매일 들여다볼수록 예쁘게 느끼도록 진화해온 모양이다. 남의 아이 얼굴에 음식이 말라붙어 있으면 눈살을 찌푸리면서도, 자기 자식 얼굴에 묻은 밥풀은 사랑스럽기 그지없는 게 부모 마음이다.

지금까지 수도 없이 읽어온 『괴짜경제학』 원고가 우리에겐 사랑스러울 따름이다. 여기저기 점투성이에다 얼굴에 음식도 말라붙어 있지만 말이다. 우리는 관심을 갖고 이 책을 읽을 독자들이 생겨날 것이고, 또 읽은 후에 자기 의견을 표현하고 싶은 독자들도 있을 것이라고 생각했다. 그래서 이 블로그를 개설한다. 앞으로 많은 이들에게 즐거운(또는 유쾌한 토론이 벌어지는) 공간이 되었으면 하는 바람이다.

― SDL과 SJD, 2005. 3. 30.

『괴짜경제학』은 형편없는 책인가?

『괴짜경제학』 출간 후 출판사에서 분주히 움직이며 책을 홍보하고 마케팅 활동을 펼쳐왔다. 그것은 응당 출판사에서 해야 할 일이고, 물론 우리 역시 거기에 적극적으로 찬성한다. 좋은 일이 있을 때(예컨대 『월스트리트 저널Wall Street Journal』에 『괴짜경제학』의 호평이 실린 것, 「존 스튜어트의 데일리 쇼Daily Show With Jon Stewart」에 출연해 책을 소개할 계획 등), 출판사는 열심히 이를 알리며 홍보에 활용한다. 하지만 우리는 반대편의 목소리에 귀 기울이는 것도 가치 있는 일이라 생각한다. 가능한 한 모든 자료를 검토하는 것, 어떤 결론을 얻게 되든 그것을 꼼꼼히 조사하고 파헤치는 것이 『괴짜경제학』의 기본 정신 아니었던가. 따라서 부분적으로든 전체적으로든 『괴짜경제학』을 지독하게 형편없는 책이라고 생각하는 사람들의 의견을 여기 소개해본다.

저널리스트이자 블로거인 펠릭스 새먼Felix Salmon은 격앙된 톤으로 쓴 짧지 않은 분량의 리뷰에서, 이 책이 "체계 없이 뒤죽박죽인 챕터들"로 구성돼 있으며 "레빗과 더브너는 학자연하면서 기실은 사회통념을 곧이곧대로 받아들이고 있다"고 말했다. 스티브 세일러Steve Sailer는 로 대 웨이드 판결과 범죄율 감소의 연관성에 대해 강력한 이의를 제기했다(구글에서 'Sailer'와 'Freakonomics'로 검색해보면 굉장히 다양한 논의와 자료가 나올 것이다). 스콧 맥레미Scott McLemee는 2005년 4월 24일자 『뉴스데이Newsday』 리뷰에서 "이 책의 문체가 애매모호하다고" 비난했다. 2005년 5월 2일자 『타임Time』에는 "'괴짜경제학'이라는 불운한 제목의 이 책에는 하나의 통합적인 이론이 없다… 그 점이 안타깝다"라는 내용의 아만다 리플리Amanda Ripley의 리뷰가 실렸다. 그래도 다행인 것은 『타임』과 『뉴스데이』의 리뷰가 전반적으로 긍정적이었다는 사실이다. 하지만 우리가 한 유명한 논픽션 작가에게 『괴짜경제학』의 원고를 보내며 추천사를 부탁했을 때, "범죄에 관한 내용이 나오는 챕터에서 겸손함을 찾아볼 수 없다"는 이유로 거절당했다는 점 역시 밝혀야겠다.

이런 말들을 듣고 우리가 불쾌했을까? 개인적으로는 그랬다. 하지만 『괴짜경제학』의 입장에서 보면 그렇지 않다. 수년 전 하버드 법대 교수인 앨런 더쇼위츠Alan Dershowitz가 하버드 스퀘어에 코셔 델리(kosher deli: 유대인식 식당 – 옮긴이)를 열었을 때, 이런저런 다양한 이유 때문에 사람들의 비난을 들었다. 평소 법학자로서의 명민함뿐 아니라 자유로운 의사 표현을 중시하는 사람으로도 유명했던 더쇼위츠는, 자신은 무엇보다도 그 식당을 비난할 수 있는 사람들의 권리를 중요하게 생각한다고 말했다(그의 표현을 정확하게 옮긴 것은 아니다).

『괴짜경제학』이 훌륭한 책이라고 자랑하고 싶지는 않다. 또 이 책을 칭찬하는 리뷰들도 그대로 믿지는 마라. 판단은 여러분의 자유다. 이 블로그 여기저기를 뒤지며 자유롭게 글들을 찾아 읽기를. 어쩌면 당신은 『괴짜경제학』이 쓰레기에 불과하다는 결론을 내릴지도 모른다. 우리는 당신에게 그렇게 생각할 수 있는 권리가 충분히 있다고 생각한다.

– SDL과 SJD, 2005. 4. 26.

괴짜경제학 토론의 장

『괴짜경제학』에 관한 많은 논의가 있었지만, 사고의 깊이 면에서 볼 때 '크룩드 팀버'라는 블로그에 게시된 글들이 단연 인상적이다(http://crookedtimber.org/2005/05/23/steven-levitt-seminar-introduction/). 이곳에는 다양한 학문 분야의 지식인 5명이 내놓은 『괴짜경제학』에 대한 견해와 각 에세이에 대한 나의 의견이 올라와 있다.

이곳에 소개되었던 나의 의견을 조금 편집하여 소개한다. 여러분이 위 블로그의 에세이들을 읽지 못했다 하더라도, 내 견해의 취지를 이해하는 데는 기본적으로 문제가 없으리라 생각한다.

먼저 '괴짜경제학'이란 제목부터 짚어보자. 우리는 책 제목을 놓고 고심에 고심을 거듭했다. 하나로 통합된 중심 주제가 없기 때문에 제목을 정하기가 결코 쉽지 않았다. 의문문으로 된 제목도 생각해봤고('교사와 스모 선수의 공통점은 무엇일까?'), 조금 덜 자극적인 제목도 고려했으며('세상의 숨겨진 이면을 찾아' 또는 '꼭 그렇지만은 않아'), 다소 엉뚱한 제목도 떠올려봤다('E-레이 비전', 이때 'E'는 경제학을 의미한다).

하지만 결국에는 '괴짜경제학'을 택했다. 그 이유는 이름에 대한 나의 생각과 연구에서 찾을 수 있을 것이다. 이력서에 적힌 이름이 고용주에게 연락이 올 가능성에는 영향을 미치지만 인생 전체를 길게 봤을 때는 별로 중요하지 않다는 나의 연구결과가 옳다고 생각해보자. 이는 곧 이름이 첫인상을 웬만큼은 좌우하지만, 익숙해지고 나면 중요 순위에서 밀려난다는 것을 의미한다. 당신은 '오프라는 정말 우스꽝스러운 이름이니까 그녀의 쇼는 절대로 안 볼 거야' 하고 생각해본 적이 있는가? 아니면 '비틀스처럼 우스운 이름이 또 있을까. 그런 그룹의 앨범은 아무도 안 살걸' 하고 생각한 적은?

책 제목을 붙일 때는, 독자들의 눈에 띄려고 서로 앞 다퉈 경쟁하는 수많은 책들 사이에서 생존하려면, 자석처럼 이목을 확 끌어당길 수 있는 무언가가 필요하다. 처음 들었을 때는 '괴짜경제학'이란 제목이 굉장히 특이하게 느껴져도, 한 스무 번쯤 듣고 나면 익숙해진다. 마치 오프라처럼 말이다. 추측건대 아마 크룩드 팀버의 필자들도 자기 글을 다 쓰고 났을 때쯤에는 이 제목에 대한 반감이나 미움이 상당히 엷어졌을 것이다. 그리고 1년쯤 뒤에는 자신들이 책 제목을 혐오했다는 사실조차도 잊어버릴지 모른다. 적어도 우리 책의 출판사 담당자들은 그랬다. 그들은 처음엔 감당하기 힘든 제목이라고 반대했지만 마지막 순간에 간신히 동의를 했고, 지금은 자신들만큼 우리 책의 마케팅을 성공시킬 출판사는 없을 거라며 우리에게 두 번째 책을 내자고 성화다. 그리고 만일 그들의 제안대로 두 번째 책을 낸다면, 너무나 엉뚱하고 기발해서 독자들의 사랑을 받을 수밖에 없는 그런 제목을 지을 생각이다.

이번엔 하나로 통합된 주제가 없다는 점에 대해서 짚어보자. 내 직감에 의하면(이 책에 대한 독자들의 반응에 근거한 것이다), 어떤 책에 통합된 주제가 있는지 여부를 정말로 중요하게 여기거나 있기를 바라는 독자는 거의 없다. 대부분의 책에 통일된 주제가 있으니까, 그저 사람들은 그게 없으면 뭔가 이상하게 느낄 뿐이다. (이렇게 보면 책의 통합된 주제는 선거에 쓰는 돈과 비슷하다. 모든 후보자들은 돈을 쏟아 붓지 않고 모험을 할 경우 비참한 결과를 맞을까 두려워서, 선거에서 엄청난 돈을 써야 한다는 압박감을 느낀다.) 하지만 나는 말콤 글래드웰Malcolm Gladwell의 책을 읽을 때 통합적인 주제가 있는지 여부와 상관없이 그의 글들이 매우 훌륭하다고 생각한다. 그의 책이 베스트셀러 자리를 지키는 것은 그가 감각이 뛰어난 훌륭한 스토리텔러이기 때문이다. 내 생각에는(그리고 다른 사람들의 얘기를 들어봐도) 통합된 주제는 그의 놀랄 만큼 흥미로운 각각의 이야기들에 방해물이 될 뿐이다. 유사한 맥락으로, 단편소설집에도 역시 통합된 주제가 존재하지 않는다. 나는 그런 책을 읽을 때 속았다거나 뭔가 잘못되었다는 느낌은 들지 않는다. 나와 더브너가 한 일 중에 가장 의미 있는 일은, 훌륭한 내용을 담고 있되 하나의 통합된 주제가 없는 책들이 외면당하지 않는 분위기를 만들었다는 점일 것이다.

크룩드 팀버의 필자들은 또한 우리의 책을 경제학 서적으로 봐야 하는지, 더 넓게는 사회과학 서적으로 봐야 하는지를 놓고 이런저런 의견을 피력했다. 만약 누가 나에게 세 가지 소원을 빌라고 한다면, 그 중에는 인간의 행동양식을 알려주는 데이터들을 활용하여 경제학뿐 아니라 사회학, 정치학, 심리학 등을 아우르며 각 분야의 문제들을 속 시원히 풀어나가는 진정한 의미의 학제연구 사회과학자가 되게 해달라는 것도 포함될 것이다. 하지만 그것은 이상적인 꿈일 뿐이다. 나는 내 분야인 경제학의 이론과 도구들조차도 전부 꿰뚫고 있지 못하다. 만일 당신이 내가 가르치는 학생들에게 내가 미적분학을 제대로 아느냐고 물어 보면 아마 "정확히 아는 것 같지는 않아요"라고 대답할 것이다. 물론 자랑할 얘기는 아니지만, 나는 현실을 인정할 줄 아는 사람이다. 탁월한 경제학자인 개리 베커나 케빈 머피에게 내가 시카고 가격 이론을 올바르게 적용하느냐고 물으면, 친절하고 점잖은 그들은 내가 많이 나아졌다고 대답할 것이다. 정말 솔직하게 말해 내가 자신 있는 유일한 것은, 세상 사람들이 호기심을 느끼는 질문을 던진 후에 데이터를 요리조리 주물럭거려 그 해답을 찾을 방법을 궁리하는 것이다. 나는 결코 쓸 만한 사회학자도, 정치학자도, 또는 심리학자도 되지 못할 것이다. 하지만 그래도 괜찮다. 나는 많은 경제학자들이 자신은 다방면에서 박식하다고 착각함으로써 결국은 곤란에 빠지게 된다고 생각한다.

몇 년 전 안식휴가(대학교수의 연구와 여행을 위해 7년마다 1년씩 주는 휴가 - 옮긴이) 때, 스탠퍼드 대학의 행동과학 연구센터 Center for Advanced Study of Behavioral Sciences에서 내 연구에 관해 학자들과 이야기를 나눌 기회가 있었다. 어떤 이들은 나의 연구나 활동 내용을 보건대 어떻게 경제학자로 자처할 수 있느냐고 흥분해서 물었다. 그들은 따지고 보면 내가 사회학자라고 말했다. 당시 같은 방 안에 있던 사회학자들의 얼굴에 나타난 혐오감과 당황스러워하는 표정을 감안하면, 나는 사회학자도 아니었다. 하지만 나는 처음부터 내가 모르는 것이 많다는 것을 인정하고 시작하며, 기꺼이 열린 자세를 갖고 민족지학자(수디르 벤카테시), 계량경제학자(잭 포터Jack Porter), 정치학자(팀 그로세클로즈 Tim Groseclose) 등과 함께 저술 작업을 했으며 지금은 저널리스트(스티븐 더브너)와 함께 작업하고 있다. 그리고 어쩌면 내가, 통합된 주제가 없는 책이 외면당하지 않는 분위기를 만드는 것뿐 아니라, 모든 사회과학 분야의 학자들이 내가 현재 지향하고 있는 '통합시각적 학문('학제연구'와 대비되는 개념으로서)'의 길을 걸을 수 있는 분위기를 조성하는 데에도 기여할 수 있을지 모를 일이다.

다음은 인센티브 문제다. 크룩드 팀버의 필자들은, '효용의 극대화'가 경험적 내용과 의미가 없는 공허한 동어반복이 될 수 있듯이 우리가 사용한 '인센티브'라는 용어도 마찬가지라고 지적했다. 우리는 『괴짜경제학』에서 경제적 인센티브뿐 아니라 사회적, 도덕적 인센티브까지 고찰함으로써 매우 다양한 사례에 그것을 적용했다. 나는 그것이 최상의 방법이라고 생각한다. 만일 경제적 인센티브에만 초점을 둔다면 잘못된 방향으로 흐를 것이 분명하다. 사람들은 누구나 자신이 원하는 바를 얻고자 요모조모 따져보고 적극적으로 결정을 내린다는 생각을 지울 수가 없다(이 때문에 결국 내가 경제학자일 수밖에 없기는 하지만 말이다). 인센티브를 내 연구의 통일된 주제라고 생각할 수 있는 것은(낙태와 범죄율의 관계처럼 인센티브가 큰 상관이 없는 주제도 있긴 하지만) 다음과 같은 의미에서다. 나는 어떤 문제에 대한 해답을 찾을 때마다 해당 상황의 행위자 입장에서 "내가 만일 그런 상황이라면 어떻게 행동할까?"라는 질문을 던져본다. 나는 기존 시스템을 전복하기 위한, 또는 기존 시스템에 속지 않기 위한 방법을 늘 궁리하는 사람이기 때문에, 내가 연구하는 사람들 역시 나와 마찬가지로 생각할 것이라고 가정한다. 따라서 나는 낙태 합법화가 원하지 않는 임신에 대비한 이상한 형태의 보험 역할을 한다는 생각이 든다. 한 스모 선수가 승리함으로써 얻는 무엇이 상대방 스모 선수가 패배함으로써 포기해야 하는 무엇보다 더 크다면, 나는 그들이 협상을 할 수 있으리라고 생각한다. 부동산 중개업자들을 볼 때면 그들이 나를 어떻게든 속이려 한다는 생각에서 벗어날 수가 없다.

나는 만일 세상 모든 경제학자가 나 같다면 경제학 분야에 엄청난 혼란이 생길 것이라는 데에 이의가 없는 사람이다. 하지만 그럼에도 불구하고 나를 좋아하는 경제학자들이 어지간히 있는 걸 보면, 이 분야에 '악당 경제학자'들이 생겨날 씨앗은 꽤 존재하는 것 같다.

– SDL, 2005. 5. 23.

캘리포니아에 다녀와서

지난주에 캘리포니아에 다녀왔다. 우리 책의 출판사인 윌리엄 모로/하퍼콜린스의 말에 따르면 그 지역의 『괴짜경제학』 판매량이 다른 곳에 비해 지지부진했다. 아마 그 지역에서 판매 시작 시기가 늦었던 탓일 듯싶은데(레빗과 내가 사는 시카고와 뉴욕에서는 초반부터 반응이 굉장했다), 출판사로서는 운에 맡긴 채 그냥 두고 볼 수는 없었던 모양이다. 이제껏 북 투어 같은 것은 해본 적이 없는 우리는 3일 일정으로 캘리포니아로 향했다. 나보다는 레빗에게 더 고역이었다. 그는 사람을 직접 만나 사귀고 어쩌고 하는 것을 싫어하는 성격이다(적어도 자신은 그렇다고 말한다). LA에서 첫날을 보내면서 레빗은 계속 "죽을 맛"이라고 투덜댔는데, 얼굴에 약간 웃음기가 돌면서 무심코 내뱉곤 했다. 영화 「프린세스 브라이드 The Princess Bride」에서 맨디 패틴킨 Mandy Patinkin이 월리 숀 Wally Shawn에게 "그건 당신이 진짜 말하려는 게 아닌 것 같군"이라고 했던 대사가 떠올랐다. 레빗은 언어를 만지는 사람이 아니라 숫자를 만지며 사는 사람이다. 아마 그의 말이 뜻했던 것은 '살인적'이라는 의미였을 것이다.

일정 마지막 날, 우리는 마운틴뷰의 구글 본사를 방문했다. 나중에 구글 직원들이 구글 블로그에 올리고 싶다고 우리에게 방문한 느낌을 적어달라고 요청했다. 그래서 아래와 같은 제목으로 써주었다.

구글 전 직원 분들께
글쓴이: 『괴짜경제학』 저자들
날짜: 2005. 8. 4.
제목: 지난주의 구글 방문기

사실 구글에서 어떤 경험을 하게 될지 궁금하기도 했다. 그곳에 가기 몇 달 전, 캘리포니아에 오면 구글에서 프레젠테이션을 해달라는 부탁을 받았다. 우리는 기꺼이 그러마고 했다. 당장 눈앞의 일이 아니라 한참 뒤의 일이라면, 누구나 별로 깊이 생각해보지 않고 승낙하게 되는 법.

구글플렉스(Googleplex: 구글 본사 건물 이름 – 옮긴이)에 조금 늦게 도착했기 때문에(괴짜경제학을 보드게임(!)으로 만들고 싶어하는 사람들과 미팅을 하고 오느라고) 둘러볼 시간이 조금 부족했지만, 우리가 봤던 것들 중에 기억에 남는 것들을 적어본다.

- 구글 로고가 새겨진 입구의 기둥 탑. 눈에 잘 띄지 않는 '안전 기둥(차량 진입 금지용 기둥)' 옆에 위치했다.
- 방문객 기록과 이름표 발부를 위한 컴퓨터. 누구든 사용할 수 있게 사용법이 무척 쉬웠다.
- 환상적인 화장실.
- 초창기 서버들을 올려놓은 격자 선반과 코르크 재질의 받침대들. 소방관들에게 꽤나 잔소리를 들었다고 했다.
- 사내 여기저기를 돌아다니는 강아지들. 어떤 녀석은 온순하고, 어떤 녀석은 그렇지 않았다.
- 멋진 검색 스크린들. 개념 예술의 걸작이라고나 할까. 특이한 단어들이 눈에 들어왔다. 힐러리 더프Hillary Duff… 예니퍼 로페즈(Yenifer Lopez: 제니퍼 로페즈Jennifer Lopez의 변형 – 옮긴이)… 스페인어 사전…(『괴짜경제학』이 눈에 띄지 않아 조금 실망했다. 요즘 사람들은 철자 변형을 즐기는 것 같다.)
- 석영으로 된 바닥, 싱싱한 선인장들, 멋진 천막식 집, 아프리카 관의 생태학적으로 지어진 계단.

드디어 '프레젠테이션' 시간이 왔다. 가이드인 헌터 워크Hunter Walk가 우리를 프레젠테이션이 진행될 방으로 안내해주었다. 세상에! 그것은 우리가 상상했던, 회의 테이블과 10~20개의 의자가 있는 작은 방이 아니었다. 좌석이 수없이 많은 엄청나게 큰 강당에 구글 직원들이 가득 자리를 채우고 있었고, 그것도 모자라 바닥에 앉거나 강당 뒤에 서 있는 사람들도 많았다. 우리는 마치 구경꾼들이 둘러싼 높은 나무기둥에 대롱대롱 매달리기라도 한 기분이었다. 검은색 벽으로 둘러싸인 강당 안의 앞쪽 무대를 환한 조명이 비추고 있었고, 실내는 웅성거리는 소리로 가득했다. 그야말로 대규모 프레젠테이션이었다! 샐리 필드Sally Field처럼 감격해서 "당신들, 우리를 좋아하는군요. 정말로 좋아하는군요!"라고 외치기라도 해야 할 판이었다. (물론 구글 직원들의 평균 연령은 매우 낮기 때문에 이게 무슨 뜻인지 모를 것이다. 하지만 신경 쓰지 말기를. 따지고 보면, 그렇게 재밌는 유머도 아니니까.) 〔미국 여배우 샐리 필드가 1985년 아카데미상 수상 소감을 말할 때 "당신들 나를 좋아하는군요. 정말로요!(You like me, you really like me!)"라고 말했는데, 이후 여러 사람들이 이 문구를 패러디했다 - 옮긴이〕바닥에 앉아 있는 구글 직원들 사이를 헤치면서 천천히 무대 쪽으로 걸어갈 때는 TV 기자들이라도 대동하고 올걸 그랬나 싶은 생각까지 들었다. 아니면 우리 둘 중 하나가 록 공연을 하기 직전인 듯이 느껴지기도 했다. (사실 나도 왕년에는 언더그라운드 록그룹 활동을 했다. 1980년대 후반이었으니 한참 전 얘기지만.)

헌터가 『괴짜경제학』 수백 부를 아마존에서 주문해서 나눠주었던 터라, 좌석에 앉아 있는 직원들 모두가 무릎 위에 책을 펼쳐놓고 있었다. 마치 마오쩌둥의 연설을 듣기 위해 대기하고 있는 것 같은 분위기였다.* (헌터의 주문량이 아마존에서 대량구매로 분류되어 『뉴욕 타임스』 베스트셀러 순위에 별다른 영향을 주지 않았으면 어쩌나 하는 생각이 들었다.)

레빗과 나는 어떤 얘기를 해야 할지 고민스러워 한참을 의논했다. 둘 다 이런 일에는 익숙하지 않았으니까. 다행히 헌터가 많이 격려를 해주었고 인내심 있게 기다려주었다. 무대 위에는 연설대와 마이크가 하나뿐이라 레빗과 나는 함께 서서 진행하기로 했다. 우리는 책 내용에 관해 토론을 하고('마약 판매상은 왜 어머니와 함께 사는 걸까?' 하는 주제 등), 우리의 책이 나온 후 진행된 연구들에 관련된 이야기들을 했다(예일 대학의 매춘 연구 등등). 청중들이 자주 웃음을 터뜨린 걸 보면 강연은 그럭저럭 괜찮았던 것 같다. 물론 우리가 우스워서 그랬을 가능성도 없진 않지만. 레빗이 그 전날 야후!를 방문했을 때 청중이 여기보다 훨씬 적었다고 말하자 한바탕 웃음이 터지기도 했다. 믿기지 않겠지만 정말 그랬다. 구글의 청중이 야후!보다 대략 두 배는 되었다. 바꿔 생각하면, 구글이 생산력에서 두 배의 손실을 감수했다는 의미일 수도 있다. 우리의 괴짜경제학 강연이 생산성을 어느 정도는 '높였다고' 생각하지 않는다면 말이다. 만일 생산성을 높였다면, 우리보다는 그들에게 이 강연의 중요성이 훨씬 컸던 셈이다.

그날 나온 질문 가운데 최고의 질문은 이것이었다. "우리가 만일 당신들에게 구글의 데이터를 준다면, 그걸로 무얼 하시겠습니까?" 물론 우리도 그 생각을 아주 많이 해봤다. 그 답은 나중에 알게 될 것이다.

강연이 끝난 후, 여러 부서의 직원들과 편안하고 자유롭게 대화를 나누었다. 내게는 이 시간이 가장 인상적이었다. 그들이 총명하고 호기심 많으며 친절한 사람들이었기 때문이기도 하지만, 무엇보다도 모두가 정말 '행복해' 보였다. 구글처럼 직원 대부분이 회사 로고가 그려진 헐렁한 티셔츠를 입고 일하는 기업은 거의 없을 것이다. 우리가 보기에 그것은 진정한 자부심의 표현이었다(또는 어쩌면 티셔츠가 굉장히 싸기 때문인지도 모르지만). 하지만 그들이 행복한 진짜 이유는 다른 데 있었다. 아름답고 쾌적한 환경에서 훌륭하고 똑똑한 직원들과 진실한 사명감을 갖고 즐겁게 일하는 것, 그것이 바로 구글 직원들에게서 보이는 행복감의 원천이었다. 297달러라는 주가도 아마 한 가지 이유가 될 것이다.

– SJD, 2005. 8. 19.

2. 로 대 웨이드 판결과 범죄율 ★ ★ ★ ★ ★ ★ ★

『괴짜경제학』을 읽은 사람이라면 아마도 여러 주제 가운데 낙태의 합법화와 범죄율 감소의 관련성에 관한 이론 때문에 가장 많은 항의 메일을 받지 않았을까 추측할 것이다. 그러나 실은 그렇지 않았다. 4장의 내용을 직접 읽어보고 그것이 정치적 또는 종교적인 성격을 지니지 않았음을 깨달은 독자들은 그것에 대해 곰곰이 숙고해본 후 과도하게 흥분해서 자신의 신념(그것이 어떤 신념이든 간에)을 옹호하거나 하지는 않는 듯하다.

하지만 다른 주제들의 경우는 달랐다. 예를 들어, 부동산 중개업자에 대한 연구를 읽고서는 성난 수백 명의 독자들이 이메일을 보냈다. 물론 그들 대부분은 부동산업 특유의 인센티브로 인해 중개업자들이 고객들을 이용한다는 우리의 설명에 불쾌함을 감추지 못하는 부동산 중개업자들이었다. 또 부정행위를 하는 교사들의 얘기를 거북해하는 수많은 교사들의 이메일도 받았으며, 자녀 교육에 관한 우리의 결론을 받아들일 수 없다는 부모들로부터도 이메일을 받았다. 그리고 이름에 관한 장 전체가 완전히 헛소리라는 독자들도 있었다.

낙태와 범죄율 이야기가 유달리 많은 독자들의 분노를 자극했던 것은 아니지만, 언론과 여타의 다양한 공간에서 반향을 불러일으킨 것은 분명하다. 이는 윌리엄 베넷William Bennett이 인종문제와 관련된 토론 와중에 이 책을 인용한 것만 봐도 알 수 있다.

다음에 소개하는 것은 낙태와 범죄율 논란의 서로 다른 측면을 다룬 두 개의 블로그 포스트 내용이다. 첫 번째는 베넷이 했던 말과 그에 대한 나의 의견이다. 두 번째는 낙태와 범죄율 이론에 대한 학술계의 반발에 대한 나의 의견이다. 이 두 번째 글은 상당히 전문적인 편이지만(내키지 않는 독자라면 마지막 세 단락만 읽고 싶을지도 모른다), 우리 연구를 이해하는 데 꽤 중요한 글이다.

빌 베넷과 괴짜경제학

빌 베넷(Bill은 William의 애칭 – 옮긴이)과 나는 상당히 공통점이 많다. 우리 둘 다 범죄에 관한 글을 썼고(나는 『괴짜경제학』에서 그의 '슈퍼프레데터' 이론을 잠시 언급했다), 불법 약물사용과 교육에 큰 관심을 갖고 있으며(베넷은 마약 정책실장과 교육부 장관을 지냈다), 그리고 우리 둘 다 도박을 좋아한다(내가 훨씬 소심한 도박을 하고, 내가 따는 경우가 더 많지만).

그리고 또 하나의 공통점이 있다. 우리 둘 다 낙태와 범죄에 관한 발언으로 세상에 논란을 일으켰다는 사실이다.

아래 소개하는 것은 그가 진행하는 살렘 라디오 네트워크의 「빌 베넷과 함께 하는 아침 Bill Bennett's Morning in America」 9월 28일 방송 내용 중 일부다.

청취자 요즘 방송을 듣다 보면 예산이 부족하다거나, 정부가 사회보장을 위한 재원을 확보하지 못한다는 얘기를 하는데요. 최근 몇 개월 간 기사들을 읽었는데 로 대 웨이드 판결 이후 낙태가 합법화되었다죠? 지난 30년 동안 낙태로 사라진 아이들이 태어나서 세금을 냈다면 지금쯤이면 사회보장제도의 재정에도 도움이 되었을 겁니다. 그런데 언론에서는 이 문제를 전혀 다루지 않더군요.

베넷 그들이 자라서 모두 생산적인 국민이 되었을 거란 말씀인가요?

청취자 그렇습니다. 아니면 그 중에 일부만이 생산적인 국민으로 성장했다 하더라도 엄청난 예산이 확보됐을 겁니다.

베넷 네, 어쩌면 그럴지도 모르죠. 하지만 그들과 관련된 비용적인 측면이 얼마나 됐을지는 아무도 모릅니다. 편모들의 낙태율이 현저하게 높은데도 그렇게 생각하십니까? 저는 그렇게 생각하지 않습니다.

청취자 저는 정확한 통계는 모릅니다. 하지만 그럴 가능성이 높다고 생각합니다.

베넷 네, 좋습니다. 저는 낙태 반대론에 찬성하는 사람은 아닙니다. 왜냐하면 앞일은 아무도 모르기 때문이죠. 그러니까, 이는 양쪽 모두에(낙태 찬성론이든 반대론이든) 해당하는 말입니다. 『괴짜경제학』이라는 책에서 다룬 주제 가운데 범죄율 저하 문제가 있는데, 이 책에서는 이런 가정을 세웁니다. 범죄율이 낮아지는 이유가 낙태율이 높아지기 때문이라는 겁니다.

청취자 글쎄요, 저는 그 통계가 정확하지 않다고 생각합니다.
베넷 저 역시 그렇게 생각합니다. 무엇보다도 우리가 알 수 없는 측면들이 너무 많으니까요. 하지만 만일 범죄율을 줄이고 싶다면, 또 그것이 유일한 목적이라면, 미국의 모든 흑인 태아에게 낙태를 실시한다면 범죄율은 낮아지겠지요. 그러나 그건 현실적으로 불가능하고 우스꽝스럽고 도덕적으로 비난받을 일일 겁니다. 하지만 범죄율은 떨어지겠죠. 그러니까, 이렇게 너무 광범위하고 극단적으로 추정과 예측을 하는 것은 잘못된 방향으로 나아가기 쉽다고 생각합니다.

방송이 나간 이후 당연히 베넷의 말은 일파만파 파장을 일으켰다. 그는 언론뿐 아니라 심지어 백악관에서도 비난의 말을 들었다.
이러한 제반 상황에 덧붙일 나의 의견은 이렇다.

1. 이것이 라디오 프로그램에서 대본 없는 상태로 청취자의 질문에 대답하고 반박하는 과정에서 나온 대화라는 사실을 기억해야 한다. 사전 준비 없이 즉석에서 오고 간 대화라는 뜻이다. 이는 베넷이 신문에 칼럼을 쓰는 것과는 매우 다른 상황이다.
2. 존 도너휴와 내가 함께 쓴 학술논문에, 또 스티븐 더브너와 내가 쓴 『괴짜경제학』에 등장한 낙태와 범죄율 이론의 중심은 인종문제가 아니었다. 대체적으로 미국의 범죄 발생은 백인보다 흑인 사이에서 높은 것이 사실이다. 그러나 중요한 점이 한 가지 있다. 만일 소득 수준, 편모 가정에서 태어나 자랄 가능성, 10대 엄마를 가질 가능성, 가정환경 등을 통제 또는 조절할 수 있다면 살인을 제외한 모든 범죄에서 인

종의 구분이 없어질 것이라는 점이다. (우리 책에도 썼듯이, 흑인과 백인의 살인 발생률 차이는 크랙 코카인 시장과 부분적으로 관련이 있다.) 다시 말해, 동일한 소득 수준과 동일한 가정환경을 지닌 백인과 흑인은 범죄에 연루될 가능성이 비슷하다는 뜻이다. 경험적인 실제 사실에 비춰볼 때, 중요한 것은 원하지 않은 임신이나 10대 청소년과 편모의 경우에 낙태율이 현저히 높다는 사실이다.

3. 인종문제를 거론하지 않는 것이 정치적으로 공정하기 때문에 내가 위 2번에서 그저 그 문제를 회피하려 한다고 생각하는 사람이 있을지도 모른다. 하지만 『괴짜경제학』을 읽어본 사람이라면 내가 인종과 관련된 문제 자체를 다루기를 두려워하는 사람이 아니라는 것을 잘 알 것이다. 이 책의 상당 부분에서는 인종이라는 민감한 문제를 언급하고 있다(예컨대 흑인과 백인의 성적 차이, 흑인의 이름 패턴 등). 진지하게 못박아두건대, 나는 철저하게 사실을 토대로 한 연구와 통계학적 관점을 중시하며, 인종문제는 낙태와 범죄율 논의의 중심 초점이 결코 아니다.

4. 대체적으로 한 여성이 낙태를 하는 것은 그녀의 전체 자녀 수에 영향을 미치지 않는다. 아기가 태어나는 시점에 변화가 있을 뿐이며, 결국 나중에는 태어난다는 뜻이다. 이는 상당히 중요한 점이다. 현재 뱃속에 있는 태아 네 명 중 한 명 이상이 낙태로 사라지며, 이는 미국에서 지난 30년 동안의 진실이다. 그러나 낙태가 전체 출산율에 미친 영향은 극히 작았다.

5. 위의 4번에 비추어보건대, "미국의 모든 흑인 태아에게 낙태를 실시한다면 범죄율은 낮아지겠지요"라는 베넷의 말의 의미는 이해하기 힘들다. 이 말에는 어떤 외부적인 힘(예를 들면 정부)이 흑인들에게 낙

태를 강제적으로 실시하는 경우라는 뜻이 담겨 있다. 이는 오늘날 실제로 이루어지는 낙태와는 완전히 다른 상황이다. 즉 나중에 가정 형편이 좀더 안정적이 되었을 때 아이를 갖기 위해서 낙태를 택하는 것과는 다르다는 의미다. 여성 스스로 자신의 자녀 수를 통제하는 것과 정부가 여성의 자녀 수를 제한하는 것을 구분하는 것은 매우 중요한데도, 사람들은 그 사실을 잊는 경우가 많은 듯하다.

6. 만일 우리가 국가에서 자녀를 낳을 사람을 정해주는 세상에 살고 있다면, 베넷이 말한 대로 "미국의 모든 흑인 태아에게 낙태를 실시한다면 범죄율이 낮아질" 것이다. 또 만일 모든 백인, 아시아인, 남자아기, 공화당원과 민주당원의 아기를 낙태시킨다면, 그때도 역시 범죄율은 떨어질 것이다. 베넷은 흑인과 관련된 위 발언 직후에 "그러나 그건 현실적으로 불가능하고 우스꽝스럽고 도덕적으로 비난받을 일일 겁니다"라고 덧붙였다. 그는 전적으로 사실에 입각하여 말했으며(모든 인종의 출산을 금지하면 범죄율은 떨어질 것이다), 따라서 어떤 발언이 사실이라고 해서 그것이 곧 바람직하거나 도덕적이라는 의미는 아니라고 말한 것이다. 물론 이는 대단히 중요한 구분이며, 우리가 『괴짜경제학』에서 거듭 강조한 부분이기도 하다.

7. 내가 만일 청취자라면 베넷에게 지적하고 싶은 점이 한 가지 있다. 처음에 그는 우리의 낙태와 범죄율 이론을 신뢰하지 않는다고 말했다가, 나중에는 흑인 태아에 대한 발언을 하면서 그것을 신뢰하는 태도를 드러냈다는 점이다. 양다리를 걸치는 것은 옳지 않다.

8. 한 가지 덧붙이자면, 청취자는 처음에 완전히 잘못된 가정을 하고 있다. 낙태를 불법화한다 해도 현재의 사회보장 문제는 해결되지 않을 것이다. 앞에서도 말했듯이, 대부분의 경우 낙태는 동일한 산모가 지

금 태어날 아기를 몇 년 후의 어느 날로 미루는 것에 불과하기 때문이다.

— SDL, 2005. 9. 30.

우리의 연구에 대한 최근의 비판을 다시 되짚어보다

최근 『월스트리트 저널』과 『이코노미스트』에 실린 기사 덕분에 존 도너휴와 나를 격렬하게 비판한 크리스 푸트Chris Foote와 크리스 괴츠 Chris Goetz의 논문에 굉장한 이목이 집중되었다.

푸트와 괴츠는 자신들의 논문에서, 낙태 합법화와 범죄율 사이의 연관성을 주장한 우리의 글에 실린 한 도표의 바탕이 되는 분석을 비판했다. (그들이 비판한 대상은 우리가 제시한 네 가지 증거자료 중 하나였음을 밝혀둔다. 나머지 세 가지에 대해서는 비판하지 않았다.)

푸트와 괴츠는 우리의 최초 연구에서 두 가지 측면을 수정해야 한다고 했다. 먼저 그들은 우리가 글의 본문에서 회귀분석 모형에 주州-연도 상호작용을 포함했다고 언급했지만 실제로 간행된 결과물의 도표에는 이 같은 주-연도 상호작용이 빠졌다고 지적했다. 둘째, 그들은 우리가 최초 분석에서 코호트(동일한 통계인자를 가진 집단. 예컨대 동일연령집단 등 - 옮긴이) 크기의 변화를 통제하지 않았기 때문에, 낙태율이 높은 코호트가 범죄율이 낮았는지 여부를 판단할 수는 있지만, '환영받지 못한 출생'이 그러한 범죄율 저하가 작용한 경로 중 하나였는지 여부를 직접적으로 판단할 수는 없다고 주장했다. (주: 우리는 이 특정한 분석이 '환영받지 못한 출생' 가설에 대한 직접적인 검증법이라고 주장한 적이 없다. 이에 대해 언급한 연구의 마지막 섹션은 다분히 이론적이었고, 데이터와 관련해 워낙 많은 것을 요구하는 부분이었기 때문에 그것이 잘 들어맞았을 때 솔직히 우리도 놀랐다.) 푸트와 괴츠는 자신들이 말한 수정사항을 반영하면, 우리의 도표 7이 보여주는 결과가 무효화될 것이라고 생각했다.

그러나 푸트와 괴츠의 분석에는 근본적인 문제점이 있다. 실제로 사용 가능한 낙태 관련 데이터에는 노이즈(noise : 잡음 - 옮긴이)가 많을 가능성이 높다. 통제변수를 더 많이 두면 둘수록(예컨대 1,000개에 이르는 주-연도의 상호작용), 낙태율에 있어서 유의미한 편차는 사라지고 만다. 또한 남아 있는 낙태율 측정치의 편차 역시 그 신호 대 노이즈 비율(Signal-to-Noise Ratio : 원하는 신호와 원하지 않는 신호, 즉 노이즈의 비로서, 이 비율이 클수록 양호한 신호다 - 옮긴이)이 점차 악화된다. 이렇게 되면 낙태가 범죄에 미치는 영향이 낮게 측정될 것이다. 이 연구에서는 특정 주-연도의 특정 연령을 분석 단위로 사용하기 때문에(예컨대 1994년 오하이오 주의 19세 청소년), 수행되는 분석들에 주-연령, 연령-연도, 주-연도의 상호작용들이 넘쳐날 수밖에 없다. 그리고 이 상호작용들이 범죄율 변동의 99% 이상과 낙태 대리변수 변동의 96% 이상을 설명하게 된다. 이것은 데이터에 너무 많은 것을 요구하는 시도다.

이렇게 보면, 이 같은 연구를 수행하는 경우 누구든 낙태를 측정하는 데 최선의 노력을 기울이고자 하는 것이 당연해 보인다.

푸트와 괴츠는 낙태 측도로 앨런 구트마허 연구소 Alan Gutmacher Institute에서 제공한 수치를 사용했다. 이 연구소는 낙태 시술자들을 대상으로 한 표본조사에 기초해 각 주별로 해당 연도의 정상 출생아당 낙태 건수에 대한 추정치를 뽑아낸다.

예를 들어 푸트와 괴츠는 1993년 캘리포니아에서 범죄로 검거된 19세 청소년 집단의 낙태 노출률(해당 집단의 사람이 태아였을 당시의 정상 출생아당 낙태 건수의 비율 – 옮긴이)에 대한 대리변수로서 1973년 캘리포니아의 낙태율을 사용한다. 이것은 타당성 있는 1차 근사 first approximation이지만(사실 간단하고 명쾌한 방법이기 때문에 우리의 최초 연구의 많은 부분에도 사용했다), 다음과 같은 이유들 때문에 단순한 근사치일 뿐이다.

1. 주州 경계를 넘는 인구 이동이 만만치 않게 발생한다. 따라서 1993년 캘리포니아에서 검거된 19세 청소년 중 상당수는 캘리포니아가 아닌 다른 주, 또는 다른 나라에서 태어난 이들이다. 실제로 최근 통계수치에 따르면 10대 후반 청소년의 30% 이상이 출생한 곳과 다른 주에서 살고 있다.

2. 19세 청소년의 낙태 노출률을 대표하기 위하여 20년 전 날짜를 사용하는 것은 상당한 노이즈를 야기한다. 만일 1993년 어느 시점에 19세인 청소년이 있다면, 그는 가장 이르면 1973년 1월 2일에(이 경우 1993년 1월 1일에 여전히 19세다), 가장 늦으면 1974년 12월 31일에(이 경우 1993년 12월 31일에 19세가 된다) 태어났을 것이다. 낙태는 대개 임신 후 약 13주 이내에 이루어진다. 따라서 1993년에 19세인 사람들이 낙태에 노출될 수 있는 (대략적인) 날짜는 그들이 태어나기 6개월 전, 즉 1972년 7월 2일에서 1974년 6월 30일까지가 된다. 이 기간은 1973년이라는 해(푸트와 괴츠가 낙태 노출률의 기간으로 잡은 해)와 겹치기는 하지만, '1972년의 절반과 1974년의 절반까지도' 포함한다는 점에 유의해야 한다.

3. 특히 전국적인 낙태 합법화가 진행되던 시기에 행해진 낙태 중 적잖은 건수가 낙태를 받기 위해 다른 주를 찾은 여성들과 관련이 있다. 따라서 낙태를 받은 여성이 '거주하는 주'가 아니라 낙태 시술이 이루어진 주를 기준으로 낙태를 조사하는 것(즉 푸트와 괴츠가 택한 방식)은 상당한 오류를 수반한다.
4. 앨런 구트마허 연구소의 낙태 데이터는 그 데이터를 수집하는 사람들조차 인정할 정도로 매우 불완전한 것이다. 실제로 이 연구소의 낙태 추정치는 질병통제센터(CDC)가 수집한 시계열 자료들과의 상관성이 매우 낮으며, 이는 위 1, 2, 3번의 문제점이 존재하지 않는다고 해도 상당한 측정 오차가 발생할 수 있음을 암시한다. 물론 통제변수를 더 많이 포함시킬수록 앨런 구트마허 연구소와 CDC 측도 사이의 상관성은 더욱 낮아진다. 이는 통제변수가 신호를 없애고 노이즈만을 남겨놓을 경우 당연히 예상되는 결과다.

최근에 존 도너휴와 나는 푸트와 괴츠가 사용한 것과 같은 낙태 측도에 나타나는 이러한 네 가지 문제점을 본격적으로 다루며 해결해보려는 시도를 했다(에단 리버Ethan Lieber의 연구보조가 큰 힘이 되었다). 구체적으로는 아래와 같다.

1. 우리의 최초 논문에서도 설명했듯이, 10년 단위의 인구통계를 이용하여 어떤 주에 현재 거주하고 있는 사람들의 출생 주를 알아보면 주간 이동의 문제를 해결할 수 있다. (우리의 범죄율 감소 이론에서 이러한 정정으로 얻은 결과는 1999년 논문의 도표 5에 나와 있다.) 이것이 가능한 이유는, 인구통계의 마이크로 데이터가 미국 인구의 5% 표본에

대하여 원 출생 주와 현 거주 주에 대한 정보를 제공하기 때문이다. 이 같은 정정 방식이 완벽한 결과를 제공하는 것은 아니므로 문제를 완전히 해결할 수 없을지는 모르나, 올바른 방향으로 나아가는 데는 분명히 도움이 된다.

2. 다음은 1993년에 19세인 사람들이 낙태에 노출되는 기간이 1972년에서 1974년에 걸치는 문제점이다. 이것의 해결방법은 1972년, 1973년, 1974년에 실시된 낙태가 모두 1993년 19세 청소년 집단의 범죄율에 영향을 미쳤다고 가정하는 것이다. 각 연도의 낙태율에 대략적으로 원하는 가중치를 정하는 것은 어렵지 않다. 또는 이를 비모수적 非母數 的으로 처리하여 데이터에 의해 결정되도록 할 수도 있다. 사실 어느 쪽이나 동일한 결과가 나온다.

3. 1970년대에 많은 여성들이 낙태를 하려고 다른 주로 이동했다는 사실에 따르는 문제점을 해결하기 위해 우리는 특정 주의 출생아 수 대비 해당 주 거주 여성이 행한 낙태 건수로 앨런 구트마허 연구소의 추정치를 사용했다. (처음에 논문을 쓸 때 우리는 그러한 훌륭한 자료가 있다는 사실을 몰랐다. 알았다면 사용했을 것이다.) 거주 주를 기준으로 낙태를 측정하는 것이 낙태 시술 주를 기준으로 하는 것보다 바람직하다는 것은 재론의 여지가 없는 사실이다.

4. 측정 오차 문제를 해결하기 위해서는 도구변수 분석법을 쓰는 것이 표준적이다. 이것은 제대로 측정되지 않는 현상의 한 악성 noisy 대리변수를 또 다른 악성 대리변수의 도구로 사용하는 방법이다. (이 블로그를 읽는 대부분의 독자들은 무슨 뜻인지 이해하기 힘들 것이다.) 이때 독립적으로 생성된 CDC의 합법적 낙태 측도가 훌륭한 도구변수가 될 수 있다. 각각의 측정치에 매우 많은 노이즈가 존재하기 때문에 도

구변수 분석을 하면 표준 오차가 증가한다. 하지만 일련의 표준 가정들하에서 얻어진 추정치에서는, 측정 오차 때문에 생기는 희석편향 attentuation bias이 제거될 것이다.

경험주의 경제학자라면 낙태 측도에 대한 위의 네 가지 수정사항이 낙태의 합법화가 범죄에 미친 정확한 영향을 파악하는 데 유용하다는 사실에 필경 동의할 것이다. 이제 질문은 이것이다. 우리가 푸트와 괴츠의 논문에서 제시된 회귀분석을 그대로 따르되, 위 방법대로 낙태율 대리변수를 개선한다면 어떤 결과가 나올까?

그 결과가 다음 표에 요약돼 있다. 이것은 크게 두 부분으로 나누어져 있는데, 윗부분은 폭력범죄에 대한 결과이며 아랫부분은 재산범죄에 대한 결과다.

낙태가 범죄에 미치는 영향

	폭력범죄가 종속변수일 때 낙태변수들의 계수			
	(1)	(2)	(3)	(4)
푸트/괴츠의 결과	−0.027	−0.009	−0.003	0.000
	[0.004]**	[0.003]**	[0.003]	[0.003]
보다 신중한 방법으로 낙태를 측정했을 때의 결과	−0.083	−0.046	−0.031	−0.021
	[0.008]**	[0.008]**	[0.008]**	[0.008]**
도구변수를 사용하여 낙태의 측정 오차 수정	−0.078	−0.055	−0.037	−0.023
	[0.010]**	[0.013]**	[0.014]**	[0.013]
통제변수 포함 :				
주−연령×연도 상호작용에 대한 고정효과	yes	yes	yes	yes
주×연령 상호작용	yes	yes	yes	yes
주×연도 상호작용	no	yes	yes	yes
ln(자연로그)(인구)	no	no	yes	no
종속변수가 1인당 범죄율인가?	no	no	no	yes
	재산범죄가 종속변수일 때 낙태변수들의 계수			
푸트/괴츠의 결과	−0.028	−0.010	−0.004	0.000
	[0.003]**	[0.002]**	[0.002]*	[0.002]
보다 신중한 방법으로 낙태를 측정했을 때의 결과	−0.056	−0.024	−0.009	0.001
	[0.006]**	[0.005]**	[0.005]	[0.005]
도구변수를 사용하여 낙태의 측정 오차 수정	−0.053	−0.044	−0.028	−0.013
	[0.008]**	[0.010]**	[0.011]**	[0.010]
통제변수 포함 :				
주−연령×연도 상호작용에 대한 고정효과	yes	yes	yes	yes
주×연령 상호작용	yes	yes	yes	yes
주×연도 상호작용	no	yes	yes	yes
ln(자연로그)(인구)	no	no	yes	no
종속변수가 1인당 범죄율인가?	no	no	no	yes

표의 첫 번째 부분(폭력범죄)의 종속변수는 종속변수가 ln(1인당 폭력범죄로 인한 체포 횟수)인 (4)열을 제외하고 모두 ln(폭력범죄로 인한 체포 횟수)이다. 표의 아랫부분(재산범죄)의 종속변수는 종속변수가 ln(1인당 재산범죄로 인한 체포 횟수)인 (4)열을 제외하고 모두 ln(재산범죄로 인한 체포 횟수)이다. 연령 칸에서 1년 단위 연령별로 연도별 각 주를 관측 단위로 하였다. 표본은 1985~1998년에 15~24세를 대상으로 했다. 모든 주, 연도, 연령에 대한 데이터가 가능하다면 관측 수는 7,140개가 된다. 그러나 범죄자 체포 데이터에 누락된 부분이 있고 0값을 가지는 경우가 있어서, 폭력범죄 회귀분석에는 6,724개의 관측이, 재산범죄 회귀분석에는 6,730개의 관측이 사용되었다. 전체 주 인구로 가중치를 주는 가중최소자승법으로 추정하였다. 특정 주의 특정 출생 코호트 내 상관성을 위해 표준 오차를 수정하였다. 폭력범죄와 재산범죄 결과에서 각각 첫 번째 줄은 푸트와 괴츠의 방식(2005)을 반복한 것이다. 여기서 그들은 낙태 측도로 해당 인물이 태어나기 전년도에 해당 주에서 시행된 낙태 데이터를 이용하였다. 두 번째 줄은 낙태가 시술된 주가 아니라 거주지 주별로 낙태를 측정함으로써 주 간 이동성을 고려하고, 현재 나이를 실제 낙태 노출률에 매칭하는 데 있어서 보다 신중을 기함으로써 첫 번째 줄을 발전시킨 것이다. 세 번째 줄은 낙태 측도에 대해 CDC가 산출한 독립적으로 생성된 2차 측도를 도구변수로 사용한 것만 제외한다면 두 번째 줄과 동일하다.

표의 첫 번째 부분부터 살펴보면, 첫째 줄은 푸트와 괴츠가 사용한 것과 같은 모형을 설정한 것이다(여기서 주-연령 상호작용을 배제한 그들의 추정치를 제시하지는 않겠다. 이 같은 상호작용을 배제한 것은 합당치 않으며, 푸트와 괴츠 스스로도 주-연령 상호작용을 포함한 모형을 선호한다고 밝혔기 때문이다). 우리는 그들의 결과를 그대로 다시 얻을 수 있다. 주-연도 상호작용과 인구 통제변수를 포함시키면 그 계수들이 축소되는 것을 볼 수 있다.

두 번째 줄은 우리가 제안한 대로 보다 신중하게 낙태를 측정했을 경우 얻을 수 있는 계수들이다(푸트와 괴츠의 낙태 측도에 위에서 언급한

1~3번의 변화를 주었다). 낙태를 좀더 잘 측정함으로써, 기대했던 대로 낙태가 폭력범죄에 미치는 영향의 추정치가 모두 증가하였다. 이제 푸트와 괴츠의 모든 회귀분석에서 그 결과가 통계적으로 유의미함을 볼 수 있다. 가장 힘들었던 마지막 설정에서도, 그 계수의 크기는 주-연도 상호작용이나 인구를 통제하지 않았던 우리 논문의 최초 결과와 거의 같게 나타났다. 푸트와 괴츠의 방법과 우리가 두 번째 줄에서 수행한 방법 간에는 우리가 낙태를 더 잘 측정했다는 차이밖에 없다. 다른 것은 모두 동일하다.

세 번째 줄은 우리의 (보다 신중하게 측정한) 앨런 구트마허 연구소 낙태 대리변수의 도구로서 CDC의 낙태 측정치를 사용한 도구변수 추정치 결과를 나타낸다. 값이 모두 조금씩 커졌으나, 그 정확도는 떨어진다.

표의 아랫부분은 재산범죄에 대한 결과를 보여주고 있다. 낙태를 측정하는 데 있어서, 첫 번째 줄에 제시된 푸트와 괴츠의 방법보다 더욱 신중을 기한 우리의 방법을 사용함으로써(다른 모든 조건은 동일하게 유지) 네 가지 회귀모형 중 세 경우에 그 계수의 음(−)의 값이 더 커지는 것으로 나타났다. 도구변수 추정법은 폭력범죄에서보다 재산범죄에서 더 큰 영향력을 발휘했다. 재산범죄에 대한 합법적 낙태의 네 도구변수의 추정치 모두 음수인 것으로 나타났다(이 경우에도 추정치의 정확도는 떨어진다).

낙태를 더 잘 측정할 경우 그 결과가 훨씬 더 강력해진다는 것은 단순한 사실이다. 이것이 바로 이론이 사실일 경우 기대할 수 있는 바이다. 이론에 좀더 충실한 실증분석은 이론을 느슨하게 적용한 실증분석보다 분명 더 나은 결과를 낳는다. 인구는 통제하지 않되 주-연도 상호작용을 포함한 추정치들은 우리의 최초 논문에서 나온 결과와 비슷하거나 그보다 더 큰 값을 나타냈다.

인구 통제변수를 포함할 경우에는 ('환영받지 못한 출생'이라는 점이 낙태가 범죄를 줄이는 유일한 경로가 아니기 때문에) 기대했던 대로 계수가 축소되었다. 그러나 특히 폭력범죄의 경우, 1인당 체포 횟수를 사용하더라도 낙태의 영향이 크게 유지되는 것으로 나타났다.

이 새로운 표를 통해 우리가 제시하고 있는 결과는 최초 논문에서 낙태가 범죄에 미치는 영향에 대해 세 가지 다른 분석방법을 통해 밝힌 바와 일치한다. 우리는 그 논문에서 편차를 얻기 위해 다른 자료들을 사용했다. 또한 이 결과들은 '환영받지 못한 출생' 가설과 모순되지 않는다.

향후 낙태 합법화에 대한 우리의 증거를 뒤집기 위한 연구가 시행될 것이 분명하다. 어쩌면 그들은 성공할지도 모른다. 그러나 이번 것은 아니다.

- SDL, 2005. 12. 5.

3. 캔자스시티 로열스와 아이팟의 공통점은? ★ ★ ★ ★ ★ ★ ★ ★

괴짜경제학 블로그의 유용한 사용방법 중 하나는 이런저런 주제를 무작위로 골라 자유로운 의견을 개진하는 것이다(어떤 블로그든 마찬가지일 것이다). 물론 무작위성 그 자체도 주제가 될 수 있다.

캔자스시티 로열스와 아이팟의 공통점은?

표면상 이 둘의 공통점은 별로 없어 보인다. 캔사스시티 로열스Kansas City Royals는 열아홉 경기에서 연속으로 패배했고 메이저리그 사상 최악의 기록을 깰 조짐을 보이고 있다. 반면 아이팟iPod은 산 지 얼마 안 돼서 내가 가장 아끼는 물건 중 하나가 되었다.

그런데 공통점이 있다고? 바로 둘 다 우리에게 무작위성에 관한 한 가지 사실을 알려준다는 점이다.

인간은 무작위성을 제대로 다룰 줄 모른다. 어떤 평범한 사람에게 동전 던지기에서 나올 수 있는 '앞면'과 '뒷면'의 결과를 죽 적어보라고 하면, 그것은 실제로 나오는 결과와 다른 모습을 보인다. 당신도 직접 해보길 바란다. 먼저 동전을 20번 던져서 나올 것이라고 예상되는 결과를 종이에 적어보라. 그런 후 실제로 동전을 던져보라(또는 엑셀 프로그램의 무작위란수 생성기를 이용해도 좋다). 아마도 연속적으로 앞면이 나오거나 연속적으로 뒷면이 나온 경우가, 종이 위에 적은 예상 결과표에서보다 더 많을 것이다.

아이팟 셔플(iPod shuffle: 랜덤 재생 기능에 초점을 둔 아이팟 제품명 – 옮긴이)로 음악을 들을 때 나는 매번 '무작위성'이란 개념을 떠올리게 된다. 이걸 듣다 보면 같은 가수의 노래가 두 번이나 세 번, 심지어는 네 번까지 나온다. 내 아이팟 안에는 수십여 가수의 곡들이 저장돼 있는데도 말이다. 그래서 아이팟 셔플이 아니라 한 가수의 앨범을 듣고 있다고 착각했던 적이 한두 번이 아니다. 딱히 할 일이 없어 따분해서 죽을 지경인가? 그렇다면 아이팟 셔플로 노래들을 반복해서 들어보고 그 결과를 기록한 뒤, 셔플 기능이 정말 무작위로 곡을 재생하는지 한번 살펴보라. 나는 여전히 무작위라는 쪽에 한 표를 던진다. 애플이 '뭔가 다른 것'을 괜히 선보였을 리는 없지 않은가? 내게는 UCLA에서 정치학을 가르치는 팀 그로세클로즈라는 친구가 있다. 그는 CD 플레이어의 랜덤 버튼이 그가 좋아하는 곡들을 기억하고 있다가 그것들만 중점적으로 재생한다고 확신했다. 그래서 나랑 내기를 했다. 팀한테 좋아하는 노래들을 미리 적어두게 한 뒤 결과를 지켜본 것이다. 결국 점심을 얻어먹은 사람은 나였다.

그럼 캔자스시티 로열스를 살펴보자. 메이저리그 야구팀이 열아홉 경기를 연속으로 진다는 것은 매우 극단적인 경우여서 이것을 무작위성의 결과로 보는 것은 합당치 않은 듯 보인다. 감독이나 스포츠 담당 기자, 대부분의 팬들은 분명 무작위성의 결과로 믿고 있겠지만 말이다. 전세를 뒤집기 위해 감독이 비공개 작전회의를 주도하는 경우가 얼마나 많은가? 하지만 통계적으로 볼 때 단순히 무작위적인 결과로 열아홉 경기를 연속으로 질 가능성은 충분히 있다.

아래의 계산은 세부적인 분류는 적용하지 않은 통계이지만 우리에게 기본적인 사실은 알려준다. 매년 메이저리그에는 승률이 35% 근처인 팀이 두 팀 정도 나온다. (어떤 해에는 모든 팀의 승률이 그 이상이고, 어떤 해에는 디트로이트처럼 끔찍한 팀이 생기기도 한다. 디트로이트의 2003년 승률은 26.5%였다.) '매 경기에서 이길 확률이 35%인 팀'이 다음 19개 경기에서 연속으로 질 확률은 약 4,000분의 1이다. 1년에 팀당 162경기를 치르므로, 이 같은 연패에 들어갈 기회 역시 162번 있는 셈이다. (올해 시작해서 내년에 끝나는 연속 패배까지 포함하므로 162경기 모두를 따지는 것이 옳다.)

따라서 승률이 저조한(즉 35% 근처인) 두 팀으로 따져보면, 매년 열아홉 경기 연속 패배가 시작될 기회는 총 324회가 있다. 그렇다면, 위의 4,000분의 1이라는 확률을 감안할 때 이 두 팀에서 열아홉 경기 연속 패배가 한 번 나오는 데 걸리는 시간은 약 12~13년인 셈이다. 즉 12~13년에 한 번은 열아홉 경기 연패라는 현상을 예상할 수 있다는 얘기다.

실제 현실에서는 이 같은 계산에 기초하여 예상한 것보다 장기 연패가 다소 적게 나타나는 것을 보게 된다. 가장 최근의 장기 연패 기록은 1996~97년 시즌에서 16연패를 기록한 시카고 컵스가 갖고 있다. (연승 또는 연패 행진이 필자가 사용했던 단순한 모델에서 다소 적게 나타나는 데에는 이유가 있다. 승률이 35%인 팀이라고 해서 매 경기에서 이길 확률이 항상 35%인 것은 아니다. 그 가능성은 때로 50%가 될 수도, 때로 20%가 될 수도 있다. 이런 종류의 가변성 때문에 장기 연승 또는 연패의 가능성이 줄어드는 것이다.)

따라서 로열스가 연속으로 이렇게 많은 경기에 패하고 있는 이유를 설명하기 위해 '집중력 부족'이나 '불운', '사기 저하' 등을 들먹이며 고민할 필요는 없다. 실력이 부족한 팀이 운까지 없는 것뿐이다.

— SDL, 2005. 8. 20.

위키피디아? 에이~

나도 안다. 위키피디아Wikipedia는 '온라인 세상의 경이' 중에 하나라는 사실을. 그러나 누군가가 위키피디아의 신뢰성에 대해 철저히 회의적이기 위해 마땅한 이유를 찾고 있다면, 나는 '경제학자 리스트' 항목을 클릭해보기를 강력 추천한다. 이렇게 소개하고 있는 것을 볼 수 있을 것이다. "이것은 잘 알려진 경제학자들의 알파벳순 리스트다. 경제학자는 경제학 분야의 연구를 수행하는 학자를 일컫는다."

이 리스트에는 조지 애컬로프, 폴 새뮤얼슨, 제프리 삭스, 심지어는 스티븐 레빗까지 포함돼 있는 게 사실이다. 그러나 위키피디아가 얼마나 형편없을 수 있는지 보고 싶다면 'D' 항목의 여섯 번째 '경제학자'가 누구인지 확인하라. "그렇습니다. 감사합니다." 내 절친한 친구들 중에 일부는 경제학자들이지만, 나 자신은 분명 그렇지 않다. (주: 내가 이 글을 블로그에 올린 직후, 위키피디아의 해당 항목을 재빨리 수정할 만큼 도움이 되는, 즉 장난기 많은 독자가 있었다.) 내가 말하고자 하는 바는 위키피디아의 가장 큰 강점이 동시에 가장 큰 약점이 될 수 있다는 사실이다. 누구나 이 '백과사전'의 모든 항목에 언제든지 기여할 수 있다. 또 대부분의 우연한 사용자들은 이것을 실제 백과사전으로 간주한다. 그러나 사실 위키피디아는 사용자들의 입력에 따라 시도 때도 없이 내용이 바뀌고 있다. 예를 들면 다음과 같다.

『괴짜경제학』의 61쪽에서 우리는 시카고 '블랙삭스'를 잠깐 언급했다. 이것이 시카고 화이트삭스의 여덟 명의 선수가 1919년 월드시리즈에서 도박사들과 결탁하여 일부러 경기에 패하기로 했던 사실이 알려지면서 팀에 붙여진 이름이라고.

한 독자가 최근 이런 이메일을 보내왔다. "1919년 화이트삭스가 블랙삭스로 알려진 것은 그들이 월드띠리즈(주: 오타를 그대로 옮겼음을 밝힌다)에서 고의적으로 패했기 때문이 아닙니다. 구단주(이름은 모르겠지만)가 유니폼을 정기적으로 세탁해주지 않을 만큼 구두쇠였기 때문에 선수들이 자주 더러운 유니폼을 입고 구장에 나오면서 붙여진 이름입니다. 제대로 알고 말하세요."

사실 그 전에도 똑같은 지적을 했던 독자가 있었다. 우리는 그 첫 번째 독자에게 자료의 출처를 요청했다. 그는 'ESPN에서 들은 적이 있는 것 같다'고 말했지만 확신하지는 못했다. 나는 두 번째 이메일을 받은 후 조사를 해보기로 결심했다. 다음은 그 두 번째 독자, 그리고 여기에 관심 있는 모든 사람들에게 보내는 나의 답장이다.

"블랙삭스에 대해 조사해보았습니다. 위키피디아에 다음과 같이 실린 내용은 사실입니다. '많은 사람들이 블랙삭스라는 이름이 공머(주: '공모'의 오타)의 어둡고 부정한 특성과 관련돼 있다고 생각하지만, 이것은 당시 부정을 조사하기 이전부터 이미 존재했던 용어다. 블랙삭스라는 이름은 선수들의 유니폼 세탁비를 지급하지 않고 선수들에게 세탁비를 부담하라고 고집했던 인색한 구단주 찰스 코미스키Charles Comiskey 때문에 붙여진 이름이다. 선수들은 이를 거부했고 남은 시즌 동안 흰색 묘직(주: '모직'의 오타) 유니폼에 먼지와 땀, 때가 엉겨붙어 훨씬 짙은 색깔이 될 때까지 점점(주: 또 오타) 더러워지는 유니폼을 입고 등장했다. (누가 이것을 증명할 수 있는가? 내게는 무슨 괴담처럼 들린다.)'"

여기서 두 가지를 밝혀야겠다. 첫째, 마지막 괄호는 내가 직접 위키피디아에 추가한 내용이다. 둘째, 따라서 위키피디아는 마음 내키는 대로 기고할 수 있는(또는 파괴할 수 있는) 오픈 액세스 '백과사전'이라는 점이다.

좀더 믿을 만한 출처는 엘리엇 아시노프Eliot Asinof의 『여덟 명 아웃: 블랙삭스와 1919년 월드시리즈Eight Men Out: The Black Sox and the 1919

World Series』다. 저자는 이 책의 21쪽에서 화이트삭스의 구단주 찰스 코미스키가 실제로 선수들에게 인색했다고 썼다. 해당 부분을 소개한다.

"기자들에 대한 그의 관대함은 의외였다. 그러나 그의 위대한 야구단은 이제 팬들이 본 것 중 가장 더러운 유니폼을 입고 구장에 나가 뛰게 될지도 몰랐다. 코미스키가 세탁비를 줄이라고 명령했기 때문이다."

그렇다면 화이트삭스가 1919년 스캔들 이전에 약간이나마 혹은 팬들 사이에서나마 블랙삭스로 통했을 가능성이 있을까?

물론 있다. 그러나 아시노프는 자신의 책에서 그와 관련된 암시를 전혀 하지 않았다. 사실 책의 표지를 넘기고 나면 197쪽에 이르기까지 '블랙삭스'라는 단어를 찾을 수 없다. 197쪽에서 저자는 월드시리즈 스캔들의 여파에 대해 썼다. "사건의 전모가 완전히 드러나면서, 미국인들은 처음에는 충격을 받았고 다음에는 역겨움을 느꼈다. 주요 신문들은 일제히 비난과 절망의 목소리를 높였다. 이후 이 사건에 개입한 선수들은 블랙삭스로 불렸다."

여기서 핵심어인 '이후'에 주목하라. 아시노프가 틀렸을 가능성이 있을까? 물론 그렇다. 그러나 이 책은 훌륭한 책이다. 또한 이 사건의 최종적인 기록으로 일반적인 인정을 받고 있다. 나는 누군가가 위키피디아보다 믿을 만한 반대 증거를 내놓지 않는 이상 이에 대해 더 확인할 필요를 느끼지 않는다. 그러나 당신이 그런 증거를 제시한다면 나는 기꺼이 추가적인 조사를 하거나, 『괴짜경제학』의 향후 개정판을 수정할 것이다.

따라서 이 블로그를 읽고 있는 독자들에게 부탁한다. 우리가 쓴 're: 블랙삭스' 이메일 내용이 옳았는지 틀렸는지 알려달라. 틀렸다면 조금 슬프겠지만, 실수를 바로잡을 수 있다면 정말 행복할 것이다. '더러운 양말' 이론에 대해 확실한 증거를 제시하는 첫 번째 분에게는 괴짜경제학 티셔츠를 보내드리겠다.

— SJD, 2005. 5. 20, 2005. 8. 5.

석유 정점: 대중매체가 내놓는 상어 공격의 새로운 버전을 만끽하시라

피터 마스Peter Maass가 쓴 『뉴욕 타임스 매거진』 8월 21일자 표지기사는 '석유 정점Peak Oil'에 대해 다루고 있다. '석유 정점'의 골자는 수년 동안 세계가 원유 생산을 확대해온 결과, 이제 생산이 정점에 달하고 원유 보유고가 감소함에 따라 배럴당 세 자릿수의 고유가와 전례 없는 전 세계적인 경기 침체가 발생하리라는 것이다. 한 웹페이지의 표현대로 "우리가 아는 문명은 곧 종말을 맞을 것"이라는 것이다.

혹자는 오랫동안 노스트라다무스나 맬서스, 파울 에를리히Paul Ehrlich 같은 이들의 예언이 빗나갔기 때문에 세계 종말 예언가들의 예언이 예전보다는 순화되었을 것이라 생각할 수도 있다. 그러나 분명 그렇지 않다.

대부분의 세계 종말 시나리오는 인간은 인센티브에 반응한다는 경제학의 근본 개념을 잘못 이해하고 있다. 한 재화의 가격이 오르면 수요가 감소하고 그것을 생산하는 기업은 어떻게 하면 더 많이 생산할 수 있을지를 연구한다. 또 모든 이들이 어떻게 하면 해당 재화의 대체재를 생산할 수 있을지를 연구한다. 여기에 기술 혁신(녹색 혁명, 피임 등)을 더하라. 궁극적으로 시장이 수요와 공급의 문제를 다루는 방법을 찾아낸다는 얘기다.

 이것이 바로 현재의 석유 상황이다. 나는 원유 보유고에 대해 잘 모른다. 기존의 유전에서 생산량이 얼마나 감소할 것인지, 또는 세계 석유 수요가 얼마나 증가하고 있는지에 대해 그들이 주장하는 바를 놓고 논쟁을 벌이고자 하는 것도 아니다. 그렇지만 수요와 공급에 있어서 이 같은 변화는 느리고 점진적으로 일어난다. 1년에 불과 몇 퍼센트 정도일 뿐이다. 시장은 이런 상황을 다루는 방법을 알고 있다. 일단 가격이 약간 상승한다. 이것은 재앙을 뜻하는 것이 아니라, 유가가 낮을 때에는 할 만했던 것들이 더 이상 할 가치가 없어졌다는 메시지다. 예를 들어, SUV에서 하이브리드 승용차로 갈아타는 사람들이 생길 것이다. 원자력 발전소를 더 건설하려 하거나, 더 많은 가정에 태양 전지판을 설치하려는 것이 가치 있는 일이 될 것이다.

 그러나 8월 21일자 『뉴욕 타임스 매거진』 기사는 경제학을 다시 한 번 완전히 무시하고 있다. 예를 하나 살펴보자.

 실제적인 공급 부족은 엄청난 결과를 초래한다. 소비가 생산을 아주 약간이라도 초과하는 순간부터 배럴당 유가는 세 자릿수로 치솟을 수 있다. 이것은 다시 수송연료와 석유화학 제품에 의존하는 상품(시장에 있는 거의 모든 상품이 여기에 속한다)의 가격을 엄청나게 상승시키면서 세계적인 불황을 이끌 수도 있다. 미국인들의 생활방식은 큰 타격을 입을 것이다. 자동차 지붕에 풍차를 달아 차를 움직일 수는 없기 때문이다. 한 가정에서 차 두 대를 굴리며 직장이나 학교, 월마트로 끊임없이 오가는 교외와 준교외 생활방식은 그 비용을 감당할 수 없게 되거나, 휘발유 배급 제도가 부과될 경우 아예 불가능해질 것이다. 카풀은 많은 불편 사항 중에서도 가장 불편이 덜한 방편이 될 것이다. 가정

난방비도 치솟을 것이다. 물론 실내 온도가 자동 조절되는 집이 그저 추억으로만 남진 않을 것이라는 가정하에서 말이다.

유가가 오르면 석유 소비자는 (조금) 피해를 볼 것이다. 그러나 우리는 수요를 1년에 단지 몇 퍼센트씩 줄일 필요에 대해 말하고 있을 뿐이다. 이것은 자동차에 풍차를 달아야 한다는 의미가 아니라, 일부 가치가 낮은 움직임을 줄이게 된다는 의미다. 이것은 노스다코타를 버려야 한다는 의미가 아니라, 겨울에 실내 온도를 한두 단계 낮게 유지하게 된다는 의미다. 피터 마스는 조금 뒤에 또 이렇게 썼다.

세 자릿수 유가의 시작은 사우디에게 축복으로 보일 수도 있다. 그들은 점점 희소해지는 석유 덕분에 전보다 훨씬 더 많은 돈을 벌어들일 것이다. 그러나 사우디(일반적으로는 OPEC)에 대해 흔히들 하는 오해는 가격이 아무리 높더라도 높은 가격이 그들에게 이득이 된다는 것이다. 배럴당 60달러가 넘는 유가가 아직까지는 세계적 불황을 일으키고 있지 않지만, 언제든 그럴 가능성은 충분하다. 높은 가격이 파괴적인 충격을 주는 데에 시간이 걸리는 것뿐일 수도 있기 때문이다. 고유가는 가격 상승을 유발한다. 유가는 사실상 거의 모든 제품(휘발유에서 제트 연료, 플라스틱, 비료 등에 이르기까지)의 비용을 상승시킨다. 이는 곧 경제 활동의 침체를 의미한다. 따라서 생산자가 일시적인 횡재를 하더라도 한때 호황을 누리던 경제가 침체기에 접어들며 석유 소비량이 감소하면 유가는 다시 하락할 것이다. 전에도 그와 같은 가격 폭락이 발생한 적이 있다. 그리 오래되지도 않은 1998년의 일이다. OPEC 생산이 시기에 맞지 않게 확대된 상태에서 외환위기를 겪고 있던 아시아의 수요가 줄어들자 유가가 배럴당 10달러까지 하락했던 것이다.

이런, 이런 식이 전체적인 석유 정점 논법이다. 가격이 오르면 수요는 감소하고 유가는 하락한단다. 그렇다면 '우리가 아는 세계의 종말'은 어떻게 되는 건가? 다시 우리는 배럴당 10달러 시대로 돌아왔다. 이것을 깨닫지 못한 채 해당 기사의 필자는 기초 경제학을 끌어들임으로써 이 글의 전제 전체를 무효로 만들었다. 덤으로 그는 이렇게 쓰고 있다.

고유가는 생산자에게 또 다른 불행한 영향을 미친다. 원유가 배럴당 10달러, 심지어 30달러이면 대체연료는 아예 쓰지 말라는 수준까지 비싼 셈이 된다. 예를 들면, 캐나다에는 중유를 뽑을 대량의 역청사瀝青沙가 있지만 그렇게 하기에는 비용이 과도하게 들어간다. 그러나 역청사나 다른 대체연료들(바이오에탄올, 수소연료전지, 천연가스나 석탄에서 추출한 액체 연료 등)은 배럴당 유가가 일정 수준 이상, 가령 40달러 이상을 넘어서면 경제적으로 유용해진다. 특히 정부가 인센티브로 보조금을 지급한다면 더욱 그럴 것이다. 따라서 고유가가 불황을 일으키지 않더라도, 사우디 같은 나라는 미국이 에너지 달러를 넘겨주는 상대로 훨씬 더 선호하는 비근본주의 경쟁국들에게 시장 점유율을 잃을 위험을 안고 있다.

그가 언급했듯이, 고유가는 대체연료 개발을 유도한다. 이것이 우리가 애초에 '석유 정점'에 당황하지 말아야 하는 이유다.
그렇다면 내가 석유 정점을 상어의 공격에 비유하는 이유는 무엇일까? 상어의 공격은 대체로 비슷한 수준인데, 대중매체가 그것에 대해 보도하기로 결정하고 나면 공격에 대한 공포가 급속히 증가한다는 얘기를 하고 싶어서다. 나는 석유 정점에도 같은 일이 일어날 것이라 장담한다. 석유가 불러오는 재앙에 대해 소비자들의 공포를 부채질하는 수많은 복사판 저널리즘이 횡행할 것이다. 지난 10년 동안 석유 전망에는 어떠한 근본적 변화도 일어나지 않았는데 말이다.

− SDL, 2005. 8. 21.

미국은 장기 기증 시장을 맞이할 준비가 되었는가?

아마도 아닐 것이다. 하지만 매우 이상한 우연의 일치, 아니면 '장기 시장'이라는 메시지를 내놓으려는 어떤 조율된 노력에 의해서인지, 오늘자 『뉴욕 타임스』와 『월스트리트 저널』 모두 특집으로 이 문제를 다뤘다.

그 첫 번째는 정신과 의사이자 미국기업연구소American Enterprise Institute의 연구원인 샐리 사텔Sally Satel이 쓴 '죽음의 대기자 명단Death's Waiting List'이라는 글이다. 사텔 자신이 신장 이식을 받았는데, 그녀는 지금 이 시스템이 형편없을 뿐 아니라 미국국립의학연구소(IOM: Institute of Medicine)의 새 보고서인 「장기 기증: 실천을 위한 기회 Organ Donation: Opportunities for Action」는 그보다 더 형편없다고 주장하고 있다. 그녀는 여기서 "불행하게도 이 보고서는 '비실천을 위한 권고'라는 부제를 붙였으면 더 적절했을 것"이라고 적고 있다. 사텔의 요점은 인체의 어떠한 부분도 매매의 대상이 되어서는 안 된다는 장기 시장 반대자들의 전통적인 주장이 이제 더 이상 쓸모없게 되었으며, 그 중 일부는 '인간 난자, 정자, 대리모 시장' 때문이라는 것이다.

시카고 대학의 법학자이자 후버 연구소Hoover Institution의 연구원인 리처드 엡스타인Richard Epstein은 '신장 회계사Kidney Beancounters'라는 제목으로 『월스트리트 저널』에 기고했다. 엡스타인은 IOM의 보고서에 대해 더욱 적대적이어서(어쩌면 『월스트리트 저널』이 엡스타인에게 『뉴욕타임스』가 사텔에게 허용한 것보다 더 많은 재량권을 준 탓인지도 모르겠지만), 그는 이 보고서가 "지나치게 편협하고 비독창적이어서 IOM에서 내부적으로 폐기했어야 옳았다"고 말하고 있다. 엡스타인은 더 나아가 이렇게 적고 있다. "향후 상황을 개선하기 위한 원동력은 금전적인 인센티브에만 있다. 그러나 IOM 위원회는 이 인센티브를 무시했다(이 위원회에는 변호사가 한 명 있지만 경제학자는 없다). 우리는 이 모든 일을 통해 시장 인센티브에 대한 일괄적인 반대는 깊은 의심의 눈으로 봐야 한다는 중요한 교훈을 얻을 수 있다. 특히 자신의 심미적 감성과 본능적인 거부가 생명을 구하고자 하는 어떠한 인간적인 노력보다 우선이라고 확신하는 고상한 도덕주의자들의 반대에 대해서는 더욱 그렇다."

그의 기고문에는 그런 말이 없지만, 나는 엡스타인이 비금전적 인센티브로 장기 기증을 고무하는 자칭 '비영리 장기 기증자 자원 네트워크'인 라이프셰어러LifeSharers의 자문역이라고 확신한다. 얼마 전 우리는 라이프셰어러의 전무이사인 데이비드 운디스David Undis에게서 다음과 같은 이메일을 받았다.

장기 기증에 대한 인센티브가 실종됐습니다. 이것이 바로 그렇게 많은 사람들이 장기 이식을 기다리면서 죽어가고 있는 이유 중 하나입니다.

인간 장기의 자유 시장은 매년 수천 명의 생명을 구하겠지만, 정치적으로 말하자면 그것은 몽상에 불과합니다. 의회가 가까운 미래에 장기 매매를 합법화할 가능성은 아주 적습니다.

저는 장기 기증에 합법적인 비금전적 인센티브를 도입했습니다. 여러분이 사망 시에 자신의 장기를 기증하는 데 동의하면, 본인이 장기가 필요한 경우 그것을 기증받을 수 있는 가능성이 더 높아질 것입니다.

  이 문제에 대해 나보다 훨씬 관련이 많은 이들에게, 장기 기증 절차를 개선하는 데 있어서 그 진척이 미미하다는 사실은 매우 놀라운 일일 것이다. 나 역시 놀랐으니까. 나는 이와 관련해 지금의 상황에 만족한다고 말하는 사람을 본 적이 없다. 장기의 자유 시장을 정치적 몽상이라고 한 운디스의 말은 옳다고 믿지만, 상황은 적어도 약간이나마 그쪽 방향으로 움직이고 있는 것 같다. 사텔이 오늘 『뉴욕 타임스』에 썼듯이, 장기 공유 네트워크United Network for Organ Sharing와 미국 이식외과 의사회American Society of Transplant Surgeons, 세계이식학회World Transplant Congress 등의 윤리위원회들이 대통령 생명윤리 자문위원회President's Council on Bioethics 및 기타 유관기관들과 함께 세금 우대나 건강보험 보장, 자녀의 대학 장학금, 퇴직계좌 보조 등과 같은 인센티브를 장기 기증자에게 제공함으로써 얻을 수 있는 이점에 대해 논의하기 시작했다.
  이 모든 인센티브가 금전적인 데 반해 그 어떤 것도 현금을 직접 제공하는 형태가 아니라는 사실, 또 그래서 더 구미가 당기도록 한다는 점이 흥미롭다.
  나는 이 두 기사 사이에서 오늘 적어도 몇 명이 마음을 바꿨다 해도 놀라지 않을 것이다.

- SJD, 2006. 5. 15.

4. 왜 상한 닭고기를 씹고 36.09달러를 내야 하나? ★ ★ ★ ★ ★

블로그는 또한 마음속에 있는 것을 꺼내놓기에 적절한 장소다. 보다 사적인 성격의 폭언(그리고 때로는 헛소리) 같은 것들 말이다.

왜 상한 닭고기를 씹고 36.09달러를 내야 하나?

얼마 전에 오랜 친구가 이 지역을 방문했다. 우리는 늦은 저녁 식사를 하려고 어퍼 웨스트사이드에서 만났다. 트릴비Trilby는 빵 없이 브리 치즈가 있는 버거를 주문했고, 나는 으깬 감자를 곁들인 로스트치킨 반 마리를 주문했다. 음식은 늦게 나왔지만 우리는 그동안 쌓인 이야기가 많았기에 그다지 신경 쓰지 않았다.

주문한 로스트치킨이 나왔을 때, 음식이 좋아 보이지는 않았지만 한 입 베어물었다. 그런데 맛이 너무 고약해서 입 속의 음식을 냅킨에 뱉어내야만 했다. 정말로 구역질 나고 목이 조이는 상한 맛이었다. 나는 종업원을 불렀고, 그녀는 상황에 맞게 경악한 표정을 지으며 음식을 치웠다.

지배인이 나타났다. 지배인은 종업원보다 나이가 많고 검은 긴 머리에 프랑스 억양을 쓰는 여자였다. 그녀는 사과를 한 후, 문제를 일으킨 것이 허브인지 버터인지 알아내기 위해 지금 요리사가 음식을 검사하고 있다고 말했다.

"제 생각은 다른데요. 고기가 상한 것 같아요. 저도 닭을 많이 요리해봐서 아는데 상한 닭고기에서 나는 냄새였다고요." 트릴비도 맞장구를 쳤다. 식탁 맞은편에서, 심지어는 식당 저쪽 편에서도 그 냄새를 맡을 수 있었을 것이다.

지배인은 인정하기를 꺼려했다. 그녀는 그날 아침에 닭을 배달받았다고 말했고, 나는 부적절한 그 말에 놀라지 않을 수 없었다. 마치 "절대 아닙니다. 아무개가 어제 살인을 하지 않았기 때문에 오늘 살인을 저지를 수가 없습니다"라고 하는 것과 같았다.

지배인은 자리를 비웠다가 5분 후에 다시 돌아왔다. "손님이 맞습니다. 닭고기가 안 좋았습니다." 그녀는 요리사가 닭이 상했다는 것을 확인했고, 그것을 버렸다고 전했다. 승리! 그런데 누구를 위한 승리인가? 지배인은 다시 사과를 했고, 내게 무료 후식이나 음료수를 들겠냐고 물었다.

"글쎄요. 먼저 그것만큼 구역질 나지 않을 것 같은 음식을 차림표에서 골라봐야겠군요." 나는 다시 당근-생강-오렌지 수프, 프렌치프라이, 그리고 살짝 튀긴 시금치를 주문했다.

상한 닭고기 맛이 여전히 입 안에 맴돌았지만, 트릴비와 나는 꽤나 즐겁게 식사를 했다. 사실 그 맛은 지금도 내 입에 남아 있다. 트릴비는 음식을 주문하기 전에 와인 한 잔을 마셨고, 식사를 하면서 소비뇽 블랑을 또 한 잔 마셨다. 나는 물을 마셨다. 여종업원이 접시를 치우면서 무료 후식을 먹겠냐고 다시 물었다. 우리는 그냥 커피를 달라고 했다.

트릴비와의 대화 중에 나는 바로 얼마 전에 리처드 탈러와 인터뷰를 했음을 언급했다. 탈러는 돈의 심리학이 왜 그렇게 복잡한지를 설명하는 아주 새로운 학문 분야인 행동경제학의 아버지다. 나는 행태주의자들의 '닻 내리기 anchoring'에 대해 언급했다. 이것은 중고차 판매원들이 특히 잘 아는 개념으로, 필요보다 100퍼센트 더 높은 가격을 불러서 한 발짝 양보하더라도 가령 50퍼센트 정도의 이익을 더 챙기는 방법이다.

화제는 계산서가 나오면 우리가 무슨 말을 해야 할지에 대한 것으로 바뀌었다. 두 가지 좋은 선택이 있었다. "고맙지만 우리는 공짜 후식에는 관심이 없습니다. 치킨 요리에 문제가 있었던 점을 감안해서 음식 값을 공짜로 해줬으면 합니다." 이 말은 계산서의 0퍼센트에 닻을 내리는 것이다. 또는 "고맙지만 우리는 공짜 후식에는 관심이 없습니다. 치킨 요리에 문제가 있었던 점을 감안해서 지배인에게 계산과 관련해 보상 조치를 취해줄 수 있는지 물어봐주겠어요?"라고 할 수도 있었다. 이것은 계산서의 100퍼센트에 닻을 내리는 것이다.

바로 그때 종업원이 계산서를 들고 왔다. 음식 값은 31.09달러였다. 나는 아마도 수줍음 때문에, 또는 서두르느라, 또는 (이 이유 때문이었을 가능성이 가장 큰데) 없어 보이고 싶지 않은 마음에(돈과 관련해서는 그 어떤 것도 간단하지 않다), 두 번째 선택을 불쑥 내뱉었다. "지배인에게 '계산과 관련해 보상 조치를 취해줄 수 있는지' 물어봐주겠어요?"

여종업원은 미소를 지으며 우리가 이미 와인 두 잔을 무료로 마셨다고 대답했다. 이것은 특히 나에게 미미한 보상으로 느껴졌다. 왜냐하면 상한 닭고기를 씹었고 그래서 여전히 그 뒷맛에 시달리는 사람은 나인데 와인을 마신 사람은 트릴비였기 때문이다. 어쨌든 여종업원은 여전히 미소를 지으며 지체 없이 계산서를 들고 지배인에게 갔다. 지배인도 미소를 지으며 재빨리 우리에게 왔다.

"치킨 요리에 문제가 있었던 점을 감안해서 계산과 관련해 보상을 해줄 수 있는지 궁금하군요." 내가 말했다.

"대신 와인 값을 청구하지 않았습니다." 그녀는 상당히 친절하게 말했다. 마치 나의 신장 두 개를 다 떼어내야 한다고 우기다가 하나만 떼어내도 된다는 사실을 발견한 외과의마냥 말이다.

"그게 당신이 제공할 수 있는 최선의 것입니까?" (여전히 0퍼센트에 닻을 내리지 못하고) 내가 물었다.

그녀는 여전히 친근한 표정으로 나를 골똘히 바라보았다. 이 시점에서 그녀는 우리 각자가 일상적으로 하는 일종의 금전적이고 심리적인 작은 도박을 준비하면서 계산을 하고 있었다. 그리고 내가 다른 손님들의 눈길을 끌 만한 장면을 연출할 사람이 아니라는 점에 베팅하려던 참이었다. 실제로 나는 우리의 딜레마 내내 친근한 태도를 유지했고, 언성을 높이거나 '구토' 혹은 '상한'이란 단어를 크게 말한 적도 없었다. 그녀는 단순히 이런 태도가 계속될 것이라고 생각했다. 내가 의자를 뒤로 밀치며 소리를 지르지 않을 것이란 데에, 내가 식당 밖에 서서 잠재적인 고객들에게 "닭고기 때문에 고생을 했다, 치킨 요리의 대부분이 상한 것이었다, 요리사가 요리 단계에서 냄새를 맡고 그것을 내오지 말았어야 했다, 만약 요리사들이 냄새를 맡지 못했다면 그렇게 둔해서야 스푼이나 엄지손가락 조각, 살균제 같은 것들이 다음 요리에 들어가지 않을지 누가 장담하겠나!"라고 떠들지 않으리라는 데에 베팅하고 있었던 것이다. 머릿속 계산을 마친 그녀는 "예"라고 대답했다. 와인 두 잔이 그녀가 제공할 수 있는 최선이라는 뜻이었다. 나는 "좋습니다"라고 답했고 그녀는 물러갔다. 나는 5달러를 팁으로 남기며(불쌍한 여종업원에게 벌을 줄 이유는 없으니까) 밖으로 걸어 나와 트릴비를 택시에 태워 보냈다. 지배인은 내가 아무런 문제를 일으키지 않을 것이라는 데에 도박을 걸었고, 그녀가 이겼다.

적어도 지금까지는 말이다.

혹시 메모해둘 만큼 관심이 있는 사람이 있을지도 몰라 적는다. 그 식당은 맨해튼에 있는 프렌치 로스트French Roast이고, 85번가와 브로드웨이가 만나는 동북쪽 모퉁이에 있다.

내가 마지막으로 점검했을 때 그 로스트치킨 요리는 여전히 차림표에 있었다. 많이 드시길….

- SJD, 2005. 5. 8.

도로 위의 무례함에서 수입을 올려봅시다!

나는 직장 근처로 이사한 후로 거의 운전을 하지 않는다. 그래서 내가 운전을 할 때마다 도로 위의 무례함이 나를 덮쳐온다. 사람들은 다른 설정에서는 하지 않을 행동을 차 안에서는 거리낌 없이 행한다. 빵빵거리기, 욕하기, 끼어들기…. 내 아내가 하는 행동이 이 정도지 다른 운전자들은 훨씬 더 심하다.

한 가지 확실한 이유는 언제까지라도 그 같은 행동의 결과에 영향을 받지 않고 살 수 있기 때문이다. 만약 당신이 공항 보안검사 줄에서 새치기를 하면 당신을 욕하는 사람들과 꽤나 긴 시간 동안 가까이에 있어야 한다. 그렇지만 운전 중이라면 재빨리 벗어날 수 있다.

예전에 통근을 하던 시절, 얌체 운전자들이 지배하던 인터체인지가 있었다. (시카고를 아는 분들에게 말씀드리자면, 댄 라이언이 아이젠하워로 합쳐지는 곳이다.) 그 고속도로를 벗어나는 길은 두 차선으로 되어 있다. 한 차선은 다른 고속도로로, 다른 차선은 일반도로로 이어진다. 여기서 일반도로로 빠지는 차선은 늘 한가한 편이지만, 다른 고속도로로 진입하는 차선은 인내심을 갖고 기다리는 차들이 800미터 정도 늘어서는 경우가 허다하다. 그런데 그 중 20퍼센트 정도는 일반도로로 빠지는 것처럼 하다가 마지막 순간에 무례하게, 불법적으로 끼어든 운전자들이다. 줄에서 기다리는 정직한 사람들은 이 약빠른 사람들 때문에 15분 또는 그 이상을 더 기다려야 한다.

사회과학자들은 때때로 '정체성' 개념에 대해서 말한다. 이것은 여러분이 자신에 대해 어떤 종류의 사람이라는 특정한 상像을 갖고, 여기서 벗어나는 행동을 했을 경우 불쾌감을 느끼는 것을 일컫는다. '정체성'은 여러분으로 하여금 최선의 단기적 이익과 상충되는 행동을 취하도록 유도한다. 경제학에서는 조지 애컬로프와 레이첼 크랜튼Rachel Kranton이 이 개념을 유행시켰다. 나는 그들의 글을 읽어보았지만, 내가 정체성이 약해서인지 전체적으로 무슨 말인지 이해할 수가 없었다. 처음으로 그들이 의미하는 바를 진정으로 이해한 것은, 내가 통근 시간을 단축하자고 얌체같이 끼어들기를 하는 그런 부류의 사람이 아니라는 데에 내 정체성의 중요한 부분이 있음을 깨달았을 때다. 비록 끼어들기도 쉽고, 그렇게 긴 줄에서 15분을 기다리는 것이 미친 짓처럼 보이더라도 말이다. 하지만 내가 끼어들기를 한다면 나는 근본적으로 내가 어떤 종류의 사람인지 재고해야 할 것이다.

나는 내가 탄 택시의 기사가 끼어들기 하는 것은 개의치 않는다. (실제로는 그것을 즐긴다고 할 수도 있다.) 아마도 이것은 내가 도덕적으로 갈 길이 한참 멀다는 사실을 보여주는 것이리라.

여기까지 나는 단지 내 핵심의 서론을 두서없이 늘어놓았다. 뉴욕 시에서 있었던 일이다. 나를 태운 택시 기사가 고속도로로 진입하려고 길게 늘어서 있는 차들을 지나쳐 마지막 순간에 그 줄에 끼어들었다. 평소처럼 나는 이 작은 범죄의 무고한 방관자/수익자의 역할을 즐겼다.

그러나 다음에 일어난 일은 내 안에 있는 경제학자에게는 더욱 만족스러운 일이었다. 한 경찰관이 도로 한가운데에 서서 끼어들기를 하는 모든 차(내가 탄 택시를 포함해서)를 갓길로 나오도록 손짓했다. 거기서 다른 경찰관이 조립라인처럼 티켓을 배부했다. 내 어림짐작에 따르면, 이 두 경찰관은 장당 115달러짜리 티켓을 시간당 30장 떼고 있었다. 경찰관 한 명이 시간당 1,500달러 이상(범칙금을 낸다는 가정하에)을 벌어들인다면, 이것은 시市 입장에서는 환상적인 사업이 아닐 수 없다. 더욱이 이것은 잡아야 할 사람을 잡는 것일 뿐이지 않은가. 과속은 간접적인 경우만 제외하면 다른 사람을 크게 다치게 하지는 않는다. 그래서 내 생각에는 끼어들기와 같은 비열한 행동을 잡는 것이 더 타당하다. 이것은 윌리엄 브래턴의 '깨진 유리창' 단속 철학과 그 정신을 같이 한다. 나는 이 방법으로 도로 위 얌체들의 수를 근본적으로 줄일 수 있을 것으로는 생각하지 않는다. 단속에 걸릴 확률이 매우 낮기 때문이다. 그렇지만 이 방법의 아름다움은 첫째, 규칙을 지키는 모든 운전자들이 얌체 운전자가 잡히는 모습을 보며 밀려오는 기쁨을 느끼게 되고, 둘째, 이것이 잘못된 행동에 세금을 매기는 매우 효과적인 방법이라는 데 있다.

따라서 나는 전국의 경찰청에 이런 종류의 단속활동을 가능케 하고, 그래서 재미나는 광경이 벌어질 수 있는, 그런 장소들을 도로에서 가능한 한 많이 찾아내라고 정책 제안을 하고 싶다.

– SDL, 2005. 11. 18.

라스베이거스 규칙

레빗과 나는 이번 주에 연구를 하느라(진짭니다) 라스베이거스에 있었다. 우리는 시간이 조금 나서 블랙잭을 하기로 했다(blackjack: 카드의 합이 21에 가까운 쪽이 이기는 게임. 플레이어는 최초 두 장에 만족하면 '스탠드'를 할 수 있고, 카드를 더 받고 싶으면 '히트'를 할 수 있다. 추가로 받은 카드까지 합쳐서 21이 넘지 않을 때까지 카드를 더 받을 수 있으며, 21이 넘는 경우 '버스트'라고 하고 게임에서 진다. 딜러는 카드의 합이 17 이하인 경우 무조건 카드를 더 받아야 한다 - 옮긴이). 장소는 시저스 팰리스, 시간은 새해 전날 밤 9시경이었다. 우리는 빈 테이블에 앉았고, 미시간 출신의 마음씨 착한 젊은 여성 딜러가 여러 가지 세세한 부분들을 매우 끈기 있게 가르쳐줬다. 덕분에 두 사람 모두 블랙잭 게임을 해본 경험이 없다는 사실이 들통났다. "한 손은 무릎 위에 놓고 다른 한 손만 게임판 위에 올려놓으세요. 카드를 한 장 더 받고 싶으면 손가락으로 게임판을 두 번 두드리면 됩니다. 더 이상 카드를 원치 않으실 때는 손을 펴서 수평으로 움직이거나 카드 한 장을 당신의 칩 밑에 놓으면 됩니다. 이겼을 때는 배당금 지급이 끝난 다음에 칩을 가져가세요…."

어느 순간 레빗이 숨을 헐떡였다. 최초 두 장에 카드를 한 장 받아서 21을 만든 상태에서 어쩐 일인지 카드 한 장을 더 요구했던 것이다. 그렇게 해서 딜러가 때려준 마지막 카드는 2였다. 그가 게임 방법을 몰랐거나 숫자를 셀 줄 몰라서 그랬던 것이 아니다. 단지 주의를 기울이지 않았던 것이고(나중에 주장하기로는 내게 말을 하느라 그랬다고 한다), 딜러는 그가 다른 카드를 원한다는 제스처를 하는 것으로, 또는 그 반대의 제스처를 하지 않은 것으로 보았다. 그래서 그는 네 장의 카드를 갖게 되었다. 페이스 카드(face card : J, Q, K카드, 일명 그림 카드로서 블랙잭에서는 모두 10으로 친다 – 옮긴이) 한 장과 4, 7, 2카드였다. 딜러는 안타깝다는 표정을 지었고, 나는 친구의 편을 들면서 딜러에게 그가 바보가 아니라고, 의도적으로 21에 '히트'를 했을 리가 없다고 말했다. 그녀는 우리를 믿는 듯했고, 감독자(supervisor : 통상 게임 테이블 6~8개 정도를 감독하며, 대개 둥그렇게 배치한 게임 테이블들의 중심 부근에 위치한다 – 옮긴이)를 불러 어떻게 처리해야 할지 알아보겠다고 말했다.

그녀는 고개를 돌리지 않은 채 자신의 어깨 너머로 감독자의 이름을 불렀다. 내 시야에 그 감독자의 모습이 들어왔고, 그 사람은 딜러가 부르는 소리를 듣지 못했다. 새해 전날의 카지노라는 사실을 기억하라. 그곳은 꽤 시끄러웠다. 그녀는 계속 이름을 불렀고, 나는 그가 듣지 못하는 상황을 지켜보고 있었다. 하지만 그녀는 돌아서서 부르지는 않았다. 그것은 곧 칩이 가득 놓여 있는 테이블에 등을 보이는 것을 의미했고, 레빗이 21에 카드 한 장을 더 요구할 만큼 바보라 할지라도 어쩌면 칩 한 뭉치를 쥐고 달릴 만큼은 영리한 사람일지도 몰랐으니까. (또는 어쩌면 그녀는 그가 정말로 여우 같은 바보라서 딜러가 탁자에 등을 돌리게 하려는 의도로 21 넘기기 방법을 항상 써왔다고 생각하고 있었을지도 모른다.)

마침내 내가 몸소 감독자를 불러왔다. 딜러는 상황을 설명했다. 감독자는 레빗의 설명을 받아들이는 것 같았다. 그러면서 나를 보더니 "손님이 그 카드를 원했습니까?"라고 레빗이 받은 2를 가리키며 물었다.

나는 대답했다. "가만있자… 지금 보니까 제가 원하는 게 분명하네요." 내가 가진 두 장의 카드의 합은 17인 상태였다. 17에 카드 한 장을 더 원했을 리는 만무하지만, 2라면 얘기가 달라진다. 강력한 19를 만들어주지 않는가.

그는 "여기 있습니다"라고 말하며 나에게 2를 건네주었다. "해피 뉴 이어!"

이어서 딜러는 자신의 카드를 오픈했고, 합이 17이 안 되는 관계로 카드 한 장을 의무적으로 받았으며, '버스트'가 되었다.

나는 도박에 대해서 많이 알지는 못하지만, 다음에 라스베이거스에 가서 블랙잭을 하고 싶은 충동이 일거든 시저스 팰리스로 가리라는 것만큼은 확실하게 안다.

그리고 여러분은 레빗이 정말로 도박에 문외한이라고 생각하지는 않길 바란다. 다음 날 우리는 스포츠 서적 코너에 앉아 있었고, 그는 『일간 경마』를 집어들고 10분 정도 들여다보더니 올라가서 판돈을 걸었다. 그는 결코 경주에 나가본 적이 없는 말 한 마리를 찾았다. 2번 경주 7번마가 처녀 출전하는 말이었다. 하지만 레빗은 그가 비중 있게 생각하는 어떤 것을 본 모양이었다. 그는 그 말이 1등으로 들어온다는 데에 돈을 걸었다. 그리고 나서 우리는 대형 스크린 가운데 하나로 경주를 지켜봤다. 레빗이 선택한 말은 출발 게이트에 들어서는 데에만 족히 60초를 잡아먹었다(우리는 경기에서 그 말이 제외될 줄 알았다). 그런데 마침내 게이트에 들어선 그 말은 게이트가 열리고부터는 처음부터 끝까지 경기를 주도하였다. 이 도박은 그의 블랙잭보다 훨씬 더 인상적이었다.

— SJD, 2006. 1. 3.

관타나모로 보내질 뻔했답니다

나는 어제 시카고로 돌아가려고 웨스트 팜비치 공항에 갔다가, 출발

전광판에 내가 탈 비행기가 간단히 '딜레이DELAYED'라고 적혀 있는 것을 확인했다. 해당 항공사의 관계자들은 출발 시간이 곧 정해질 테니 안심하라는 말조차 하지 않았다. 자신들도 언제가 될지 잘 모르는 눈치였다. 정탐 활동을 잠깐 벌인 후, 나는 집까지 나를 태워다줄 다른 항공사의 비행기를 찾아 편도 표를 끊고 보안 검색대로 향했다.

물론 마지막 순간에 구입한 편도 표는 TSA(미국교통보안청)에 보내는 경고신호와 경고음을 유발했다. 나는 줄에서 끌려 나와 수색을 당했다. 처음에는 몸수색, 다음은 가방수색이 이어졌다.

내가 가장 최근에 진행하고 있는 연구 때문에 곤란을 겪을 줄은 몰랐다. 나는 요즘 테러리즘과 관련해 여러 가지 생각을 정리하고 있다. 기내 휴대 가방 속에는 각 테러리스트들의 사진을 잔뜩 곁들인 9·11 테러리스트들의 활동에 대한 상세한 내역서, 그들의 배경에 대한 정보 자료 등이 들어 있었다. 또한 테러리스트들의 인센티브와 잠재적 목표물 등에 관해 갈겨 쓴 메모도 여러 장 있었다. 이런 것들이 검사원이 내 가방에서 처음 꺼낸 물건들이었다. 그때까지 명랑하던 분위기는 어둡게 변했다. 갑자기 네 명의 TSA 요원들이 나를 둘러쌌다. 그들은 내 설명에 별반 감흥을 보이지 않았다. 보스가 도착하자 요원 중 한 명이 "테러리즘에 대해 연구하는 경제학과 교수라고 주장하고 있습니다"라고 보고했다.

그들은 내 가방 두 개에서 마지막 물건까지 모조리 꺼냈다. 내가 책가방을 정리한 것은 내 개인 웹페이지를 업데이트한 것보다 더 오래전 일이다. 그 가방에는 12개의 주머니가 달려 있었는데, 주머니마다 잡동사니가 가득했다.

한 요원이 "이게 뭡니까?"라고 물었다.

나는 "그건 몬스터스 Monsters Inc.의 립글로스와 열쇠고리입니다"라고 대답했다.

그런 식으로 30분이 흘렀다. 그는 립글로스 외에도 특별히 내 여권(운 좋게도 그것은 정말로 나의 것이었다)과 파워포인트 발표 자료, (실밥과 연필심 등으로 덮여 있는) 가방 구석구석에 박혀 있던 무작위의 알약, 그리고 때려눕히는 기술을 가르쳐주는 책(『좋은 사람들에게 나쁜 일이 일어났을 때When Bad Things Happen to Good People』)에도 관심을 보였다.

마침내 그는 내가 홈팀을 위해 경기를 뛰는 사람이라는 데에 만족하고 내가 시카고행 비행기에 오를 수 있도록 허락했다. 내가 최근에 블로그에 올린 테러리스트 입문서 사본은 집에 놓고 가기를 정말로 잘했다는 생각이 들었다. 그렇지 않았으면 난 곧장 쿠바로 보내졌을 것이다.

— SDL, 2005. 7. 14.

노벨상 수상자 토머스 셸링

나는 대학 졸업 후 주소를 열 번 바꿨다. 그리고 이사를 할 때마다, 대학 공책을 보관하는 쭈그러진 오래된 상자를 보고 이제 이것을 버릴 때가 되었는지 아닌지를 고심한다. 결국 그러기를 15년 이상 해왔고, 그 상자를 열어본 적은 결코 없었다.

마침내 노벨 경제학상 수상자인 토머스 셸링Thomas Schelling 덕분에 이 상자를 열어야 할 이유가 생겼다. 대학 2학년 때 나는 셸링이 가르친 '경제학 1030'을 수강했다. 거기에 '갈등과 전략' 정도의 과목명이 붙었던 것으로 기억한다. 그 수업은 아직도 내게 생생하다. 머리를 짧게 자른 셸링은 (내 기억이 맞는다면, 강의 노트 한 권 없이) 강단을 앞뒤로 가로지르며 간단한 게임이론 개념이 어떻게 일상생활에 적용되는지 설명하는 예들을 연달아 들려줬다. 이야기와 이야기 사이에 잠깐씩 말을 멈췄기 때문에, 나는 그가 그 자리에서 즉시 사례를 떠올려 소개하고 있다는 인상을 받았다. 교수가 된 후 나의 경험에 비추어볼 때 지금은 달리 생각하고 있지만 말이다.

이 게임이론 개론은 나에게 큰 영감을 주었다. 전략적으로 생각하는 사람에게 또는 전략적으로 생각하기를 좋아하는 사람에게 게임이론이라는 기본 도구는 필수불가결하다. 셸링의 수업은 수학을 쉽게 사용하고 그것을 즉시 현실세계에 적용하는 데 그 미학이 있었다. 주제는 기본적인 것이었다. 첫 번째 강의에서는 죄수의 딜레마를, 두 번째와 세 번째 강의에서는 셸링 자신의 '티핑포인트tipping point' 모형을, 다음에는 공유재의 비극tragedy of the commons과 공공재 게임, 약속 장치 commitment devices, 신뢰성 있는 위협과 그렇지 못한 위협, 자기 자신의 행동을 조절하기 위한 전략과 수단에 대해 강의했다. (모르고 있는 분들을 위해 밝히자면, 말콤 글래드웰이 '티핑포인트'를 유행시키기 30년 전에 셸링이 이 단어를 창안했다.)

어떤 경제학자라도 그 수업에서 이런 주제를 가르쳤겠지만 아무도 셸링처럼 가르치지는 못했을 것이다. 모든 개념마다 예들이 수두룩하게 따라 붙었다. 내가 핵심 단어들만 받아 적고 필기를 제대로 안 했기 때문에 지금은 그 단어들 뒤에 어떤 이야기가 있었는지 추측만 할 뿐이다. 공책에는 '로디지아가 짐바브웨가 되었을 때', 'VHS 대 베타', '브리지 카드 게임 리그에서 경기의 질', '대학 선택하기', '덜리스 국제공항 대 국내 공항', '베어 브라이언트Bear Bryant는 사우스캐롤라이나 대학에 투표하지 말았어야 했다', '똑똑한 일기예보 아나운서는 공정하게 베팅한다', '차 뒤에 바짝 붙어 가기', '랜든 대 루스벨트', '무작위로 변기 물 내리기' 등등이 적혀 있다.

나는 셸링의 수업 내용을 바로 행동에 옮기려고 시도했던 것으로 기억한다. 나를 아는 사람들은 내가 언제 어디서든지 잠에 빠질 수 있다는 것을 안다. 내 짐작으로는 대학교 수업시간의 90퍼센트를 자면서 보냈다. 그래서 셸링이 약속에 대해 강의했을 때, 나는 졸지 않겠다고 스스로에게 약속하는 한 방법으로 강의실의 맨 앞줄에 앉기로 결심했다. 그러나 불행하게도 나의 수면 욕구는 너무나 강했다. 만약 셸링이 나를 기억하고 있다면, 강의실 첫 줄에서 항상 졸던 학생 정도로 기억하고 있을 것이다.

나는 셸링이 게임이론의 최고봉이라고 믿는다. 그는 이 분야의 선구자이며 아이디어가 넘치는 사람이다. 불행하게도 게임이론 분야에서는 영감을 주는 간단한 아이디어들이 빠르게 고갈되어갔다. 그 후의 게임이론은 지루해졌다. 현대 게임이론은 극단적으로 수학적이 되었고 기호로 넘쳐나며 일상생활과는 동떨어지게 되었다. 내 동료 중 많은 이들이 동의하지 않겠지만, 나는 게임이론이 초창기의 엄청난 기대에 부응하는 데 실패했다고 생각한다. 이렇게 느끼는 사람은 나뿐만이 아니다. 나는 최근에 저명한 게임이론가와 대화를 나눈 적이 있다. 그는 자신이 지금 알고 있는 것을 알고 있고, 오늘 새로 일을 시작한다면 절대로 게임이론가는 되지 않을 것이라고 말했다.

셸링은 초기에 내게 영감을 준 사람이다. 그의 강의와 필기는 나를 경제학으로 이끌며 큰 영향을 끼친 것 중 하나다. 경제학에 대한 나의 접근 방법은 셸링의 방법과 많은 부분에서 공통점을 보인다. 나는 작년에 내 동료 중 한 명에게 이 말을 했다. 그 친구는 얼마 전 셸링과 우연히 만난 자리에서 그에게 나를 제자 중 한 명으로 꼽아야 한다고 말했다. 셸링은 요지부동이었다고 한다.

— SDL, 2005. 10. 20.

| 주석 |

이 책을 구성하고 있는 내용의 태반은 스티븐 레빗과 다른 연구자들의 공동작업에서 이끌어낸 것이다. 주석에는 본서에 인용된 학술논문의 참고자료들이 포함되어 있다. 그 대부분은 http://pricetheory.uchicago.edu/levitt/LevittCV.html에서 다운받을 수 있다. 또한 우리는 다른 많은 학자들의 연구를 자유로이 활용하는 영광을 누렸으며, 그 목록 역시 아래에 기재되어 있다. 우리는 그들의 고된 노력과 연구 결과는 물론, 어떻게 하면 그들이 전달하고자 하는 아이디어를 가장 잘 표현할 수 있을지 함께 논의해준 데 대해 무척 감사하게 생각한다. 이 책의 완성에 도움을 준 또 다른 자료는 이제껏 출판된 바 없는 저자들의 연구자료나 관련 인물들과의 인터뷰다. 누구나 접근 가능한 데이터베이스, 뉴스, 참고문헌의 경우에는 주석에 포함하지 않았다.

이 책을 읽기 전에

8–10 인용 부분은 『뉴욕 타임스 매거진』 2003년 8월 3일자에 실린 Stephen J. Dubner, "The Probability That a Real-Estate Agent Is Cheating You(and Other Riddles of Modern Life)"에서 발췌한 것이다.

서문_ 세상의 숨겨진 이면을 찾아서

17–21 **거듭되는 범죄율의 추락** 범죄율 하락에 대한 논쟁은 Steven D. Levitt, "Understanding Why Crime Fell in the 1990's: Four Factors That Explain the Decline and Six That Do Not" *Journal of Economic Perspectives* 18, no. 1(2004), pp. 163–90에 실려 있다.

17–18 **슈퍼프레데터** Eric Pooley, "Kids with Guns" *New York Magazine*, August 9, 1991; John J. Dilulio Jr., "The Coming of the Super-Predators" *Weekly Standard*, November 27, 1995; Tom Morganthau, "The Lull Before the Storm?" *Newsweek*, December 4, 1995; Richard Zoglin, "Now for the Bad News: A Teenage Time

Bomb" *Time*, January 15, 1996; Ted Gest, "Crime Time Bomb" *U.S. News & World Report*, March 15, 1996.

18 **제임스 앨런 폭스의 불길한 예측** 두 개의 정부 보고서에서 찾아볼 수 있다. "Trends in Juvenile Violence: A Report to the United States Attorney General on Current and Future Rates of Juvenile Offending" (Washington, D.C.: Bureau of Justice Statistics, 1996); "Trends in Juvenile Violence: An Update" (Washington D.C.: Bureau of Justice Statistics, 1997).

18 **클린턴 대통령의 무시무시한 논평** 1977년 보스턴에서 있었던 새로운 반범죄 대책에 관한 연설에서 발췌했다. Alison Mitchell, "Clinton Urges Campaign Against Youth Crime" *New York Times*, February 20, 1997.

20-21 **노마 매코비/제인 로의 이야기** Douglas S. Wood, "Who Is 'Jane Roe?'": Anonymous No More, Norma McCorvey No Longer Supports Abortion Rights" CNN.com, June 18, 2003; Norma McCorvey and Andy Meisler, *I Am Roe: My Life, Roe v. Wade, and Freedom of Choice* (New York: HarperCollins, 1994).

21 **낙태와 범죄율의 상관관계** 존 J. 도너휴 3세와 스티븐 D. 레빗의 공동연구로, 다음 지면에 실린 바 있다. "The Impact of Legalized Abortion on Crime," *Quarterly Journal of Economics* 116, no. 2 (2001), pp. 379-420. 일부 학자들은 이 이론의 일부 내용에 이의를 제기했다. 레빗과 다른 학자들 간의 논쟁에 관해서는 다음을 참조하라. Ted Joyce, "Did Legalized Abortion Lower Crime?" *Journal of Human Resources* 39, no. 1 (2004), pp. 1-28; and the Donohue-Levitt response, "Further Evidence That Legalized Abortion Lowered Crime: A Response to Joyce," *Journal of Human Resources* 39, no. 1 (2004), pp. 29-49. 또한 다음을 참조하라. Christopher L. Foote and Christopher F. Goetz, "Testing Economic Hypotheses with State-Level Data: A Comment on Donohue and Levitt (2001)," Federal Reserve Bank of Boston working paper, no. 05-15 (2005); and the Donohue-Levitt response, "Measurement Error, Legalized Abortion, the Decline in Crime: A Response to Foote and Goetz (2005)," National Bureau of Economic Research working paper, 2006.

21-25 **부동산 중개업자 이야기** 자신의 집과 고객의 집을 매매할 경우, 부동산 중개업자가

어떻게 다른 행동양식을 보이는가에 관한 연구. Steven D. Levitt and Chad Syverson, "Market Distortions When Agents Are Better Informed: A Theoretical and Empirical Exploration of the Value of Information in Real Estate Transactions" National Bureau of Economic Research working paper, 2005.

23 캘리포니아 자동차 정비공들의 애매함 Thomas Hubbard, "An Empirical Examination of Moral Hazard in the Vehicle Inspection Market" *RAND Journal of Economics* 29, no. 1(1998), pp. 406-26; Thomas Hubbard, "How Do Consumers Motivate Experts? Reputational Incentives in an Auto Repair Market" *Journal of Law & Economics* 45, no. 2(2002), pp. 437-68.

23 필요없는 제왕절개 수술을 하는 의사들 Jonathan Gruber and Maria Owings, "Physician Financial Incentives and Caesarean Section Delivery" *RAND Journal of Economics* 27, no. 1(1996), pp. 99-123.

25-29 선거 비용에 관한 신화 다음 세 개의 논문에 아주 자세하게 언급되어 있다. Steven D. Levitt, "Using Repeat Challengers to Estimate the Effect of Campaign Spending on Election Outcomes in the U.S. House" *Journal of Political Economy*, August 1994, pp. 777-98; Steven D. Levitt, "Congressional Campaign Finance Reform" *Journal of Economic Perspectives* 9(1995), pp. 183-93; Steven D. Levitt and James M. Snyder Jr., "The Impact of Federal Spending on House Election Outcomes" *Journal of Political Economy* 105, no. 1(1997), pp. 30-53.

31 하루에 물 여덟 잔 Robert J. Davis, "Can Water Aid Weight Loss?" *Wall Street Journal*, March 16, 2004를 찾아볼 것. 여기에는 "[하루에 물 여덟 잔을 마신다고 해서] 건강 증진에 도움이 된다는 과학적 근거는 없으며, 대부분의 사람들은 하루에 섭취하는 음식과 음료수만으로도 필요한 양의 수분을 얻을 수 있다"는 미국 의학학술원의 보고서가 인용되어 있다.

32-33 애덤 스미스 그의 저서는 현재에도 읽을 만한 가치가 충분하다. (특히 당신이 무한한 인내심을 가지고 있다면) Robert Heilbroner, *The Worldly Philosophers*(New York: Simon & Schuster, 1953) 역시 아주 훌륭한 책이다. 이 책은 애덤 스미스, 카를 마르크스, 소스타인 베블런, 존 메이너드 케인스, 조지프 슘페터, 그리고 다른 경제학계 거인들의 경력과 업적을 서술하고 있다.

1_ 교사와 스모 선수의 공통점은?

35-36, 40 이스라엘의 놀이방 연구 Uri Gneezy and Aldo Rustichini, "A Fine Is a Price" *Journal of Legal Studies* 29, no. 1(January 2000), pp. 1-17; Uri Gneezy, "The 'W' Effect of Incentives" University of Chicago working paper.

39-40 세기별 살인사건 희생자 수 Manuel Eisner, "Secular Trends of Violence, Evidence, and Theoretical Interpretations" *Crime and Justice: A Review of Research* 3(2003); Manuel Eisner, "Violence and the Rise of Modern Society" *Criminology in Cambridge*, October 2003, pp. 3-7.

41 원인과 결과에 대한 토머스 제퍼슨의 논평 *Autobiography of Thomas Jefferson*(1829; reprint, New York: G.P. Putnams' Sons, 1914), p. 156.

41 헌혈과 돈 Richard M. Titmuss, "The Gift of Blood" *Transaction* 8(1971), *The Philosophy of Welfare: Selected Writings by R. M. Titmuss*, ed. B. Abel-Smith and K. Titmuss(London: Allen and Unwin, 1987); William E. Upton, "Altruism, Attribution, and Intrinsic Motivation in the Recruitment of Blood Donors" Ph.D. diss., Cornell University, 1973.

43 하룻밤 사이에 실종된 700만 명의 아동들 Jeffrey Liebman, "Who Are the Ineligible EITC Recipients?" *National Tax Journal* 53(2000), pp. 1165-86. Liebman의 논문은 Shon Szilagyi, "Where Some of Those Dependents Went" *1990 Research Conference Report: How Do We Affect Taxpayer Behavior?*(Internal Revenue Service: March 1991), pp. 162-163을 인용하고 있다.

43-58 시카고 교사들의 부정행위 고부담 시험의 배경 지식을 포함하고 있는 이 연구는 다음 두 개의 논문에 자세하게 기록되어 있다. Brian A. Jacob and Steven D. Levitt, "Rotten Apples: An Investigation of the Prevalence and Predictors of Teacher Cheating" *Quarterly Journal of Economics* 118, no. 3(2003), pp. 843-77; Brian A. Jacob and Steven D. Levitt, "Catching Cheating Teachers: The Results of an Unusual Experiment in Implementing Theory" *Bookings-Wharton Papers on Urban Affairs*, 2003, pp. 185-209.

46 오클랜드의 5학년 학생과 친절한 담임교사 일화 오클랜드 공립학교 체제에서 근무했던

전 부교육감과의 인터뷰에서 인용.

55 노스캘리포니아 교사들의 부정행위 G. H. Gay, "Standardized Tests: Irregularities in Administering of Tests Affect Test Results" *Journal of Instructional Psychology* 17, no. 2(1990), pp. 93-103.

56-58 시카고 공립학교 체제의 운영책임자 아른 덩컨 이 부분은 그와 저자들간에 있었던 인터뷰 내용에 기초해 쓰인 것이다. Amy D'Orio, "The Outsider Comes In" *District Administration: The Magazine for K-12 Education Leaders*, August 2002와 Ray Quintanilla의 다른 다양한 *Chicago Tribune* 기사들 참조.

58-59 조지아 대학의 농구 시험 전미 대학체육협회(National Collegiate Athletic Association) 조사에 대한 응답으로 상기 대학이 제출한 1,500쪽짜리 문서에 기록되어 있다.

61 시카고 블랙삭스 『괴짜경제학』을 읽은 일부 독자들이, 화이트삭스가 블랙삭스로 불리게 된 것은 도박 스캔들 때문이 아니라 전혀 다른 이유가 있었다는 의견을 표했다. 사용자가 직접 수정, 보완할 수 있는 백과사전인 위키피디아(wikipedia.org)에 실린 설명은 이렇다. "블랙삭스라는 말은 1919년 스캔들 이전에 이미 존재하고 있었다. 예전부터 구단주인 찰스 코미스키는 유니폼 세탁비를 지불하지 않고 선수들 각자에게 부담하게 했다. 선수들은 이에 항의하여 세탁을 하지 않았고 때가 타서 짙은 색깔이 된 양말을 그냥 신었다. 이후로 블랙삭스라는 별명이 생겨난 것이다." 그럴듯한 설명이긴 하지만 레빗과 더브너는 이 내용을 뒷받침해줄 만한 근거를 어떤 자료에서도 찾지 못했다.

60-68 스모 시합의 부정행위 Mark Duggan and Steven D. Levitt, "Winning Isn't Everything: Corruption in Sumo Wrestling" *American Economic Review* 92, no. 5(December 2002), pp. 1594-1605.

60-65 낯선 규칙이 많은 스모 경기 그 중 대부분은 다음 서적들에서 찾아볼 수 있다. Mina Hall, *The Big Book of Sumo*(Berkeley, Calif.: Stonebridge Press, 1997); Keisuke Itai, *Nakabon*(Tokyo: Shogakkan Press, 2000); Onaruto, *Yaocho*(Tokyo, Line Books, 2000).

66-67 스모 내부 고발자 두 명의 미심쩍은 사망 Sheryl WuDunn, "Sumo Wrestlers (They're BIG) Fancing a Hard Fall" *New York Times*, June 28, 1996; Anthony Spaeth, "Sumo Quake: Japan's Revered Sport Is Marred by Charges of Tax Evasion, Match Fixing, Ties to Organized Crime, and Two Mysterious Deaths" reporting by Irene M. Kunii and Hiroki Tashiro, *Time*(International Edition), September 30, 1996.

68-76 베이글 판매상 폴 펠드먼은 그의 데이터에 관심을 가져줄 만한 경제학자를 찾고 있었고, (다른 몇몇 학자를 거쳐) 결국 스티븐 레빗의 관심을 끌 수 있었다. 레빗과 더브너는 워싱턴 D.C. 근처에 위치한 펠드먼의 사업장을 찾았으며, 그 결과 이 책에 실린 이야기와 비슷한 내용의 기사를 작성하기에 이르렀다. Stephen J. Dubner and Steven D. Levitt, "What the Bagel Man Saw" *The New York Times Magazine*, June 6, 2004. 또한 레빗은 펠드먼의 베이글 사업에 대해 학술 논문을 쓰기도 했다. "An Economist Sells Bagels: A Case Study in Profit Maximization" National Bureau of Economic Research working paper, 2006.

71 '해변의 맥주' 연구 Richard H. Thaler, "Mental Accounting and Consumer Choice" *Marketing Science* 4(Summer 1985), pp. 119-214; Richard H. Thaler, *The Winner's Curse: Paradoxes and Anomalies of Economic Life*(New York: Free Press, 1992)를 읽어보면 큰 도움이 될 것이다.

2_ KKK와 부동산 중개업자는 어떤 부분이 닮았을까?

77-91 큐클럭스클랜에 관한 폭로 『괴짜경제학』 개정판에서는 이 섹션의 상당 부분을 수정했다. 스테트슨 케네디가 저서 『KKK의 가면을 벗기다 *The Klan Unmasked*』와 여러 작가들과의 인터뷰에서, KKK 잠입과 그 진실을 파헤치는 동안 자신이 한 역할을 왜곡하고 부풀렸다는 것을 알아냈기 때문이다.(이에 관한 더 자세한 내용은 p.231 "Hoodwinked," *NYT* Jan. 8, 2006 참조.) KKK의 역사에 관해서는 다음을 참조하라. Col. Winfield Jones, *Knights of the Ku Klux Klan*(1941); David M. Chalmers, *Hooded Americanism: The First Century of the Ku Klux Klan, 1865~1965*(Garden City, NY: Doubleday, 1965); Wyn Craig Wade, *The Fiery Cross: The Ku Klux Klan in America*(New York: Simon & Schuster, 1987). 스테트슨 케네디의 저서로는 다음을 참조하라. *Southern Exposure*(Garden City, NY: Doubleday, 1946; republished in 1991 by Florida Atlantic University Press) and *The Klan Unmasked* (Boca Raton: Florida Atlantic University Press, 1990). 후자의 경우, 처음에 다음 제목으로 출간되었

음. *I Rode with the Ku Klux Klan*(London: Arco Publishers, 1954). 또한 벤 그린의 다음 저서도 유용한 자료를 담고 있다. Ben Green, *Before His Time: The Untold Story of Harry T. Moore, America's First Civil Rights Martyr*(New York: Simon & Schuster, 1999). KKK 및 스테트슨 케네디 자료, 존 브라운의 기록, 기타 관련 자료는 다음에서 얻을 수 있다. the Schomburg Center for Research in Black Culture, a public library in New York City; the Georgia State University Library in Atlanta; and the archives of the Anti-Defamation League in New York City. 드류 피어슨의 「Washington Merry-Go-Round」 라디오 프로그램 내용은 다음에서 제공하고 있다. http://www.aladin.wrlc.org/gsdl/collect/pearson/pearson.shtml.

91-92 정기생명보험 보험료에 생긴 일 Jeffrey R. Brown and Austan Goolsbee, "Does the Internet Make Markets More Competitive? Evidence from the Life Insurance Industry" *Journal of Political Economy* 110, no. 3(June 2002), pp. 481-507.

92-93 새 중고차 수수께끼 이 논제와, 사실상 우리가 오늘날 '정보의 비대칭'에 대해 생각하는 많은 부분이 조지 A. 애컬로프가 버클리 대학 조교수로 있었던 첫해 1966-67년에 쓴 논문에서 비롯되었다. 처음에 이 논문은 세 번이나 거절당했는데, 후에 애컬로프의 회상에 따르면 당시 두 개의 잡지사에서는 "이런 하찮은 주제 때문에 종이를 낭비할 수 없다"며 거절했다고 한다. 결국 이 글은 Geroge A. Akerlof, "The Market for 'Lemons'; Quality Uncertainty and the Market Mechanism" *Quarterly Journal of Economics*, August 1970으로 공표되었다. 30년 후, 이 논문은 애컬로프에게 노벨경제학상을 안겨주었다. 그는 이 상을 받은 사람 중 가장 착한 사람이라고 알려져 있다.

95 엔론 테이프 이 책에 실린 녹음된 대화의 내용은 http://www.cbsnews.com/stories/2004/06/01/eveningnews/main6_20626.shtml.에서 들을 수 있다. Richard A. Oppel Jr., "Enron Traders on Grandma Millie and Making Out Like Bandits" *New York Times*, June 13, 2004 참조.

96 혈관형성술은 진실로 필요한가? Gina Kolata, "New Heart Studies Question the Value of Opening Arteries" *New York Times*, March 21, 2004.

97-104 부동산 이야기 Steven D. Levitt and Chad Syverson, "Market Distortions When Agents Are Better Informed: A Theoretical and Empirical Exploration of the Value of Information in Real-Estate Transactions" National Bureau of Economic Research working paper, 2005.

105 트렌트 로트, 본심을 감추려 하지 않는 인종차별주의자? 로트의 불리한 발언을 둘러싼 상황에 관해서는 Dan Goodgame and Karen Tumulty, "Lott: Tripped Up by History" Time.com/cnn.com, December 16, 2002에 잘 요약되어 있다.

105-108 위키스트 링크 Steven D. Levitt, "Testing Theories of Discrimination: Evidence from the Weakest Link" *Journal of Law and Economics* 17 (October 2004), pp. 431-52.

108 취향에 기반한 차별 Gary S. Becker, *The Economics of Discrimination* (Chicago: University of Chicago Press, 1957)에서 나왔다.

108 정보에 기반한 차별 다음을 비롯한 몇몇 논문에서 유래한 것이다. Edmund Phelps, "A Statistical Theory of Racism and Sexism" *American Economic Review* 62, no. 4(1972), pp. 659-61; Kenneth Arrow, "The Theory of Discrimination" *Discrimination in Labor Markets*, ed. Orley Ashenfelter and Albert Rees (Princeton, N. J.: Princeton University Press, 1973).

109-115 온라인 데이트 이야기 Dan Ariely, Günter J. Hitsch, Ali Hortaçsu, "What Makes You Click: An Empirical Analysis of Online Dating" University of Chicago working paper, 2005.

114 딘킨스/줄리아니 선거 유권자들의 거짓말 Timur Kuran, *Private Truths, Public Lies: The Social Consequences of Preference Falsification* (Cambridge, Mass.: Harvard University Press, 1995); Kevin Sak, "Governor Joins Dinkins Attack Against Rival" New York Times, October 27, 1989; Sam Roberts, "Uncertainty over Polls Clouds Strategy in Mayor Race" *New York Times*, October 31, 1989.

114 데이비드 듀크에 대한 유권자들의 거짓말 Kuran, *Private Truths, Public Lies*; Peter Applebome, "Republican Quits Louisiana Race in Effort to Defeat Ex-Klansman" *New York Times*, October 5, 1990; Peter Applebome, "Racial Politics in South's Contests: Hot Wind of Hate or Last Gasp?" *New York Times*, November 5, 1990.

115 데이비드 듀크, 정보 악용의 달인 이 소재에 관한 수많은 유용한 자료 가운데는 Karen Henderson, "David Duke's Work-Release Program" *National Public Radio*, May 14, 2004과 철두철미한 John McQuaid의 "Duke's Decline" *New Orleans Times-*

Picayune, April 13, 2003이 있다.

3_ 마약 판매상은 왜 어머니와 함께 사는 걸까?

116-117 존 케네스 갤브레이스의 '사회 통념' "The Concept of the Conventional Wisdom" the second chapter of *The Affluent Society*(Boston: Houghton Mifflin, 1958).

120-121 미치 스나이더와 수백만 명의 부랑자 스나이더의 행동주의에 관해서는 이미 많은 매체에서 다뤄진 바 있다. 특히 1980년대 초반과 스나이더가 자살한 1990년, 콜로라도의 신문들이 많은 기사를 쏟아냈다. 이 사건에 대해 개요가 가장 잘 정리된 것은 Gary S. Becker and Guity Nashat Becker, "How the Homeless 'Crisis' Was Hyped" in *The Economics of Life*(New York: McGraw-Hill, 1997), pp. 175-76이다. 이 장은 1994 *Business Week*에 게재되었던 동일 작가의 기사를 수정한 것이다.

118-119 만성구취의 발명 색다르면서도 강력한 느낌을 주는 리스테린의 이야기는 James B. Twitchell, *Twenty Ads That Shook the World: The Century's Most Groundbreaking Advertising and How It Changed Us All*(New York: Crown, 2000), pp. 60-69에 잘 정리되어 있다.

119 카우보이 조지 W. 부시 Paul Krugman, "New Year's Resolutions" *New York Times*, December 26, 2003.

119 강간은 생각만큼 흔한 사건이 아니다 전국범죄 실태조사에서 발췌한 2002년 통계자료(진실된 대답만을 유도하도록 디자인된)는 미국 여성 중 일생을 살아가며 원치 않는 성적 행동의 희생자가 되거나 그런 유혹을 받을 가능성이 있는 이들은 여덟 명 중 한 명이라고 지적했다(옹호론자의 주장은 세 명 중 한 명이다). 남자들의 경우는 (전국범죄 실태조사에 따르면), 옹호론자의 주장처럼 아홉 명 중 한 명이 아니라 40명 중 한 명이라고 한다.

120 축소된 범죄 발생률 Mark Niesse, "Report Says Atlanta Underreported Crimes to Help Land 1996 Olympics" Associated Press, February 20, 2004.

121-142 마약상 소굴을 향한 수디르 벤카테시의 길고도 기묘한 여행 벤카테시는 컬럼비아 대학 사회학과 아프리카계 미국인 연구 분야에서 교수로 일하고 있다.

121-129 **벤카테시의 개인 경력** 주로 저자 인터뷰에 기초했다. 다음 기사도 함께 참고하기 바란다. Jordan Marsh, "The Gang Way" *Chicago Reader*, August 8, 1997; Robert L. Kaiser, "The Science of Fitting In" *Chicago Tribune*, December 10, 2000.

129-142 **크랙 갱에 대한 상세한 특정 정보** 수디르 알라디 벤타케시와 스티븐 D. 레빗이 공동 저술한 다음 네 개의 글에 소개되어 있다. "The Financial Activities of an Urban Street Gang" *Quarterly Journal of Economics* 115, no. 3(August 2000), pp. 755-89; "'Are We a Family or a Business?' History and Disjuncture in the Urban American Street Gang" *Theory and Society* 29(Autumn 2000), pp. 427-62; "Growing Up in the Projects: The Economic Lives of a Cohort of Men Who Came of Age in Chicago Public Housing" *American Economic Review* 91, no. 2(2001), pp. 79-84; "The Political Economy of an American Street Gang" American Bar Foundation working paper, 1998. 또한 Sudhir Alladi Venkatesh, *American Project: The Rise and Fall of a Modern Ghetto*(Cambridge, Mass.: Harvard University Press, 2000)를 참고하기 바란다.

136 **미국에서 가장 위험한 직업, 크랙 판매상** 미국 노동통계청 자료에 따르면 미국에서 가장 위험한 합법적 직업 열 가지는 벌목꾼, 어부, 비행기 조종사와 항법사, 건축용 금속 가공사, 운전사·영업사원, 지붕 수리공, 전기설비사, 농장 일꾼, 공사판 인부, 그리고 트럭 운전사라고 한다.

142-143 **나일론 스타킹의 발명** 젊은 아이오와 출신 화학자 월리스 캐러더스는 듀폰사에 고용된 뒤 7년에 걸친 노고 끝에 작은 노즐에 액체 중합물을 통과시키면 아주 강력한 성분의 섬유가 만들어진다는 사실을 발견했다. 이것이 바로 나일론이다.

몇 년 후, 듀폰사는 뉴욕과 런던에 나일론 스타킹을 출시했다. 항간에 알려진 이야기와는 달리, 이 놀라운 기적의 물질은 두 도시의 이름을 따서 만들어진 게 아니다. 떠도는 소문처럼 이전까지 비단 스타킹 시장을 지배해온 일본을 비꼬는 'Now You've Lost, Old Nippon(너흰 졌어, 일본 따윈 이제 구식이라구)"의 머리글자를 모은 것도 아니다. 실상 이 이름은 새로운 스타킹을 판매할 때 사용했던 슬로건 "No Run(달리지 않아도 됩니다)"을 변형한 것이었다. 이 슬로건은 결국 오래 살아남지 못했지만, 제품의 눈부신 성공 덕분에 그 참패는 금세 잊혀질 수 있었다. 오랜 시간 동안 우울증을 앓던 캐러더스는 그의 발명품이 꽃피는 것을 기다리지 못하고 사망했다. 1937년 청산을 먹고 자살했던 것이다. Matthew E. Hermes, *Enough for One Lifetime: Wallace Carothers, Inventor of Nylon*(Philadelphia: Chemical Heritage Foundation, 1996) 참고.

144 **크랙을 지칭하는 속어** 댈러스 시의회의 알코올과 약물 남용 담당부서는 코카인을 지칭하는 재미있고 흥미로운 속어에 관해 목록을 작성한 바 있다.

● 가루형 코카인: 배드록(Badrock), 바주카(Bazooka), 빔(Beam), 버니(Berni), 버니스(Bernice), 빅 C(Big C), 블라스트(Blast), 블리자드(Blizzard), 블로(Blow), 블런트(Blunt), 바운싱 파우더(Bouncing Powder), 범프(Bump), C, 카발로(Caballo), 케인(Caine), 캔디(Candy), 캐비아(Caviar), 찰리(Charlie), 치킨 스크래치(Chicken Scratch), 코카(Coca), 칵테일(Cocktail), 코코넛(Coconut), 코크(Coke), 콜라(Cola), 대머블랑카(Damablanca), 더스트(Dust), 플레이크(Flake), 플렉스(Fex), 플로리다 스노(Florida Snow), 푸푸(Foo Foo), 프리즈(Freeze), G-록(G-Rock), 걸(Girl), 구프볼(Goofball), 해피 더스트(Happy Dust), 해피 파우더(Happy Powder), 해피 트레일스(Happy Trails), 헤븐(Heaven), 킹(King), 레이디(Lady), 레이디 케인(Lady Caine), 레이트 나이트(Late Night), 라인(Line), 마마 코카(Mama Coca), 마칭 더스트/파우더(Marching Dust/Powder), 모조(Mojo), 몬스터(Monster), 무저(Mujer), 니브(Nieve), 노즈(Nose), 노즈 캔디(Nose Candy), P-도그스(P-Dogs), 페루비안(Peruvian), 파우더(Powder), 프레스(Press), 프라임 타임(Prime Time), 러시(Rush), 샷(Shot), 슬레이라이드(Sleighride), 스니프(Sniff), 스노트(Snort), 스노(Snow), 스노버즈(Snowbirds), 소다(Soda), 스피드볼(Speedball), 스포팅(Sporting), 스타더스트(Stardust), 슈거(Sugar), 스위트 스터프(Sweet Stuff), 토크(Toke), 트레일스(Trails), 화이트 레이디(White Lady), 화이트 파우더(White Powder), 예요(Yeyo), 집(Zip).

● 흡입 가능한 담배형 코카인: 베이스(Base), 볼(Ball), 비트(Beat), 비스킷(Bisquits), 본즈(Bones), 부스트(Boosts), 불더스(Boulders), 브릭(Brick), 범프(Bump), 케이크(Cakes), 캐스퍼(Casper), 초크(Chalk), 쿠키(Cookies), 크럼스(Crumbs), 큐브(Cubes), 팻백(Fatbags), 프리베이스(Freebase), 그레이블(Gravel), 하드볼(Hardball), 헬(Hell), 키블스 앤드 비츠(Kibbles'n Bits), 크립토나이트(Kryptonite), 러브(Love), 문록스(Moonrocks), 너깃(Nuggets), 어니언(Onion), 페블스(Pebbles), 피드라스(Piedras), 피스(Piece), 레디 록(Ready Rock), 로카(Roca), 록(Rock), 록 스타(Rock Star), 스코티(Scotty), 스크래블(Scrabble), 스모크 하우스(Smoke House), 스톤스(Stones),

티스(Teeth), 토네이도(Tornado).

144 **크랙계의 조니 애플시드** 오스카 다닐로 블란돈과 CIA를 비롯해 이른바 그를 후원하는 동업자들에 관한 이야기는 아주 세세한 부분까지 논의되어 사회적으로 커다란 논쟁을 불러일으켰다. 1996년 8월 18일부터 연재된 Gary Webb의 San Jose Mercury News 기사 시리즈를 읽어보길 권한다. Tim Golden, "Though Evidence Is Thin, Tale of CIA and Drugs Has a Life of Its Own" *New York Times*, October 21, 1996; Gary Webb, *Dark Alliance: The CIA, the Contras, and the Crack Cocaine Explosion*(New York : Seven Stories Press, 1998) 참고. 미 법무부 또한 위 주제에 관해 다음 글에서 상세하게 다룬 바 있다. "The CIA-Constra-Crack Cocaine Controversy: A Review of the Justice Department's Investigations and Prosecutions" 이 글은 www.usdoj.gov/oig/special/9721/ch01p1.htm에서 볼 수 있다.

145 **미국의 갱단** Frederick Thrasher, *The Gang*(Chicago: University of Chicago Press, 1927).

147-148 **크랙 시대가 도래하기 전, 모든 분야에서의 흑인-백인 격차 감소** Rebecca Blank, "An Overview of Social and Economic Trends By Race" in *America Becoming: Racial Trends and Their Consequences*, ed. Neil J. Smelser, William Julius Wilson, and Faith Mitchell(Washington, D.C.: National Academy Press, 2001), pp. 21-40.

148 **흑인 유아 사망률** Douglas V. Almond, Kenneth Y. Chay, and Michael Greenstone, "Civil Rights, the War on Poverty, and Black-White Convergence in Infant Mortality in Mississippi" National Bureau of Economic Research working paper, 2003.

148-149 **크랙이 미친 수많은 파괴적 영향** Roland G. Fryer Jr., Paul Heaton, Steven D. Levitt, Kevin Murphy, "The Impact of Crack Cocaine" University of Chicago working paper, 2005.

4_ 그 많던 범죄자들은 다 어디로 갔을까?

150-152 니콜라에 차우셰스쿠의 낙태 금지령 루마니아와 차우셰스쿠에 대한 배경 정보는 다음의 다양한 자료에서 나왔다. "Eastern Europe, the Third Communism" *Time*, March 18, 1966; "Ceausescu Ruled with an Iron Grip" *Washington Post*, December 26, 1989; Ralph Blumenthal, "The Ceausescus: 24 Years of Fierce Repression, Isolation and Independence" *New York Times*, December 26, 1989; Serge Schmemann, "In Cradle of Rumanian Revolt, Anger Quickly Overcame Fear" *New York Times*, December 30, 1989; Karen Breslau, "Overplanned Parenthood: Ceausecu's Cruel Law" *Newsweek*, January 22, 1990; and Nicholas Holman, "The Economic Legacy of Ceausescu" *Student Economic Review*, 1994.

151 루마니아의 낙태 금지와 그로 인한 결과들 사이의 연관성 다음의 두 논문에서 연구되었다. Christian Pop-Eleches, "The Impact of an Abortion Ban on Socio-Economic Outcomes of Children: Evidence from Romania" Columbia University working paper, 2002; and Cristian Pop-Eleches, "The Supply of Birth Control Methods, Education and Fertility: Evidence from Romania" Columbia University working paper, 2002.

152-154 미국 범죄율의 급격한 감소 앞서 언급했듯, 이 내용은 스티븐 레빗의 연구에서 나온 것이다. "Understanding Why Crime Fell in the 1990's: Four Factors That Explain the Decline and Six That Do Not" *Journal of Economic Perspectives* 18, no. 1(2004), pp. 163-90.

153 제임스 앨런 폭스의 '의도적인 과장' Torsten Ove, "No Simple Solution for Solving Violent Crimes" *Pittsburgh Post-Gazette*, September 12, 1999.

157 정치가들이 점점 더 범죄에 대해 유연한 태도를 취하기 시작했다 이 내용과, 이와 관련된 사안들은 다음에서 논의되고 있다. Gary S. Becker and Guity Nashat Becker, "Stiffer Jail Terms Will Make Gunmen More Gun-Shy" "How to Tackle Crime? Take a Tough, Head-On Stance" and "The Economic Approach to Fighting Crime" *The Economics of Life*(New York: McGraw-Hill, 1997), pp. 135-44; 저자들은 이 장의 내용을 *Business Week* 기사에 이용하기도 했다.

157-159 **수감률 증가** 마약 사범 수감률이 15배나 증가한 현상에 관한 내용은 다음에 나와 있다. Ilyana Kuziemko and Steven D. Levitt, "An Empirical Analysis of Imprisoning Drug Offenders," *Journal of Public Economics* 88, nos. 9-10(2004), pp. 2043-66.

158 **수감자들을 모두 풀어준다면?** William Nagel, "On Behalf of a Moratorium on Prison Construction," *Crime and Delinquency* 23(1977), pp. 152-74.

158 **"…범죄학 박사학위가 필요한 모양이다."** John J. Dilulio Jr. "Arresting Ideas: Tougher Law Enforcement Is Driving Down Urban Crime," *Policy Review*, no. 75(Fall 1995).

159-161 **사형 구형의 증가** 사형을 단 한 번도 집행하지 못한 뉴욕 주에 관해 자세히 살펴보려면 다음을 참고하면 된다. "Capital Punishment in New York State: Statistics from Eight Years of Representation, 1995-2003" (New York: The Capital Defender Office, August 2003), nycdo.org/8yr.html에 가면 이 저작을 살펴볼 수 있다. 보다 최근, 뉴욕 상고법원은 사형 자체가 헌법에 위배된다고 하여, 사실상 모든 사형집행을 중지시켰다.

160 **한 명의 범죄자를 사형시키면 그가 앞으로 저지를지도 모르는 일곱 건의 살인이 예방된다** Issac Ehrlich, "The Deterrent Effect of Capital Punishment: A Question of Life and Death," *American Economic Review* 65(1975), pp. 397-417; Issac Ehrich, "Capital Punishment and Deterrence: Some Further Thoughts and Evidence," *Journal of Political Economy* 85(1977), pp. 741-88.

161 **"저는 이제 더 이상 죽음의 기계를 만지작거리지 않을 것입니다."** 1994년 대법원이 텍사스의 사형집행을 재고하길 거부한 데 대해 해리 A. 블랙먼(Harry A. Blackmun) 판사가 이의를 제기한 데서 나온 말: *Callins v. Collins*, 510 U.S. 1141(1994); *Congressional Quarterly Researcher* 5, no. 9(March 10, 1995)에 인용됨. 미국의 배심원들이 사형을 원하지 않는다는 점도 지적되어야 할 것이다. 이는 최근 무고한 사람에게 사형이 집행되거나, 사형을 언도받은 상태에서 무죄가 입증된 사례가 많은 데 일부 원인이 있는 것으로 보인다. 1990년대에는 1년에 평균 290명이 사형을 선고받았다. 2000년대 초반에는 그 수치가 174로 줄어들었다. Adam Liptak, "Fewer Death Sentences Being Imposed in U.S.," *New York Times*, September 15, 2004 참고.

161-163 **경찰력이 정말로 범죄를 감소시켰을까?** Steven D. Levitt, "Using Electoral Cycles in Police Hiring to Estimate the Effect of Police on Crime," *American Economic*

Review 87, no. 3(1997), pp. 270-90; Steven D. Levitt, "Why Do Increased Arrest Rates Appear to Reduce Crime: Deterrence, Incapacitation, or Measurement Error?" *Economic Inquiry* 36, no. 3(1998), pp. 353-72; Steven D. Levitt, "The Response of Crime Reporting Behavior to Changes in the Size of the Police Force: Implications for Studies of Police Effectiveness Using Reported Crime Data" *Journal of Quantitative Criminology* 14(February 1998), pp. 62-81.

162 **1960년대는 범죄의 전성시대였다** Gary S. Becker and Guity Nashat Becker, *The Economics of Life*(New York: McGraw-Hill, 1997), pp. 142-43.

163-167 **뉴욕 시의 범죄 '기적'** '아테네 중흥기(Athenian period)'란 말은 전직 경찰서장인 윌리엄 J. 고타(William J. Gorta)와의 인터뷰에서 나왔다. 그는 CompStat을 만든 일원이기도 하다.

164 **깨진 유리창 이론** James Q. Wilson and George L. Kelling, "Broken Windows: The Police and Neighborhood Safety" *Atlantic Monthly*, March 1982.

167 **브래턴은 로스앤젤레스에 경관을 추가로 고용했다** Terry McCarthy, "The Gang Buster" *Time*, January 19, 2004.

167-172 **총기 정책** 미국에는 성인보다 총기가 더 많다. Philip Cook and Jens Ludwig, *Guns in America: Results of a Comprehensive Survey of Gun Ownership and Use*(Washington: Police Foundation, 1996).

168-169 **총과 범죄의 연관성** Mark Duggan, "More Guns, More Crime" *Journal of Political Economy* 109, no. 5(2001), pp. 1086-1114.

169 **스위스의 총기 수** Stephen P. Halbrook, "Armed to the Teeth, and Free" *Wall Street Journal Europe*, June 4, 1999.

169-170 **브래디 법안의 무력함** Jens Ludwig and Philip Cook, "Homicide and Suicide Rates Associated with Implementation of the Brady Handgun Violence Prevention Act" *Journal of the American Medical Association* 284, no. 5(2000), pp. 585-91.

169 **범죄자들은 암시장에서 총기를 구입한다** James D. Wright and Peter H. Rossi, *Armed and Considered Dangerous: A Survey of Felons and Their Firearms*(Hawthorne, N.Y.: Aldine de Gruyter, 1986).

171 **심리요법을 위한 총기 교환** "Wise Climb-Down, Bad Veto" *Los Angeles Times*,

October 5, 1994.

171 왜 총기 유상회수 정책은 효과가 없나 C. Callahan, F. Rivera, and T. Koepsell, "Money for Guns: Evaluation of the Seattle Gun Buy-Back Program" *Public Health Reports* 109, no. 4(1994), pp. 472-77; David Kennedy, Anne Piehl, and Anthony Braga, "Youth Violence in Boston: Gun Markets, Serious Youth Offenders, and a Use-Reduction Strategy" *Law and Contemporary Problems* 59(1996), pp. 147-83; Peter Reuter and Jenny Mouzon, "Australia: A Massive Buyback of Low-Risk Guns" *Evaluating Gun Policy: Effects on Crime and Violence*, ed. Jens and Philip Cook(Washington, D.C.: Brookings Institution, 2003).

171 존 로트의 총기 휴대 이론 John R. Lott Jr. and David Mustard, "Right-to-Carry Concealed Guns and the Importance of Deterrence" *Journal of Legal Studies* 26(January 1997), pp. 1-68; John R. Lott Jr., *More Guns, Less Crime: Understanding Crime and Gun Control Laws*(Chicago: University of Chicago Press, 1998).

171 존 로트와 메리 로시 Julian Sanchez, "The Mystery of Mary Rosh" *Reason*, May 2003; Richard Morin, "Scholar Invents Fan to Answer His Critics" *Washington Post*, February 1, 2003.

171-172 로트의 총기 휴대 이론에 대한 반증 Ian Ayres and John J. Donohue III, "Shooting Down the 'More Guns, Less Crime, Hypothesis" *Stanford Law Review* 55(2003), pp. 1193-1312; Mark Duggan, "More Guns, More Crime" *Journal of Political Economy* 109, no. 5(2001), pp. 1089-1114.

172-174 크랙 버블의 붕괴 크랙의 역사 및 자세한 내용을 알고 싶다면 Roland G. Fryer Jr. Paul Heaton, Steven Levitt, and Kevin Murphy, "The Impact of Crack Cocaine" University of Chicago working paper, 2005을 참조하라.

172 살인의 25% Paul J. Goldstein, Henry H. Brownstein, Patrick J. Ryan, and Patricia A. Bellucci, "Crack and Homicide in New Yok City: A Case Study in the Epidemiology of Violence" *Crack in America: Demon Drugs and Social Justice*, ed. Craig Reinarman and Harry G. Levine(Berkeley: University of California Press, 1997), pp. 113-30.

174-175 '고령화' 이론 Steven D. Levitt, "The Limited Role of Changing Age Structure in Explaining Aggregate Crime Rates" *Criminology* 37, no. 3(1999), pp. 581-99. 고령화 이론은 이제까지 대부분 무시되었지만, 학식 있는 전문가들은 계속해서 이 의견을 지지하고 있다. Matthew L. Wald, "Most Crimes of Violence and Property Hover at 30-Year Low" *New York Times*, September 13, 2004. 여기서 사법통계국의 국장인 로렌스 A. 그린필드(Lawrence A. Greenfield)는 다음과 같이 말한다. "1973년 통계를 내기 시작한 이래 최근 들어 범죄율이 이렇게 떨어진 것은 단 하나의 요인으로 설명하기는 불가능할 것입니다. 이는 아마 인구통계학과 관련이 있을 것이고, 악질 범죄자들을 수감한 것과도 관련이 있을 것입니다."

174 한 무리의 구름 James Q. Wilson, "Crime and Public Policy" *Crime*, ed. James Q. Wilson and Joan Petersilia(San Francisco: ICS Press, 1995), p. 507.

175-186 낙태와 범죄의 연관성 개략적인 설명을 위해 참고할 수 있는 자료. John J. Donohue III and Steven D. Levitt, "The Impact of Legalized Abortion on Crime" *Quarterly Journal of Economics* 116, no. 2(2001), pp. 379-420; John J. Donohue III and Steven D. Levitt, "Further Evidence That Legalized Abortion Lowered Crime: A Response to Joyce" *Journal of Human Resources* 39, no. 1(2004), pp. 29-49.

175-176 동유럽과 스칸디나비아 지방의 낙태 연구 P.K. Dagg, "The Psychological Sequlae of Therapeutic Abortion-Denied and Completed" *American Journal of Psychiatry* 148, no. 5(May 1991), pp. 578-85; and Henry David, Zdenek Dytrych, *Born Unwanted: Developmental Effects of Denied Abortion*(New York: Springer, 1988).

177-178 로 대 웨이드 판결 *Roe v. Wade*, 410 U.S. 113(1973).

177 전형적인 아이에 대한 연구 Jonathan Gruber, Philip P. Levine, and Douglas Staiger, "Abortion Legalization and Child Living Circumstances: Who Is the Marginal Child?" *Quarterly Journal of Economics* 114(1999), pp. 263-91.

177 범죄에 영향을 미치는 가장 강력한 요인 Rolf Loeber and Magda Stouthamer-Loeber, "Family Factors as Correlates and Predictors of Juvenile Conduct Problems and Delinquency" *Crime and Justice*, vol. 7, ed. Michael Tonry and Norval Morris(Chicago: University of Chicago Press, 1986); Robert Sampson and John

Laub, *Crime in the Making: Pathways and Turing Points Through Life*(Cambridge, Mass.: Harvard University Press, 1993).

178 10대 어머니를 가진 아이들도 마찬가지다 William S. Comanor and Llad Phillips, "The Impact of Income and Family Structure on Delinquency" University of California-Santa Barbara working paper, 1999.

178 또 다른 연구는 모친의 낮은 교육 수준이 자녀가 범죄를 저지르는 데 영향을 미친다고 한다 Pirkko Räsänen 외, "Maternal Smoking During Pregnancy and Risk of Criminal Behavior Among Adult Male Offspring in the Northern Finland 1966 Birth Cohort" *American Journal of Psychiatry* 156(1999), pp. 857-62.

179 유아살해의 급격한 감소 Susan Sorenson, Douglas Wiebe, and Richard Berk, "Legalized Abortion and the Homicide of Young Children: An Empirical Investigation" *Analyses of Social Issues and Public Policy* 2, no. 1(2002), pp. 239-56.

181 오스트레일리아와 캐나다에서의 연구 Anindya Sen, "Does Increased Abortion Lead to Lower Crime? Evaluating the Relationship between Crime, Abortion, and Fertility" 아직 출판되지 않은 초안, Andrew Leigh and Justin Wolfers, "Abortion and Crime," *AQ: Journal of Contemporary Analysis* 72, no. 4(2000), pp. 28-30.

182 낙태된 많은 여자아이들 John J. Donohue III, Jeffrey Grogger, and Steven D. Levitt, "The Impact of Legalized Abortion on Teen Childbearing" University of Chicago working paper, 2002.

182 낙태는 노예제도보다 나쁜 범죄다 Michael S. Paulsen, "Accusing Justice: Some Variations on the Themes of Robert M. Cover's Justice Accused" *Journal of Law and Religion* 7, no. 33(1989), pp. 33-97.

182 낙태는 '유일하게 효과를 거둔 수단' Anthony V. Bouza, *The Police Mystique: An Insider's Look at Cops, Crime, and the Criminal Justice System*(New York: Plenum, 1990).

183 올빼미 보호 비용 900만 달러 Gardner M. Brown and Jason F. Shogren, "Economics of the Endangered Species Act" *Journal of Economic Perspectives* 12, no. 3(1998), pp. 3-20.

183 엑슨 발데스와 유사한 사고 재발 방지를 위한 비용 31달러 Glenn W. Harrison, "Assesing Damages for the Exxon Valdez Oil Spill" University of Central Florida working paper, 2004.

183-184 신체 부위 보상액 목록 Connecticut's Workers' Compensation Information Packet, p. 27, wcc.state.ct.us/download/acrobat/info-packet.pdf.

5_ 완벽한 부모는 어떻게 만들어지는가?

187-191 자녀 양육 전문가의 사회 통념 Ann Hulbert, *Raising America: Experts, Parents, and a Century of Advice About Children*(New York: Knopf, 2003) 이 책은 자녀 양육에 대한 개관서로서 정말 많은 도움을 준다.

188 게리 에조의 '유아 관리 전략'과 수면부족에 대한 경고 Gary Ezzo and Robert Bucknam, *On Becoming Babywise*(Sisters, Ore.: Multnomah, 1995), pp. 32 and 53.

188 T. 베리 브래즐턴과 아이의 상호작용성 T. Berry Brazelton, *Infants and Mothers: Difference in Development*, rev. ed.(New York: Delta/Seymour Lawrence, 1983), p. xxiii.

188 L. 에밋 홀트의 '심한 자극'에 대한 경고 L. Emmet Holt, *The Happy Baby*(New York: Dodd, Mead, 1924), p. 7.

188-189 우는 것은 '아기의 운동' L. Emmett Holt, *The Care and Feeding of Children: A Catechism for the Use of Mothers and Children's Nurses*(New York: Appleton, 1894), p. 53.

190-194 총이냐 수영장이냐? Steven D. Levitt, "Pools More Dangerous than Guns" *Chicago Sun-Times*, July 28, 2001.

191-196 광우병과 여타 리스크에 대한 피터 샌드먼의 분석 Amanda Hesser, "Squeaky Clean? Not Even Close" *New York Times*, January 28, 2004; "The Peter Sandman Risk Communication Web Site" http://www.psandman.com/index.htm.

196-200 부모는 과연 실제로 얼마나 중요할까? Judith Rich Harris, *The Nurture Assumption: Why Children Turn Out the Way They Do*(New York: Free Press,

1998); 선천성과 후천성 논쟁에 대한 훌륭한 리뷰 역시 제공하는 해리스의 인물 소개를 보려면 다음을 참조하라. Malcolm Galdwell, "Do Parents Matter?" The New Yorker, August 17, 1998; Carol Tavris, "Peer Pressure" *New York Times Book Review*, September 13, 1998.

197 '또 시작이군.' Tavris, *New York Times*.

198 해리스의 관점이 '놀랍다고' 한다 Steven Pinker, "Sibling Rivalry: Why the Nature/Nurture Debate Won't Go Away" Boston Globe, October 13, 2002, Steven Pinker의 *The Black Slate: The Modern Denial of Human Nature*(New York: Viking, 2002)에서 발췌한 내용.

200-204 시카고의 학교 선택권 Julie Berry Cullen, Brian Jacob, and Steven D. Levitt, "The Impact of School Choice on Student Outcomes: An Analysis of the Chicago Public Schools" *Journal of Public Economics*, 출간 예정; Julie Berry Cullen, Brian Jacob, and Steven D. Levitt, "The Effect of School Choice on Student Outcomes: Evidence from Randomized Lotteries" National Bureau of Economic Research working paper, 2003.

204 고등학교에 진학하는 학생들이 고등학교 수업에 대한 준비가 되어 있지 않다 Tamar Lewin, "More Students Passing Regents, but Achievement Gap Persists" *New York Times*, March 18, 2004.

204-206 흑인과 백인의 8학년 성적 차이가 흑인과 백인의 소득 격차로까지 이어진다 Derek Neal and William R. Johnson, "The Role of Pre-Market Factors in Black-White Wage Differences" *Journal of Political Economy* 104(1996), pp. 869-95; June O'Neill, "The Role of Human Capital in Earnings Differences Between Black and White Men" *Journal of Economic Perspective* 4, no. 4(1990), pp. 25-46.

205 '흑인과 백인 사이의 성적 차이 해소' Christopher Jencks and Meredith Phillips, "America's Next Achievement Test: Closing the Black-White Test Score Gap" *American Prospect* 40(September-October 1998), pp. 44-53.

205 '백인 행세' David Austen-Smith and Roland G. Fryer Jr., "The Economics of 'Acting White'" National Bureau of Economic Research working paper, 2003.

205 카림 압둘 자바 Kareen Abdul-Jabbar and Peter Knobler, *Giant Steps*(New York:

Bantam, 1983), p. 16.

206-223 흑인과 백인의 성적차와 ECLS Roland G. Fryer and Steven D. Levitt, "Understanding the Black-White Test Score Gap in the First Two Years of School" *The Review of Economics and Statistics* 86, no. 2(2004), pp. 447-464.
논문 내에서는 학교 성적과 가정적인 요인(TV 시청이나 체벌 등) 사이의 상관관계에 대해 거의 논하지 않고 있지만, 논문의 부록에 그러한 자료에 대한 회귀분석이 포함되어 있다. ECLS 연구 자체와 관련하여, 이 글과 연구에 대한 개관은 nces.ed.gov/ecls에 게재되어 있다.

218-219 수양부모의 IQ가 친부모의 IQ보다 높다 Bruce Sacerdote, "The Nature and Nurture of Economic Outcomes" National Bureau of Economic Research working paper, 2000.

220 핀란드 아이들의 글 깨치는 방법 Lizette Alvarez, "Educators Flocking to Finland, Land of Literate Children" *New York Times*, April 9, 2004.

221 모든 아이에게 책 한 권을 선물로 John Keilman, "Governor Wants Books for Tots; Kids Would Get 60 by Age 5 in Effort to Boost Literacy" *Chicago Tribune*, January 12, 2004.

223-225 수양부모의 영향 Sacerdote, "The Nature and Nurture of Economic Outcomes".

6_ 부모는 아이에게 과연 영향을 미치는가?

226-228 루저 레인에 대한 이야기 션 가디너(Sean Gardiner)와의 저자 인터뷰, "Winner and Loser: Names Don't Decide Destiny" *Newsday*, July 22, 2002.

228-229 판사와 템프트리스 저자와의 인터뷰에서.

229-231 롤랜드 G. 프라이어와 흑인의 낮은 사회적 성취도에 대한 연구 저자와의 인터뷰에서.

230-231 흑인과 백인은 피우는 담배가 다르다 Lloyd Johnston, Patrick O'Malley, Jerald Bachman, and John Schlenberg, "Cigarette Brand Preferences Among Adolescents" *Monitoring the Future Occasional Paper* 45, Institute for Social

Research, University of Michigan, 1999.

231-239 흑인 이름 (및 여타 흑인과 백인 문화의 차이) Roland G. Fryer Jr. and Steven D. Levitt, "The Causes and Consequences of Distinctively Black Names" *Quarterly Journal of Economics* 119, no. 3(August 2004), pp. 767-805.

236-237 '백인' 이력서가 '흑인' 이력서를 밀어낸다 가장 최근 이런 결론에 도달한 감사 연구, Marianne Bertrand and Sendhil Mullainathan, "Are Emily and Greg More Employable than Lakisha and Jamal? A Field Experiment Evidence on Labor Market Discrimination" National Bureau of Economic Research working paper, 2003.

237 요 싱 헤이노 아우구스투스 아이스너 알렉산더 와이저 너클스 제레미젠코-콘리 Tara Bahrampour, "A Boy Named Yo, Etc.: Name Changes, Both Practical and Fanciful, Are on the Rise" *New York Times*, September 25, 2003.

237 인도 태생의 시크교도였던 마이클 골드버그 Robert F. Worth, "Livery Driver Is Wounded in a Shooting" *New York Times*, February 9, 2004.

238 젤먼 모제스였던 윌리엄 모리스 윌리엄 모리스 에이전시의 전직 최고 운영책임자였던 앨런 카노프(Alan Kannof)와의 저자 인터뷰.

240 브랜드 네임으로 이름 짓기 California birth-certificate data, Stephanie Kang, "Naming the Baby: Parents Brand Their Tot with What's Hot" *Wall Street Journal*, December 26, 2003.

240 셔티드라는 이름의 아이 롤랜드 프라이어에게 전화를 걸어 셔티드라는 자기 조카에 대해 이야기한 여자는 물론 이야기를 잘못 전해 들었거나 그저 거짓말을 하고 있는 것일 수도 있다. 하지만 그 진실 여부와는 별개로, 흑인들이 때로 이름을 너무 심하게 짓는다고 생각하는 것이 그녀 혼자만은 아닐 것이다. 2004년 5월 NAACP의 브라운 대 교육위원회 판결 50주년 행사에 참석한 빌 코스비는 연설에서 '빈민' 이름을 지어주는 것을 포함해 저소득층의 흑인이 행하는 각종 자기 파괴적인 행동들을 비난했다. 코스비는 즉석에서 백인과 흑인 모두에게서 비난을 받았다. (Barbara Ehrenreich, "The New Cosby Kids" *New York Times*, July 8, 2004; Debra Dickerson, "America's Granddad Gets Ornery" *Slate*, July 13, 2004 참고.) 또 그로부터 얼마 지나지 않아, 캘리포니아 교육위원인 리처드 리오던(Richard Riordan: 자산가이자 전 로스앤젤레스

백인 시장)이 인종차별자로 인식되어 공격받은 사건이 있었다. (Tim Rutten, "Riordan Stung by 'Gotcha' News" *Los Angeles Times*, July 10, 2004 참고.) 리오던은 읽기 프로그램을 장려하기 위해 샌타바버라 도서관에 갔다가 이시스(Isis)라는 이름의 여섯 살짜리 여자아이를 만났는데, 그 아이는 리오던에게 자신의 이름이 '이집트의 공주'를 의미한다고 말했다. 리오던은 농담으로 이렇게 말했다. "그 이름은 멍청하고 지저분한 아이라는 뜻인데." 이에 분노한 흑인들은 리오던의 사임을 요구하는 운동을 벌였다. 컴프턴의 흑인 의원인 머빈 디말리는 다음과 같이 말했다. "이시스는 아프리카계 미국 소녀다. 그가 백인 소녀를 만났더라도 그런 말을 했을까?" 그러나 이시스는 '정말로' 백인이었다. 리오던 반대운동을 벌였던 몇몇 사람들은 운동을 지속시키려 했지만, 이시스의 어머니인 트리니티(Tritiny: 삼위일체 - 옮긴이)는 모두 진정하기를 바란다고 말했다. 그녀의 설명에 따르면 딸 이시스는 리오던의 농담을 심각하게 생각지 않았다는 것이다. "걘 그냥 그 사람이 별로 똑똑하지 않다고만 생각하는 것 같았어요."

248 훨씬 더 자세한 여자아이와 남자아이 이름 목록 여기 재미나거나, 예쁘거나, 특이하거나, 아주 평범하거나 혹은 다소 전형적인 이름들이 올라 있는 목록을 소개한다. 이름이 나타내는 부모의 교육 정도도 함께 표기했다. (모든 이름은 캘리포니아 이름 데이터에 최소 열 번 이상 나온 것이다.)

여자아이 이름
(괄호 안의 숫자는 모친이 교육받은 평균 기간〔년〕)

- 228쪽의 템프트리스라는 여자아이와 관련하여 이 목록에 나타난 채스터티의 교육 기간이 상당히 짧은 것으로 보아, 템프트리스라는 이름의 아이가 채스터티로 불렸다고 하더라도 많은 혜택을 받았을 것이라고 생각하기는 어려워 보인다.

Abigail(14.72), Adelaide(15.33), Alessandra(15.19), Alexandra(14.67), Alice(14.30), Alison(14.82), Allison(14.54), Amalia(15.25), Amanda(13.30), Amber(12.64), Amy(14.09), Anabelle(14.68), Anastasia(13.98), Angelina(12.74), Annabel(15.40), Anne(15.49), Anya(14.97), Ashley(12.89), Autumn(12.86), Ava(14.97), Aziza(11.52), Bailey(13.83), Beatrice(14.74), Beatriz(11.42), Belinda(12.79), Betty(11.50), Breanna(12.71), Britt(15.39), Brittany(12.87),

Bronte (14.42), Brooklyn (13.50), Brooklynne (13.10), Caitlin (14.36),
Caitlynn (13.03), Cammie (12.00), Campbell (15.69), Carly (14.25), Carmella (14.25),
Cassandra (13.38), Cassidy (13.86), Cate (15.23), Cathleen (14.31), Cecilia (14.36),
Chanel (13.00), Charisma (13.85), Charlotte (14.98), Chastity*(10.66),
Cherokee (11.86), Chole (14.52), Christina (13.59), Ciara (13.40), Cierra (12.97),
Cordelia (15.19), Courtney (13.55), Crimson (13.59), Cynthia (12.79), Dahlia (14.94),
Danielle (13.69), Daphne (14.42), Darlene (12.22), Dawn (12.71), Deborah (13.70),
December (12.00), Delilah (13.00), Denise (12.71), Deniz (15.27), Desiree (12.62),
Destiny (11.65), Diamond (11.70), Diana (13.54), Diane (14.10), Dora (14.31),
Eden (14.41), Eileen (14.69), Ekaterina (15.09), Elizabeth (14.25),
Eizabethann (12.46), Ella (15.30), Ellen (15.17), Emerald (13.17), Emily (14.17),
Emma (15.23), Faith (13.39), Florence (14.83), Francesca (14.80), Frankie (12.52),
Franziska (15.18), Gabrielle (14.26), Gennifer (14.75), Georgia (14.82),
Geraldine (11.83), Ginger (13.54), Grace (15.03), Gracie (13.81), Gretchen (14.91),
Gwyneth (15.04), Haley (13.84), Halle (14.86), Hannah (14.44), Hilary (14.59),
Hillary (13.94), Ilana (15.83), Ilene (13.59), Indigo (14.38), Isabel (15.31),
Isabell (13.50), Ivy (13.43), Jacquelin (12.78), Jacqueline (14.40), Jade (13.04),
Jamie (13.52), Jane (15.12), Janet (12.94), Jeanette (13.43), Jeannette (13.86),
Jemma (15.04), Jennifer (13.77), Johanna (14.76), Jordan (13.85), Joyce (12.80),
Juliet (14.96), Kailey (13.76), Kara (13.95), Karissa (13.05), Kate (15.23),
Katelynne (12.65), Katherine (14.95), Kayla (12.96), Kelsey (14.17), Kendra (13.63),
Kennedy (14.17), Kimia (15.66), Kylie (13.83), Laci (12.41), Ladonna (11.60),
Lauren (14.58), Leah (14.30), Lenora (13.26), Lexington (13.44), Lexus (12.55),
Liberty (13.36), Liesl (15.42), Lily (14.84), Linda (12.76), Linden (15.94), Lizabeth
(13.42), Lizbeth (9.66), Lucia (13.59), Lucille (14.76), Lucy (15.01), Lydia (14.40),
MacKenzie (14.44), Madeline (15.12), Madison (14.13), Mandy (13.00),
Mara (15.33), Margaret (15.14), Mariah (13.00), Mary (14.20), Matisse (15.36),
Maya (15.26), Meadow (12.65), Megan (13.99), Melanie (13.90), Meredith (15.57),
Michaela (14.13), Micheala (12.95), Millicent (14.61), Molly (14.84), Montana (13.70),

Naomi(14.05), Naseem(15.23), Natalie(14.58), Nevada(14.61), Nicole(13.77), Nora(14.88), Olive(15.64), Olivia(14.79), Paige(14.04), Paisley(13.84), Paris(13.71), Patience(11.80), Pearl(13.48), Penelope(14.53), Phoebe(15.18), Phoenix(13.28), Phyllis(11.93), Portia(15.03), Precious(11.30), Quinn(15.20), Rachel(14.51), Rachell(11.76), Rebecca(14.05), Renee(13.79), Rhiannon(13.16), Rikki(12.54), Ronnie(12.72), Rosalind(15.26), Ruby(14.26), Sabrina(13.31), Sadie(13.69), Samantha(13.37), Sarah(14.16), Sasha(14.22), Sayeh(15.25), Scarlett(13.60), Selma(12.78), September(12.80), Shannon(14.11), Shayla(12.77), Shayna(14.00), Shelby(13.42), Sherri(12.32), Shira(15.60), Shirley(12.49), Simone(14.96), Siobhan(14.88), Skylynn(12.61), Solveig(14.36), Sophie(15.45), Stacy(13.08), Stephanie(13.45), Stevie(12.67), Storm(12.31), Sunshine(12.03), Susan(13.73), Suzanne(14.37), Svetlana(11.65), Tabitha(12.49), Talia(15.27), Tallulah(14.88), Tatiana(14.42), Tatum(14.25), Taylor(13.65), Tess(14.83), Tia(12.93), Tiffany(12.49), Tracy(13.50), Trinity(12.60), Trudy(14.88), Vanessa(12.94), Venus(12.73), Veronica(13.83), Vernique(15.80), Violet(13.72), Whitney(13.79), Willow(13.83), Yael(15.55), Yasmine(14.10), Yvonne(13.02), Zoe(15.03).

남자아이 이름
(괄호 안의 숫자는 모친이 교육받은 평균 기간[년])

Aaron(13.74), Abdelrahman(14.08), Ace(12.39), Adam(14.07), Aidan(15.35), Alexander(14.49), Alistair(15.34), Andrew(14.19), Aristotle(14.20), Ashley(12.95), Atticus(14.97), Bayor(14.84), Bjorn(15.12), Blane(13.55), Blue(13.85), Brian(13.92), Buck(12.81), Bud(12.21), Buddy(11.95), Caleb(13.91), Callum(15.20), Carter(14.98), Chaim(14.63), Christ(11.50), Christian(13.55), Clyde(12.94), Cooper(14.96), Dakota(12.92), Daniel(14.01), Dashiell(15.26), David(13.77), Deniz(15.65), Dylan(13.58), Eamon(15.39), Elton(12.23), Emil(14.05), Eric(14.02), Finn(15.87), Forrest(13.75), Franklin(13.55),

Gabriel (14.39), Gary (12.56), Giancarlo (15.05), Giuseppe (13.24), Graydon (15.51), Gustavo (11.68), Hashem (12.76), Hugh (14.60), Hugo (13.00), Idean (14.35), Indiana (13.80), Isaiah (13.12), Jackson (15.22), Jacob (13.76), Jagger (13.27), Jamieson (15.13), Jedidiah (14.06), Jeffery (13.88), Jeremy (13.46), Jesus (8.71), Jihad (11.60), Johan (15.11), John-Paul (14.22), Jonathan (13.86), Jordan (13.73), Jorge (10.49), Joshua (13.49), Josiah (13.98), Jules (15.48), Justice (12.45), Kai (14.85), Keanu (13.17), Keller (15.07), Kevin (14.03), Kieron (14.00), Kobe (13.12), Kramer (14.80), Kurt (14.33), Lachlan (15.60), Lars (15.09), Leo (14.76), Lev (14.35), Lincoln (14.87), Lonny (11.93), Luca (13.56), Malcolm (14.80), Marvin (11.86), Max (14.93), Maximilian (15.17), Michael (13.66), Michelangelo (15.58), Miro (15.00), Mohammad (12.45), Moises (9.69), Moses (13.11), Moshe (14.41), Muhammad (13.21), Mustafa (13.85), Nathaniel (14.13), Nicholas (14.02), Noah (14.45), Norman (12.90), Oliver (15.14), Orlando (12.72), Otto (13.73), Parker (14.69), Parsa (15.22), Patrick (14.25), Paul (14.13), Peter (15.00), Philip (14.82), Philippe (15.61), Phoenix (13.08), Presley (12.68), Quentin (13.84), Ralph (13.45), Raphael (14.63), Reagan (14.92), Rex (13.77), Rexford (14.89), Rocco (13.68), Rocky (11.47), Roland (13.95), Romain (15.69), Royce (13.73), Russell (13.68), Ryan (14.04), Sage (13.63), Saleh (10.15), Satchel (15.52), Schuyler (14.73), Sean (14.12), Sequoia (13.15), Sergei (14.28), Sergio (11.92), Shawn (12.72), Shelby (12.88), Simon (14.74), Slater (14.62), Solomon (14.20), Spencer (14.53), Stephen (14.01), Stetson (12.90), Steven (13.31), Tanner (13.82), Tariq (13.16), Tennyson (15.63), Terence (14.36), Terry (12.16), Thaddeus (14.56), Theodore (14.61), Thomas (14.08), Timothy (13.58), Toby (13.24), Trace (14.09), Trevor (13.89), Tristan (13.95), Troy (13.52), Ulysses (14.25), Uriel (15.00), Valentino (12.25), Virgil (11.87), Vladimir (13.37), Walker (14.75), Whitney (15.58), Willem (15.38), William (14.17), Willie (12.12), Winston (15.07), Xavier (13.37), Yasser (14.25), Zachary (14.02), Zachory (11.92), Zane (13.93), Zebulon (15.00).

252 **1960년과 2000년에 가장 인기 있었던 백인 여자아이 이름** 캘리포니아의 이름 데이터가 기록되기 시작한 건 1961년이지만, 1년 차이라면 대수롭게 생각하지 않아도 될 것이다.

255 **셜리 템플은 한 징후이지, 원인은 아니다** Stanley Lieberson, *A Matter of Taste: How Names, Fashions, and Culture Change*(New Haven, Conn.: Yale University Press, 2000). 하버드 사회학자인 리버슨은 학계에서 이름 연구에 대한 대가로 인정받고 있다. 예를 들어 *A Matter of Taste* 라는 그의 책은 1960년부터 비유대인 가정은 상대적으로 소수의 이름(Ashley, Kelly, Kimberly)을 유행시킨 데 반해, 유대인 가정은 어떻게 그렇게 많은 여자아이 이름을(Amy, Danielle, Erica, Jennifer, Jessica, Melissa, Rachel, Rebecca, Sarah, Stacy, Stephanie, Tracy) 유행시키기 시작했는지 상세히 설명한다. 이름 짓기와 관련된 습관에 관한 훌륭한 논의는 다음에서도 찾아볼 수 있다. Peggy Orenstein, "Where Have All the Lisas Gone?" *New York Times Magazine*, July 6, 2003. 그저 오락용을 원한다면, 앨런 벌리너(Alan Berliner)의 이름에 대한 다큐멘터리 영화 「The Sweetest Sound」(2001)를 참고하기 바란다. 또한 특정 이름의 인기도가 어떤 식으로 등락을 보였는지 시각적으로 쭉 살펴보고 싶으면, http://babynamewizard.com/namevoyager/lnv0105.html을 이용하라.

255 **남자아이 이름은 여자아이 이름이 되기도 한다**(하지만 여자아이 이름은 남자아이 이름으로 쓰이지 않는다) 이와 같은 관찰 결과는 네브래스카 주 벨뷰의 벨뷰 대학 심리학자이자 고유명사학자인 클리블랜드 켄트 에번스(Cleveland Kent Evans)의 연구에서 나온 것이다. 이 내용에 대한 에번스의 연구 견본은 다음 사이트에서 이용이 가능하다. academic.bellevue.edu/~CKEvans/cevans.html. 다음을 참고할 수도 있다. Cleveland Kent Evans, *Unusual & Most Popular Baby Names*(Lincolnwood, Ill.: Publications International/Signet, 1994); Cleveland Kent Evans, *The Ultimate Baby Name Book*(Lincolnwood, Ill.: Publications International/Plume, 1997).

나오며_ 하버드로 가는 두 갈래 길

261 **백인 소년은 시카고의 외곽지역에서 자랐다** 206-207쪽의 이 소년에 대한 이야기 및 이 단락의 내용은 저자와의 인터뷰, 그리고 Ted Kaczynski, Truth Versus Lies,

출판되지 않은 미발표 원고, 1998에서 나온 것이다. Stephen J. Dubner, "I Don't Want to Live Long. I Would Rather Get the Death Penalty than Spend the Rest of My Life in Prison" *Time*, October 18, 1999 참조.

261 **데이토나 비치 출신의 흑인 소년** 206-207쪽의 이 소년에 대한 이야기 및 이 단락의 내용은 롤랜드 G. 프라이어와의 인터뷰에서 나온 것이다.

| 감사의 말 |

우리 두 사람은 이 책이 나올 수 있게 도와준 윌리엄 모로 출판사의 클레어 와첼과 윌리엄 모리스 에이전시의 수잔 글럭에게 감사를 전한다. 더브너는 이들의 도움에 힘입어 세 번째 책의 집필을 마쳤다. 그는 매번 고마움을 느끼고 있으며 그들의 끝없는 도움에 때로는 경외감을 느낄 정도다. 스티븐 레빗에게 이 책은 첫 번째 작품이며, 그가 느끼는 감회는 남다르다. 다음의 다재다능하며 든든한 동료들에게도 감사를 전한다. 윌리엄 모로의 마이클 모리슨, 캐시 헤밍, 리사 갤러허, 데비 스티어, 디 디 데 바틀로, 조지 빅, 브라이언 맥셰리, 제니퍼 폴리, 케빈 캘러핸, 트렌트 더피, 그리고 윌리엄 모리스 에이전시의 다른 동료들. 또 트레이시 피셔, 카렌 거윈, 에린 말론, 캔디스 핀, 앤디 맥니콜에게도 감사의 말을 전한다. 이 책의 다양한 주인공들에게도 감사한다(특히 스테트슨 케네디, 폴 펠드먼, 수디르 벤카테시, 아른 덩컨, 롤랜드 프라이어에게). 멜라니 턴스트롬, 리사 체이스, 콜린 캐머러 등 초안을 고치는 데 도움을 준 동료와 친구들에게도 고맙다는 말을 하고 싶다. 그리고 책의 제목을 지어준 린다 진스에게도 역시 고맙다는 말을 전한다. 멋진 제목이다.

나는 많은 공동저자와 동료들에게 엄청난 빚을 지고 있다. 이 책은 그들의 훌륭하고 값진 아이디어로 채워져 있다. 또 내가 경제학과 삶에 대해 알 수 있도록 가르침을 준 모든 사람에게 감사한다. 특히나 시카고 대학에 감사한다. 시카고 대학의 시카고 가격 이론 이니셔티브Initiative on Price Theory 덕에 나는 이상적인 연구실에서 일할 수 있었다. 또 아메리칸 바 파운데이션American Bar Foundation의 협조와 지원에도 감사한다. 아내 지넷과 아이들 아만다, 올리비아, 니콜라스, 소피는 일상을 기쁨으로 채워주었다. 물론 아직도 앤드루가 많이 그립다. 다른 사람들과 달라도 괜찮다는 것을 몸소 보여준 부모님께 감사드린다. 무엇보다 나의 좋은 친구이자 공동저자인 스티븐 더브너에게 감사한다. 그는 정말 뛰어난 작가이자, 창의적인 천재다.

   -S. D. L.

나는 이제까지 뉴욕 타임스 매거진에 뿌리를 두지 않거나, 아니면 적어도 뉴욕 타임스 매거진의 작업과 관련 없는 책은 써본 적이 없다.
이 책도 예외는 아니다. 그에 대해 휴고 린드그렌, 애덤 모스, 게리 마조라티에게 감사한다. 또 베이글 판매상에 대한 이야기를 기사로 쓸 수 있게 해준 베라 티투닉과 폴 터프에게도 감사한다. 가장 감사해야 할 사람은 스티븐 레빗이다. 그는 너무도 똑똑하고 현명하고 친절하기까지 해서 나까지 (아마, 거의) 경제학자가 될걸 그랬다는 생각을 하게 만들었다.

왜 경제학자들 중 절반이 레빗의 연구실 옆방을 쓰고 싶어하는지 이제야 이유를 알 것 같다. 그리고 언제나 그랬듯, 마지막으로 엘렌과 솔로몬, 아냐에게 사랑한다는 말을 전한다. 저녁때 보자꾸나.

-S. J. D.

| 찾아보기 |

ㄱ

개리 베커 157, 281, 282
개리 에조 188
검은 갱스터 사도단 123~142
게임이론 377, 378
「경제적 성과의 선천성과 후천성」 234
「경찰 인력의 증가가 범죄율 감소와 관련이 있을까?」 271, 272
고부담 시험 8, 43~46
「교도소 건설 중단을 위하여」 158
「국가의 탄생」 79
국가조사 프로그램 318
그랜드 드래건 86~89, 139
그랜드 위저드 115
그레이트풀 데드 121
금욕세 151
기게스의 반지 75

ㄴ

「낙태 합법화가 범죄에 미치는 영향」 270~273
남부재건 78
노마 매코비 20, 31

『늘어나는 총기, 줄어드는 범죄』 171, 172
니콜라에 차우셰스쿠 150~153, 175

ㄷ

닻 내리기 366~368
대니얼 해머메시 270
대디 멘션 81
댄 듀크 314
데니스 더간 228
데이비드 듀크 90, 114, 115
데이비드 딘킨스 114, 166
데이비드 운디스 363, 364
『도덕감정론』 32, 75
두려움의 요소 193
드류 피어슨 88, 89, 312

ㄹ

레이첼 크랜튼 370
로 대 웨이드 판결 175~182, 270
로드 블라고제비치 221
로버트 노직 280
로버트 로젠탈 295
로버트 헤일브로너 33
롤랜드 G. 프라이어 주니어 205, 229,

230, 231, 233, 261
루돌프 줄리아니 114, 163~166, 300
루이스 D. 브랜다이스 92
리스테린 118
리처드 엡스타인 362
리처드 탈러 71, 366
리처드 P. 밀스 204

ㅁ

「마약 판매상의 재정에 대한 경제적 분석」 273
말콤 글래드웰 328, 377
무작위성 352~354
『미국인의 역사』 79
미치 스나이더 117~119

ㅂ

「백인 행세의 경제학」 205
베리 브래즐턴 188
벤 그린 312~315
보편성 교육법안 44
「부정행위 교사를 적발하는 방법」 275
브라운 대 토피카 교육위원회 201
브라이언 제이콥 275
브랜디 법 169, 170

브루스 새서도트 224, 225
블랙삭스 61, 355~357
블랙 팬더 232
블랙파워 운동 232
『빈 서판』 198
「빌 베넷과 함께 하는 아침」 338, 339

ㅅ

새뮤얼 그린 89
샐리 사텔 362~364
석유 정점 358~362
성의 경제학 308~310
『세속적인 철학자들』 33
세스 로버츠 291~296
세트 포인트 293~295
수디르 벤카테시 121~142, 273
「슈퍼맨의 모험」 88, 312
슈퍼프레데터 17, 18, 178
스테트슨 케네디 80~82, 85~90, 92, 311~316
스트롬 서먼드 105
스티븐 핑커 198

ㅇ

아른 덩컨 56

아마르티아 센 280
아이오와 기본 기능 검사 44
아이작 에를리히 160
아프로 신 126
애덤 스미스 32, 75
앤드루 프랜시스 308~310
앤 헐버트 188
앤서니 V. 보자 182
앨런 구트마허 연구소 343, 345, 346, 350
앨런 그린스펀 269
에밋 홀트 188
엘리엇 아시노프 356, 357
오스카 다닐로 블란돈 31, 144, 149
오스턴 굴스비 269, 277
올리버 웬들 홈스 128
우드로 윌슨 79
우디 거스리 312
「워싱턴 회전목마」 87, 89
「위키스트 링크」 29, 77, 105~108, 113, 286
위키피디아 354~357
윌 로저스 79
윌리엄 베넷(빌 베넷) 337~341
윌리엄 브래턴 163~167, 371
ECLS 206~225

ㅈ

자기실험 292~296

장기 기증 시장 362~364
정보에 기반한 차별 108
정보의 비대칭 91~97, 311, 312, 316
정체성 370
제임스 앨런 폭스 149, 153, 154, 175
제임스 B. 트위첼 119
제임스 Q. 윌슨 164
조니 애플시드 31, 144
조지 애컬로프 370
존 도너휴 99, 270, 272, 339, 342, 345
존 브라운 82, 83, 87~89, 313~315
존 실라기 320, 321
존 J. 디일룰리오 주니어 158
존 R. 로트 주니어 171, 172
존 케네스 갤브레이스 117, 163
죄악세 38
주디스 리치 해리스 197, 198
짐 크로 법 78

ㅊ

찰스 코미스키 356, 357
찰스 헌터 301, 302
「초등학교 1, 2학년 때 나타나는 흑인과 백인 간의 성적 차이에 대한 이해」 205
총기류 유상회수 프로그램 170, 171
취향에 기반한 차별 108

ㅋ

『KKK의 가면을 벗기다』 82, 311~316
캔사스시티 로열스 322~354
케빈 머피 306
케이시 멀리건 301, 302
「코스비 쇼」 228
콜로라도 입양 프로젝트 196
콜린 F. 캐머러 268
큐클럭스클랜(KKK) 77~90, 92, 97, 311~316
크리스 괴츠 342~351
크리스 푸드 342~351

ㅌ

테드 조이스 272
템프트리스 228, 229
토머스 셸링 376~379
토머스 제퍼슨 41
투르 드 프랑스 9
트렌트 로트 105
티미쇼아라 학살 152

ㅍ

패트리샤 펑크 301, 304, 305

페기 버글러 315
폴 거틀러 308
폴 크루그먼 119
푸퍼 스쿠터 법 297
프렙 스쿨 227
프리베이스 143
프리온 191
플라톤 75
플레시 대 퍼거슨 사건 78
피어 프레셔 197
피의 제전 153, 154, 174
『피츠버그 쿠리어』 81
피터 마스 358~361
피터 샌드먼 191, 193
PTA 211~214, 220

ㅎ

하버드 특별연구원회 279
학교 선택권 200~204
해리 A. 블랙먼 161, 176
해변의 맥주 71
헤드 스타트 214, 217, 223
혈관형성술 96
『후천성에 대한 가정』 197

괴짜경제학

초판 1쇄 발행 2007년 4월 25일
초판 57쇄 발행 2025년 6월 2일

지은이 스티븐 레빗, 스티븐 더브너 옮긴이 안진환

발행인 윤승현 단행본사업본부장 신동해
편집장 김예원 마케팅 최혜진 이인국 홍보 반여진 허지호 송임선
국제업무 김은정 김지민 제작 정석훈

브랜드 웅진지식하우스
주소 경기도 파주시 회동길 20
문의전화 031-956-7352(편집) 031-956-7089(마케팅)
홈페이지 www.wjbooks.co.kr
인스타그램 www.instagram.com/woongjin_readers
페이스북 https://www.facebook.com/woongjinreaders
블로그 blog.naver.com/wj_booking

발행처 ㈜웅진씽크빅
출판신고 1980년 3월 29일 제406-2007-000046호

한국어판 출판권 ⓒ 웅진씽크빅, 2007, 2024
978-89-01-06522-9 03320

웅진지식하우스는 ㈜웅진씽크빅 단행본사업본부의 브랜드입니다.
저작권법에 의해 한국 내에서 보호를 받는 저작물이므로 무단전재와 무단복제를 금합니다.
이 책 내용의 전부 또는 일부를 이용하려면 반드시 저작권자와 ㈜웅진씽크빅의 서면 동의를 받아야 합니다.

※ 책값은 뒤표지에 있습니다.
※ 잘못된 책은 구입하신 곳에서 바꿔드립니다.